Es artet aus
Über das Aussterben von Wirbeltieren
im Alpenraum

Wolfgang B. Kößler

Grüne Reihe des Bundesministeriums
für Umwelt
Band 8

Es artet aus

Über das Aussterben von Wirbeltieren im Alpenraum

Wolfgang B. Kößler

austria
medien
service

Titelfoto: Nordluchs (Lynx lynx), Foto: P. Morass, Alpenzoo Innsbruck

Gedruckt auf chlorfreiem Papier

© 1996 Bundesministerium für Umwelt
Der Inhalt des vorliegenden Bandes gibt, so es sich nicht um wissenschaftliche Erkenntnisse handelt, die Meinung des Autors wieder und muß mit der des Herausgebers nicht identisch sein.
Gesamtredaktion der Grünen Reihe: Dr. Ruth Wokac
Verlag und Gesamtherstellung: austria medien service GmbH
Alte Poststraße 134, A-8020 Graz

ISBN 3-85333-013-4

VORWORT

Mit dem vorliegenden Band über Alpentiere der Grünen Reihe ist es gelungen, auf sehr eindrucksvolle Weise einen Überblick über die vielfältigen „Interessenskonflikte" zwischen Tier und Mensch zu geben. Wildtiere sind dort bedroht, wo ihr Lebensraum den des Menschen überschneidet. Und dies ist im dicht besiedelten Mitteleuropa nahezu flächendeckend der Fall. Die Lebensbedrohung des „Ur"-Menschen durch Naturgewalten und wilde Tiere hat sich im Laufe der Kultur-Evolution in ihr Gegenteil verkehrt.

Die zweifellos lange Liste der verdrängten oder gar ausgerotteten Arten des Alpenraumes sollte aber nicht vergessen machen, daß die „Kultivierung" der Landschaften durch den siedelnden Menschen gerade in den Alpen eine Fülle von neuen Lebensräumen für Tier- und Pflanzenarten gebracht hat. Beispielsweise beinhalten die offenen Wiesen-Acker-Heckenlandschaften der Montan-Subalpinstufe eine wesentlich größere Artenvielfalt, als die unbeeinflußt durch den Menschen dort entstehenden Waldlandschaften.

Diese große biologische Vielfalt ist es auch, die traditionell bewirtschaftete Kulturlandschaften für unser Auge anmutig erscheinen läßt und unserer Seele Erholung bietet. Daher muß es der Industriegesellschaft ein besonderes Anliegen sein, das gewissermaßen gewachsene Miteinander von Mensch und Tier zu erhalten. Zahlreiche Artenschutzprogramme und Wiedereinbürgerungsprojekte sorgen dafür, daß viele unserer wilden Mitlebewesen von einst heute wieder bei uns vorkommen und sich auch ab und zu beobachten lassen.

Es ist unsere Aufgabe, einen neuen Weg für ein gemeinsames Vorkommen von Mensch und Wildtier zu finden. Denn wir allein tragen die Verantwortung für die Erhaltung der biologischen Vielfalt als Lebenswelt für uns und unsere Nachfahren. Mögen wir auch aus der Naturgeschichte für die Zukunft lernen!

Dr. Martin Bartenstein
Bundesminister für Umwelt, Jugend und Familie

INHALT

EINLEITUNG 11

SÄUGETIERE 15

   I. RAUBTIERE
       Farbtafeln 1 bis 16 17
       Der Nordluchs 25
       Die Wildkatze 40
       Der Wolf 56
       Der Rotfuchs 74
       Der Braunbär 88
       Der Höhlenbär 108
       Der Europäische Fischotter 113

   II. PAARHUFER
       Der Ur 122
       Der Wisent 136
       Der Alpensteinbock 154
       Der Mufflon 175
       Der Damhirsch 175
       Edelhirsch, Reh, Gemse 176
       Der Elch 178
       Das Wildschwein 185

   III. NAGETIERE
       Das Alpenmurmeltier 186
       Der Europäische Biber 197

   IV. HASENTIERE
       Feldhase und Schneehase 212

VÖGEL 219

       Der Waldrapp 220

   I. GEIER DES ALPENRAUMES
       Der Bartgeier 229
       Der Gänsegeier 242
       Der Mönchsgeier 245
       Der Schmutzgeier 247

   II. ADLER DES ALPENRAUMES
       Der Steinadler 248

INHALT

III. RABENVÖGEL DES ALPENRAUMES
Der Kolkrabe 251
Die Alpenkrähe 255

IV. HÜHNERVÖGEL DES ALPENRAUMES
Das Auerhuhn 260
Farbtafeln 17 bis 33 265
Das Birkhuhn 273
Das „Rackelhuhn" 277
Das Alpenschneehuhn 278
Das Haselhuhn 282
Das Steinhuhn 283
Das Rebhuhn 286
Die Wachtel 290

KRIECHTIERE 291
SYSTEMATIK 292
GEFÄHRDUNGSKATEGORIEN NACH DEN ROTEN LISTEN 293

I. DIE SCHLANGEN 295
1. Die Vipern 295
Die Kreuzotter 296
Die Aspisviper 297
Die Sandviper 298
Die Wiesenotter 298
Zur Verfolgung der Vipern 300

2. Die Nattern
Die Ringelnatter 307
Die Würfelnatter 309
Die Vipernatter 310
Die Gelbgrüne Zornnatter 310
Die Schling- oder Glattnatter 311
Die Äskulapnatter 312

II. DIE ECHSEN 314
1. Die Schleichen 314
Die Blindschleiche 314

2. Die echten Eidechsen 315
Die Zauneidechse 315
Die Berg- oder Waldeidechse 316
Die Smaragdeidechse 317
Die Kroatische Gebirgseidechse 318
Die Mauereidechse 318

INHALT

III. SCHILDKRÖTEN 320
    Die Europäische Sumpf- oder Teichschildkröte 321

LURCHE 325
SYSTEMATIK 326
GEFÄHRDUNGSKATEGORIEN NACH DEN ROTEN LISTEN 327
DIE GRÜNDE FÜR DAS AUSSTERBEN DER AMPHIBIEN 328
HILFSMASSNAHMEN FÜR AMPHIBIEN 334
AMPHIBIEN DER GEBIRGE UND HOCHGEBIRGE 337
    Der Alpensalamander 337
    Der Bergmolch 338
    Der Grasfrosch 339
    Die Erdkröte 340

FISCHE 341
SYSTEMATIK 342
GEFÄHRDUNGSKATEGORIEN NACH DEN ROTEN LISTEN 342
DIE GRÜNDE FÜR DAS AUSSTERBEN VON FISCHEN 343
DER FISCHFANG 348
DER LEBENSRAUM FÜR DIE FISCHE DER ALPEN 349
MASSNAHMEN ZUM SCHUTZ DER FISCHE 353

FABELTIERE DER ALPEN 355

ANHANG 1 365
ERKLÄRUNGEN DER WISSENSCHAFTLICHEN BEZEICHNUNGEN 365

ANHANG 2 371
ROTE LISTEN DER GEFÄHRDETEN TIERE ÖSTERREICHS 371
1) Statistischer Überblick 371
2) Erklärungen zu den Gefährdungskategorien 372

LITERATURVERZEICHNIS 375

REGISTER 377
TIERARTENREGISTER 377
WISSENSCHAFTLICHE TIERBEZEICHNUNGEN 380
VERZEICHNIS DER ABBILDUNGEN 382

EINLEITUNG

Die ersten Alpentiere, die ich bewußt wahrnahm, sah ich im Kindergartenalter im Alpenzoo von Innsbruck. Meine Eltern besuchten damals mit meiner älteren Schwester und mir regelmäßig diesen zoologischen Garten. Auch in den folgenden Jahren hatte ich oft die Gelegenheit, in diesem Zoo die Fauna der Alpen zu bewundern. Schon damals fiel mir auf, daß der Großteil der gehaltenen Arten lediglich hier in den Käfigen und Freianlagen zu sehen beziehungsweise zu finden war, in der freien Natur aber nicht beobachtet werden konnte. Auf die Frage, warum denn viele dieser Tiere nicht mehr in freier Wildbahn lebten, bekam ich die erschütternde Antwort, daß sie seit langem im Alpenraum ausgestorben seien. Mit zunehmendem Alter begann ich, mich mehr und mehr für das Schicksal der einzelnen Arten zu interessieren. Bereits am Beginn meiner Gymnasialzeit sammelte ich Zeitungsausschnitte, die über das Verschwinden von Tieren und deren Ausrottung berichteten. Als ich in den Buchhandlungen nach einem Buch über gefährdete und ausgestorbene Alpentiere fragte, bekam ich stets die Antwort, daß es ein solches nicht gäbe. So blieb mir nichts anderes übrig, als weiter in verschiedensten Büchern und Zeitschriften über die Gründe des Aussterbens von Alpentieren nachzulesen. Dabei erkannte ich, daß in den Werken vergangener Jahrhunderte häufig Fakten dargelegt wurden, die in aktuellen Publikationen nicht mehr oder nur mehr in geringem Maße beachtet werden. Ich begann, Ursachen, Jahreszahlen der letzten Beobachtungen beziehungsweise Abschüsse, Jagdmethoden und vieles andere mehr, das unmittelbar mit dem Aussterben einer Tierart zusammenhing, herauszuschreiben. Das Datenmaterial wuchs rasch an, was mich des öfteren zu Zusammenfassungen veranlaßte.

Eines Tages kam mir die Idee, die gesammelten Unterlagen über das Verschwinden zahlreicher Alpentierarten in einem Buch zu vereinigen.

Die weitere Arbeit bestand vornehmlich im Wühlen in alten und zeitgenössischen Texten, Büchern und Berichten unterschiedlichster Art. Auffallend beziehungsweise bezeichnend dabei war, daß sich eine blutige Spur, die den Leidensweg vieler Tierarten begleitete, wie der sprichwörtliche rote Faden durch das zu verarbeitende Material zog. Die Nachforschungen bescherten mir viele Stunden des Entsetzens und die Konfrontation mit einer Wesensart des Homo sapiens: Töten aus Profitsucht! Zahlreiche Tierarten des Alpenraumes starben nämlich, wie im folgenden aufgezeigt werden soll, durch direkte Ausrottung durch den Menschen aus.

Mein Anliegen ist es, den Hergang des Aussterbens oder der weitreichenden Ausrottung beziehungsweise Vertreibung verschiedener, mitunter schon weitgehend vergessener Wirbeltierarten des Alpenraumes zu veranschaulichen.

EINLEITUNG

Wann, wo, weshalb und wie eine Tierart, die einst den Alpenraum bewohnte, vollkommen verschwand oder in die Gefahr des Aussterbens geriet, möchte ich dem Leser vor Augen führen.

In der Einleitung vieler Abschnitte wird auf erste Abhandlungen und auch auf kulturgeschichtliche Quellen zur behandelten Art eingegangen. In diesen Abschnitten finden sich für den Leser des ausgehenden zwanzigsten Jahrhunderts zahlreiche sonderbar anmutende Kuriositäten.

Dann wird eine Einordnung in die gängige Systematik geboten. Daran schließt in vielen Kapiteln eine Chronologie des Aussterbens oder der Ausrottung der einzelnen Tierart an. Sie veranschaulicht, wie schnell mitunter eine Art ausstarb. Zu den Zeitpunkten beziehungsweise Zeiträumen des Aussterbens einer Spezies werden die jeweiligen Staaten, Bundesländer, Regionen, Täler oder Ortschaften, in denen dies zu vermerken war, angegeben. Das Hauptaugenmerk wurde dabei auf das Schicksal der jeweiligen Tierart in Österreich und der Schweiz gelegt. Dazu wurden Angaben über das letzte Vorkommen oder über die letzten Beobachtungen und Abschüsse in Südtirol und in den Alpenregionen Deutschlands eingearbeitet.

Es folgt die Auflistung der mannigfaltigen Gründe des Aussterbens beziehungsweise der Ausrottung der betreffenden Tierart. Motive wie Jagdfanatismus, Trophäengier und Genußsucht kommen dabei ebenso zur Sprache wie natürliche Faktoren, die zum Verschwinden einer Tierart führten.

Dargestellt wird auch, wie die behandelte Tierart gejagt oder gefangen wurde. Hier werden, wenn möglich, alte Texte über Jagdmethoden und Jagdbegebenheiten längst vergangener Tage zitiert, um ein anschauliches Bild von einstigen Begegnungen von Menschen und Tieren zu geben. In diesem Zusammenhang werden sowohl vergangene Einstellungen des Menschen gegenüber Wildtieren

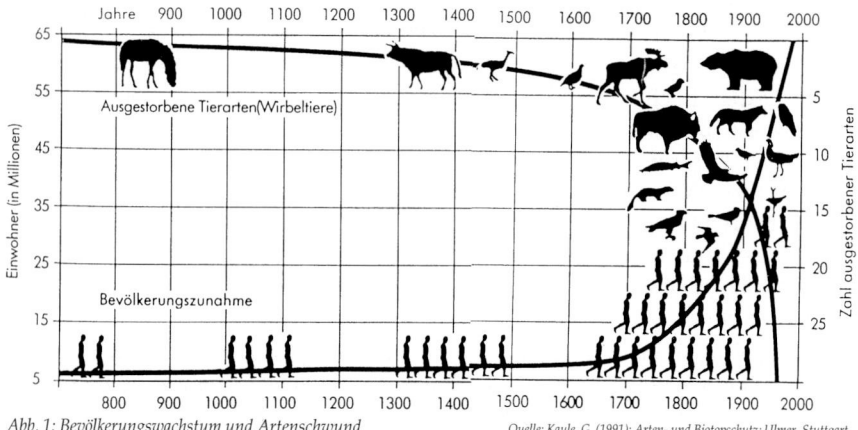

Abb. 1: Bevölkerungswachstum und Artenschwund   Quelle: Kaule, G. (1991): Arten- und Biotopschutz; Ulmer, Stuttgart

EINLEITUNG

beschrieben als auch Reaktionen von Menschen des zwanzigsten Jahrhunderts auf plötzliche Konfrontationen mit längst totgeglaubten Arten im Rahmen von Wiederansiedelungsprojekten.

Die Beschreibung der Anstrengungen und Versuche, eine bestimmte Tierart in einem geeigneten Gebiet wiederanzusiedeln, wiedereinzubürgern oder auszusetzen, steht am Ende vieler Abschnitte.

Hinzugefügt wurde noch ein Anhang über Fabelwesen mit Schuppen, die einst nach dem Glauben vieler Menschen vergangener Jahrhunderte in vielen Gebieten der Alpen gelebt haben sollen. Es ist dies ein Exkurs in die Welt nie existierender, aber oft genannter und für leibhaftig gehaltener „Lebewesen". Eine Erwähnung dieser imaginären „Kreaturen" ist gerechtfertigt, zumal sie im Denken des modernen Menschen keine Rolle mehr spielen, also „ausgestorben" sind.

Zuletzt möchte ich mich herzlich bei jenen Personen bedanken, die sowohl direkt als auch indirekt zum Gelingen des vorliegenden Bandes beigetragen haben.

Mein aufrichtiger Dank gebührt Frau Dr. Ruth M. Wokac, die die Gesamtredaktion der „Grünen Reihe" leitet und seinerzeit, als ich eine Rohfassung des vorliegenden Bandes an das Bundesministerium für Umwelt schickte, das Thema aufgriff und mir mit Rat und Tat bis zur Fertigstellung des Manuskripts zur Seite stand.

Mein besonderer Dank gilt Ralph Huttary, der mich tatkräftig bei der Beschaffung und Herstellung der Photographien von alten Stichen unterstützte.

Herzlichen Dank möchte ich Eva für ihre Geduld während der Entstehungsphase dieses Bandes aussprechen.

Schließlich möchte ich noch meinen Eltern danken, ohne die diese Arbeit nie zustande gekommen wäre.

Meine besondere Bewunderung gilt schließlich allen Menschen, die sich für gefährdete Organismen und deren Zukunft einsetzen.

Zirl, im Dezember 1995   *Wolfgang B. Kößler*

Literaturverweise im Text sind durch hochgestellte fortlaufende Ziffern gekennzeichnet und beziehen sich auf die entsprechenden Titelzitate im Literaturverzeichnis.

Säugetiere
(Mammalia)

I. RAUBTIERE

Die Ordnung der Raubtiere (Carnivora) ist im Alpenraum mit zwölf Arten vertreten, die sich auf vier Familien aufteilen:

1. Katzenartige Raubtiere (Felidae)
   Nordluchs (Lynx lynx)
   Wildkatze (Felis silvestris)

2. Hundeartige Raubtiere (Canidae)
   Wolf (Canis lupus)
   Rotfuchs (Vulpes vulpes)

3. Bären (Ursidae)
   Braunbär (Ursus arctos)

4. Marderartige Raubtiere (Mustelidae)
   Baum- oder Edelmarder (Martes martes)
   Stein- oder Hausmarder (Martes foina)
   Hermelin (Mustela erminea)
   Mauswiesel (Mustela nivalis)
   Waldiltis (Mustela putorius)
   Dachs (Meles meles)
   Fischotter (Lutra lutra)

Foto oben:
Nordluchs (Lynx lynx)
Foto: J. Cerveny, Prag

Foto rechts:
Wildkatze (Felis silvestris)
Foto: Worel, Bayerischer Wald

Wolf (Canis lupus)
Foto: J. Cerveny, Prag

Rotfuchs (Vulpes vulpes)
Foto: J. Cerveny, Prag

Foto oben: Fischotter (Lutra lutra)
Foto: J. Cerveny, Prag

Foto rechts:
Braunbär (Ursus arctos)
Foto: J. Cerveny, Prag

Foto oben:
Steinbock (Capra ibex)
Foto: Nationalparkverwaltung
Hohe Tauern, Salzburg

Foto links:
Wisent (Bison bonasus)
Foto: Alpenzoo Innsbruck

Foto rechts:
Feldhase (Lepus europaeus)
Foto: J. Cerveny, Prag

Foto unten:
Murmeltier (Marmota marmota)
Foto: Nationalparkverwaltung
Hohe Tauern, Salzburg

*Foto links:
Schmutzgeier
(Neophron percnopterus)
Foto: Alpenzoo Innsbruck*

*Foto unten:
Mönchsgeier (Aegypius monachus)
Foto: Alpenzoo Innsbruck*

Foto oben:
Bartgeier (Gypaetus barbatus)
Foto: Alpenzoo Innsbruck

Foto rechts:
Gänsegeier (Gyps fulvus)
Foto: Alpenzoo Innsbruck

Foto oben:
Balzender Birkhahn (Lyrurus tetrix)
Foto: Alpenzoo Innsbruck

Foto links:
Schneehuhn (Lagopus mutus)
Foto: Alpenzoo Innsbruck

SÄUGETIERE

Der Nordluchs

1. Systematik

Zwei Vertreter der katzenartigen Raubtiere lebten mehr oder weniger häufig in Europa und ebenso im Alpenraum. Beide Arten sind nicht näher miteinander verwandt, zumal der Nordluchs *(Lynx lynx)* zur Unterfamilie der Luchse (LYNCINAE), die Wildkatze *(Felis silvestris)* zur Unterfamilie der Kleinkatzen (FELINAE) gezählt wird[1]. Auffallenderweise war der Nordluchs schon immer die häufigere Art, er wurde aber im Alpenraum vollkommen ausgerottet.

In der heutigen Systematik der Luchse der Gattung *Lynx* werden zwei Arten geführt[2], nämlich der Rotluchs *(Lynx rufus)*, der in den mittleren und südlichen Gebieten Nordamerikas anzutreffen ist, und der Nordluchs *(Lynx lynx)*. Letzterer bewohnte früher fast ganz Nordeurasien und große Teile Nordamerikas. Der Nordluchs wurde wegen seiner vielfältigen Färbungen und Zeichnungen seines Felles in mehrere Arten eingeteil. Diese Einteilung hat heute keine Gültigkeit mehr. Die Luchse werden heute zu einer Art zusammengefaßt. Man unterscheidet folgende Unterarten: den kleinen und besonders stark gefleckten Pardelluchs *(Lynx lynx pardina)*, der auf der iberischen Halbinsel lebt, sowie den Polarluchs *(Lynx lynx canadensis)*, auch Kanadaluchs genannt. Die Nominatform ist der Nordluchs Mitteleuropas *(Lynx lynx lynx)*.

Luchse haben einen Stummelschwanz, einen Backenbart, Haarbüschel, sogenannte Pinsel an den Ohrspitzen, und für katzenartige Raubtiere relativ lange Beine.

2. Zur Geschichte

Zur Blütezeit der Zirkusspiele im alten Rom, im 2. Jh. v. Chr., wurde der Luchs weitaus seltener vorgeführt als etwa der Leopard, der Löwe oder der Gepard. Es war damals viel schwieriger, einen Luchs in den undurchdringlichen Wäldern zu fangen und zu halten als etwa Leoparden, die zu Tausenden aus Afrika nach Rom geschifft wurden. Die meisten der in jenen Tagen gezeigten Luchse stammten ursprünglich aus Gallien, wo sie von römischen Legionären mittels Fallen gefangen wurden.

SÄUGETIERE

Bei den alten Germanen spielte der Luchs die gleiche Rolle wie die Katze. Wahrscheinlich war er es, der als Tier der Freyja, der Göttin der Schönheit und der Liebe, aufgefaßt wurde und laut sehr alten Überlieferungen ihren Wagen gezogen hat. Die erste schriftliche Bemerkung über den Nordluchs findet sich bei Plinius d. Ä. (23–79 n. Chr.). Er berichtete in seiner Enzyklopädie „Geschichte der Natur", daß der Luchs nach alter Sage durch Wände hindurchsehen könne und daß sein Harn zu leuchtenden Karfunkeln gerinne. Karfunkel sind feuerrote Edelsteine, die im Märchen durch die Kraft ausgezeichnet sind, ihre Träger unsichtbar zu machen. Der Luchs würde deshalb seinen Harn neidisch verscharren „Vidit lynx per muros et minxit lapidem nigrum"[16].

Über die Urbarmachung des Gebietes um den im Osten von Nordtirol gelegenen Pillersee ist ein über tausend Jahre alter Bericht aus dem Jahr 955 erhalten geblieben[4]. Darin wird jene Gegend als „fürtrefflich" für die Weide gerühmt, nur kämen dort leider viele „pern, wölff und große tieger vor". Der Luchs wurde damals in dieser Gegend als „tieger" bezeichnet.

Im Althochdeutschen (750–1050 n. Chr.) bedeutete „Luhs", von dem sich das Wort Luchs herleitet, soviel wie Funkler, abgeleitet von den bernsteinfarbenen Augen des Luchses.

Abb. 2: Konrad Gesner

Konrad Gesner (1516-1565) machte in seiner „Historia animalium" über den Luchs folgende Bemerkungen [5]:

Kein thier ist daß so ein scharpffe gesicht habe als ein Luchß, dann nach der sag der Poeten sollen sy auch mit iren augen durchtringen die Ding so sunst durchscheynbar nit sind, als wänd, mauren, holtz, stein und dergleychen. Dargegen so inen durchscheynbare Ding fürgehalten werden, so hassen sy ir gesicht und sterben daruon ... ist sunst ein röubig thier gleich dem Wolff, doch viel listiger.

3. Zum Aussterben des Luchses im Alpenraum

Chronologie

Bis in das Mittelalter bewohnte der Nordluchs in mehr oder minder großen Populationen die weiten Waldungen und Gebirgszüge Europas und war besonders in den Alpen häufig anzutreffen. Die Verdrängung des Luchses auf syste-

SÄUGETIERE

matische Art und Weise begann in der zweiten Hälfte des 17. Jh. mit dem Aufkommen von immer vollkommeneren Schußwaffen. Um das Jahr 1700 war sein riesiges Verbreitungsgebiet bereits stark geschmälert, und in dicht besiedelten Landstrichen war er schon ausgerottet oder vertrieben.

Als dankbare Quelle über letzte Abschüsse beziehungsweise Sichtungen von Luchsen erweist sich das Büchlein „Aussterbende Tiere" von Kurt Floericke, das im Jahr 1927 erschienen ist. Zahlreiche der folgenden Daten wurden aus diesem Kosmos-Büchlein entnommen[6].

Abb. 3: Nordluchse

Österreich

1824 wurde der letzte Luchs Salzburgs erlegt.
1835 wurde der letzte Luchs bei Steyrling in Oberösterreich erlegt.
1841 fiel ein Luchs in der Nähe von Sternleiten bei Lilienfeld/Niederösterreich einem Jäger zum Opfer.
1855 wurde der letzte Vorarlberger Luchs im Bregenzer Wald erlegt.
1864 wurde ein Luchs bei St. Lambrecht in der Steiermark erschossen.
1873 wurde der letzte Luchs Nordtirols erlegt. Noch in den Jahren von 1521–1589 wurden in Nordtirol für 645 getötete Luchse Prämien ausgezahlt.
1873 wurde der letzte Luchs am Rosenkogel-Gaal erlegt.
1875 wurde das letzte Exemplar in den Kärntner Karawanken erlegt.

Im Jahr 1902 wurde eine vierköpfige Luchsfamilie in den schluchtenreichen, düsteren Waldungen an der Ybbs beobachtet. Diese riß 30 Rehe, denen in der für den Luchs bezeichnenden Art der Kopf abgetrennt wurde. Trotz eifriger Nachstellungen konnten die Tiere nicht gefangen oder getötet werden. Nach einiger Zeit wanderten die Katzen von selbst ab. Woher die Familie stammte und wohin sie weiterzog, konnte nie herausgefunden werden.
1965 wurde bei Marchegg in Niederösterreich abermals ein Luchs erlegt, der wahrscheinlich aus den Karpaten nach Österreich eingewandert war.

SÄUGETIERE

Südtirol

1824 wurde ein Tier bei Bruneck erlegt.

1872 wurde auf dem Friedhof von Schlanders ein angeblicher Wolf erschlagen; dessen zur Einlösung des Schußgeldes eingereichte Vorderpfote erwies sich aber als die eines Luchses.

Am 3. Mai 1872 wurde bei Stauders ein Luchs angeschossen aber erst eine Woche später verludert aufgefunden. Trotz seiner tödlichen Verletzungen brachte es dieses Tier noch fertig, einen Hasen zu schlagen. Dies war einer der letzten Ostalpenluchse, der, sicheren Belegen folgend, erlegt wurde. Er wurde ausgestopft und bereicherte sodann eine Gymnasialsammlung in Chur. 1873 wurde ein Luchs bei Graun im Vintschgau erlegt.

Schweiz

Vorangestellt sei eine Einschätzung von Friedrich von Tschudi (1818–1889) über die Häufigkeit des Vorkommens des Nordluchses in der Schweiz aus den sechziger Jahren des 19. Jh.[7]:

> *„Gegenwärtig wird der Luchs bei uns nicht häufig mehr gefunden; noch vor 30 Jahren war es keine Seltenheit, daß allein in Bünden in einem Jahre 7–8 Exemplare erlegt wurden, während gegenwärtig kaum ein Stück jährlich in der Schweiz überhaupt als Beute fällt. Ohne Zweifel zählt der Südosten unseres Landes noch die meisten der früher überall häufigen Luchse; dann die Hochwälder der Walliser-, Tessiner- und Bernergebirge, seltener die Urner-, sehr selten die Glarneralpen. Im waadtländischen Jura (wo die wilde Katze noch in den Bezirken Ryon und Cossoner vorkommt, nicht aber in den dortigen Alpen) hausen keine Luchse, wohl aber in den Alpen von Oesch und Bex, doch so selten, daß in 40 Jahren nur fünf Stück erlegt wurden.*
> *Eher trifft man ihn noch, wenn auch durchaus nicht regelmäßig mehr im Engadin, im Prättigau, Schamsertal und Oberland, Bergell, Oberhalbstein, in Wallis in den Tälern von Visp (wo zuletzt im Januar 1862 ein schönes Exemplar erlegt wurde), Gombs und Bagne, wo er ,Thierwolf' genannt wird, und im finstern Urwald, dem ,Dubenwald' im Turtmanthal, sowie im Einfischthale, wo im März 1866 ein Luchs geschossen wurde, der im vorhergehenden Sommer gegen 200 Schafe in einen Abgrund gesprengt hatte. Etwas regelmäßiger tritt er im ennetbirg-schem Aostatal auf, wo im Sommer 1860 zwei alte Exemplare erlegt und ein Junges lebend eingefangen wurde."*

Um 1850 beschränkte sich die Zahl der alljährlich auf dem Gebiet der gesamten Schweiz abgeschossenen Luchse auf 7–8 Stück. Im Jahr 1878 wurde der letzte bodenständige Schweizer Luchs erlegt. 1887 wurden noch Fälle von Abschüssen von Luchsen aus den Kantonen Wallis und Graubünden gemeldet. Diese Angaben schienen jedoch den Wildhütern nicht genug beglaubigt zu sein, zumal die für damalige Verhältnisse hohen Schußprämien, die selbst zu diesem Zeitpunkt noch galten, von den Jägern nicht eingehoben wurden, weshalb 1878 als das Jahr der Ausrottung des Luchses in der Schweiz angesehen wird.

Deutschland

1790-1838 Zwei bayrische Jäger, Vater und Sohn, erlegten in diesen Jahren noch 30 Luchse im Eisengebirge.

1820/21 Im Winter wurden laut Kobell in der Umgebung von Ettal in Oberbayern noch 17 Luchse erlegt.

1826 Sieben Luchse wurden bei Berchtesgaden erlegt, ab diesem Zeitpunkt jedoch kein weiterer mehr in dieser Gegend.

1826 Fünf Luchse wurden im südlich von Ulm gelegenen Riß erlegt.

1829 Im Forstamt Partenkirchen in den Revieren Garmisch 3, Eschenbach 5 und im Vorderriß wurden fünf Luchse erbeutet.

1830 Im Revier Marquartstein an der Grenze zu Tirol wurden vier Luchse geschossen; darunter befand sich ein sehr altes Männchen von 34 Kilogramm Gewicht, das keinen Zahn mehr besaß.

1830 Ein gewisser Langkovel berichtete, daß über der Tür des Forsthauses im Hindelangertal zwölf präparierte Luchsköpfe hingen. Dies waren die Jagdtrophäen der dort seit langer Zeit ansässigen Försterfamilie. Einer dieser Luchse wurde 1830 auf der Zipfelalp erlegt.

1831 Sechs Luchse wurden im Riß erlegt.

1832 Im Revier Immenstadt im Allgäu wurden noch drei Luchse erlegt. Eineinhalb Jahre später wurde dort der letzte Luchs gefangen.

1834 Der letzte Luchs wurde in Baden bei Wertheim auf der Halde eines Steinbruches von einem Förster erlegt.

1838 Der letzte Luchs wurde im Rettenschwangertal erlegt.

1843 Ein Luchs wurde im Dörensberger Revier erlegt.

1846 Am 15. Februar 1946 wurde der letzte Luchs von Württemberg erlegt.

1846 Einer der letzten Luchse wurde auf der Schwäbischen Alb erlegt.

1850 Zwei Luchse wurden auf der Zipfelalp erlegt. Wahrscheinlich sind auch in den kommenden Jahren noch einige Luchse in dieses Gebiet von Tirol übergewechselt.

1872 Am 25. Mai wurde bei Partenkirchen der letzte dort lebende Luchs erlegt.

1888 Als der letzte süddeutsche Luchs darf wohl der bei Rot am See erlegte gelten. Es wurde behauptet, daß dieses Tier aus Tirol eingewechselt sei, was aber unwahrscheinlich erscheint, da es dort bereits keine Luchse mehr gab.

Gründe

Die Bejagung

Die enormen **Schäden**, die der Luchs unter den Viehbeständen der Bauern und der übrigen Landbevölkerung anrichtete, waren der Hauptgrund für die intensive Bejagung und die damit einhergehende Ausrottung dieser Katzenart in Mitteleuropa.

Luchse ziehen in der Regel wildlebende Tiere Haustieren als Beute vor. Normalerweise meiden die wilden Katzen die Nähe des Menschen oder suchen diesem möglichst aus dem Weg zu gehen. Jedoch mit der Urbarmachung immer weiterer Talschaften schrumpfte der Lebensraum der Raubtiere zusammen. Auch die Wildbestände wurden durch den Menschen kontrolliert und regional arg dezimiert. So eröffnete sich den Luchsen, wollten sie überleben, in Form der Haustiere eine ergiebige und leicht auszuschöpfende Beutequelle. Für viele Individuen stellten die Viehbestände mitunter sogar die Lebensgrundlage dar. Ebenso sicherten die leichter zu überwältigenden Haustiere das Überdauern von alten, geschwächten Exemplaren, die ansonsten schon eher zugrunde gegangen wären. Auch der Umstand, daß in den vergangenen Jahrhunderten das Vieh noch den größten Teil des Jahres auf offener Weide verbrachte und die Stallfütterung erst wenig üblich war, kam den Luchsen auf ihren Beutezügen gelegen.

Der Luchs riß gelegentlich Geflügel, zumeist aber Schafe und Ziegen. Nur in äußersten Notfällen wagte er sich an Pferde oder Rinder, und da auch nur an junge, kranke oder altersschwache Tiere.

Mitunter konnte ein einzelner Luchs großen Schaden unter den Viehbeständen anrichten. So wurde z. B. im Februar des Jahres 1813 im Kanton Schwyz am Axenberg ein Luchs geschossen, der angeblich in wenigen Wochen an die vierzig Schafe und Ziegen gerissen hatte. Im Sommer 1814 erbeuteten drei oder vier Luchse in den Gebirgen des Simmentales mehr als 160 Schafe und Ziegen. Ebenso sprengte ein einzelner Luchs im Einfischtal im März 1866 etwa 200 Schafe in einen Abgrund.

Eine Begebenheit aus der Schweiz, die sich im 19. Jh. ereignete, zeigt zu welchen Taten ein vermutlich sehr ausgehungerter Luchs imstande war: In seiner Not wollte sich dieser in einem besonders harten Winter durch das Erdreich in einen Stall graben. Ein Ziegenbock jedoch, der die drohende Gefahr bemerkte, stieß mit seinen Hörnern zu, gerade als das Raubtier den Kopf aus dem Tunnel heben wollte. Der Luchs blieb tot liegen.

Im Bregenzer Wald sprengte einst ein Luchs eine Schafherde von 600 Stück in einen Abgrund, woraufhin deren Besitzer völlig verarmte.

Im nahen Tirol, wo dieses Raubtier ebenfalls enorme Schäden anrichtete, nannte man den Luchs „Blutschreck".

In Sulzbach in der Steiermark hatte ein Luchs im Laufe eines Jahres ungefähr 90 Schafe gerissen, in Weißenbach an einem Tag neun.

Im Liechtensteinschen Forst bei Rosenbach hat sich ein Luchs hauptsächlich von Rehen und Schneehasen ernährt, aber auch die dortigen Gemsen stark beunruhigt und in einer Nacht sieben gerissen. Die dort wohnenden Leute glaubten zuerst, daß ein Bär die Gemsen getötet hätte, bis ein Jäger herbeigerufen wurde, der an der Art, wie die Tiere getötet worden waren, erkannte, daß ein Luchs sie geschlagen hatte.

Johann Matthaeus Bechstein (1757–1822), ein Ornithologe und Forstmann, berichtete, daß ein Luchs, der sich im Thüringer Wald aufhielt, in einer Nacht 30 Schafe getötet hatte.

Die Angst um Geflügel, Schafe, Ziegen, Rinder und Pferde, von denen oft die unmittelbare Existenzgrundlage vieler Menschen abhing, veranlaßte die Bauern, ihrem Konkurrenten und Feind systematisch nachzustellen. Ihr deklariertes Ziel war es, den Luchs vollkommen auszurotten!

Abb. 4: Nordluchs mit gerissenem Auerhahn

In den vergangenen Jahrhunderten war der Luchs immer wieder als **Jagdkonkurrent** angefeindet worden. Die Jagd war vornehmlich dem Adel sowie dem gehobenem Stand vorbehalten. Diesen edlen Herren waren die drei großen Beutegreifer der Wälder, Braunbär, Wolf und Nordluchs, schon immer ein Dorn im Auge gewesen.

Das natürliche Beutespektrum des Nordluchses reicht von der kleinsten Maus über Eichhörnchen, Murmeltiere und Füchse hin bis zu Hirsch und sogar Elch (Skandinavien), wobei aber nie kapitale oder erwachsene Tiere angegangen werden. Das Raubtier weiß um die Wehrhaftigkeit des Schwarzwildes Bescheid, weshalb es lediglich Jungtiere schlägt und einem Keiler und dessen Gefolgschaft geflissentlich aus dem Weg geht. Die bevorzugte Beute sind Rehe, Hirschkälber, Gemsen, die ihm aber oft infolge ihres scharfen Witterungsvermögens entgehen, sowie Hasentiere, auf deren Erbeutung sich der Luchs in manchen Regionen spezialisiert hat. Aas von nicht selbst geschlagenen Tieren meidet der Luchs und nimmt es lediglich in Notsituationen zu sich, weshalb auch ausgelegte Kadaver als Lockmittel nur selten Erfolg versprechen. Mit großer Geschicklichkeit fängt diese Katze Forellen aus dem Bach und Vögel aus der Luft und versteht es, mit viel Geduld die vorsichtigen Schnepfen, Auer-, Birk-, Hasel-, Schnee- und Steinhühner zu beschleichen. Dabei schmiegt sich das Raubtier dicht an den Untergrund und versucht, wenn es sich weit genug an das anvisierte Beutetier genähert hat, dieses in wenigen, weiten Riesensprüngen zu erreichen, niederzuwerfen und zu töten.

Abb. 5: Dr. Alfred Edmund Brehm

Solche Sätze messen unter Umständen bis an die vier Meter. Nach Alfred Edmund Brehm (1829–1884)[8] hatte ein Luchs einen Hasen erwischt, nachdem er ihm, was durch die Spuren im Schnee festgestellt werden konnte, in neun Sprüngen von jeweils durchschnittlich dreizehn Fuß, also etwa vier Meter, nähergekommen war.

Neben dem Beschleichen ist das Auflauern einer Beute eine weitere Jagdmethode dieser Katzenart. Läßt der Luchs sich auf einem Baum mit groben, flechtenbehangenen Zweigen nieder, so „verschmilzt" er dank seiner Tarnfärbung für das Auge der Beutetiere und des Menschen derart vollkommen mit seinem Hintergrund, daß selbst im beschränkten Raum eines Tiergartengeheges der geübte Beobachter eine gewisse Mühe hat, ihn sofort ausfindig zu machen. Von diesem Platz aus

SÄUGETIERE

springt der Luchs, seinem Beutetier auf den Rücken und versucht, es durch einen kräftigen Biß in den Nacken oder in die Halsschlagader zu unterwerfen. Verfehlt die Katze jedoch das ausgewählte Beutetier, so setzt sie ihm lediglich ein paar Sätze nach und läßt sodann von ihm ab, da sie es nicht mehr einzuholen vermag. Die Chancen, einen Hasen oder ein Reh im Winter bei tiefem Schnee einzuholen, stehen ungleich besser, da die überaus großen Tatzen des Luchses wie Schneeschuhe wirken und daher ein Einsinken weitgehend verhindern.

Der Luchs schnappte den Jagdherren nur selten kapitale Böcke oder Sechzehnender weg, sondern er erbeutete nur kranke und altersschwache Individuen, die ohnehin keine guten Trophäen und kein bekömmliches Wildbret abgegeben hätten. Diese Tatsache wurde jedoch nur selten erkannt und stattdessen gnadenlose Jagd auf den Luchs gemacht.

Hohe **Abschußprämien** für jeden erlegten Luchs führten schließlich dazu, daß den Bauern mit der Jagd auf den Luchs gleich zweimal gedient war: der verhaßte Feind wurde vernichtet und brachte zudem Bargeld.

Neben den fetten Prämien für jeden erlegten Luchs reizte auch dessen **Pelzwerk**, das die Jäger für viel Geld an die Kürschner und diese wiederum für noch mehr Geld an die feinen Damen und Herren weitergaben.
Besonders König Friedrich Wilhelm I. (1688–1740) legte großen Wert auf die pünktliche Einlieferung aller Luchs- und Biberfelle. Sollte die Lieferung in Verzug geraten sein, so pflegte er zu schreien: „Die Lux Heutte will vor mir haben!". Pelze aus dem Norden Europas wurden wegen ihrer besonderen Qualität Fellen aus dem Süden des Kontinents vorgezogen. Nach Färbung und Zeichnung unterschieden die Jäger den Wolf-, Hirsch-, Fuchs- und den Katzenluchs. So hatte etwa der Katzenluchs auf silbergrauem, nach der Bauchseite zu weißlichem und langhaarigem Fell, zahlreiche bis zu drei Zentimeter lange, ziemlich scharf abgesetzte Vollflecken, der Fuchsluchs hingegen bei rotgrauer Grundfarbe nur wenige kleine und meistens undeutliche, unscharfe Flecken. Die Sinnhaftigkeit solcher künstlichen Arteneinteilungen muß allerdings in Frage gestellt werden, da häufig unterschiedlich gezeichnete und gefärbte Jungtiere in einem Wurf auftreten können.

Die **Luchskrallen** wurden als Luchskräneln bezeichnet. Erfolgreiche Schützen ließen sich diese in Silber fassen und befestigten sie an ihren Uhrketten. Besonders unter der ländlichen Bevölkerung, die ja am meisten vom Tod ihres Feindes profitierte, genossen diese „Helden" Bewunderung und Ansehen.

Schließlich galt das **Fleisch der Luchses** in vergangenen Tagen als besonders erlesene Delikatesse. Es wurde als hellfarbig, ohne jeglichen Wildgeschmack und dem besten Kalbfleisch gleich beschrieben. Ein gewisser Baron Oskar von Loewis

hat einst einer Gesellschaft baltischer Feinschmecker einen Luchsbraten kredenzen lassen, der allgemein für Truthahn gehalten wurde.
Zudem war das Auftischen von Luchsfleisch eine enorme Prestigeangelegenheit, was folgende Begebenheit deutlich macht; Gegen Ende des 16. Jh. sandte Graf Georg von Henneberg zwei von seinen Jägern erlegte Luchskatzen an den Landgrafen Wilhelm in Kassel mit folgenden, nicht uneigennützigen Worten[8]:

„Als Thun wir Euer Liebden, dieselbigen wohl verwahrt und in dem Verhoffen, daß sie Euer Liebden nach Gelegenheit dieser noch währenden Winterszeit frisch zugebracht werden können, überschicken. Freundlich bittend, daß Euer Liebden wolle solche für lieb und gut annehmen und deroselben neben Ihrer Gemahlin und junger Herrschaft in Fröhlichkeit und guter Gesundheit genießen und wohlschmecken lassen."

Weiters sollen unter anderem im Rahmen des Wiener Kongresses von 1814 auf 1815 auch zahlreiche Luchsbraten aufgetafelt worden sein.
Doch je seltener diese Speise durch die allmähliche Ausrottung dieser Katzenart wurde, desto geschätzter wurde sie auch, was sich deutlich auf den Marktpreis auswirkte.
Dem Luchsfleisch wurden aber auch heilkräftige und wunderwirkende Eigenschaften zugeschrieben. So erhielt im Jahr 1819 die bayrische Jägerschaft den Auftrag, sofort und unter allen Umständen einen Luchs zur Strecke zu bringen, da dessen Fleisch dem bayrischen König als Mittel gegen seine Schwindelanfälle verabreicht werden sollte.

Die Luchsjagd

Eine bewährte Methode, dieses Tier zu fangen, war das Auslegen von Eisenfallen, zumeist Tellereisen. Voraussetzung für das erfolgreiche Auslegen war die genaue Kenntnis der Lebens- und Verhaltensweise des Luchses. Doch das allein war noch keine Gewähr für einen erfolgreichen Fang, da das Revier eines Luchses unter Umständen sehr weitläufig sein konnte und das kluge Tier die Fallen ganz einfach mied. Dreiste Katzen wagten sich sogar an diese heran, beschnüffelten sie, markierten darauf noch ihr Revier und entnahmen bisweilen unendlich vorsichtig die Köder, ohne dabei selbst Schaden zu nehmen.

Es wurde auch von Fällen berichtet, daß Luchse samt den schweren Tellereisen noch versucht haben zu fliehen, nachdem sie diese von ihrer Verankerung gelöst hatten. Ein Tier soll auf diese Weise sogar auf einen hohen Baum geklettert sein. Luchse kehren, wenn sie ein größeres Beutetier erlegt haben, mehrmals zu diesem zurück, um sich daran gütlich zu tun. Nimmt der Fallensteller zufällig einen

solchen Kadaver wahr, was sehr selten der Fall ist, so bemüht er sich, in der Nähe sein Eisen zu befestigen. Dabei muß er sehr behutsam vorgehen und hoffen, daß die mißtrauische Katze durch seine Aktivitäten und durch seine Anwesenheit auf die Beute nicht vollkommen verzichtet.
Luchse setzen ihre Losung an bestimmten Plätzen, in ihrem Revier als Duftmarken ab und inspizieren diese in mehr oder minder großen Abständen. Diese Tatsache machten sich Fallensteller zunutze und legten ihre Eisen in unmittelbarer Nähe dieser Orte aus. Doch auch hier gingen ihnen die schlaue Katzen nur selten in die Fallen.

Die bewährteste Art, des Luchses habhaft zu werden, war die Treibjagd, wenn sie auch ein sehr geplantes und konsequent durchgeführtes Vorgehen verlangte; ging es doch darum, ein Tier zu fangen, das seinerseits ein äußerst kluger Jäger war, der sich in vielerlei Jagdtechniken auskannte, und dem außerdem sein Revier wie keinem zweiten Lebewesen vertraut war. Ein gewisser Nolcken weiß über die Treibjagd auf den Luchs folgende Tatsachen zu berichten:

> *„In den meisten Fällen ist es leicht, den Luchs zu kreisen, doch hat dies manchmal seine Schwierigkeiten. Beim Treiben selbst hat man ganz anders zu verfahren als beim Fuchstreiben. Nur wenige Tiere lassen sich selbst durch eine geringe Treiberwehr leichter treiben als der Fuchs, kein einziges aber schwerer als der Luchs. Dies begründet sich auf das durchaus verschiedene Wesen beider Tiere. Der Luchs ist ein scheues und vorsichtiges Raubtier, besitzt aber in hohem Grade jene Ruhe und jene benommene Geistesgegenwart, welche allen Katzenarten eigen zu sein scheint. Er meidet den Menschen, fürchtet jedoch keinen Lärm."*

> *„...Der Höllenlärm der Treiber war bereits ganz nahe zu hören, als ein Luchs erschien. Noch war er etwas zu weit entfernt von den Schützen, um eine Ladung zu erhalten, als ein weißer Hase, gleichfalls durch die Treiber gehoben, schräg zwischen ihm und den Schützen hindurchrutschte. Unbeirrt durch all den Lärm konnte der Luchs sich nicht enthalten, auf denselben zu fahnden und that seine gewohnten drei bis vier Sätze. Er bekam den Hasen zwar nicht, wohl aber eine wohlgezielte Ladung,..."*

Wurde der Luchs bei einer seiner Wanderungen oder bei einem Beutezug mit dem Lärm der Treiber konfrontiert, so baumte er sofort auf und wurde in der Regel übersehen, wenn nicht die scharfe Nase eines Spürhundes zufällig auf seine Fährte traf. Für die Jäger war es nun meist ein leichtes, das Raubtier mit einem gezielten Schuß herabzuholen. Vorher jedoch wurden die Hunde in einiger Entfernung angebunden für den Fall, daß der Luchs nicht tödlich getroffen wurde und es sodann mit jedem Hund aufnahm. Selbst in arg verletztem Zustand konnte er oft noch als Sieger auch gegen mehrere Hunde aus dem Kampf hervorgehen.

Eine weitere, etwas fragwürdige Methode, die sehr viel Erfahrung und Einfühlungsvermögen vom Jäger abverlangte, war das Bejagen durch Lockrufe. Dieses sogenannte Reizen erfolgte stets von einem Jäger, der möglichst versteckt und für eine lange Zeit ruhig in einem Unterschlupf ausharrte. Hielt er den Zeitpunkt für gekommen, so ahmte er wahlweise den Ruf von Reh, Hase, Kaninchen oder etwa den Balzgesang eines Auerhahnes möglichst lebensecht nach, in der Hoffnung, einen Luchs, der auf Beuteschlagen aus war, auf diese Weise vor die Flinte zu bekommen.

Laut Kobell[8] erschoß ein gewisser Jäger Agerer im Jahr 1820 auf den vorgetäuschten Rehruf hin eine Luchsin mitsamt ihren drei Jungen.

Begegnete ein Jäger unvermuteterweise einem Luchs, so floh das Tier sofort auf einen Baum und verharrte darauf. Hatte der Jäger kein Gewehr bei sich, so soll es vorgekommen sein, daß er das Raubtier folgendermaßen täuschte: Er überlistete es, indem er einige Kleidungsstücke an einem Ast befestigte und diesen in das Erdreich in unmittelbarer Nähe des Baumes, auf dem sich die Katze befand, steckte. Der Luchs fixierte von seinem Auslugplatz mit großem Interesse diese Attrappe schlußendlich so lange, daß dem Jäger gewöhnlicherweise genug Zeit verblieb, um nach Hause zu laufen, ein Gewehr zu holen, zurückzukehren und schließlich das Tier herabzuschießen. Traf er dabei die Katze nicht tödlich, so schwebte er nun selbst in höchster Lebensgefahr, denn der ansonsten den Menschen meidende Luchs wird nun in seinem Schmerz ein rasender Gegner. Er springt den Jäger an, bohrt seine Krallen tief in dessen Fleisch und beißt sich wütend ein ohne loszulassen. Aus diesem Grund war es bei solch einer Begegnung ratsam, einen Hund mitzuführen, da die Katze zuerst diesen ansprang und der Mann somit über genug Zeit verfügte, um nachzuladen und abermals auf das Raubtier zu schießen.

4. Die Wiederansiedelung des Luchses im Alpenraum

Es stellt sich die Frage, wozu man den Nordluchs in den Wäldern und Gebirgszügen der Alpen wiederansiedeln soll oder, anders gefragt, wozu man dieses Raubtier in Mitteleuropa denn überhaupt „braucht"? Wiederansiedelungsgegner führen das Argument an, daß der Luchs nicht einmal in der Lage sei, das vor Jahrhunderten bestehende ausgewogene Verhältnis von Beutegreifern zu deren Beutetieren wiederherzustellen. Gemeint ist hierbei das Problem des Schalenwildes: Die Populationen von Hirschen, Rehen und Gemsen haben infolge der menschlichen Hege in manchen Gebieten derart zugenommen, daß jährlich die Verluste durch Wildverbisse und Sachschäden enorm anwachsen. Auch eine

Überpopulation Luchse wäre nicht imstande, das überaus zahlreiche Wild auf ein waldverträgliches Ausmaß zu dezimieren.

Es mag schon stimmen, daß der Luchs heute in den Wäldern in einem wirtschaftlichen Sinne nicht „gebraucht" wird, aber die heutige Gesellschaft kann es sich einfach nicht leisten, die Chance einer Wiederansiedelung eines von ihr einstmals ausgerotteten Tieres verpaßt zu haben. Auch kann eben diese Gesellschaft nicht erwarten, daß in anderen, wohl auch viel ärmeren Ländern des Südens Tierarten geschützt und wiedereingebürgert werden, solange sie nicht selbst zumindest gleiche Anstrengungen unternimmt.

In **Österreich** wurde der Luchs in mühsamer, jahrelanger Arbeit erfolgreich wiederangesiedelt. Seit Beginn des 20. Jh. erhoffte man sich vergeblich ein selbständiges Einwechseln von Luchsen aus den slowakischen Karpaten. Doch das Gebiet zwischen einem geeigneten Biotop in Österreich und den Karpaten wird über weite Strecken hin industriell genutzt und ist dementsprechend dicht verbaut, was den Katzen wenig Anreiz und Anlaß gab, dieses Hindernis zu überwinden.

Daher mußte der Mensch nachhelfen. Grundvoraussetzung für eine erfolgversprechende Wiederansiedelung ist das Vorhandensein eines Lebensraumes, der den ökologischen Bedürfnissen des Luchses gerecht wird. Dieser wurde am Dreiländereck von Salzburg, Kärnten und der Steiermark gefunden.

Das nächste Problem bestand darin, die „richtigen" Luchse zu finden. Tiergartenexemplare kamen nicht in Frage, da sie zu sehr an den Menschen gewöhnt sind und es fraglich erschien, ob diese Tiere überhaupt in freier Wildbahn überleben könnten. Jungluchse, es sind zumeist zwei an der Zahl, bleiben etwa ein Jahr bei der Mutter und lernen in dieser Zeit alles, was sie für ein selbständiges Leben in der Natur benötigen. Diese Zeit ist deshalb so lange, da die Jungtiere erst mit ungefähr neun Monaten ihre Milchzähne verlieren und sich auch in diesem Alter die Krallen vollends entwickeln; bis dahin sind sie nicht in der Lage, große Beutetiere selbst zu schlagen. Luchsen, die in einem Zoo geboren werden, fehlt zumeist dieses Überlebenstraining, weshalb sie für ein Wiedereinbürgerungsprojekt nicht herangezogen werden können.

Die sogenannten Flachlandluchse aus Skandinavien schieden auch aus, weil die als weniger deutlich gezeichneten Tiere die Luchse der Alpen und der Karpaten an Größe übertreffen.

Dem Wiedereinbürgerungsteam unter der Leitung von Prof. Dr. Antal Festetics blieb nur mehr die Möglichkeit, Wildluchse aus den Karpaten, diese gleichen den ausgerotteten Alpenluchsen am ehesten, zu fangen und in Österreich auszusetzen. Von diesen Tieren konnte erwartet werden, daß sie ein natürliches Verhalten an den Tag legten und somit gute Voraussetzungen für ein selbständiges Überleben in freier Natur hätten. Weiters hatten die Wildbiologen zu beachten, daß eine gewisse Anzahl von Tieren gefangen werden muß, um eine erfolgreiche Wiedereinbürgerung und spätere Vermehrung zu erzielen. Dabei gilt, daß ein

Dutzend Tiere die minimale Ausgangsbasis für das Entstehen einer neuen Luchspopulation darstellt.

Die Verantwortlichen des Zoologischen Gartens von Ostrava (Ostrau) in der ehemaligen Tschechoslowakei unterstützten Festetics und sein Team tatkräftig. Sie vermittelten im Rahmen einer eigens geschlossenen „Vereinbarung über wissenschaftlich-technische Zusammenarbeit bei der Erforschung des Luchses und seiner Wiedereinbürgerung in Mitteleuropa" die erforderlichen Wildfänge. Außerdem ermöglichte es dieser Zoo, an handaufgezogenen Luchsen das Verhalten dieser in freier Wildbahn schwer zu beobachtenden Katzenart zu studieren.

Mit Hilfe von Funkpeilungen versuchten die Wildbiologen, zusätzliche Erfahrungen über die Verhaltensbiologie der freilebenden Luchse zu gewinnen. Den Tieren wurde unter Narkose ein etwa 150 Gramm schwerer Halsbandsender angelegt. Im Zuge dieser Maßnahme wurden die betreffenden Tiere auch gleich gegen Tollwut geimpft. Mittels dieses Radiotelemetrieverfahrens, das im Göttinger Institut für Wildbiologie und Jagdkunde entwickelt worden war, konnten vom Peilwagen oder, wenn es die abwechslungsreiche Landschaftsstruktur nicht mehr zuließ, vom Kleinflugzeug aus die Signale der Tiere empfangen werden und somit Aufschlüsse über deren Verhalten in Erfahrung gebracht werden. Die Frequenz dieser Sender wurde von 30 Megahertz, wie sie bei Rehen üblich ist, auf 150 Megahertz für die Luchse umgewandelt, da auf diesem Weg Reichweiten erzielt werden konnten, die dem beachtlichen Lebensraum der Katze und der Hochgebirgslandschaft gerecht wurden. Es waren dies die ersten radiotelemetrischen Untersuchungen am europäischen Luchs überhaupt.

Im Winter haben die Wissenschafter bei geeigneter Schneelage außerdem die Möglichkeit, Rückschlüsse auf das versteckte Leben des Luchses durch Auffinden und Auswerten seiner Spuren zu gewinnen. Hierbei bedienten sich die Wildbiologen einer in Nordamerika und Skandinavien entwickelten Verfahrensweise, nämlich dem Auffinden der Fährten auf Skiern, was aber im Hochgebirge bis zu diesem Zeitpunkt noch nicht erprobt worden war. Trotz der Unwirtlichkeit der Berge konnten in vier Monaten insgesamt 45 einzelne Luchsfährten über ganze 80 Kilometer verfolgt werden. Allein für das Auffinden der Spuren mußten zusätzlich 320 Kilometer Wegstrecke zurückgelegt werden. Die Anstrengungen wurden jedoch belohnt. In den verschneiten Wäldern konnten Einzelheiten über das Verhalten der Tiere, über deren Jagdtechniken, über deren Markier- und Paarungsverhalten sowie über die Größe der beanspruchten Areale der einzelgängerisch lebenden Tiere herausgefunden werden.

Der maßgebende Erfolg für die Wildbiologen war aber die Tatsache, daß der Luchs im Untersuchungsgebiet verblieben und daß das Rehwild durch die Anwesenheit des Raubtieres nicht vertrieben worden war und auch kein verändertes Verhalten zeigte. Somit war der erste bedeutende Schritt, den Nordluchs in den Ostalpen wiedereinzubürgern, in überzeugender Weise geglückt.

SÄUGETIERE

In der **Schweiz** wurde der Nordluchs erstmals 1971 im Gebiet von Obwalden wieder angesiedelt. Er hat sich dort derart gut eingelebt und ausgebreitet, daß schon nach kurzer Zeit ein Bestand von über hundert Tieren registriert werden konnte. Dies war besonders erfreulich, da es das kleinst gesteckte Ziel dieser Aktion war, eine überlebensfähige, zusammenhängende und sich selbst regulierende Luchspopulation aufzubauen. Als Folge der Wiedereinbürgerung des Luchses konnte sogar eine für die Forstwirtschaft günstige Verhaltensänderung des Schalenwildes festgestellt werden. Rotwild, Rehe und auch Gemsen, die sich im Winter oft zu großen Herden zusammenschließen und bei Schlechtwetterfronten tagelang in Fichtendickichten- und Wäldern ausharren und dabei besonders an Jungbäumen erheblichen Schaden anrichten, werden durch die Anwesenheit der Luchse versprengt und zum Weiterwandern gezwungen. Zugleich verminderte sich auch das Auftreten von Seuchen unter den Huftieren, die bei solchen Ansammlungen auf engstem Raum leicht entstehen und übertragen werden können.

Weiters wurde ein Rückgang der Bestände des Fuchses, ein Beutetier des Luchses, beobachtet, was eine Verminderung der Tollwutfälle im ganzen Gebiet bedeutete.

Heute ist der Luchs auf der gesamten Alpennordseite der Schweiz sowie im Jura verbreitet.

Im März des Jahres 1973 sind in den Bergwäldern um die Stadt Kocevje in **Südostslowenien** sechs Luchse ausgesetzt worden. Auch diese Tiere vermehrten sich wie gewünscht, woraufhin einige sogar über den Oberlauf des Flusses Kupa in das Gebiet des Nationalparks Risjan in Kroatien eingewechselt sind, wo der Luchs bis zum Beginn des 20. Jh. noch heimisch war.

Weitere erfolgreiche Wiederansiedelungsprojekte konnten im **Bayrischen Wald** sowie in den **Vogesen** verzeichnet werden.

SÄUGETIERE

Die Wildkatze

1. Systematik

Wildkatzen aus der *Felis silvestris*-Gruppe stammen ursprünglich aus Asien, von wo sie nach Europa und nach Afrika eingewandert sind. Sie haben als Bewohner von warmen und trockenen Gebieten nie die Beringstraße im Osten beziehungsweise, als es der niedrigere Wasserstand der Ozeane ermöglicht hätte, die Islandbrücke im Westen überquert.

Die Wildkatze (*Felis silvestris*) zog sich, als mächtige Eismassen den Norden Europas und das Gebiet der Alpen bedeckten, in die großen Waldungen abseits der kalten Zonen zurück und entwickelte sich dort zur heutigen Waldwildkatze (*Felis silvestris silvestris*). Sie ist größer, gedrungener gebaut, langhaariger und weist einen etwas kürzeren Schwanz und kürzere Ohren auf als die steppenbewohnenden Wildkatzen (*Felis silvestris lybica*) Afrikas und Asiens. Die nacheiszeitliche Ausbreitung der Waldwildkatze in weiten Teilen Europas erfolgte ungefähr vor sieben- bis fünftausend Jahren im lockeren Eichenmischwald.

Die Waldwildkatze Zentraleuropas (*Felis silvestris silvestris*) wird als Nominatform aufgefaßt. Im folgenden Text wird die Waldwildkatze der Einfachheit halber als Wildkatze bezeichnet[9].

Abb. 6: Wildkatze

40

2. Zum Aussterben der Wildkatze im Alpenraum

Chronologie

Grundsätzlich muß festgestellt werden, daß die Wildkatze den Alpenkamm nie sehr zahlreich bevölkerte. Die rauhen klimatischen Bedingungen verwehrten ihr viele Regionen dieses Gebirgszuges. Auch die Anwesenheit des früher sehr häufigen Nordluchses, der in seinem Revier keine anderen katzenartigen Tiere duldete und diese, sofern er sie antraf, sofort tötete, erklärt die von Natur aus auffallende Seltenheit der Wildkatze in den Alpen. Bis vor wenigen Jahrzehnten zählte die Wildkatze zu den am wenigsten erforschten Säugetieren Europas. Dies hängt vor allem mit der äußerst vorsichtigen, nächtlichen Lebensweise dieser Tierart zusammen. Aus diesem Grund liegt uns auch nur wenig Zahlenmaterial vor.

Österreich

Folgende Angaben betreffen die letzten Abschüsse beziehungsweise die letzten Beobachtungen von Wildkatzen:

Vorarlberg: 1860
Nordtirol: 1865
Oberösterreich: 1862 bei Lambach
1873 im Kobernaußerwald
1902: Am ersten Dezember gelangte die wahrscheinlich letzte autochthone, also bodenständige, Wildkatze aus Geiersberg im Innviertel in den Tiergarten Schönbrunn.
Niederösterreich: In diesem Bundesland bestanden im 19. Jh. Vorkommen der Wildkatze im Leithagebirge, am Südrand der Donauauen zwischen Wien und Hainburg und in den Randlagen des Wienerwaldes. Die letzten Fänge erfolgten hier am 27. 11. 1902 bei Straßhof an der Nordbahn, im Winter 1902/03 am Bisamberg, 1909/10 bei Niederkreuzstetten und am 20. 1. 1912 im Wassertal südlich von Lilienfeld.
In Kärnten und in der Steiermark lebten noch bis in die Mitte der fünfziger Jahre des 20. Jh. Wildkatzen in geringer Anzahl. Wahrscheinlich stammten die meisten dieser Tiere aus Slowenien, von wo sie nach Österreich eingewechselt waren. Neben der Verfolgung durch den Menschen scheint das Erlöschen der autochthonen Bestände auch andere Ursachen, wie etwa die Klimaschwankungen der letzten hundert Jahre, gehabt zu haben.

Kärnten:	Ebendorf, Friesach, St. Jakob, Straßerhalt-Gösel 1952
Steiermark:	1919: Einöd
	1927: im Bezirk Deutschlandsberg
	1928: in der Nähe von St. Josef bei Stainz
	1928 und 1947: bei Zetz, nordwestlich von Anger gelegen
	1948 und 1952: bei Gabersdorf im Bezirk Leibnitz.

Schweiz

Wiederum bietet Friedrich von Tschudi **Abb. 7** (1818–89) einen Überblick über das Vorkommen und die Bestände der Wildkatze zu seinen Lebzeiten[7]:

„Im Jura ist sie nichts weniger als selten, besonders in den Bezirken Ryon und Cossoner; auch am Bötzberge und im Betenthale im Aargau. In der östlichen Schweiz weiß man wenig von ihr, ebenso in den Waldkantonen; dagegen erscheint sie in einigen Bergthälern von Wallis und Bern, hier namentlich im Grindelwaldthale, noch bisweilen, ebenso in Bünden, während im Tessin nur die verwilderte Katze bekannt zu sein scheint."

Eine Übersicht über das einstige und aktuelle Vorkommen der Wildkatze in der Schweiz stellte 1970 Schauenberg[9] zusammen. 1980 erarbeitete Eiberle[9] ein chronologisches Verzeichnis über das Auftreten dieses Raubtieres in der Eidgenossenschaft ab 1548 bis zum Jahre 1976. Einzelne Beobachtungsorte wurden in vier zeitlich aufeinanderfolgende Verbreitungskarten eingetragen. Auf diese Weise konnte das allmähliche Verschwinden der Wildkatze aus einzelnen Gebieten gut deutlich gemacht werden. Es stellte sich hierbei – im Widerspruch zu Tschudi – heraus, daß das Raubtier in der Schweiz ausschließlich im Jura hauste und außerhalb dieses Gebirgszuges nur in Ausnahmefällen zu beobachten war und ist. Die Wälder des Jura hatten sich anscheinend sowohl als Rückzugsgebiet als auch als Einwanderungsgebiet für die Wildkatze besonders gut geeignet.

Derartige Diskrepanzen kommen bei ausgestorbenen oder aus gewissen Gebieten verschollenen Tierarten oftmals vor. Selbst bei genauem Studium, auch irrtümlicher, oft wiederholter Literaturangaben, wird sich wohl nie mit letzter Sicherheit sagen lassen, ob die Wildkatze eine echte Bewohnerin der Schweizer Alpenzüge war oder nicht.

Abb. 7

Deutschland
Noch im 18. und 19. Jh. war die Wildkatze in den waldreichen Mittelgebirgen, insbesondere im Harz, im Thüringer-, Franken-, Böhmer-, Oden- und im Schwarzwald, als nicht allzu seltenes Wild anzutreffen. Auch die großen ausgedehnten, felsreichen Waldgegenden des Erzgebirges sowie die rheinischen und oberhessischen Gebirge, die zahlreiche Versteckmöglichkeiten aufweisen, besiedelte diese Tierart damals in nicht geringer Anzahl.

Bayern:
Die Wildkatze gilt sowohl in Ober- als auch in Niederbayern seit unzähligen Jahren als vollkommen ausgerottet. Als spärliches Wechselwild konnte sie noch um die Jahrhundertwende, oftmals in unregelmäßigen Zeitabständen, nachgewiesen werden.
Im Ersten Weltkrieg soll im Forstamt Klingenbrunn die letzte autochthone Wildkatze erlegt worden sein. Daß die Wildkatze im bayerischen Wald bis heute überdauern konnte, ist nicht anzunehmen.
Letzte Angaben aus Oberfranken: Bei Rettern im Landkreis Forchheim wurde im Jahr 1962 ein erwachsenes, männliches Tier getötet. 1972 wurde bei Witzmannsberg, etwa zehn Kilometer westlich von Kulmbach, ein weiterer Kuder in einer Falle gefangen.
Letzte Angaben aus dem „Coburger-Land": 1895 konnte in der Nähe von Bamberg und 1898 bei Aschberg ein letzter Vertreter dieser Tierart nachgewiesen werden. Die letzten Exemplare dieser Tierart wurden 1895, 1904, 1907 und 1911 erlegt.

Baden-Württemberg:
Die Wildkatze gilt seit dem Ende des 19. Jh. als ausgestorben. Doch in den Jahren von 1969 bis 1980 wurden im Stromberforst in Nordwürttemberg wiederholt starke Katzenfährten und andere Hinweise für die Existenz von Wildkatzen aufgefunden. Ob diese Tiere ein reliktartiges Vorkommen der autochthonen Bestände darstellten oder ob es sich hier um Zuwanderer aus den etwa 50 Kilometer westlich gelegenen Populationen in Rheinland-Pfalz handelte, wobei in diesem Fall der Rhein überquert hätte werden müssen, ist noch nicht geklärt. Im Jahr 1984 bangte man um den lichten Bestand, da nur mehr in zwei Revieren Nachwuchs ausfindig gemacht werden konnte. Ungünstige Witterungseinflüsse sowie durch andersartige Gründe verursachte Verluste hatten den Bestand geschwächt. Zudem wanderten, obwohl in diesem artgerechten Wildkatzenbiotop gemäß den bisherigen Erkenntnissen eigentlich keinerlei äußere Veranlassung bestand, einzelne Tiere ab. So konnten bei Welzheim im schwäbischen Wald und im nördlich gelegenen Heuchelberggebiet Wildkatzen, die aus dem Stromberforst abgewandert waren, nachgewiesen werden. Im Jahr 1985 wurde die Anzahl der Wildkatzen im Stromberforst auf 15 bis 20 Stück geschätzt, die auf einem Gebiet von ungefähr 200 Quadratkilometern lebten.

Einzelne nicht gänzlich sicher belegte Nachweise deuten darauf hin, daß die Wildkatze möglicherweise auch im Schwarzwald wieder heimisch geworden ist.

Gründe

Zahlreiche Gründe führten dazu, daß die Wildkatze heute im Bereich der Alpen als ausgestorben oder verschollen angesehen werden muß, während sie in vielen anderen europäischen Regionen stellenweise noch häufig angetroffen wird.

Lebensraumverlust

Als die Europäer im 7. Jh. begannen, die riesigen Urwälder zu roden und diese Tätigkeit bis in das 14. Jh. intensiv vorantrieben, gingen zahlreiche, großräumige, angestammte Wohngebiete für die Wildkatze verloren. Noch in der Maria Theresianischen Forstwirtschaftsordnung wurde festgelegt, daß die ursprünglichen Wälder in landwirtschaftliche Einheiten umgewandelt werden sollen. Der Trend der Rodung von Waldungen und anschließender Errichtung von Monokulturen hält bis in die heutige Zeit an.

Der Aberglaube

Daneben war die Bejagung der Wildkatze durch den Menschen der wesentlichste Grund dafür, daß diese Tierart in verschiedenen Regionen vollkommen ausgestorben ist.
Als besondere Ursache für die Verfolgung der Katze muß hier der Aberglaube angeführt werden, der sowohl die Wild- als auch die Hauskatze erfaßte.

Zur Geschichte

Ursprünglich war die Falbkatze in Ägypten ein Vertilger von Mäusen und von aus Asien eingeschleppten Ratten und half dadurch eifrig mit, die Bevölkerung vor Hungersnöten zu bewahren. Aufgrund dieses Umstandes verehrten die Bewohner Nordostafrikas die Wildkatze als heiliges Tier der Bastet, der Göttin des Mondes, der Fruchtbarkeit und der Geburt. Sie wurde in Tempeln gehalten und dort auch angebetet. Verstarb solch ein „göttliches" Tier, so wurde es einbalsamiert und in einem Kistchen, oft aus Gold oder Silber gefertigt und mit Edelsteinen verziert, auf einem Katzenfriedhof bestattet. Der größte Beisetzungsort dieser Art wurde in Ägypten unweit von Beni Hasan entdeckt. Dies war die Ruhestätte von über 180 000 Katzen. Die später von den Ägyptern domestizierte Hauskatze – es wird angenommen, daß sie um 2000 v. Chr. in den Hausstand

übernommen worden ist – wurde gleichfalls als heiliges Tier angesehen und verehrt sowie behütet. Bei einer Feuersbrunst wurde zuerst an die Rettung der Katzen gedacht, ehe das Feuer gelöscht wurde. Auf die Tötung einer Katze, auch wenn diese unbeabsichtigt erfolgte, stand die Todesstrafe.
Die alten Römer, die die Katze als Symbol der Freiheit betrachteten, brachten schließlich die Hauskatze nach Südeuropa. Im Zuge der Völkerwanderung gelangte sie sodann in andere, auch nördlicher gelegene Regionen des Kontinents. Mitteleuropa erreichte die Hauskatze etwa im 8. Jh., was verschiedene damals geltende Gesetze belegen. Das Tier genoß auch hier große Bewunderung und gute Pflege von den Menschen, die ihren Nutzen bei der Nagetiervertilgung wohl zu schätzen wußten.

Eine Gesetzessammlung für Wales enthielt eine Bestimmung des Howell Dha (oder auch Howell Lebon), der gegen die Mitte des 10. Jh. verstarb. Darin waren Wertbestimmungen über Hauskatzen sowie die Strafen, die auf Mißhandlung, Verstümmelung oder Tötung derselben ausgesetzt waren, niedergeschrieben. Weiters wurde darin die Summe bestimmt, um die eine junge Katze bis zu dem Augenblick, wenn sie ihre erste Maus fing, verkauft werden durfte. Dem war noch hinzugefügt, daß sie von jenem Augenblick an den doppelten Preis wert war. Der Käufer hatte das Recht zu verlangen, daß Augen, Ohren und Krallen vollkommen wären und daß sich das Tier auf das Fangen von Mäusen verstände; ebenso auch, daß ein gekauftes Weibchen seine Jungen gut erziehe. War die erstandene Katze mit irgendeinem Fehler behaftet, so konnte der Käufer ein Drittel des Kaufpreises zurückverlangen. Wer auf dem fürstlichen Kornboden eine Hauskatze stahl oder tötete, mußte sie mit einem Schaf samt dem Lamm büßen oder so viel Weizen als Ersatz für sie geben, wie erforderlich war, um die Katze, wenn sie auf dem Schwanz so aufgehängt wurde, daß sie mit der Nase den Boden berührte, vollkommen zu bedecken. Solche Verordnungen veranschaulichen den hohen Wert, den damals Hauskatzen inne hatten.

Das unbeschwerte, durch nichts beeinträchtigte Leben der Katzen endete jäh im 14. Jh., als die mächtigen Vertreter der Kirche kurzerhand erklärten, daß alle Einflüsse, die vom Orient her nach Europa gelangt waren, unterbunden und vernichtet gehörten. Dies betraf auch die von dort kommenden Tiere, allen voran die Hauskatze. Aber eben nicht nur die Hauskatze allein war betroffen, sondern auch deren nächste Verwandte, die Wildkatze. Die Menschen hatten des öfteren beobachtet, daß sich die wilden Katzen, wenn es ihnen an Artgenossen fehlte, mit Hauskatzen paarten. Junge, die aus einer solchen Vereinigung hervorgingen, wurden als Blendlinge bezeichnet. Kurzum, Wild- und Hauskatzen wurden quasi über Nacht zu geächteten Tieren und galten auf einmal als verteufelte Kreaturen und als Hexen.
Gelehrte Geistliche machten die verängstigte Bevölkerung darauf aufmerksam, daß sich Katzen gerne im Dunkeln aufhielten, wo sie mit den Wesen der „dun-

klen Mächte" Kontakt aufnehmen könnten, und daß das Leuchten ihrer Augen das Feuer der Hölle wiederspiegelte, also daß sie selbst der Satan und dessen Helfer in katzenartiger Gestalt seien: Wesen der Dunkelheit, die es darauf abgesehen hatten, den lauteren Menschen auf Unheil bringende Abwege zu führen.

Mit Schrecken mußten die Menschen plötzlich zur Kenntnis nehmen, daß es unter Ihresgleichen einige gab, die durch den Verzehr eines besonders zubereiteten Katzenhirns sowie durch das Einreiben des Rückens mit der zerstückelten Nabelschnur eines neugeborenen Kätzchens Katzengestalt annehmen konnten.

Die zu erwartende Folge war, daß solche katzenartigen Geschöpfe umgehendst aus Angst vernichtet wurden. Konsequenz unzähliger Bespitzelungen der verunsicherten Leute untereinander war, daß nach Denunziationen hunderttausende Menschen, vor allem Frauen, die über Katzen mit dem Herren der Finsternis in Verbindung gestanden haben sollen, in ganz Europa auf brutalste Weise hingerichtet wurden. Frauen galten nämlich in diesen Tagen als besonders empfänglich für die verderbenbringenden Befehle und Machenschaften des Teufels und konnten sich nach Belieben, wenn es ihr Herr wünschte, in schwarze Katzen verwandeln.

Aber auch „echten" Katzen wurden vielerlei sagenhafte und wunderbare Fähigkeiten zugeschrieben. Ein gewisser Wuttke faßte charakteristische Fähigkeiten der Katze folgendermaßen zusammen[8]:

Die Katze ist wahrsagend und hat Zauberkraft. Eine dreifarbige Katze schützt das Haus vor Feuer und anderem Unglück, die Menschen vor dem Fieber, löscht auch das Feuer, wenn man sie in dasselbe wirft, und heißt deshalb „Feuerkatze". Wer sie ertränkt, hat kein Glück mehr oder ist sieben Jahre lang unglücklich; wer sie totschlägt, hat ebenfalls fernerhin kein Glück, wer sie schlägt, muß es von hinten thun. Die Katze zieht Krankheiten an sich; ihre Leiche dagegen, unter jemandes Thürschwelle vergraben, bringt dem Hause Unglück. Katzenfleisch ist gut gegen Schwindsucht; wer aber ein Katzenhaar verschluckt, bekommt diese, und wenn es ein Kind thut, wächst es nicht mehr. Schwarze Katzen dienen zum Geldzauber und zum Unglücklichmachen, zum Schutze des Feldes und des Gartens, zur Heilung der Fallsucht und der Bräune (Halsentzündung), schwarze Kater insbesondere zu unheimlichem Zauber. Erreichen sie das Alter von 7 oder 9 Jahren, so werden sie selbst zu Hexenwesen und gehen am Walpurgistage zu Hexenversammlungen oder bewachen unterirdische Schätze. Wenn die Katze sich putzt oder einen krummen Buckel macht, bedeutet es Gäste; fährt sie sich mit den Pfoten über die Ohren, so kommt vornehmer Besuch; macht sie die Hinterbeine lang, so kommt jemand mit einem Stecken; wen sie aber ansieht, während sie sich wäscht, hat an demselben Tag noch eine Tracht Prügel zu gewärtigen. Wenn eine Katze vor dem Hause schreit, gibt es in demselben bald Zank und Unheil, selbst Tod; wenn die Katzen in einer Freitagsnacht sich zanken, geht es bald darauf auch im Hause unfriedlich zu; wenn vor der Trauung eine Katze auf dem Altare sitzt, wird die Ehe unglücklich. Die weiße Gespenstkatze, welche außen am Fenster schnurrt, zeigt einen binnen zwei Stunden eintretenden Todesfall an.

Wildkatzen und Hauskatzen wurden plötzlich zu den am meisten gejagten Kreaturen Mitteleuropas. In vielen Regionen Europas stellte sich der Brauch ein, an bestimmten Tagen des Jahres organisierte Treibjagden auf Hexen zu veranstalten, was in der Regel bedeutete, daß sämtliche Katzen, falls überhaupt noch vorhanden, gefangen und vernichtet wurden. Lebend erbeutete Katzen wurden am Johannistag, am 24. Juni, ertränkt, wenn, nach der Überlieferung, das Hexengras (ein Farn) blühte.

Die Bejagung

Neben der Vernichtung des Lebensraumes ermöglichte es die systematische Verfolgung den Wildkatzen nicht, ihre Reviere auszudehnen, sondern sie hatten im Gegenteil Glück, wenn sie in den verbliebenen Refugien überdauern konnten.

Mit dem ausgehenden Mittelalter legte der Mensch nach und nach seine negative Einstellung gegenüber den Katzen ab. Dennoch hielten sich Reste des Mißtrauens gegenüber diesem Tier bis in die heutige Zeit, was zahllose Sprichwörter sowie mit Aberglauben verbundene Denkweisen bestätigen.

Selbst Jäger in bereits aufgeklärten Zeiten besprengten noch ihre Gewehre vor dem Aufbruch zur Jagd mit Weihwasser, damit diese gegen die Zaubereien der Hexen gefeit seien und deren Läufe nicht sprängen.

Nach dem Mittelalter waren nicht mehr Angst und Aberglaube der Grund für den Menschen, Jagd auf die Wildkatze zu machen. Die Jäger hatten alle Großraubtiere ausgerottet und sahen in der Wildkatze einen der verbliebenen Widersacher, den es zu eliminieren galt. Neben dem Rotfuchs wurde die Wildkatze als ein wesentlicher **Konkurrent** bei der Jagd auf Niederwild angesehen.

Auch bejagten Bauern dieses Tier, da es ihnen angeblich Hennen, Enten und Gänse und selbst kleine Lämmer und Ziegen aus den Ställen raubte. Diese Taten gingen zwar zumeist auf das Konto des Rotfuchses, aber die jagdbegierigen Leute hatten einen Grund mehr, dieses Tier in der Jagd zu stellen.

Die Liste der Beutetiere der Wildkatze war noch im 19. Jh. ungewiß, so daß selbst der Zoologe Christoph G.A. Giebel (1820-81) noch folgende Meinung vertrat[9]:

> „Die wilde Katze Deutschlands und Europas ist trotz ihrer geringen Größe eins der blutgierigsten und grimmigsten Raubthiere."

Noch zu Beginn des 20. Jh. war die Meinung, daß die Wildkatze ein übler Vernichter von edlem Wild sei, weit verbreitet. Zu diesem Glauben trug auch der Leiter der Zoologischen Abteilung der Reichsanstalt für Forst- und Landwirtschaft, ein gewisser Rörig, im Jahr 1921 bei, indem er folgende subjektive, leicht zu widerlegende Zeilen in seinem Handbuch für Jäger, Landwirt und Forstmann niederschrieb[9]:

„Die Nahrung der Wildkatze besteht aus allen warmblütigen Tieren, die sie zu bewältigen vermag. Das Rehkitz ist durch sie ebenso gefährdet wie die Maus, und die Auerhenne ist nicht sicherer als der kleine an der Erde brütende Singvogel. Sie gehört somit zu den schädlichsten Raubtieren unserer Heimat, und es dürfte selbst dem größten Tierfreund schwer werden, ihrem Leben irgendeine sympathische Seite abzugewinnen."

Den Nutzen, den die Wildkatze durch das Fangen unzähliger schädlicher, die Ernte und Vorräte vernichtenden Wühlmäuse brachte, erwähnte hingegen kaum einer dieser Zoologen in seinen Veröffentlichungen.

Untersucht man jedoch die Mageninhalte erlegter Wildkatzen, so kommt man zu folgendem Ergebnis: Die Nahrung der Wildkatze setzt sich hauptsächlich aus Nagern, vor allem aus Wühlmäusen (Microtus sp.), weiters aus Kaninchen und Hasen, Vögeln und seltener aus Fischen, Reptilien und Amphibien zusammen. Reh- beziehungsweise Hirschkälber werden nur in Ausnahmefällen von starken Exemplaren erlegt.

Gerade in Gegenden, wo intensive Niederwildjagd betrieben wurde, setzten der Jagdherr oder auch der politische Vorsteher einer Region **Prämien** auf den Fang beziehungsweise auf den Abschuß der Wildkatzen aus. Die **Sammelleidenschaft des Menschen** tat ein übriges.

Im 19. Jh., als die Wildkatzen bereits in vielen mitteleuropäischen Regionen ausgerottet worden waren, versteiften sich viele Direktoren und Kustoden zahlreicher Naturaliensammlungen und Museen darauf, zumindest ein Präparat der Waldwildkatze in ihre jeweilige Sammlung aufzunehmen. Ebenso trachteten zahlreiche Wirte von Almhütten und Dorfgasthäusern danach, einen Hauch von Abenteuer und Wildnis in ihre Gaststätten durch das Aufstellen von ausgestopften Wildkatzen zu bringen. Die Konsequenzen der Forderungen der Museenleiter sowie der Gaststättenbesitzer waren dieselben, nämlich der Tod unzähliger Wildkatzen. Als Folge dieser Entwicklung wurden hohe Preisgelder für die Erlegung einer „echten" Wildkatze ausgesetzt. Echt deshalb, weil immer mehr wildfarbene Hauskatzen sowie Blendlinge den Jägern zum Opfer fielen oder in Fallen gefangen wurden. Aus Mangel an wilden Artgenossen paart sich die Wildkatze mit streunenden Hauskatzen.

Die Unterscheidung von Wild- und Hauskatze ist nicht immer einwandfrei möglich. Grundsätzlich kann festgestellt werden, daß die Wildkatze im Gegensatz zur Hauskatze von gedrungenerem Bau ist, einen dichteren, dickeren, stumpf endenden Schwanz aufweist und ein weitaus dichteres und längeres Haarkleid als die Hauskatze trägt.

SÄUGETIERE

Im Zweifelsfalle sollte der Jäger den Gewehrlauf senken, denn alljährlich werden in Regionen Europas, wo noch Wildkatzen leben, aus „Versehen" viele Tiere erschossen, die teilweise in kostspieligen Wiederansiedelungsprojekten in die freie Natur entlassen wurden. Der jeweilige Jäger sollte eher eine wildfarbene Hauskatze in seinem Revier dulden, als eine Wildkatze aus Unwissenheit und Unsicherheit erlegen. Solche „versehentliche" Abschüsse stellen heute einen der bedeutendsten Faktoren des weiteren Rückganges dieses Raubtieres dar.

Ein weiterer Grund für den Abschuß der Wildkatze ist darin zu sehen, daß ihr **Fell** an Wert und Beliebtheit gewann, als die Bälge von Bibern, Fischottern, Luchsen, Bären und Wölfen wegen deren Ausrottung immer seltener auf den Markt kamen. Kürschner fertigten aus Wildkatzenbälgen warme Westen an, die auch als „Wildkatzenbrustduoch" bezeichnet wurden. Zudem rieten Ärzte fetten und unter Körperschwellungen leidenden Patienten sowie Wassersüchtigen, daß sie sich das Fell einer Wildkatze als Brustlatz umhängen sollten. Dabei sollten die Haare des Balges die bloße Haut berühren, der Kopfteil des Pelzwerkes solle dabei nach unten, das Hinterteil nach oben ausgerichtet sein. Ebenso war das Fett der Tiere ein begehrtes **Arzneimittel**, da diesem allerlei Heilkräfte zugeschrieben wurden.

Die Wildkatze hatte aber auch **natürliche Feinde**, so war einst der Nordluchs ein Hauptfeind der Wildkatze. Wo immer dieser in den Alpen lebte, hatte die Wildkatze nur geringe Möglichkeiten, selbst zu überleben. Auch der Wolf, der ebenso vollkommen ausgerottet worden ist, stellte der Wildkatze nach.
Heute sind in Mitteleuropa der Rotfuchs, der Baum- und der Steinmarder, das Hermelin, der Steinadler, der Uhu sowie der Haushund potentielle Feinde der Wildkatze. In der Regel fallen diesen Beutegreifern frisch geworfene Kätzchen und unerfahrene Jungtiere zum Opfer. Laut zahlreichen, nicht immer verbürgten Augenzeugenberichten ist anzunehmen, daß sich ausgewachsene, in gutem körperlichen Zustand befindliche Wildkatzen und Steinadler sowie Uhus ebenbürtige Gegner sind. Bei etwaigen Aufeinandertreffen von gleich starken Individuen von Fuchs und Wildkatze zeigen die Tiere gegenseitige Abneigung und weichen einander aus, weshalb es nur selten zu direkten Auseinandersetzungen kommt. Kräftige Hunde stellen für die Katze einen ernstzunehmenden Gegner dar, wenngleich der Hund nicht immer siegreich aus den Kämpfen hervorgeht. Die Wildkatze trachtet dabei, dem Hund auf den Nacken zu springen und mit den Krallen dessen Augen zu verletzen. Der Hund seinerseits versucht, den Gegner abzuschütteln und mit einem Biß in den Hals zu töten.
Die meisten Verluste von Wildkatzen durch natürliche Feinde gehen unvermuteterweise auf das Konto des Hermelins, auch großes Wiesel genannt (*Mustela erminea*). Dieses tötet vornehmlich junge Wildkatzen, während deren Mutter einen Jagdausflug unternimmt. In einzelnen Gebieten der Tatra, aber auch in Deutschland wurde von den dortigen Jagdhütern berichtet, daß für Wildkatzen

in Revieren mit einer hohen Populationsdichte von Hermelinen nur wenige Aussichten auf eine erfolgreiche Aufzucht ihrer Jungen bestünden.
An dieser Stelle soll nicht unerwähnt bleiben, daß mitunter Kannibalismus bei Wildkatzen, sowohl in Gefangenschaft als auch in freier Natur, beobachtet werden kann. NachDe Leuw (1976) ist der Kuder, so bezeichnen Jäger die männliche Wildkatze, ein wahrer Feind der Jungkatzen[9].

In natürlichen Ökosystemen wird nie eine Wirbeltierart von einer anderen derart bejagt, daß erstere in Gefahr gerät, auszusterben. Werden aber die Populationen einer Tierart vom Menschen extrem bejagt und somit geschwächt, so sind die verbliebenen Individuen besonders streßempfindlich und fallen überdurchschnittlich oft natürlichen Feinden zum Opfer.

Krankheiten, Parasiten
Ebenso können Krankheiten oder starker Parasitenbefall gesunde Wildkatzenpopulationen in der Regel nicht auslöschen, wohl aber dezimierten Arten so arg zusetzen, daß sich diese nicht mehr erholen können.
An Krankheiten sind vor allem Katzenstaupe, Pneumonien (Lungenentzündungen) sowie seit diesem Jahrhundert die Tollwut zu nennen.
An Ektoparasiten werden auf der Wildkatze vorwiegend die blutsaugenden Flöhe *Ctenocephalides felis* und *Spilopsyllus cuniculi* (Kaninchenfloh) sowie Haarlinge (*Mallophaga*) gefunden.
Die 13 Arten von Endoparasiten, die in 155 slowakischen Wildkatzen nachgewiesen wurden, verteilen sich mit vier Arten auf die Bandwürmer (*Cestoda*) und mit neun Arten auf die Fadenwürmer (*Nematoda*). (Nach Mituch (1972))[9].

Klimaschwankungen
Wie erwähnt, drang die Wildkatze nie in das Herz der Alpen ein, besiedelte wohl aber dessen Randgebiete.
Klimaverschlechterungen mögen jedoch zur Abwanderung oder zum Aussterben ganzer Populationen geführt haben. Sie ist mit ihren kurzen Läufen im Gegensatz zum Luchs nicht an hohe Schneelagen angepaßt und versinkt schon bei 20 Zentimeter Pulverschneetiefe. Langanhaltende Schneefälle zwingen die Katzen somit zu jagdlosen Ruhepausen. Versuchen die vom Hunger getriebenen Tiere einen Jagdausflug, so bleibt dieser durch deren Ungewandtheit zumeist erfolglos. Die Katze verbraucht dabei aber wertvolle Energie und wird zunehmends schwächer. Bildet sich keine Schneedecke, die die Katze tragen kann, so ist sie zum Verhungern verurteilt.

Die Katzenjagd

Wie zu vermuten, gestaltete sich die Jagd auf dieses selbst mit den besten Sinnen, körperlichen und geistigen Fähigkeiten ausgestattete Raubtier als ein äußerst schwieriges Unterfangen, was wiederum die Bejagung für den Weidmann interessant machte.

Wildkatzen wurden mit Tellereisen und anderen abgewandelten Arten von Schlagfallen, die zumeist an deren Wechseln aufgestellt wurden, bejagt und auch gefangen, und bald wußte man auch, ihre Vorliebe für Düfte einzusetzen. Alfred Edmund Brehm (1829–84) erwähnt folgendes Lockmittel in seinem Tierleben[8]:

> *„Der Fang ist wenig ergiebig, obgleich die Wildkatze durch eine Witterung aus Mäuseholzschale, Fenchel- und Katzenkraut, Violenwurzel, welche in Fett und Butter abgedämpft werden, sich ebenfalls bethören und ans Eisen bringen lassen soll."*

Heute ist bekannt, daß Haus- sowie Wildkatzen eine gewisse Vorliebe für das Aroma des Baldrian (*Valeriana officinalis*) hegen. Tatsächlich sollen sie diesem Geruch nicht widerstehen können. In Landstrichen, wo früher Baldrian gewerbsmäßig angebaut wurde, konnte beobachtet werden, daß sich Wildkatzen dort vermehrt aufhielten. Früher wurde dieses Gewächs dazu verwendet, um Katzen in Fallen zu locken. In unseren Tagen lockt der wohleingesetzte Geruch dieser Pflanze die scheuen Katzen vor die Objektive der Fotoapparate. Bereits im „Hortus Sanitatis" aus dem Jahr 1458 steht geschrieben[9]:

> *„Die Katzen rüben sich an diss krut und werffen dar widder yren samen, und darumb sal diss verwahret werden vor katzen dass zu artzney gebraucht sal werden."*

Eine alte schwäbische Redensart hingegen lautet: „Du streichst dich wie die Katz um den Baldrian." Anscheinend war schon vor etwa sieben Jahrhunderten die Vorliebe der Katzen für gewisse Kräuter bekannt. Albert Magnus war der erste, der im 13. Jh. die Vorliebe der Katzen für die Katzenmelisse (*Nepeta cataria*) erkannte. Ein gewisser Dodonaeus berichtete um das Jahr 1600 folgendes über das sogenannte „Kattekruid"[9]:

> *„Katzen haben an diesem Kraut viel Vergnügen, denn oft sieht man, daß sie von dem lieblichen Geruch angezogen werden, sie reiben sich auf ihm, rollen sich darüber und fressen mit grossem Vergnügen Stückchen von diesen Blättern. Da sie dem Katzenminzenöl nicht widerstehen können, wird es auch als Anlockungsköder für Fallen verwendet. Das gilt auch für den in den Mittelmeerländern heimischen Katzen-Gamander (Teucrium marum)."*

SÄUGETIERE

Die Wildkatze ließ sich gut treiben und trabte wie der Fuchs ruhig vor den Treibern. Sie blieb laut Jagdberichten hin und wieder stehen, erforschte dabei die Positionen der einzelnen Treiber, um sodann weiter ihres Weges zu gehen. Im Winter, besonders wenn Neuschnee gefallen war und die recht kurzbeinige Katze nicht schnell voran kam, wurde ein aufgespürtes Tier bis zum Bau getrieben. Diesen, ansonsten für die Jäger meist unbekannten Platz, konnte man nun einfach auffinden, indem man den Spuren im Schnee folgte. Der Bau war entweder eine erweiterte Fuchs- oder Dachshöhle, oft der hohle Stamm eines Baumes oder ein großes Astloch. Hunde wurden in die unterirdischen Bauten geschickt und kamen entweder oft übel zugerichtet wieder heraus oder aber mußten sogar ihr Leben lassen. Das Ausräuchern war selten erfolgreich, so daß den Männern nichts anderes übrigblieb, als die Katze auszugraben, was eine sehr mühselige und mitunter auch gefährliche Angelegenheit war. Erreichten die Jäger nämlich das Tier in einem Gang oder Kessel des Baues, so setzte sich dieses mit allen Tatzen und Zähnen zur Wehr. Nur dicke Lederhandschuhe und derbe Fetzen vermochten vor den Krallen und Zähnen des Raubtieres zu schützen. Lebend konnte eine Wildkatze nur in den seltensten Fällen nach Hause gebracht werden, weshalb man sie zumeist mit einem Knüppel an Ort und Stelle erschlug.

Wurde die Wildkatze mit Hunden verfolgt, so baumte sie schon nach kurzer Zeit auf, weshalb sie auch den Namen Baumreiter zugedacht bekam. Dabei suchte sie einen dicken Ast des Baumes aus und schmiegte sich ganz platt an diesen. Nur das geübte Auge des erfahrenen Weidmannes konnte das perfekt getarnte Tier ausmachen. Entweder holten die Jäger die Katze nun mit einem gezielten Schuß vom Baum, oder es wurde kurzerhand der Baum gefällt. Das war zuweilen eine anstrengende Arbeit, zumal die Katze stets mächtige, alte Bäume als Zufluchtsort wählte. Fiel der Baum, so warteten die Männer und Hunde gespannt auf das Abspringen des Raubtieres, kurz bevor der Baum im Sturz den Erdboden erreichte, um es dabei mit einem gezielten Schuß zu töten oder aber mit einem groben Netz zu fangen. Scheiterten diese Versuche, so wurden die Hunde von den Leinen gelassen und verfolgten die Katze abermals. Der ganze Vorgang wiederholte sich so lange, bis entweder das Raubtier erlegt worden war oder aber die Männer vor Erschöpfung aufgeben mußten.

Eine weitere Fangmethode, die sehr viel Erfahrung des Jägers voraussetzte, war das Anlocken der wilden Katze durch das Nachahmen des Fiepens einer Maus oder eines Vogels. Der Weidmann mußte hierbei in einem gut getarnten Versteck große Ausdauer beweisen. Stand der Wind für ihn günstig, und hatte die Katze das Eindringen des Menschen in ihr Revier nicht bemerkt, so bestand eine Hoffnung, das vorsichtige Tier auf diese Art anzulocken, vor die Flinte zu bekommen und zu erlegen.

Wird eine Wildkatze im Verlauf einer Jagd verwundet oder in die Enge getrieben, so wird sie für Mensch und Hund ein äußerst ernstzunehmender und gefährlicher Gegner. Sie springt den Feind an und trachtet, ihm ihre Krallen tief in die Muskulatur zu treiben. Bevorzugte Angriffspunkte stellen dabei die Augen des Menschen oder des Hundes dar, und so mancher Jäger oder Vierbeiner mußte eine Jagd auf dieses Raubtier mit dem teilweisen oder gänzlichen Verlust seines Augenlichtes bezahlen.

Ebenso bewies die Wildkatze im Kampf eine unbeschreibliche Zähigkeit. Hermann Masius, Professor an der Universität zu Leipzig, schilderte im 19. Jh., daß es vorgekommen sein soll, daß eine bereits vom Jagdhund gepackte und vom Weidmann durchbohrte Wildkatze sich im Kampf noch gegen den Jäger wandte und diesen dabei sogar noch zwang, seine Waffe fallenzulassen.

Der Schweizer Naturforscher Friedrich von Tschudi (1818–89) wußte über die Jagd auf die wilde Katze folgendes zu berichten[8]:

„Nimm dich wohl in acht Schütze und faß die Bestie genau aufs Korn! Ist sie bloß angeschossen, so fährt sie schnaubend und schäumend auf, mit hochgekrümmtem Rücken und gehobenem Schwanze naht sie zischend dem Jäger, setzt sich wütend zur Wehr und springt auf den Menschen los; ihre spitzen Krallen haut sie fest in das Fleisch, besonders in die Brust, daß man sie fast nicht losreißen kann, und solche Wunden heilen schwer. Die Hunde fürchtet sie so wenig, daß sie, ehe sie den Jägern gewährt, oft freiwillig vom Baume herunter kommt; es setzt dann fürchterliche Kämpfe ab. Die wütende Katze haut mit ihrer Kralle oft Risse, zielt gerne nach den Augen des Hundes und verteidigt sich mit der hartnäckigsten Wut, solange noch ein Funke ihres höchst zähen Lebens in ihr ist."

3. Die Wiederansiedelung der Wildkatze im Alpenraum

Wie sich durch langjährige Beobachtungen der Wildkatze, vor allem in den Revieren Deutschlands, gezeigt hat, ist dieses Raubtier keineswegs so anspruchsvoll in Hinsicht auf die Wahl seines Lebensraumes, wie ursprünglich von den Wildbiologen angenommen wurde. Für die Großzahl der Biotope trifft zu, daß sie weiträumig, möglichst mehrere zehntausend Hektar groß und unterschiedlich strukturiert sein müssen. Ein durchschnittliches Wildkatzenrevier dehnt sich über hundert Hektar aus. Die Größe des Reviers kann unter Umständen auch weitaus kleiner beziehungsweise größer ausfallen. Die Waldwildkatze ist standorttreu, sucht aber im Verlauf des Jahres innerhalb ihres Revieres den jeweils für sie günstigsten Aufenthaltsort auf. Grundsätzlich kann gesagt werden, daß die Wildkatze nicht in das Hochgebirge aufsteigt, sondern bevorzugt in den Ebenen, Talniederungen und Mittelgebirgen mit unterschiedlichen Vegetationssystemen haust.

SÄUGETIERE

Die Wildkatze meidet den Aufenthalt inmitten großer Nadelwälder, lebt jedoch oft in erstaunlicher Dichte an deren Grenzen zu Wiesen und Lichtungen, wo das Nahrungsangebot oft besonders reichhaltig ist. Grundvoraussetzung für das Überleben einer Wildkatze ist ein reichhaltiger Bestand von Kleinsäugern, allen voran Wühlmäusen, die in Mitteleuropa ihre Nahrungsgrundlage bilden.
Felsen und Geröllhalden mit ihren reichhaltigen Angeboten an Beutetieren und Unterschlupfen sind hingegen keine unbedingte Voraussetzung für das Vorkommen der Wildkatze, wie so oft in der Literatur angegeben wird.
Wasser muß aber stets in erreichbarer Nähe sein. Moore und Sümpfe werden als Wohnareal in Mitteleuropa jedoch nicht angenommen.

Die Wildkatze wohnt meist in aufgelassenen Fuchs-, Dachs- oder Kaninchenbauten. Ebenso richtet eine Katze ihre Wochenstube in der Krone eines umgefallenen Baumes, inmitten dichtester Dickichte sowie in Baum- und Asthöhlen ein. Diesen Wohn- und Aufenthaltsorten dürfte der Charakter einer Behausung erster Ordnung zukommen. Reisighaufen, Greifvogelhorste, erweiterte Eichhörnchenkobel sowie die Keller von Jagd- und Almhütten, die auf Streifzügen lediglich für wenige Stunden als Ruheort aufgesucht werden, werden als Heime zweiter oder dritter Ordnung angesehen.

Obwohl Wildkatzen allgemein als Kulturflüchter gelten, suchen sie vor allem in der kalten Jahreszeit gerne von Menschen geschaffene Einrichtungen auf. Mitunter haben einzelne Individuen sogar ihren ständigen Aufenthaltsort in Scheunen und Tennen. Im Winter werden auch Heulager, die für die Wildfütterung eingerichtet wurden, sowie mit Stroh überdachte Futterraufen aufgesucht. In solchen Lagern werden manchmal zur entsprechenden Zeit die Jungen geworfen. Mehrmals wurden auch Wildkatzen beobachtet, die in Hochsitzen einen Ruheplatz fanden.

Mitte der sechziger Jahre versuchten Wildbiologen erstmals, die Wildkatze in der **Schweiz** wiederanzusiedeln. Die aus Frankreich stammenden Tiere wurden in für Wildkatzen geeigneten Gebieten freigelassen. Durch die versteckte Lebensweise dieser Tiere konnte jedoch kein Aufschluß über deren Lebensverlauf gewonnen werden. Als keinerlei Erfolgsmeldungen bekannt wurden, mußte das Unternehmen als gescheitert angesehen werden.

In den Jahren 1970 und 1972 wurden Wildkatzen im tschechischen Teil des **Böhmerwaldes** in die freie Wildbahn entlassen. Bei diesem Versuch, die Wildkatze wieder heimisch zu machen, wurden jedoch zu wenige Individuen ausgesetzt, weshalb sich keine überlebensfähige Population bilden konnte. Wahrscheinlich führten zudem die rauhen klimatischen Bedingungen und die schneereichen Lagen an der Nordflanke des Böhmerwaldes zum Erlöschen des kleinen Bestandes[9].

Durch diese Mißerfolge gewarnt, erprobte der Bund Naturschutz in **Bayern** zu Beginn der achtziger Jahre eine andere Vorgangsweise. In die Zuchtstation auf dem für die Öffentlichkeit nicht zugänglichen Gelände von Schloß Wiesenfeld bei Regensburg wurden Zuchttiere aus verschiedenen zoologischen Gärten Europas sowie aus freier Wildbahn aufgenommen. Die verschiedenartige Herkunft der Tiere stellt sicher, daß unterschiedliches Gengut weitervererbt wird. In zehn Gehegen, in denen die Wildkatzen weitgehend natürliche Verhältnisse vorfinden, werden die Tiere auf das Überleben in freier Wildbahn vorbereitet. Sie müssen sich selbst ihre Nahrung erjagen und haben möglichst wenig Kontakt mit Menschen, damit die natürliche Scheu erhalten bleibt. 1987 kamen in Wiesenfeld achtzehn Junge zur Welt. Für die Aufzucht eines Tieres werden 1000 D-Mark gerechnet.

In den Jahren von 1984 bis 1986 wurden im Einvernehmen mit dem zuständigen Ministerium, dem Landesjagdverband und dem Naturschutzbund, 55 Wildkatzen im Fränkischen Jura, im Vorderen Bayerischen Wald, im Steigerwald und im Spessart wiederangesiedelt. Dies geschah jeweils im Herbst, wenn ein reichhaltiges Nahrungsangebot an Nagern besteht und sich die Jungtiere von der Mutter zu lösen beginnen. Förster sollen künftig über das Wohlergehen der Tiere wachen. Bis in das Jahr 1993 wurden ungefähr 200 Katzen auf diesem Weg ausgesetzt.

Ziel des Unternehmens ist es, die Populationen im Westen Deutschlands im Pfälzer Wald und im Hunsrück mit denen im Osten, im Harz sowie im Kaufunger Wald zu verbinden und somit ein großes zusammenhängendes Areal zu schaffen.

In **Österreich** laufen derzeit keine Projekte zur Wiederansiedelung der Wildkatze.

SÄUGETIERE

Der Wolf

1. Systematik

Die Art *Canis lupus*, der Wolf, lebte früher in mehreren Unterarten in großen Teilen Eurasiens sowie Nordamerikas. In Mitteleuropa lebte die Nominatform *Canis lupus lupus*.

An dieser Stelle soll eingefügt werden, was der Schweizer Konrad Gesner (1516–1565) aus eigener Erfahrung über den Wolf in seinem Heimatland zu berichten wußte[8]:
So hausten zu seinen Lebzeiten völlig schwarze Exemplare dieser Tierart im Rheintal sowie im Kanton Graubünden. In den Ardennen sollen gänzlich reinweiße Tiere beobachtet worden sein. Gesner selbst unterschied fünf Abarten des Wolfes, die in den eidgenössischen Wäldern gehaust haben sollen:
„Schützwolf" – so benannt wegen seiner außerordentlichen Behendigkeit.
„Raubwolf" - „der aller schnellste, geht mit großem Ungestüm deß Morgens früh auf die Jagt, weil er stets Hunger leydet."

„der gülden Wolf, so benannt von wegen seiner Farb und seiner schönen und glänzenden Haaren halber."
Über die zwei verbleibenden Abarten wußte Gesner zu berichten: „... die von dem vierten und fünften Geschlecht können nach gemeinem Rahmen Booswölfe genennt werden, dieweil ihre Köpfe und Hälse kurz und dick sind und einige Gleichheit mit dem Amboos haben."

Gesner faßte diese Wölfe nicht als eigene Arten, sondern eben als in Verhalten und Aussehen verschiedene Abarten oder Varietäten auf. Von der Bevölkerung wurde der Wolf in der Schweiz wegen seiner oft schmutziggelben Färbung auch als Wald- oder Holzhund bezeichnet.

Abb. 8: Der Wolf

56

2. Zur Geschichte

Der genaue Hergang der **Domestikation des Wolfes** ist nicht geklärt, sie könnte sich aber folgendermaßen abgespielt haben:
Der Wolf (*Canis lupus*) war wahrscheinlich das erste Wildtier, das der Mensch domestizierte. Vor ungefähr 11 000 Jahren entnahmen Jäger auf ihren Streifzügen noch blinde Welpen den Wolfsbauten, nahmen sie zu ihren Lagerstätten mit und zogen sie dort auf. Niemals fing man ältere Tiere, da sie ihre Prägungsphasen schon hinter sich hatten. Von den Welpen erwiesen sich einzelne Tiere als besonders zahm und lernfähig, weshalb sie für die Weiterzucht herangezogen wurden. Die jungen Wölfe erkannten als sozial lebende Tiere im Menschen, den sie als ein Rudelmitglied betrachteten, den Ranghöheren und unterwarfen sich ihm. Die so aufgezogenen Tiere halfen bei Jagdausflügen. Mit ihren zum Jagen hervorragend entwickelten Sinnen spürten die neuen Begleiter des Menschen die Fährten der Beutetiere auf, hetzten sie zu Tode oder aber trieben sie in Richtung der Menschen, die sie sodann in Fallen und in Netzen fingen oder mit ihren Waffen töteten. In der Jungsteinzeit (etwa 5000–2000 v. Chr.) bewachten die in Jahrtausende währender Züchtung herangezogenen Hunde die Unterkünfte und Viehherden des Menschen. Durch diese vermehrten Verwendungs- und Einsatzmöglichkeiten, die sich im Zuge der neolithischen (landwirtschaftlichen) Revolution ergaben, vergrößerte sich zugleich das Verbreitungsgebiet des Hundes zusammen mit dem des Menschen, der mit Hilfe des Vierbeiners neue, bisher nicht erschließbare Gebiete besiedeln konnte.

Der Wolf ist an vielen Stellen seines riesigen Verbreitungsgebietes sowohl in der Alten als auch in der Neuen Welt in den Hausstand übernommen und zu den verschiedensten Haushunderassen herangezüchtet worden. In einzelnen Regionen, wie etwa im präkolumbianischen Mittelamerika, diente der Hund hauptsächlich als Nahrungsquelle für den Menschen. Alle etwa 230 heute lebenden Hunderassen, vom kleinen Rehpinscher bis zum massigen Bernhardiner, stammen vom Wolf ab, wenn auch einige Zoologen behaupten, daß manche Hunderassen auf Schakale zurückzuführen sein könnten. Alle Haushunderassen bilden mit dem Wolf eine biologische Art und lassen sich mit diesem kreuzen.
Weiters sind bei den Hunden viele Verhaltensweisen aus dem Repertoire seines Ahnherren erhalten geblieben. So legt er etwa die Demutsgeste vor Ranghöheren an den Tag, sträubt bei Aggression die Nackenhaare und knurrt, legt bei Angst die Ohren zurück und klemmt den Schwanz zwischen die Hinterbeine oder befördert einen Knochen unter einen Teppich, wonach er mit den Beinen heftig scharrt, um so seinen Instinkt, die Beute zu vergraben, zu befriedigen. Allerdings änderten sich im Verlauf der Züchtungen die Mimik und die Gestik. Auch wandelte sich die Verständigung und die Lautäußerung der Wölfe bei den Hunden in ein Bellen um.

Friedrich von Tschudi (1818–1889) vertrat folgende Meinung über den Wolf beziehungsweise über den Haushund[7]:

> *„In der Reihe der thierischen Individualitäten nimmt er eine tiefe Stufe ein; selbst unter den Raubthieren ist er eins der widerwärtigsten. Mit dem reißendsten wetteifert er an Heißhunger, der selbst dem schlechtesten Aase gierig nachstellt, an Tücke, Perfidie, während er dabei keine Spur vom Edelmuth des Löwen, von der frischen Tapferkeit des Eisbärs, vom Humor des Landbärs, von der Anhänglichkeit des Hundes hat. Tölpischer als der Fuchs, dabei aber tückisch und höchst mißtrauisch, ist er tollkühn ohne Schlauheit, in seinem ganzen Wesen ohne alle Schönheit und wohl überhaupt eine der häßlichsten Thiernaturen. Mit dem Hunde hat er nur körperliche Aehnlichkeit; man kann nicht sagen, er sei der wilde Hund, der Hund im Urzustande, er ist vielmehr der durch und durch verdorbene Hund, das Zerrbild des Hundes, das alle üblen Seiten der Hundenatur an sich trägt, aber nichts von den guten, so daß er hierin, da die Natur sonst nicht so häufig in Zerrbildern zeichnet, eine wirklich interessante Erscheinung bildet...."*

Der Wolf hatte in vielen Kulturkreisen einen schlechten Ruf, und er galt gleichermaßen als Symbol für das Böse und Widerwärtige. Das Wort Wolf bedeutet soviel wie Reißer oder Würger. In einem lateinischen Text lauteten die Namen der Nachkommen einer Wölfin Triventer (Dreibauch), Septemgula (Siebenschlund), Ingens mantica (großer Ranzen) und Gehenna minor (kleine Hölle). In der Bibel wird der Wolf ebenfalls negativ dargestellt, wenn Jesus seine Gläubiger in der Bergpredigt vor falschen Propheten, die er als Wolf im Schafspelz bezeichnet, warnt. Nach der Edda soll am Ende der Zeit Fenrir, der große feuerzungige Höllenwolf, den Gott der Götter, Odin, selbst verschlingen und damit die Lichtwelt in den Abgrund stürzen. Ebenso ist in den altgermanischen Mythen vom Fenriswolf die Rede. In den alten deutschen Tiermärchen hieß die Wölfin Frau Gieremund. In der Fabel wird der Wolf als der tölpelhafte und tappische Isegrim dargestellt, was er in freier Wildbahn allerdings ganz und gar nicht ist. In Lappland war das Wort Friede gleichbedeutend mit Ruhe vor den Wölfen.

Der Wolf war ebenso das Symbol für das Elend und den Schrecken vieler Kriege. Das kam daher, daß hungrige Wölfe oft den Heeren nachzogen und sich nach geschlagenen Schlachten an den Leichen der gefallenen Soldaten gütlich taten. Der Umstand, daß Wölfe den Heeren folgten, war wahrscheinlich auch der Ursprung der Bezeichnung Herisuintha, „die Heerschnelle", für die Wölfin in der alten deutschen Tiersage. Das Vertilgen der Leichen mag zwar als abstoßende Angelegenheit erscheinen, verhinderte aber in den betreffenden Gebieten die Ausbreitung von Seuchen. Als in den vergangenen Jahrhunderten vor allem Franzosen und Österreicher in den höchsten Gebirgstälern und auf den unwegsamsten Pässen in blutigen Schlachten zu Hunderten fielen, folgten die Wölfe diesen blutigen Spuren. Ein einmal auf Menschenfleisch aufmerksam gemachter

Wolf schätzt dieses sehr, was auch der Grund gewesen sein mag, weshalb zahlreiche Wölfe in Gebiete und Regionen vordrangen, in denen sie ansonsten nicht angetroffen worden wären. Laut zahlreichen Berichten sollen Wölfe den sich nach der Rußlandschlappe zurückziehenden napoleonischen Truppen bis hin zum Rhein gefolgt sein.

Die Angst vor dem Wolf führte dazu, daß sich die Bewohner gewisser Landstriche nicht einmal mehr getrauten, den Namen des Wolfes wie auch den des Bären laut auszusprechen. So entwickelten sich bei vielen Völkern euphemistische Umschreibungen für den Wolf, um ja nicht den Unhold herbeizulocken. Die Griechen umschrieben den Wolf mit „Nikolaus", die Esten mit „heiliger Georg" oder „edler Ritter", und die Japaner nannten ihn „großer Genius", um sich nur gut mit dem Wolf zu stellen.

3. Zum Aussterben des Wolfes im Alpenraum

Chronologie

Bis zu Beginn des 18. Jh. war der Wolf im Alpenraum ein stellenweise durchaus noch weitverbreitetes Raubtier. Doch um 1900 war diese Tierart aus dem gesamten Gebiet der Alpen infolge der Ausrottung durch den Menschen verschwunden. Verbürgte Jahreszahlen von Abschüssen von ursprünglich im Alpenraum hausenden Wölfen liegen lediglich in geringer Anzahl vor. Das Datenmaterial – meist liefert die Jagdliteratur die ergiebigsten Quellen – ist lückenhaft und bezieht sich nicht auf sämtliche Regionen des Gebietes.

Österreich

In den aufgelisteten Jahren wurden die letzten Wölfe in den jeweiligen Bundesländern abgeschossen:

1826	Nordtirol
1830	Salzburg
1831	Vorarlberg; bei Bludenz
1859	Oberösterreich; Kobernaußerwald im Innviertel
1869	Niederösterreich; Hohe Wand
1876	Kärnten; in den Sanntaler Alpen im heutigen Slowenien
1878	Steiermark; Hohenwang im Mürztal
1882	Steiermark; Roßkogel
1909	Oberösterreich; bei Enhagen wurde ein Rohrwolf erlegt (siehe unten)

SÄUGETIERE

Ein gewisser Kramer erwähnte im Jahre 1756 in seinem „Elenchus vegetabilium et animalium per Austriam Inferiorem observatorum"[10], also einem Verzeichnis über die beobachteten Tier- und Pflanzenarten des östlichen, ebenen Teiles von Österreich, daß die Jägerschaft den gewöhnlichen Waldwolf von dem bedeutend kleineren, mehr grau gefärbten Rohrwolf unterschied. Dieser Rohrwolf sollte in den schilfbestandenen Niederungen, so wie sie am Neusiedlersee zu finden sind, hausen.

August Mojsisovics von Mojsvar führte im Jahr 1897 in seinem Buch „Thierleben der österr.-ungarischen Tiefebenen"[10] ebenfalls den Rohrwolf an, den er anhand eines Balges aus Ungarn beschrieb, und verlieh ihm den wissenschaftlichen Namen *Canis lupus minor*. Ein Rohrwolf wurde am 22. Februar 1909 von der Försterstochter Frieda Bohuslaw bei Enhagen im Bezirk Enns in Oberösterreich erlegt. Dieser gelangte im ausgestopften Zustand in ein Museum. Ganz allgemein muß erwähnt werden, daß nur wenige präparierte Exemplare dieser Abart des Wolfes in Museen erhalten geblieben sind. Ein weiteres Stück befindet sich in der Naturaliensammlung einer Oberrealschule in Ödenburg in Ungarn.

Schweiz

Der Wolf hielt sich besonders lange in den entlegenen Regionen der Westalpen. Bei Appenzell wurde der letzte Wolf bereits im 17. Jh. im Steineggerwald erlegt. Ein gewisser Capeller schrieb in seinem Werk „Historia montis"[7], daß der Wolf noch im ausgehenden 18. Jh. am Pilatus, nebst Braunbären und Wildkatzen, ein nicht selten anzutreffendes Raubtier gewesen war. In der Nähe von Olten an der Aare wurde im Jahr 1808 der letzte Wolf der Umgebung erschossen. Im Kanton Waadt wurde das letzte Exemplar dieser Tierart im Jahr 1849 getötet. Im Tessin wurden in den Jahren von 1852–59 immerhin noch 53 Wölfe erlegt. Ganze Wolfsfamilien hatten in diesem Teil des Landes ihre ständigen Reviere in den Tälern von Verzaska, Lavizarra sowie Maggia und gelangten auf einem ihrer Streifzüge bis Bellinzona. Bei Misox (Mesocco) wurden Wölfe im Jahr 1855, 1856 und 1857, als sieben Wölfe hinter einem Rudel Gemsen nachjagten, beobachtet. 1858 trieben sich mehrere Wölfe in den Urner Alpen herum. Fünf Jahre zuvor war im selben Gebiet ein Wolf am Axenberg von einem jungen Burschen mit einer Schrotflinte bei einer Treibjagd erschossen worden. Im Februar 1864 erschien ein ganzes Rudel der Raubtiere am Moleson in den Freiburger Alpen, wo am 22. Februar eine alte Wölfin in den Bergen von Piatchison erlegt wurde. Der Schütze erhielt 50 Franken Abschußprämie. Im Juli 1865 wurde in den Luzerner Alpen ein Wolf, der fast hundert Schafe getötet hatte, erlegt. Im Kanton Basel-Land wurde am 17. Januar 1867 zu nächtlicher Stunde ein Wolf mitten im Dorf Rünenburg gesehen. In Solothurn fiel im selben Jahr ein Wolf einen Knecht in Mümliswil an. Bei Pruntrut im Elsgau fanden Leute im Mai 1867 drei junge Wölfe, die aber auch aus den Ardennen eingewechselt sein konnten.

SÄUGETIERE

Friedrich von Tschudi (1818-1889) gibt als letzte Rückzugsgebiete der Wölfe in der Schweiz folgende Gebiete an[7]:

"... Und doch möchten das Bergell, Puschlav, Münsterthal mit seinen hohen Gebirgswaldungen, seinen durchaus unzugänglichenBergschluchten und öden Seitenthälern, die nördlichsten Alpenthäler des Tessins, die Wallisergebirge als ständige Wohnorte einiger Wolfsfamilien zu betrachten sein..."

Abb. 9: Der Wolf

Gründe

Die Bejagung
Die allmähliche Zähmung des Wolfes zum Haushund ist nur ein Aspekt im Zusammenleben des Menschen mit dem Wolf im selben Lebensraum. Der Mensch sah im Wolf weiterhin einen ernstzunehmenden **Nahrungskonkurrenten** und **Feind**, der Familie und später im Zuge der Seßhaftwerdung auch Haus, Hof und Vieh bedrohte und eine erfolgversprechende Zucht von Haustieren mit-

SÄUGETIERE

unter unmöglich machte. So trachtete der Mensch, die Zahl der Wölfe durch Bejagen in Schranken zu halten. Die Lage spitzte sich drastisch zu, als die Bevölkerungsdichte der siedelnden Menschen stetig anstieg und somit der Lebensraum für beide Arten ständig reduziert wurde. Wo viele Menschen auf begrenztem Raum leben, bleibt jedoch kein Platz mehr für Großwild, insbesonders nicht für Großraubtiere. Weigern sich diese Tiere, ihren Lebensraum von selbst zu verlassen, so werden sie systematisch und erbarmungslos unter Anwendung der übelsten Methoden bejagt, getötet und somit ausgemerzt.

Am meisten bangten die Menschen um das eigene Wohlergehen und das des Viehs, von dem oft die Existenz ganzer Familien abhing. Männer mußten in abwechselnden Schichten jede Nacht, mit Gewehren bewaffnet, an übersichtlichen Stellen Wache schieben, um den Wolf so daran zu hindern, Beute zu schlagen. Im Nikolaital im Kanton Wallis hatten die Bauern und Sennen einen Wachdienst zu leisten, sobald ein Wolf oder ein Bär oder deren Spuren gesichtet worden waren. In dem betreffenden Gebiet, wo sich das Raubtier aufhalten sollte, wurde an einer zentralen Stelle ein Stock in den Boden gerammt. Nun war es Pflicht eines jeden einzelnen, der Reihe nach Wachrunden zu absolvieren, wobei der jeweilige ein bestimmtes Zeichen in den Stock ritzen mußte. Dieses Zeichen bewies, daß der Dienst redlich versehen worden war. Fehlte hingegen diese Einritzung, so war derjenige, der seine Aufgabe vernachlässigt hatte, für allfällige Schäden verantwortlich zu machen.

Dennoch gingen alljährlich abertausende Stück tote Rinder, Pferde, Schafe, Ziegen und Geflügel auf das Konto des Wolfes. Den größten Schaden konnte ein einzelnes Raubtier anrichten, wenn es plötzlich in eine Schafherde platzte. Die verängstigten Tiere rannten sodann in ihrer Panik unkoordiniert im Gelände umher und stürzten hierbei nicht selten in tiefe Abgründe. Am größten war der Verlust, wenn dutzende Schafe ihrem verwirrten Leittier folgten und zusammen mit ihm zu Tode stürzten.

Konrad Gesner (1516–1565) schildert die Vorgangsweise der Wölfe, wenn sie es auf eine Herde von Schafen abgesehen haben[8]:

> „Wenn der Wölff viel beysammen und auch viel Hunde oder Hirten bey der Heerde sind, so greifft ein Theil die Hunde und der andere Theil die Heerde Schaaffe an."

Die Obrigkeit von Glarus setzte in den achtziger Jahren des 18. Jh. eine Abschußprämie auf einen Wolf aus, der unter den Schaf- und Ziegenherden arg gewütet hatte. Es dauerte nicht lange, bis das Raubtier in den Räfelserbergen erlegt wurde. Das Tier brachte knapp 36 Kilogramm auf die Waage. Im November 1855 fiel ein Wolfsrudel bei Mesocco (Misox), an der Grenze zu Italien, eine Ziegenherde an und tötete mehrere Tiere. Im August 1856 schlug ein Wolf in unmittelbarer Nähe des Dorfes Grono bei Misox ein weidendes Kalb und fraß es zur Hälfte auf. Wölfe können, wenn sie schon mehrere Tage lang keine Nahrung mehr aufgenommen haben, innerhalb kurzer Zeit gewaltige Mengen Fleisch auf einmal verschlingen. Im Juli des Jahres 1865 hauste ein einzelner Wolf in den Luzerner Alpen und tötete innerhalb weniger Wochen am Rapf, Engi, Ahorn und am Wirmisegg an die hundert Schafe. Es wurde eine Treibjagd organisiert, in deren Verlauf der Wolf umringt und schließlich erlegt wurde. Man legte den Körper des toten Tieres auf einen mit Kränzen geschmückten Wagen und schob diesen unter lautem Getrommel in die Ortschaft Trub.

Laut Kobell[8] hat nach amtlichen Ermittlungen lediglich ein einzelner Wolf in neun Jahren, bevor er erschossen werden konnte, im Gebiet vom Schlier- und Tegernsee nicht weniger als tausend Schafe und etliche Stück Wildbret gerissen.

In manchen Gegenden machte der Wolf, wie berichtet, das Halten von Haustieren unmöglich. So war die Zucht von Rentieren durch die Verluste durch Wölfe in den südlichen Gebirgen von Norwegen vereitelt worden. In einem Jagdwald in Temesvar rissen Wölfe in einem Winter sechzig Rehe. In einem walachischen Grenzdorf verloren die Bauern innerhalb zweier Monate einunddreißig Rinder sowie drei Pferde. In der kroatischen Ortschaft Basma fielen in einer Nacht fünfunddreißig Schafe den Raubtieren zum Opfer. Im Dorf Suhay, ebenfalls in Kroatien, trieb am 8. Dezember des Jahres 1871 ein Hirte seine Herde Schafe auf die Weide und wurde dabei von etwa sechzig Wölfen überfallen, die vierundzwanzig Schafe rissen und auffraßen. In Rußland wurden noch im 19. Jh. an die 180 000 Stück Großvieh und etwa dreimal so viel Kleinvieh von Wölfen getötet.

Normalerweise meidet der Wolf, wie alle Wildtiere, das direkte Aufeinandertreffen mit Menschen und flieht, sobald er diesen wittert oder sonstwie wahrnimmt. In die Enge gedrängt und bei anderen direkten Konfrontationen verhält sich der Wolf eher passiv, und Fälle, die den Wolf als Gefahr für den Menschen zeigen, sind im Vergleich zu dessen einstiger Häufigkeit selten. Dennoch soll an dieser Stelle ein Vorfall aus dem 18. Jh., der sich – man mag es glauben oder nicht – in der Schweiz ereignete, nicht unerwähnt bleiben[7]:

> *„So wurde ein Herr a Marca aus Mesocco, als er an einem Winterabend vor die Hausthür trat, plötzlich von einem hungrigen Wolf überfallen. Mit einem Faustschlage streckte der kaltblütige, baumstarke Mann diesen todt zu Boden. Dann nahm er ihn beim Schwanze und warf ihn seiner Frau, die ihn eben erzürnt hatte, in die Stube vor die Füße."*

Der Wolf suchte in Mitteleuropa nur in Notfällen, wenn der Hunger all zu groß wurde, die Nähe menschlicher Behausungen auf. Mitunter grub er sich einen Weg in die Viehställe der Bauern und stattete in seltenen Fällen sogar deren Häusern einen Besuch ab. In besonders harten Wintern drangen Wölfe selbst in Großstädte wie Basel, Zürich, Solothurn, Freiburg, Aarau und Schaffhausen ein und zerrissen Hunde, die sie in den Straßen erbeuteten oder die an einer Kette lagen und deshalb nicht flüchten konnten. Auch Menschen, vor allem Kinder, sollen

SÄUGETIERE

von diesen „Pionieren" verschleppt und getötet worden sein. Ebenso fanden sich auf den Schindangern der Ortschaften Wölfe ein, um sich an den Leichen gütlich zu tun.
Im Reich Karl des Großen erschienen diese Raubtiere in strengen Wintern oft zu ganzen Hundertschaften vor den Toren der Städte und Ansiedlungen, um nach Freßbarem zu suchen. Diese Meuten stellten eine gewaltige Streitmacht dar und verängstigten die jeweilige Bevölkerung. Berufsjäger stellten sich den Wölfen und mußten dabei nicht selten ihr Leben lassen. Da die Ausübung ihrer Tätigkeit große Gefahren barg, genossen diese Jäger gewisse Vorrechte und Privilegien. Neben vielen anderen Vergünstigungen waren Angehörige dieses Berufsstandes vom Kriegsdienst befreit, was die große Bedeutung der Jäger unterstreicht.

Ausgesetzte **Prämien** waren trotz der zu erwartenden Gefahren Ansporn genug, um Jagd auf das Raubtier zu machen. Selbsternannte Wolfsjäger gingen nach erfolgreicher Jagd mit dem Balg des erlegten Tieres von Haus zu Haus und zu den einzelnen Hirten, um Geld oder Nahrung und Obdach zu fordern. Die Bewohner der von Wölfen gepeinigten Regionen erwiesen sich hierbei als besonders großzügig, denn es war ja einer ihrer Hauptfeinde getötet worden, der sie unter Umständen viel Geld gekostet hätte.

Wie schon bei der Wildkatze, erweist sich auch beim Wolf der **Aberglaube** als wesentlicher Ansporn für seine Bejagung.
Folgender Exkurs in eine Sphäre des Unfaßbaren und des Unglaublichen soll einen Einblick in die Gedankenwelt der Menschen vergangener Jahrhunderte gewähren und mögliche Erklärungen für deren Handlungsweisen aufzeigen:
Besonders in den düsteren Tagen des Mittelalters, als nur wenige Naturgesetze bekannt waren und Angst und Aberglaube das Leben der Menschen bestimmten, mußte der Wolf als Sinnbild der Ausgeburt des Bösen herhalten. In dieser Zeit fürchtete man sich vor den sogenannten Werwölfen. Die deutsche Bezeichnung Werwolf leitet sich vom Althochdeutschen (750–1050) „wer" ab, was soviel wie Mann oder Mensch bedeutet. Ein Werwolf ist demnach also ein Mann- oder Menschwolf.
Werwölfe wurden bereits in der Antike erwähnt. So soll der König Lyakon von Arkadien, ein Bergland am Peleponnes, von Zeus in einen Wolf verwandelt worden sein. Dieser Glaube, daß sich ein Mensch von Zeit zu Zeit in einen Wolf verwandeln kann, verankerte sich vor allem im Volksglauben vieler osteuropäischer Völker. In altgermanischen Göttersagen wurde der Wolf als Tier des Wodans mehr geachtet denn verabscheut. Die christliche Lehre verdrängte Jahrhunderte später diesen Götterglauben. Laut Kirche verwandelte sich Wodan selbst in den „wilden Jäger" und seine Hunde in dessen Wölfe, bis zuletzt aus diesen der gespenstische Werwolf wurde. Uralte Sagen, Mythen, angebliche Augenzeugenberichte und viele mündliche Überlieferungen, die von der „Wolfwerdung" eines Menschen, eines Zauberers, eines Dämons oder gar des Teufels berichteten,

kursierten in vielen Landstrichen Europas. So behauptete ein französischer Mönch, der als Kenner der Werke des Satans auftrat, daß es auf Erden keine Kreatur, also auch kein Tier, gäbe, in dessen Gestalt der Teufel nicht schlüpfen könne[11]. Besonders liebe es der Fürst der Finsternis, die Gestalt einer Katze oder eines Wolfes anzunehmen. Der Wolf wurde zunehmend als ein Vertreter der Welt „des Bösen und der Schatten" angesehen.

Jedes Mittel war nun erlaubt, um einen Werwolf, sprich Wolf, zu vernichten. So wurde im 16. Jh. in der französischen Stadt Dole ein gewisser Gilles Garnier zum Tode verurteilt, weil er angeblich die Gestalt eines Werwolfes angenommen und mehrere Kinder verschlungen hatte. Ein weiterer verbürgter Fall einer Verurteilung von Personen, die angeblich Werwölfe gewesen seien, ereignete sich im 17. Jh. im Herzogtum Savoyen. Neben mehreren anderen Hexenmeistern wurde ein gewisser Claude Garot, der erwiesenermaßen ein Werwolf gewesen sein soll, der Ketzerei angeklagt.

Diese selbsternannten Werwolfkundigen unterschieden streng zwischen freiwilligen und unfreiwilligen Werwölfen, denn nicht selten soll es vorgekommen sein, daß ein Mensch die Gestalt eines Wolfes angenommen hatte, ohne daß er dies wollte. Man führte dies auf Zauberei zurück, was aber in jenen Tagen nicht minder unheilvoll war. In vielen Regionen Europas erzählten sich die Leute folgende unglaubliche Geschichte, die aber von den meisten als reine Wahrheit angesehen wurde[11]:

> *Einst traf ein Mann im Wald auf einen Wolf, der ihm eine Geschichte erzählte: „Einstmals hatte ein Abt, der über Zauberkräfte verfügte, ein ganzes Dorf verflucht. Seither verwandelten sich die Menschen in diesem Dorf von Zeit zu Zeit in Wölfe, lebten im Wald und kehrten, wenn sie innerhalb von sieben Jahren nicht getötet worden waren, ins Dorf zurück, nahmen wieder Menschengestalt an, und statt ihrer mußten andere Menschen in den Wald gehen und sich in Wölfe verwandeln."*

Noch im 19. Jh. wurde über den Werwolf folgendes geschrieben[19]:

> *„Gewisse Leute können sich mittels eines umgelegten Gürtels, der aus der Haut eines Gehängten geschnitten ist und durch eine Schnalle aus sieben Zungen zusammengehalten wird, in einen Werwolf verwandeln. Er ist schwarz und von der Größe eines mittelmäßigen Kalbes. Schlägt man auf die Schnalle und diese springt auf, steht ein nackter Mensch da."*

Einem Menschen des ausgehenden 20. Jh. mögen diese Schilderungen über Werwölfe unverständlich erscheinen. Faszinierend ist diese Mensch-Tier-Gestalt allemal, und es gibt nicht wenige Filme, die sich mit diesem gruseligen Thema beschäftigten.

Die Wolfsjagd

Noch vor wenigen Jahrhunderten war der Wolf neben dem Menschen das weitverbreitetste „höhere" Säugetier der nördlichen Hemisphäre. Der Wolf besiedelte in vielen Unterarten ganz Eurasien, einschließlich der Arabischen Halbinsel, Japan und große Teile Nordamerikas. Schließlich gelang es dem Menschen, dieses Tier innerhalb kurzer Zeit in großen Teilen seines riesigen Verbreitungsgebietes auszurotten. In Mitteleuropa gelang ihm dies vollends.

Konrad Gesner (1516–65), zu dessen Lebzeiten Wölfe häufig mit sogenannten Wolfsgarnen, riesigen, reißfesten Netzen, die an unübersichtlichen Stellen von Baum zu Baum gespannt und mit Zweigen und Laub getarnt wurden, gefangen wurden, vertrat über den Wolf und dessen Bejagung folgende Meinung[8]:

> „Wiewol der Wolff nit umsonst, und nit ohne gar keine Nutzbarkeit gefangen und getödtet wird, so ist doch der Schad, den er bey seinem Leben Menschen und Vieh anthut, viel grösser, weswegen im, sobald man ihn spühret, ohne Verzug, von männiglichen nachgestellt wird, biß er entweder mit gewissen Instrumenten oder Gruben, Gift und Aas, oder mit Wolffsfallen, Angeln, Stricken, Garnen und Hunden, Geschoß und dergleichen gefangen und getödtet werde."

Bei Friedrich von Tschudi (1818-1889) steht über die Wolfsjagd geschrieben[7]:

> „Wiebald man einen Wolf gewar wird, schlecht man Sturm über ihn: als dann empört sich eine ganze Landschaft zum Gejägt, bis er umbracht oder vertrieben ist."

Als die Waffen der Menschen noch nicht ausgereift genug waren, so daß sich ein Schütze nicht alleine getraute, Jagd auf den Wolf zu machen, zogen Männer in gut organisierten Gruppen in die Wälder, um nach Spuren ihres Hauptfeindes zu suchen. Das Auffinden einer Wolfsfährte war sodann das Signal zum Aufbruch ganzer Gemeinden und Dorfschaften, um dem Wolf auf den Pelz zu rücken. Der Hund war hierbei ein treuer Jagdgefährte des Menschen. Jeder waffentüchtige Mann war verpflichtet, an solch einer Wolfsjagd teilzunehmen, wobei die meisten der Männer diese Pflicht als Vergnügen und Ehre betrachteten.

Die Wolfsjagd hatte bis in das 20. Jh. einen hohen gesellschaftlichen Stellenwert. Wie hoch die Jagd auf dieses Raubtier im 19. Jh. eingeschätzt wurde, bezeugen die Satzungen eines vereinsähnlichen Bundes mit eigenen speziellen Ämtern und Aufgaben sowie einer eigenen Gerichtsbarkeit in der Ortschaft Ballorbes im Schweizer Kanton Jura. Vor einer Jagd wurden vom jeweiligen Vorsitzenden die Jäger in zwei Gruppen aufgeteilt. Die Aufgabe der einen Rotte war es, die Wölfe durch Schreie und anderen Lärm in die Richtung der zweiten Gruppe zu treiben. Erlegte man eines oder mehrere der Raubtiere, so wurde dieser Vorfall durch sechs Posaunenbläser weithin bekundet! Nach erfolgreicher Jagd wurde im Dorfgasthaus froh gefeiert, wobei mit den Pelzen der Tiere die Zeche beglichen wurde. Hatte ein Mitglied entgegen den Befehlen des Vorsitzenden gehandelt, so mußte es Wasser statt Wein trinken. Ebenso wurden die Hände des Betreffenden mit Stroh gebunden. Mitglied dieser erlesenen Gesellschaft konnte man nur werden, wenn man selbst bei drei erfolgreichen Wolfsjagden teilgenommen hatte. Das war auch vielfach der Grund, weshalb Väter ihre kleinen Söhne, manchmal sogar auf dem Arm tragend, zu solchen Hatzen mitschleppten.

Neben dem Anbringen von befestigten Wolfseisenfallen, die zumeist einen der Füße des Tieres einklemmen, wodurch diese in einem langen Todeskampf unter unsäglichen Schmerzen und Qualen elendiglich verhungern oder an Wundbrand zugrunde gingen, war und ist das Auslegen von vergifteten Ködern eine weitere sehr beliebte und erfolgreiche Methode, um den Wolf zu töten. Strychnin erwies sich hierbei als das bewährteste Mittel im Kampf gegen das Raubtier. Dem Ködertier wurde die Haut abgezogen und das Gift in die Muskulatur eingestreut und -gerieben. Hernach zog man den Balg über den Kadaver und legte ihn an eine bekannte Wechselstelle. Diese Tötungsmethode war sehr effizient, da das Raubtier nur wenig vom vergifteten Luder fressen mußte, um zu sterben, und somit zahlreiche seiner Artgenossen ebenfalls noch in den „Genuß" dieses Aases kommen konnten. Bedauerliche Nebenerscheinung dieser „Jagdmethode" war und ist, daß zahlreiche oft sehr seltene, vom Aussterben bedrohte Tierarten, die ursprünglich gar nicht hätten getötet werden sollen, ebenfalls die vergifteten Köder zu sich nahmen und starben. Zu erwähnen sind an dieser Stelle der seltene Kolkrabe (*Corvus corax*), der eine besondere Vorliebe für Tierleichen hegt, weiters viele Greifvögel, der Rotfuchs, der Nordluchs sowie der Braunbär.

Eine für den Menschen weitgehend ungefährliche Methode, einen Wolf zu fangen, war das Ausheben von Gruben. Diese waren in der Regel drei Meter tief und wiesen einen Durchmesser von etwa zweieinhalb Metern auf. Die Grube wurde mit schmalen, biegsamen Zweigen überdeckt. Inmitten dieser Zweige wurde vorsichtig ein Köder ausgelegt. Als Vorsichtsmaßnahme, daß kein Mensch in die Grube fallen konnte, wurde sie mit einem Zaun umgeben. Einst ereignete sich in einer solchen Fallgrube, bei der ein Zaun entweder nicht angebracht oder aber übersehen worden war, eine äußerst seltsam anmutende Begebenheit, die Konrad Gesner (1516–65) von einem gewissen Justinus Gebler geschildert worden war[8]:

> *„Es begab sich, daß, als sein Vatter, der sonderliche Lust und Belieben zum Jagen hatte, etliche Fallgruben und Löcher machen lassen, umb allerley Wild darinnen zu fangen, auff eine Nacht drey oder vier widerwärtige und ungleiche Thiere in eine solche Grube fielen; das erste war ein altes Weib, welches gegen Abend auß einem Garten kommen und Kraut, Rüben und Zwiebeln heim tragen wollen: die übrigen aber waren ein Fuchs und ein Wolff.*
> *Alle diese dreye blieben jegliches an seinem Orte, wohin sie gefallen, und hielten sich die gantze Nacht stille, vielleicht aus Furcht, ja selbst der Wolff, der doch das*

grimmigste unter ihnen war, war nun ein sanfftmüthiges Schaaff geworden, und that keinem Leid, nichts destoweniger war das Weib, als das verständigste, von Furcht und Schröcken, gantz grau und kraftlos worden, und mehr einem todten als lebendigen Menschen gleich.

Wie nun der Vatter, deß Morgens früh, nach seiner Gewohnheit, und auß Begierde nach dem Wilde, die Gruben zu besichtigen außgeht, ersiehet er diesen seinen wunderbarlichen Fang, erschrickt darüber und spricht doch dem armen Weibe zu, welches durch solche Menschen-Stimme gleichsam als vom Tode erwachte und ein wenig zu sich selber kam. Der Haußvatter sprang, als ein beherzter Mann, hierauf in die Grube, und stach erstlich den Wolff, den Fuchs aber schlug er zu todte, und das halbtodte Weib nahm er auf seine Achsel, trug sie auff einer Leiter auß der Grube, und brachte sie wieder nach Hause, mit höchster Bewunderung, daß ein so schädliches und gefrässiges Thier, als der Wolff, beydes deß Weibes und deß Fuchses verschont hatte."

Viel Erfahrung und Geschick setzte folgende Art, dem Wolf habhaft zu werden, voraus: Trifft der Weidmann auf eine frische Wolfsfährte im Schnee, so ist er zuerst bemüht, herauszufinden, ob ein oder mehrere Tiere vorbeigezogen sind. Die Anzahl der Tiere zu bestimmen, ist mitunter schwierig, da die nachfolgenden Wölfe oft in die Spuren des Leittieres stapfen, um Kräfte zu sparen. Lediglich der Fachmann kann an der Tiefe und Festigkeit der Fährte die Anzahl der Tiere abschätzen.

Führt die Spur auf einen Hügel, kann dieser Umstand dem Jäger oder Wildbiologen weitere wichtige Aufschlüsse bieten; denn dort fächert, wenn mehrere Wölfe beisammen waren, die Schnurfährte gewöhnlicherweise auf. Wenn die Fährte sehr breit auffächert, ist dies ein Anzeichen, daß die Raubtiere noch hungrig waren und unruhig umhereilend die Umgebung nach Beutetieren absuchten. Aller Wahrscheinlichkeit nach werden also die Wölfe in den nächsten Stunden einen Raubzug unternehmen. Beschränkt sich der Aktionsradius der Wölfe jedoch auf wenige Quadratmeter, so sagt dies dem Fachmann, daß die Tiere nicht hungrig waren, wohl aber nach einem Lager für die Nacht Ausschau hielten. Die Spur führt dann zumeist in einen Wald oder in ein Jungdickicht. Werden solche Anzeichen des Aufenthalts von Wölfen festgestellt, so eilt der Jäger zur nächstgelegenen zuständigen Station, um Hilfspersonal und sogenannte Lappschnüre zu organisieren. Diese oft kilometerlangen Schnüre, an die rote Tuchfetzen angebunden sind, werden sodann von den Helfern um den Platz, in dem die Tiere vermutet werden, von Baum zu Baum oder von einem eingeschlagenen Pflock zum nächsten gespannt. Der Jäger und seine Gehilfen können nun nach Hause gehen, in der Hoffnung, daß die Tiere aus Angst oder zumindest aus Respekt vor den sich im Wind bewegenden Fetzen in dem eingekreisten Areal verbleiben. Befindet sich in der Wolfsgruppe ein Tier, das den Rest der Meute in dieser Notsituation aus dem begrenzten Gebiet herausführt, waren alle Bemühungen

SÄUGETIERE

umsonst. Hat sich am nächsten Morgen jedoch eine stark ausgetretene Fährte entlang der Lappschnüre gebildet, kann die Jagd beginnen. Hunde spüren die Wölfe auf, die dadurch wiederum zu den Schnüren getrieben werden und an übersichtlichen Stellen von den zahlreichen Schützen erlegt werden können.

Im Jahr 1773 ereignete sich in der Schweiz im Kanton Tessin eine merkwürdige Wolfsjagd. Nahe des Ortes Biasca fand ein Jäger im Wald eine zugeschnellte Fuchsfalle sowie Blut- und Kampfspuren in deren unmittelbaren Nähe. Der Mann begriff sogleich, daß ein Braunbär oder ein Wolf diese Falle beraubt haben mußte. Mit einigen Jagdkameraden verfolgte er umgehend die frische Spur, die am Eingang einer engen Höhle im Biascagebirge endete. Die Jägersleute vermuteten in dieser einen Wolf. Ein besonders mutiger Mann kletterte, ausgestattet mit zwei Seilen, durch den sehr schmalen Eingang in das Innere der Höhle. Dort entdeckte er einen Wolf, der sich durch die Beengtheit des Baues nicht umwenden konnte. Sogleich packte der beherzte Bursche die beiden Hinterbeine des Raubtieres und band diese mit einem der beiden Seile fest zusammen. Sodann bewegte er sich rückwärts kriechend aus der Höhle hinaus. Die anderen Männer schlangen sofort den Strick um einen unteren Ast eines nahestehenden Baumes und zogen den Wolf empor. Dieser wehrte sich zwar heftig, wurde aber, als er gerade im Begriff war, das Seil zu zerbeißen, mit Knüppeln erschlagen.

4. Die Zuwanderung von Wölfen nach Mitteleuropa

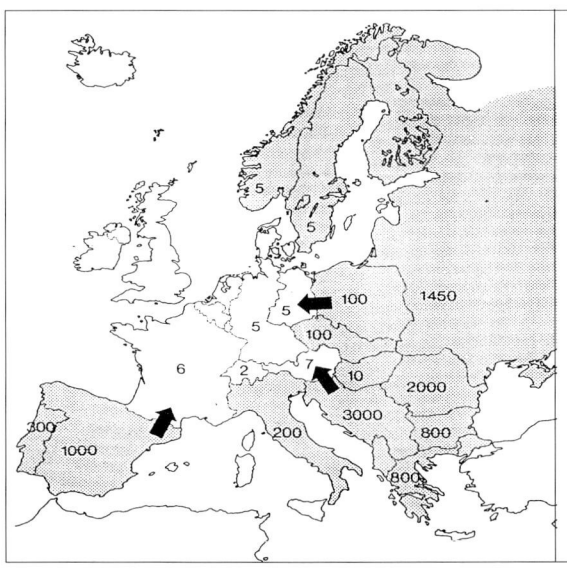

Abb. 10: Länder mit regelmäßigem Wolfsbestand (punktiert) mit geschätzten Bestandszahlen, verglichen mit den mitteleuropäischen Ländern ohne Wolfsbestand. Hier geben die Zahlen die gelegentlichen Einwanderer seit 1950 an. Die Pfeile deuten denkbare Einwanderungsrouten an.

Quelle:
KURT, F. (1982): Naturschutz – Illusion und Wirklichkeit. Zur Ökologie bedrohter Arten und Lebensgemeinschaften. Parey, Hamburg.

Die Wirren während und nach dem Zweiten Weltkrieg beeinflußten die Populationen des Wolfes vor allem in Nordosteuropa. Doch nicht immer wirkten sich die Kriegswirrnisse negativ auf die Bestände aus. So zählte man nach dem Krieg in Polen an die 4000 Wölfe. Jagdtrupps wurden aufgestellt, denen es bis 1955 gelang, den Bestand auf ungefähr 2000 Tiere zu reduzieren. Doch auch diese Anzahl der Raubtiere war für den Menschen selbst und dessen Viehzucht untragbar. Hinzu kam, daß jeden Winter hunderte Wölfe auf Wolfszugstraßen, die seit Jahrhunderten bestehen, vom Osten her einwanderten. Dies deshalb, weil in Rußland, wo mittlerweile an die 60 000 Tiere lebten, die Wölfe nicht mehr genug Platz für ihre Reviere fanden und daher nach Westen zogen, wo die Populationen ihrer Artgenossen durch das Eingreifen des Menschen wesentlich dünner waren. Entlang dieser Wolfszugstraßen wurden zahlreiche Beobachtungsstationen errichtet, von wo aus jedes gesichtete Tier an eine Zentrale weitergemeldet wurde. Dort wurde sodann über die jeweiligen jagdlichen Maßnahmen entschieden. Durch dieses System und die konsequente Bejagung konnte die Anzahl der Wölfe in Polen auf ungefähr 400 Stück verringert werden.

Nach dem Zweiten Weltkrieg wanderten auch gelegentlich Wölfe über die nördlichen Gebiete Deutschlands nach Mitteleuropa ein und sorgten dort für Aufregungen, die zu einem Großteil von den sensationsgierigen Medien heraufbeschworen wurden. Ein Tier, das den Beinamen „der Würger von Lichtenmoor" erhalten hatte, wurde in der Gegend von Celle erlegt. In den Jahren von 1948 bis 1961 wurden fünf Wölfe in der Lüneburger Heide, einer in Mecklenburg, zwei in Brandenburg und schließlich sechs in Österreich erlegt.

An dieser Stelle seien einige belegte Jahreszahlen angeführt, wann Wölfe von Slowenien (möglicherweise auch aus den Karpaten) nach Österreich einwanderten[10]:

Nordtirol:	1955 bei Reutte
Osttirol:	1954 bei Innervillgraten
Kärnten:	1914 bei Waldstein
Steiermark:	1921 bei Kindberg
	1930-36 im Wechselgebiet
	1949 bei Turrach, Gußwerk und Weiz
	1950 bei Rothmoos-Weichselboden
	1960 bei Frohnleiten
Oberösterreich:	1970 bei Ampfelwang
Niederösterreich:	1955 im Waldviertel

Die Tiere fanden hier zwar keinen Konkurrenzdruck durch Artgenossen vor, wohl aber eine Jägerschaft, die sie umgehend verfolgte.

Vielfach kam und kommt es vor, daß ein Wolf mit einem verwilderten Wolfshund verwechselt wurde. Ein solcher „falscher Wolf" stand jahrelang ausgestopft im Heimatmuseum von Steyr in Oberösterreich.

Bis heute hat sich die negative Einstellung gegenüber dem Wolf nicht oder nur wenig geändert. Weiterhin wird er gefürchtet und als Übeltäter und Sündenbock hingestellt. Früher mochte die Angst gerechtfertigte Gründe gehabt haben; wer sie heute hat, erlebte entweder eine Ausnahmesituation oder aber übernimmt in unkritischer Art und Weise altes, einstmals gültiges Gedankengut.

Ein Vorfall aus dem Jahr 1976, der sich im Nationalpark Bayerischer Wald ereignete, zeigt auf, wie der angeblich gebildete und kultivierte Mitteleuropäer reagiert, wenn er mit Wölfen konfrontiert wird[12]. Zusammengefaßt ereignete sich damals folgendes:

> Am 28. Januar 1976 brachen neun Wölfe, vier Weibchen und fünf Männchen, aus ihrem Gehege aus, weil sie durch in der Nachbarschaft durchgeführte Schneeräumungsarbeiten in Panik geraten waren.
>
> Die Medien witterten nun eine Sensation, mit der sich gutes Geld machen lassen konnte, und trieben durch ihre verantwortungslose Berichterstattung das Volk dazu, eine gnadenlose Hatz auf die „Bestien" zu veranstalten. So lauteten damals zwei der unzähligen, panikmachenden Schlagzeilen: „Hungrige Wölfe bei sibirischer Kälte entkommen" oder „Wölfe vor den Toren Münchens". Die zu erwartenden Reaktionen unter der verängstigten Bevölkerung traten prompt ein. Besorgte Mütter schlossen, auch wenn sie in anderen Landesteilen wohnten, ihre Häuser hermetisch ab, erregte Väter brachten ihre Sprößlinge mit dem Auto in den Kindergarten oder in die Schule, und Leute, die keinerlei Ahnung von der Jagd hatten, wollten auf eigene Faust die Bestien mit Handfeuerwaffen erlegen.
>
> So war es nicht verwunderlich, daß bereits am ersten Tag ein Weibchen in unmittelbarer Nähe des Nationalparks erschossen wurde. Die restlichen Wölfe suchten ihr Heil in der Flucht und wechselten in die großen Waldungen entlang der bayerisch-böhmischen Grenze.
>
> Die Hatz ging weiter. Am zweiten Tag erlegte ein Förster des bayerischen Senates etwa zwanzig Kilometer vom Gehege entfernt einen weiteren Wolf mit der Begründung, daß dieser seinen Gänsen nachgestellt habe. Diesem wackeren Mann konnte man nur gratulieren, zumal er schon einmal zweifelhaften Ruhm geerntet hatte, als er den ersten im Bayerischen Wald wiedereingebürgerten Nordluchs erschossen hatte, weil dieser angeblich seinen Hund angegriffen hatte!
>
> Als diese Tatsachen publik wurden, stellte sich vorerst ein überraschend großer Teil der Bevölkerung auf die Seite der Raubtiere, weil man meinte, daß genug Platz für die Wölfe in den weitläufigen Wäldern bestünde. Es bildete sich sogar eine Bürgerinitiative zum Schutz der Wölfe, und Wissenschafter hielten die teils dennoch besorgten Bürger an, für das Wohlergehen der Tiere einzutreten. Der WWF und der Bund Naturschutz in Bayern sowie etliche Privatpersonen garantierten, für jeglichen anfallenden Schaden an Haus- und Nutztieren aufzukommen. Jäger in den böhmischen Wäldern versicherten, daß sie die Wölfe nicht erschießen würden, falls diese über die Grenze setzten. Der damalige bayerische Innenminister revidierte das schon erlassene Abschußgebot, das nach mehreren

Prozessen pro oder contra den Abschuß ergangen war. Es schien alles in Ordnung zu sein, und viele Leute waren froh und selbstzufrieden in dem Wissen, einen guten Dienst an der Natur getan zu haben.

Was geschah in der Zwischenzeit jedoch mit den verbliebenen Wölfen? Wollten sie nicht verhungern, mußten sie wohl oder übel ihrer natürlichen Überlebensstrategie entsprechend Beute schlagen; nicht aus Blutgier oder Mordlust, sondern um überleben zu können. Ihre Aktivitäten blieben verständlicherweise nicht unbemerkt, und zunehmend äußerten sich Förster und Jagdpächter in mißfallenden Tönen über den entgangenen Jagdgenuß und über die verlorenen Einnahmen, die aber von den erwähnten Organisationen ersetzt wurden. Hinzu kam ein unglückliches Begleitereignis, das das Schicksal aller Wölfe bestimmen sollte. Eines der entkommenen Tiere, eine alte, zahme Wölfin, die nicht mehr in der Lage war, selbständig zu jagen, hatte einem vierjährigen Knaben beim Spielen einen Kratzer am Gesäß zugefügt und einen Riß im Hosenboden verursacht; eine Begebenheit, die sich tagtäglich im Umgang mit Hunden ereignet – allein hier war ein Wolf die Ursache! Die Konsequenz war folgende Schlagzeile in einer grossen Zeitung am darauffolgenden Tag: „Nationalparkwolf zerfleischt kleines Kind!"

Daraufhin entsandte das bayerische Innenministerium unter dem Druck der alarmierten Bevölkerung eine Hundertschaft von Bereitschaftspolizisten in das betreffende Gebiet, und das Landwirtschaftsministerium erließ ebenfalls einen Abrückbefehl für erfahrene Berufsjäger.

Nun stand der systematischen Austilgung der „Bestien" nichts mehr im Wege. Posten zum Schutz der Bevölkerung wurden aufgeboten, ebenso Straßensperren errichtet und einige scheinbar besonders gefährdete Gebiete umstellt und mit Hilfe von Treiberketten durchkämmt. Fazit der ganzen Aktionen: Einige Hunde, die von den Jägern in der Hitze des Gefechts für die blutrünstigen Reißer gehalten worden waren, mußten ihr Leben lassen. Doch von den „echten Wölfen" fehlte an der „Wolfsfront", wie das Fernsehen das betreffende Gebiet in ausführlichen Sondersendungen benannt hatte, jegliche Spur. Nach diesen Mißerfolgen wurden zudem Bundeswehreinheiten in das Unternehmen mit einbezogen, was aber ebenfalls nicht den erhofften Fang oder Abschuß der Wölfe brachte. Nach weiteren Tagen der eifrigen Hatz wurde endlich ein Rüde getötet, und auch die restlichen Tiere wurden nach und nach aufgespürt und umgehend erschossen. Das Volk, die Politiker und die Jäger hatten ihre wohlverdiente Ruhe wiedergewonnen.

5. Die Wiederansiedelung des Wolfes in Mitteleuropa

Experten, die jahrelang mit Wölfen gearbeitet haben, meinen, daß es in Europa noch eine Vielzahl von Gebieten gibt, in denen der Wolf wieder frei leben könnte. Genügend entsprechende Beutetiere und ein großes, zusammenhängendes, vom Menschen nicht für Nutztiere verwendetes Areal wären die idealen Voraussetzungen für eine Wiederansiedelung dieses Raubtieres. In Skandinavien, vor allem in Schweden sowie im waldreichen Osteuropa sind diese Voraussetzungen gegeben. In Mitteleuropa hingegen treffen Tier und Mensch unmittelbar aufeinander, auch wenn vermeintlich große Wälder das Leben von Wölfen in freier Wildbahn möglich erscheinen lassen.

Als eines der zu bevorzugenden mitteleuropäischen Gebiete galten und gelten den Wildbiologen die menschenleeren Wälder entlang der bayerisch-böhmischen Grenze. In dieser Zone gäbe es auch keine ernstzunehmenden Beschwerden von seiten der Vertreter der Forst-und Landwirtschaft. Neben dem Nordluchs, der im Bayerischen Wald erfolgreich wiedereingebürgert wurde, wäre es theoretisch durchaus denkbar, dort den Wolf wieder heimisch zu machen. Die Anzahl der Beutetiere, wie Hirsch, Reh und Hase würde in diesem Gebiet durchaus ausreichen, um einen kontrollierten Stamm dieser Raubtiere auf freien Fuß zu setzen. Doch auch dieser Lebensraum kann nur als Rückzugsgebiet für die Tiere gedacht sein, da für die Wölfe keine Möglichkeiten bestehen, ihre Reviere außerhalb der Grenzen dieses Areals auszuweiten.

Wunschvorstellung der Wildbiologen ist es, ein großes Netz möglichst zusammenhängender Wohngebiete der Wölfe zu schaffen. Dieses sollte von den gefestigten Revieren in Skandinavien über Polen, das Erz- und das Riesengebirge bis hin zu den Ostalpen und schließlich zu den Gebieten des ehemaligen Jugoslawien reichen. Diese Areale verliefen zwischen den vom Menschen landwirtschaftlich intensiv genutzten Flächen und würden an ihren Grenzpunkten gerade noch die Hauptverbreitungsgebiete miteinander verbinden, wodurch ein für die einzelnen Populationen überlebensnotwendiger Genfluß gewährleistet wäre. Heute sind diese Vorstellungen jedoch noch utopisch, da die Angst vor dem Raubtier Wolf, trotz intensiver Aufklärungsarbeit, immer noch groß ist. Es erscheint deshalb allgemein fraglich, ob diese Tierart je wieder in Mitteleuropa und somit auch in Österreich heimisch werden wird können.

SÄUGETIERE

Der Rotfuchs

1. Systematik

In Europa leben zwei Arten von hundeartigen Raubtieren, die mit dem Sammelbegriff Füchse bezeichnet werden. Diese sind der Eis- oder Polarfuchs (*Alopex lagopus*), der auf Island und in Teilen Nordskandinaviens lebt, und der Rotfuchs (*Vulpes vulpes*), der im gesamten Europa, ausgenommen Island, in großen Teilen Asiens, Nordamerikas sowie in Nordafrika anzutreffen ist.

2. Gründe für die Verfolgung des Rotfuchses

Betrachtet man die jahrhundertelange systematische Verfolgung und Bejagung des Rotfuchses, so verwundert es, daß diese Tierart nicht ausgerottet wurde, sondern im Gegenteil sogar noch neue Lebensräume neben den angestammten erschließen konnte und heute das häufigste Raubtier in Europa ist.

Die Bejagung

Der Rotfuchs war seit jeher ein sehr häufiges Raubtier in vielen Regionen Europas. Überall, wo Mensch und Fuchs aufeinandertrafen, versuchte der Mensch ihn zu bejagen. Diesem Unterfangen standen keine gesetzlichen Einschränkungen im Wege. Schon im Sachsenspiegel aus dem Jahr 1215 steht geschrieben, daß der Fuchs gleich dem Bären und dem Wolf vom Jagdbanne ausgenommen sei, sodaß jeder, auch ansonsten nicht Jagdberechtigte, den Fuchs töten dürfe, wann und wo immer er auf ihn treffe.

Der Rotfuchs, hier einfach als Fuchs bezeichnet, ist einerseits ein Räuber von Hühnern, Gänsen, Enten und Kaninchen, weshalb ihn die Bauern verfolgen, und andererseits erbeutet er Wachteln, Rebhühner, Fasane, Hasen und anderes Niederwild, was ihm die Nachstellung durch die Jägerschaft, die sich ihrerseits um das Jagdvergnügen gebracht sieht, sichert.
In Alpenrevieren sehen Jäger den Fuchs auch als **Konkurrenten** bei der Jagd um das Murmeltier an. Der Fuchs lauert oft stundenlang hinter einem Stein in der Nähe des Ausganges eines Murmeltierbaues. Schaut einer der vorsichtigen

Nager aus seinem Bau heraus, so prüft er zuerst mit dem feinen Geruchssinn die Umgebung. Steht der Wind für den Jäger günstig, wagt sich das Murmeltier behutsam aus seiner Behausung. Trotz seiner Angespanntheit muß der Fuchs den Nager einige Schritte machen lassen. Sodann springt das Raubtier plötzlich mit einem mächtigen Satz zwischen Murmeltier und Baueingang, womit er der Beute den Rückweg abschneidet, und packt das verdutzte Tier. Niemals kann aber das Eingreifen des Fuchses den Bestand der Murmeltiere oder irgend einer anderen Tierart gefährden. Mitunter gehen starke Füchse sogar daran, der Rehmutter ihr Junges zu rauben. Jungen Gemsen kommt er nur selten bei, da diese sehr schnell und wachsam sind und der Mutter auf den für das Raubtier unerreichbaren Felsen folgen. Der Fuchs nimmt auch Aas zu sich und ist davon in höheren Lagen oder im Winter sogar abhängig. Er verhindert somit das Ausbreiten von eventuell entstandenen Seuchen.

Zweifelsohne vertilgt der Fuchs das eine oder andere Huhn oder den einen oder anderen Fasan; selten wird hingegen die enorme Nützlichkeit dieses Raubtieres erwähnt.

Eine Studie[13] aus mehreren Testserien, die in vier Gebieten der ehemaligen DDR durchgeführt worden ist, untersuchte den Mageninhalt von Rotfüchsen. Das Resultat einer Serie, in der insgesamt 353 Fuchsmägen aus vier Regionen des Landes untersucht wurden, ergab folgendes Resultat: Fast ein Viertel, 83, aller Mägen war leer. Die restlichen 270 enthielten pflanzliche oder tierische Kost, wobei lediglich in acht Fällen über 300 Gramm Mageninhalt festgestellt werden konnte. Fast die Hälfte, 163, aller Mägen enthielt Reste von Wühlmäusen. Insgesamt konnten Reste von 181 Wühlmäusen nachgewiesen werden. Auch andere Mäusearten, von denen in einzelnen Fällen 23, 27, 29, 32 und sogar 40 Stück in einem Magen gefunden wurden, waren von den Füchsen aufgenommen worden. Lediglich in jedem siebten Verdauungsorgan wurden Reste von Feldhasen oder Kaninchen nachgewiesen, wobei von diesen sicher zumindest ein Drittel bereits tot von den Füchsen aufgefunden worden war, da man in den Hasenresten Schrotkugeln bzw. Fliegenlarven feststellen konnte. Weiters fand man die Überreste von einem Igel, von fünf Waldspitzmäusen sowie von fünf Maulwürfen, ebenso sechs Proben von Wildschweinen, vier von Hausschweinen und fünf von Rehen, bei denen es sich in erster Linie um Schlachtabfälle und um Reste von nicht aufgespürten Jagdopfern handelte. Fast ein Drittel aller Mägen enthielt die Reste von Vögeln, darunter 21 unbestimmbare Kleinvögel und je 24 Proben von Haushühnern und Hausenten. Sechs Füchse hatten einen Frosch zu sich genommen, sechs weitere einen Fisch. 53 Füchse hatten sich an Gliederfüßern gesättigt, wobei in einem Magen 32 Maikäfer gezählt wurden. Regenwürmer, Schnecken und Muscheln waren nur in geringen Mengen von den Tieren verzehrt worden. In immerhin 110 Mägen fanden sich die Reste von pflanzlicher Nahrung. In einzelnen Mägen konnten bis zu zehn Äpfel und Birnen, elf Pflaumen, 102 Kirschen und erhebliche Mengen von Himbeeren nachgewiesen werden.

SÄUGETIERE

Die Grundnahrung von Rotfüchsen besteht demnach aus Kleinnagern. Haar- und Federwild, Geflügel oder Fische machen lediglich einen geringen Anteil der Kost aus. Ein einzelner Fuchs frißt ungefähr 5000 Mäuse pro Jahr, die Unmengen landwirtschaftlicher Produkte vernichten oder unbrauchbar machen würden sowie unzählige Nachkommen haben würden, was einem Gewicht von etwa 100 Kilogramm entspricht. Diese Zahlen verdeutlichen eindrucksvoll die Nützlichkeit des Rotfuchses.

Als Abschluß dieses Abschnittes soll die Auffassung Konrad Gesners (1516-1565) über Jagdmethoden und mögliche Beutetiere des Fuchses angeführt werden[8]:

> *„Ist ein listiges boßhafftiges, fürwitziges und stinckendes Thier. Er kehrt den Igel fein sachte umb, und beseicht ihm den Kopf, wovon dann der Igel erstickt. Den Hasen betreugt er mit Schertz, umb mit ihm ze spielen: Die Vögel damit, indem er sich besudelt, und als ob er todt wäre, auf den Wasen streckt, dadurch er dann die Vögel zu sich, als zu einem Aas lockt, und sie hernach erfasset, gleich als wie man die Vögel in einer Kluppen fahet, dann er ist ein gemeiner Feinde alles Gevögels: Die kleinen Fischlein fängt er mit seinem Schwantz, den er in das Wasser hängt, und so sich die Fischlein darein verbergen, zeucht er sie heraus, schüttelt den Schwantz, und lebt wol umb eine kleine Oerte oder Zeche. Hierzu kompt ihm der Schwantz gar wol, welchen er anstatt der Reusen und Garnen braucht: Derjenigen List zu geschweigen, deren er sich bey den Bienen und Wäspen gebraucht, damit er das Honig und Waben ja unverletzt fresse:"*

Erläuterungen zu diesem Textauszug:
Einen Igel bezwingt der Fuchs, indem er diesen vorsichtig und unermüdlich immer wieder wendet und quält, bis dieser aufgibt und die ungeschützte Bauchseite preisgibt. Dabei kann es schon vorkommen, daß das Raubtier den Igel mit Urin besprüht. Auch ist der Fuchs durchaus in der Lage, die überaus scheuen und argwöhnischen Krähen, so wie es Gesner beschreibt, mit List und Tücke zu erjagen. Dazu legt er sich an einen gut übersichtlichen Ort und stellt sich tot. Die aasliebenden Vögel treffen nach und nach ein und wagen sich immer näher an den vermeintlichen Kadaver heran, so nahe, bis eine besonders kecke Krähe blitzschnell von dem geduldig Wartenden gepackt wird. Mit „Oerte" und „Zeche" meint Gesner kleine Fischarten. Bis heute glauben manche Leute an die Geschichte von dem mit seinem Schwanz angelnden Fuchs, die aber eine reine Erfindung mancher phantasiebegabter Naturforscher vergangener Tage ist.
Auch die Vorgangsweise, wie sich der Fuchs der lästigen Flöhe entledigen soll, ist vollkommen erfunden. Man glaubte, daß der Fuchs, während er ein sorgfältiges Bad nimmt, die wasserscheuen Flöhe in ein in seinem Maul getragenes Bündel Moos treibt, das er sodann samt den Plagegeistern wegwirft.

Erlegt ein Bauer oder ein Jäger einen Fuchs, so profitiert er in vielfacher Hinsicht. Neben der Vernichtung des „schädlichen" Beutegreifers kann sich der Jäger über **das Rotfuchsfell** freuen, das je nach Qualität einen guten Marktpreis erzielt, obwohl Füchse heute in sogenannten Farmen gezüchtet werden. Besonders der dichte Winterpelz des Fuchses ist wertvoll und gefragt. Dieser kann sehr unterschiedlich gefärbt sein. Grundsätzlich ist das Winterfell eines Fuchses, der im Gebirge lebt, heller als jenes eines Talfuchses. Die am intensivsten rot gefärbten Tiere sind im Norden des Verbreitungsgebietes anzutreffen. Die dunkle Variante, mit schwarzem Hals und Bauch, wird als sogenannter Kohlfuchs, jene mit schwärzlich, grauer Unterseite als Moorfuchs und besonders helle Exemplare als Birkfuchs bezeichnet. Weitere Namen für die verschieden gefärbten Formen sind Brandfuchs, Gelbfuchs, Edelfuchs, Sonnenfuchs, Bisamfuchs, Kreuzfuchs etc. Im Dezember des Jahres 1858 wurde bei Schangnau im Kanton Bern ein gänzlich weißer Fuchs erschossen. Jahre zuvor wurde einer bei Mühlehorn am Wallensee und einer in Graubünden erlegt. Solch weiße Exemplare werden als Silberfüchse bezeichnet. Ob es sich bei diesen um Albinos oder um „echt" weiß gefärbte Tiere handelte, kann nicht gesagt werden. Albinos werden heute äußerst selten in freier Wildbahn angetroffen, was nicht weiter wundert, da diese auffallenden Tiere als erste ihren natürlichen Feinden zum Opfer fallen.

Das **Rotfuchsfleisch** soll in vergangenen Tagen einen vorzüglichen Braten abgegeben haben, weshalb schon die alten Römer diese Tiere in Gehegen hielten und sie mit süßen Weintrauben mästeten. Zwar soll das Fleisch in frischem Zustand ungenießbar sein, aber nach langem Beizen und Wässern den Gaumen mit einem feinen Wildaroma entzücken.

Ebenso wurde das **Fuchsfett**, vor allem von Leuten auf dem Land, als Heil- und Wundermittel gegen allerlei Gebrechen gepriesen und deswegen auch teuer verkauft. Ein Jäger gewann von zwei im Herbst geschossenen Füchsen, zu dieser Zeit sind sie am feistesten, ungefähr drei Kilogramm Fett, wobei ein Kilogramm dieses Fettes ebenso wertvoll war wie ein guter Balg eines Tieres.

Die Tollwut

Einer der Hauptgründe für den Menschen, Jagd auf den Rotfuchs zu machen, ist die Tatsache, daß dieses Tier in Europa als Hauptüberträger der **Tollwut** angesehen werden muß.

Noch im 19. Jh. bestand auch unter der Ärzteschaft die vorherrschende Meinung, daß die Tollwut, auch Hundetollwut benannt, die nicht mit jener Krankheit identisch ist, die heute als Tollwut bezeichnet wird, durch allzu großen Hunger entstände. Eine andere These besagte, daß große Kälte- oder Hitzeeinwirkung oder unerfüllter Begattungstrieb die Ursachen dieser Krankheit seien. Auch der Mangel an genug frischem Trinkwasser wurde für die Krankheit verantwortlich gemacht. Ein gewisser Dr. Herbst[14] verkündete im 19. Jh., daß die ursprüngliche Entwicklung der Wut aufgrund einer eigentümlichen Beschaffenheit der Luft erfolge. Weiters meinte er, daß diese Krankheit vorzugsweise dann auftrete, wenn längere Zeit kalte, scharfe Ost- oder Nordostwinde, sei es im Winter oder im Sommer, geherrscht haben. Dadurch wäre auch der Umstand zu erklären, daß die Krankheit sich in manchen Jahren fast seuchenartig verbreitet und daß sie oft längere Zeit wieder ganz verschwindet.

Damals desinfizierte man die Wunde eines von einem tollen Tier gebissenen Menschen mit den sogenannten spanischen Fliegen. Hierbei handelt es sich zoologisch gesehen um Weichkäfer (*Cantharidae*) oder Blasenkäfer, auch als Pflaster- oder Ölkäfer bezeichnet, die an ihren Beingelenken ölige Tropfen absondern, die, auf die menschliche Haut aufgetragen, eine blasenheilende Wirkung hervorrufen. In hoher Konzentration wirkt dieser Stoff für den menschlichen Körper stark toxisch. Schon von den berühmten Ärzten des Altertums, Hippokrates und Galenos, wurde diese Käferart daher zu Heilzwecken, vor allem als blasenziehendes Pflaster, aber auch als harntreibendes Mittel angewendet. Eine weitere Behandlungsmethode war das Einreiben der Wunde mit Quecksilber oder die Einnahme von Tollkirschenextrakt. In den Jahren von 1813 bis 1823 wurden im Spital von Zürich 34 von tollen Hunden und 30 von tollen Katzen gebissene Patienten behandelt, von denen kein einziger durch diese Krankheit verstarb.

Unter Tollwut oder Fuchstollwut, die laut österreichischem Tierseuchengesetz auch als Wutkrankheit bezeichnet wird, verstehen Mediziner heute eine von einem Virus, das im Gehirn und im Rückenmark eine absolut tödliche Entzündung hervorruft, verursachte Krankheit. Diese anzeigepflichtige Krankheit hat eine Inkubationszeit von ein bis drei Monaten. Nur rechtzeitige Behandlung mit abgetötetem Tollwutimpfstoff schützt vor Erkrankung nach einem Biß oder nach dem Lecken, wobei Speichel des erkrankten Tieres über die Blutbahn in den menschlichen Organismus gelangt. Dieses Virus kann beinahe alle warmblütigen Lebewesen befallen, einen entsprechenden Infektionsweg vorausgesetzt. Einmal in die Bißwunde eingetreten, breitet es sich mit relativ geringer Geschwindigkeit entlang der peripheren Nerven aus, gelangt in das Rückenmark und weiter in das Gehirn, wo es eine tödliche und durch keine Therapie mehr zu behandelnde Hirnentzündung bewirkt.

Der amerikanische Tollwutexperte Martin M. Kaplan beschreibt den Zustand eines mit Tollwut infizierten Menschen, dessen Krankheit sich bereits im fortgeschrittenen Stadium befindet, folgendermaßen[15]:

> *„Der Patient kann weder stehen noch liegen; wie ein Irrer wirft er sich hin und her, zerreißt sich seine Haut und sein Fleisch und klagt über unerträglichen Durst. Dies ist das quälendste Symptom, weil er vor Wasser und allen Flüssigkeiten so sehr zurückschreckt, daß er lieber stirbt, als etwas zu trinken. In dieser Phase tritt Schaum vor den Mund, und es reizt ihn, andere Personen zu beißen. Das Atmen wird zur Qual, die Augen verdrehen sich. Lähmungen treten auf und*

werden immer schlimmer. So geht der Patient im Zustand völliger Erschöpfung unter unerträglichen Schmerzen zugrunde."

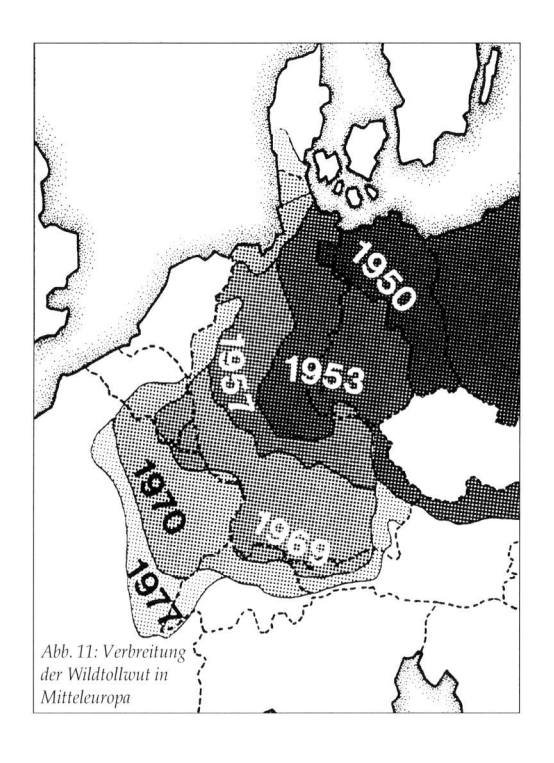

Abb. 11: Verbreitung der Wildtollwut in Mitteleuropa

Die Krankheit, die heute als Tollwut aufgefaßt wird, nahm ihren Anfang im Jahr 1947 in Polen, wobei bisher nicht genau geklärt werden konnte, wie sie überhaupt entstanden ist. Eine mögliche Deutung ist, daß durch eine Mutation des Hundetollwutvirus ein neuer Typus von Virus entstanden ist, der sich scheinbar besonders gut im Nervengewebe und in der Speicheldrüse des Rotfuchses vermehren kann, weshalb die Krankheit auch als Fuchstollwut bezeichnet wird. Doch der Rotfuchs ist in Europa nicht der einzige Überträger dieser Krankheit. Dachse, Hermeline, Mauswiesel, Katzen und Hunde kommen hierfür ebenfalls in Frage, weiters, wenn auch nur in Ausnahmefällen, Nagetiere, Paarhufer wie Rehe, Hirsche und Schweine sowie andere Haustiere.

Die Seuche verbreitete sich sodann folgendermaßen: 1950 hat sich die Krankheit, die pro Jahr etwa zwanzig bis dreißig Kilometer weiter nach Westen vordrang, über die damalige DDR nach Westdeutschland, Raum Mölln/Ratzeburg, verbreitet. 1953 verlief die Front schon von Kiel über Bremen, Hannover, Kassel und Schweinfurt nach Coburg. Gleichzeitig wurden große Teile der damaligen CSSR von der Krankheit erfaßt. Ebenso wurden infizierte Tiere in Teilen des Bayerischen Waldes sowie in Oberösterreich registriert. Im Jahr 1957 verlief die Linie von Bremen über Leer zur holländischen Grenze und dann über das Ruhrgebiet und Würzburg bis Regensburg. Danach verlangsamte sich das rapide Ausbreitungstempo der Seuche. Es dauerte immerhin etwa zwölf Jahre bis 1969, ehe Südwestbelgien, Luxemburg und Rheinland-Pfalz, Baden-Württemberg und fast ganz Bayern erreicht waren. Von Bayern gelangte die Tollwut nach Nordtirol.

Schließlich wurde die Krankheit auch westlich des Rheins beobachtet, von wo sie ihren „Siegeszug" ab dem Jahr 1970 weiter gegen Westen fortsetzte, was zur Folge hatte, daß große Teile Frankreichs und der Schweiz von der verheerenden Krankheit heimgesucht wurden. 1977 überquerten tollwütige Füchse erstmals den Brennerpaß und drangen auf diesem Wege über Südtirol nach Oberitalien ein. Heute ist diese Seuche noch immer nicht völlig unter Kontrolle, wie ihr erneutes Auftreten an vielen Orten Mitteleuropas beweist.

Als sich die teils unerfahrenen Jäger mit diesen neu auftauchenden und unvorhergesehenen Schwierigkeiten im Zusammenhang mit der Tollwut erstmals in vielen Regionen Mitteleuropas befassen mußten, hatten sie im Grunde keinerlei Ahnung, wie die rasante Ausbreitung dieser Seuche gestoppt oder zumindest eingedämmt werden könnte.

Eine erste Reaktion war, daß in sehr vielen Revieren vermehrt Fallen ausgelegt wurden, in denen jedoch sowohl kranke als auch gesunde Füchse, nebst zahlreichen anderen Tierarten gefangen wurden. Eine weitere Methode der Jäger im Kampf gegen die ungewohnte Seuche war, den Fuchsbestand zu reduzieren, indem sie die Bauten der Raubtiere mit Giftgas versetzten. Die Füchse entkamen meist rechtzeitig oder waren erst gar nicht zur Zeit der Vergiftung im Bau anwesend. Vielmehr schien es, daß weitaus mehr Dachse durch diese Maßnahmen ihr Leben lassen mußten.

Als endlich erkannt wurde, daß derartige Vorgangsweisen lediglich örtliche Erfolge erzielen können, rangen sich die zuständigen Behörden durch, mittels großflächig durchgeführter Impfungen die Seuche endlich unter Kontrolle zu bringen. Anfänglich wurden einzelne Füchse mühsam in Kastenfallen gefangen und vom zuständigen Jäger oder Veterinärmediziner ordnungsgerecht geimpft. So weit – so gut. Doch der Rotfuchs stellt eben in der Reihe der europäischen Säugetiere eine Ausnahme dar, was seine Anpassungsfähigkeit an neue Gegebenheiten betrifft. Er erkannte schon nach kurzer Zeit das Prinzip der Kastenfallen, die im Grunde zu seinem Wohlergehen und auch dem des Menschen konzipiert und aufgestellt worden waren, und mied diese fortan, auch wenn sich darin für Füchse wohlduftende Köder befanden. Die Jäger und Förster waren nun gezwungen umzudisponieren. Sie legten sich die verschiedensten und abwegigsten Methoden zurecht, um dem Fuchs beizukommen; jedoch der ersehnte Erfolg blieb aus.

Sollte das weitere Vordringen der unheilbringenden Seuche verhindert werden, so mußte eine neue, bahnbrechende Methode ersonnen werden. Eine neue durchschlagende Impfmethode war fällig. Die Experten entschlossen sich, die neugeborenen Welpen in mühsamen Stunden aus ihren Bauten zu graben und gegen die Seuche zu impfen. Diese gutgemeinte Initiative hatte aber einen gravierenden Schwachpunkt. Die zuständigen Jäger der jeweiligen Reviere hatten zuweilen keinerlei Ahnung, wieviele Fuchsbauten sich in den betreffenden Gebieten befanden. Rotfüchse bewohnen im Laufe eines Jahres mehrere Baue, deshalb konnten sie nicht systematisch erfaßt werden. Diese wohlvorbereitete, aber in ihrem Ablauf in bezug auf die Verhaltensweise der Rotfüchse wenig durchdachte Aktion hatte zum Resultat, daß nur etwa ein Achtel der tatsächlich existierenden Fuchsbauten in dem jeweils zu erfassenden Gebiet ausgekundschaftet werden konnte. Eine erfolgversprechende Impfmaßnahme konnte demgemäß nicht durchgeführt werden.

Endlich konnte gegen Ende der siebziger Jahre die Idee einer Schluckimpfung für Rotfüchse realisiert werden. In der Schweiz wurden 1978 erste Feldversuche gestartet. Nach anfänglichen Schwierigkeiten mit Fleischbrocken oder Hühnereiern, die mit dem Impfstoff versehen worden waren, aber von den vorsichtigen, wählerischen Raubtieren nicht aufgenommen wurden, ging man dazu über, den Impfstoff in Ampullen abzufüllen und diese wiederum in Hühnerköpfe, ein begehrter Happen für Füchse, zu stecken. Diese Vorgangsweise hatte erstmals durchschlagenden Erfolg. Die Schweiz konnte innerhalb weniger Jahre, bis auf ein kleines Gebiet im Jura, von der Tollwut befreit werden. Der Köder wurde in den folgenden Jahren weiterhin verbessert. Er besteht heute aus einem Fett-Fischmehlpreßling, der von einer Plastikkapsel umschlossen wird. Wenn der Fuchs diese aufnimmt und zerbeißt, gelangt das Impfvirus auf die Mund- und Rachenschleimhaut und setzt somit den Immunisierungsmechanismus in Gang. Nach jahrelangen Bemühungen war es endlich gelungen, die meisten einstmals tollwutverseuchten Regionen Europas tollwutfrei zu bekommen.

Die Fuchsjagd

Der Bau des Fuchses, auch als Burg Malepartus, was soviel wie schlechter Durchgang bedeutet, bezeichnet, liegt im Wald zumeist zwischen den Wurzeln von alten Bäumen. Gerne werden auch von den in niedrigen Lagen lebenden Tieren Hänge und Hügel als Standorte für die künftige Behausung ausgewählt. Nicht selten kommt es vor, daß Füchse sich den Bau mit dem ansonsten einzelgängerischen Dachs teilen, wobei dann strenger Burgfriede zwischen den unterschiedlichen Bewohnern herrscht.

Alfred Edmund Brehm (1829–84) schrieb folgende Beobachtungen, wie der Fuchs sich mitunter einen Dachsbau angeeignet haben soll, nieder[8]:

> *„Dann, wann der Dachs heraußgefahren ist, so schleifft sich der Fuchs hinein, und verunreinigt dem Dachsen den Eingang mit seinem Koth, welcher, wann er wiederkommt, vor grossem Abscheuen, so er vor solchem Gestank hat, alsdann sein eygenes Loch und Nest gar verläßt, welches hingegen dem Fuchs zu bewohnen gar bequemlich ist."*

Jeder Bau hat mehrere Ein- beziehungsweise Ausgänge. Gleich nach dem Haupteingangsloch befindet sich für gewöhnlich eine kleine Höhle, die als Beobach-

SÄUGETIERE

tungsplatz für Geschehnisse außerhalb der Wohnung dient. Dieser folgt eine „Speisekammer", in der größere Beutetiere in Ruhe verzehrt oder aufbewahrt werden können. Daran schließt die Hauptkammer, in der geschlafen wird, Unwetter überdauert und die Jungen geboren und aufgezogen werden. Nur in Ausnahmefällen wurde beobachtet, daß zwei Fähen in ein und demselben Bau gewölft haben. Jeder Fuchs hat neben dem Hauptbau andere gut getarnte Not- und Nebenbaue in seinem Revier, das unter Umständen bis zu zwölf Quadratkilometer an Ausdehnung erreichen kann. Sobald das Tier bemerkt, daß einer dieser Baue von einem Jäger des öfteren begangen wird, zieht es um. Ein Fuchs, der im Sommer bis nahe an die Gletschergrenze aufsteigt, um dort Schneehasen und Schneehühnern nachzustellen, verfügt in der Regel über einen tiefergelegenen Bau, der in der kalten Jahreszeit bezogen wird.

Der Jäger sollte am besten über alle in seinem Revier befindlichen Standorte der Baue Bescheid wissen. Weiters ist eine profunde Kenntnis über die Verhaltensweisen und über den Tagesablauf der Tiere Voraussetzung, um bei der Jagd erfolgreich zu sein. Im Winter verraten ihm die Spuren im Schnee auf sichere Weise die Aktivitäten des Tieres und in welcher Behausung der Fuchs sich zur Zeit aufhält. Hat der Weidmann diese gefunden, so versteckt er sich in schußgerechter Entfernung von der Eingangsröhre, um den von der nächtlichen Jagd heimkehrenden Fuchs abzuwarten und zu erschießen. Zeigen dem Jäger die Spuren, daß sich der Fuchs selbst während des Tages außerhalb des Baues aufhält, so läßt er seine Hunde im Revier ausströmen, woraufhin es der Fuchs vorzieht, den vermeintlich sicheren Bau aufzusuchen und somit ebenfalls zur Zielscheibe des Jägers wird.

Anders ist die Situation, wenn der Weidmann mit Bestimmtheit weiß, daß sich ein Fuchs in seiner Behausung befindet. Der Jäger sucht nun alle Nebeneingänge des Baues auf und mauert diese mit vielen Steinen und festem Erdreich zu. In die Öffnung des Haupteinganges selbst stellt er eine Schachtelfalle, die früher auch als „Fuchstrucke" bezeichnet wurde. Gerät ein Fuchs in diese, wird er zwar gefangen, aber nicht getötet.
Bemerkt der Fuchs, daß eine Falle im Eingang liegt, verharrt er oft wochenlang in seinem zur großen Falle gewordenen Bau. Meist versucht er, die zugemauerten Nebeneingänge zu umgraben und somit die Freiheit wiederzuerlangen. Gelingt ihm wegen der Güte der Absicherungen durch den Menschen dieses Unterfangen nicht, so treibt ihn der quälende Hunger in die ausgelegte Falle, in der ein besonders duftender Happen lockt.

In solch einer Schachtelfalle hat sich einst eine makabere Begebenheit abgespielt[7]: In ärgster Bedrängnis wollten zwei Füchse ihren Bau verlassen und gerieten dabei zusammen in eine Schachtelfalle. Der hintere, zuletzt eingekrochene Fuchs wurde derart vom Hunger geplagt, daß er den vorderen Artgenossen, der sich

82

wegen der Beengtheit der Falle nicht wenden konnte, bei lebendigem Leibe aufzufressen begann.

Ein anderes sehr beschwerliches Vorgehen, um einen Fuchs zu Fangen, ist das Ausgraben der Tiere aus deren Bauten, was besonders gerne in früheren Jahrhunderten betrieben wurde. Dieses Unterfangen endete nicht selten zugunsten des Fuchses, der im letzten Moment, kurz bevor ihn der Jäger ergreifen konnte, pfeilschnell zu fliehen imstande war. Stehen hingegen einem Fuchs keine Aussichten zu einer Flucht offen, so stellt er sich zuweilen tot, und so manches Tier ist schon aus der Weidtasche des Jägers herausgesprungen und entflohen.

Gerne werden Hunde zur Fuchsjagd eingesetzt. Die als besonders kühn geltenden Dachshunde werden in die Fuchsbauten geschickt, um deren Bewohner entweder zu töten oder in die Hände des Jägers zu treiben. Oft geht bei einem Zweikampf der Fuchs als Sieger hervor, weil er sofort attackiert und sich in seiner Behausung besser auskennt. Hat der Fuchs einen Gegner besiegt, so verharrt er entweder im Bau, auf den nächsten Hund wartend, oder aber er flieht derart schnell aus seiner Wohnung, daß der überraschte Jäger nicht mehr zum Schuß kommt.

Bei der Treibjagd mit Hunden sind die Aussichten eines Fuchses, lebend aus einer solchen Hatz herauszukommen, nicht die allerschlechtesten. Er kennt in einem großen Umkreis jeden Schlupfwinkel, jedes Dickicht, jede Hecke, jedes Gewässer und viele vielleicht rettende Auswege, die er im bisherigen Verlauf seines Lebens erkundet hat. Die Sinne des Fuchses, vor allem der Geruchssinn und der Gehörsinn, sind bestens entwickelt. Er ist ein schneller und ausdauernder Läufer und ein guter Schwimmer. Der Fuchs versteht es, indem er in einem Bach- oder Flußbett läuft, die Schar der Hunde von seiner Fährte abzulenken oder diese sogar ganz zu verwischen. Es wurden auch schon Fälle bekannt, daß Füchse, ganz entgegen ihrer Hundenatur, in ihrer Bedrängnis auf Bäume geklettert sind. Dabei wählten die Tiere schiefe Bäume mit einem Winkel von 45–50 Grad aus. Es wird berichtet, daß ein Rotfuchs bis an die 15 Meter hoch in das Geäst einer starken Eiche gestiegen sein soll[8]. Ebenso behält der Fuchs die Umstände einer früheren Jagd im Gedächtnis und findet auch in oft aussichtslos erscheinenden Situationen den rettenden Ausweg.

Weiters war und ist es üblich, Gift und Giftgas in die Bauten einzubringen.

Zahlreiche Arten von Fallen, wie Schwanenhälse, Gabelfallen, Tellereisen, waren eine beliebte und bewährte Methode, den Fuchs zu fangen, wenn auch die klugen Raubtiere oft nur die Köder entnahmen, ohne selbst dabei gefangen oder getötet zu werden.

SÄUGETIERE

Trotz landesweiter Verbote finden noch heute bei zahlreichen Vertretern der Jägerschaft die verschiedensten Fallen Verwendung.
Verfängt sich ein Fuchs in einer Falle, so stirbt er, wenn er Glück hat, sogleich. Das angeblich sofort tötende und deshalb vom Gesetz her erlaubte Abzugeisen, auch als Schwanenhals bekannt, funktioniert lediglich einwandfrei bei zwei von drei gefangenen Tieren. Der Mechanismus dieser Falle wird ausgelöst, sobald ein Tier versucht, den Köder zu entnehmen. Zwei große Bügel der Falle schnappen zu und sollen dem Tier im Nacken die Wirbelsäule brechen. Bei Tieren, die größer oder kleiner als der durchschnittliche Fuchs sind, versagt diese Art der Falle vollkommen. Die Bügel schnappen nicht an der vorgesehenen Stelle im Genick zusammen, sondern klemmen das Tier zumeist an einer Gliedmaße ein, was unsagbare Qualen zur Folge hat.
Die allermeisten dieser Invaliden sterben an den Folgen ihrer Verletzung in den nächsten Stunden oder Tagen. Wenn ein Jäger eine Falle aufstellt oder auslegt, hat er die Pflicht, diese einerseits täglich mindestens einmal zu kontrollieren, um ein darin noch lebendes Tier zu töten,und andererseits mit Warntafeln auf diese Gefahrenquelle hinzuweisen. Diese Pflicht nahmen und nehmen jedoch nicht alle Jäger ernst, weshalb auch Wanderer, Beeren- und Pilzesucher sowie spielende Kinder in solche Fallen geraten können und zum Teil schwer verletzt werden.

Nicht nur Füchse, sondern auch andere Tierarten, die teilweise unmittelbar vom Aussterben bedroht sind, wie der Uhu und der Steinadler in Mitteleuropa, sterben in diesen oft verantwortungslos ausgelegten Fallen. Weiters werden, entgegen der Meinung vieler Jäger, alljährlich unzählige Mäusebussarde und andere Greifvögel, Rehe, verschiedene marderartige Raubtiere, Haushunde und Katzen durch unsachgemäß angebrachte Fallen verstümmelt oder getötet.
Im Jahr 1991 wurden in Österreichs Bundesländern, die jeweils über ihre Jagdgesetze selbst bestimmen, ungefähr 35 000 Rotfüchse getötet, von denen 9 000 in oben beschriebenen Fallen sterben mußten.
Viele Jäger argumentieren, daß sich die Bejagung der Füchse mit Fallen positiv im Kampf gegen die Tollwut auswirkt. Dieser Einwand stellt sich jedoch als ein Scheineinwand heraus, da es zahlreiche bewährtere, wissenschaftlich ausgearbeitete und anerkannte Methoden gibt, um die Tollwut zu bekämpfen.

Eine beliebte Fangmethode war auch das Auslegen von Ködern. Ein Senn aus Innerhoden in der Schweiz ging im 19. Jh. hierbei folgendermaßen vor (zusammengefaßt nach Tschudi)[7]:

Zur Winterszeit legte der Senn gebratene Katzen oder Aas in einen eigens gefertigten Kasten, der auch als Beizkasten bezeichnet wurde. Der Köder sollte die Füchse durch seinen Geruch auch von der Ferne anlocken, aber nicht verzehrt werden. Der Kasten wurde im Erdreich oder an einem Baum befestigt und mit großen Steinen zudem noch beschwert.

In der ersten Nacht wagten sich zwei Füchse zum Kasten und umschlichen dieses für sie wohlduftende, fremde Objekt. Der Senn bemerkte, daß in den darauffolgenden Nächten stets mehr Füchse durch den immer intensiver werdenden Geruch angelockt wurden. In einer Nacht will dieser Mann elf Stück gezählt haben. Diese kratzten, zerrten und untergruben, wenn auch erfolglos, das Holzgestell. So war es dem Senn ein leichtes, allwöchentlich einige der Füchse abzuschießen. Der Abschuß eines Tieres lehrte die Verbliebenen zwar eine gewisse Vorsicht, vertrieb sie aber nicht vollkommen. Sie hielten sich nach dem Abschuß einzelner Artgenossen einen oder zwei Tage von dem Kasten entfernt, konnten aber, vom Hunger verleitet, der Verlockung auf einen Happen nicht widersagen und kehrten abermals zu dem unerreichbaren Köder zurück.

Dabei richtete es sich der Senn allmählich sehr bequem ein. Er lud seine Flinte, spannte den Hahn und richtete den Lauf so aus, daß dieser direkt auf den Beizkasten zielte. Am Drücker war eine Schnur befestigt, die geradewegs in das Schlafzimmer des Mannes führte. Hörte er nun in der Nacht vor seiner Hütte das wütende Gekläffe und Gescharre der tobenden Füchse, so brauchte er nichts weiter zu tun, als heftig an der Schnur zu ziehen und zu hoffen, daß der somit ausgelöste Schuß eines der Tiere traf. Hierbei kam es des öfteren vor, daß ein unglücklicher Fuchs lediglich angeschossen wurde, somit nicht auf der Stelle verstarb und versuchte, sich wegzuschleppen. Seine Artgenossen folgten diesem Tier und fielen wie auf ein Zeichen, von dessen Blutgeruch betäubt, über dieses her und zerfleischten und fraßen es. Dieser Vorgang artete, laut den Angaben des Sennes, jedoch mit der Zeit aus, denn sobald ein Fuchs auch nur von einer Kugel gestreift worden war und lediglich ein paar Tropfen Blut verloren hatte, fielen umgehend die anderen über diesen erbarmungslos her.

Als der Senn eines Tages einen toten Fuchs als Köder in dem Kasten deponierte, blieben die Füchse für mehrere Tage von der Hütte fern. So folgerte der Senn, daß Füchse nur warme, aber nicht schon seit längerer Zeit tote Artgenossen fressen.

An dieser Stelle soll erwähnt werden, daß besonders engagierte Jäger aus Nordamerika im 19. Jh. europäische Rotfüchse in ihre Reviere einführen ließen und aussetzten, in der Hoffnung, daß sie sich vermehren. Dies deshalb, weil diese den Vertretern der dort heimischen Fuchsarten angeblich an Klugheit überlegen gewesen sein sollten und somit ein weitaus attraktiveres Jagdwild darstellten. Ebenso entschloß sich im Jahr 1864 der Jagdclub von Melbourne (Australien), den Fuchs in entsprechenden Revieren auszusetzen. Viele Beuteltiere waren diesen Freßfeind aber nicht gewöhnt und zeigten verhängnisvollerweise kein Fluchtverhalten bei der Annäherung eines Fuchses, was zur Folge hatte, daß die eine oder andere Art an den Rand der Vernichtung gebracht oder sogar ausgerottet wurde. Die australischen Farmer, die jährlich zahlreiche Junglämmer einbüßen, bejagen ihn zwar, wissen aber, daß der Rotfuchs nicht auszurotten ist.

3. Gründe für das Überleben des Rotfuchses

Trotz all der Gewehre, Fallen und anderer Vernichtungsmaschinen, der zahllosen Gifte und der sonstigen Machenschaften des Menschen, die darauf abzielten, dieses Raubtier systematisch auszurotten oder zu vertreiben, gelang es dem Rotfuchs zu überleben. Er schaffte es, ausgestattet mit hochempfindlichen Sinnen sowie mit sprichwörtlicher Schläue und Gewandtheit, dem verheerenden Vernichtungsfeldzug des Menschen zu entgehen, erfolgreich auch in extremen und teilweise neuen Lebensbereichen genug Beute zu schlagen und härtesten Lebensbedingungen zu trotzen. Das komplexe Sozialleben und eine damit verbundene „ausgeklügelte" Fortpflanzungsbiologie waren ebenfalls überaus entscheidende Faktoren, damit diese Tierart so erfolgreich überleben konnte:

Die Größe eines Fuchsreviers schwankt nach der jeweiligen Beschaffenheit und dem damit zur Verfügung stehenden Nahrungsangebot zwischen fünf und zwölf Quadratkilometern. Nach der Brunst, die sich im Januar und Februar abspielt, wirft die Fähe nach einer Tragzeit von 49-58 Tagen im Hauptkessel des Baues vier bis sechs, maximal zwölf, rattengroße, schwärzlich behaarte, blinde Junge, die etwa 100 Gramm wiegen. Erfolgt der Wurf in einem Jahr, in dem der Bestand an Nagetieren, die Hauptnahrungsquelle dieser Raubtiere, sehr hoch ist, bestehen für die Welpen der jeweiligen Fuchsfamilien ganzer Regionen die besten Aussichten, erfolgreich aufgezogen zu werden. Nach ungefähr fünf Monaten werden die Jungfüchse selbständig. Doch der vorhandene Lebensraum bietet so vielen Tieren nunmehr nicht genügend Reviere. Die jungen Füchse streifen oft ziellos auf der Suche nach einem eigenen Revier umher. Dabei kommt es besonders unter den männlichen Tieren zu Kämpfen, die zumeist friedlich verlaufen, ohne daß eines der beiden Tiere ernsthaft verletzt wird. Auf diese Weise werden die Kräfte gemessen, wobei der Verlierer anstandslos das Feld räumt. Männliche Jungfüchse haben so die Möglichkeit, auf einen alten, erfahrenen, vielleicht aber auch schwächlichen Altrüden zu stoßen und ein Revier zu erkämpfen. In der Regel bleibt jedoch das ältere Tier Besitzer seines angestammten Gebietes, das nach erfolgtem Kampf sogleich mit Duftstoffen, die in einer besonderen Drüse produziert werden, markiert und somit von dem eines Rivalen abgegrenzt wird.
Die Wohnungsnot unter den jungen Rüden wird im Verlauf des Jahres immer größer, so daß die heimatlosen Junggesellen in Lebensbereiche vordringen, die bisher nicht ihrer Art vorbehalten waren. Dieser Umstand erklärt auch, warum der Fuchs in Gebieten mit hoher Individuendichte zu einem Kulturfolger des Menschen geworden ist. Es ist keine Seltenheit, daß Füchse in Parkanlagen, Friedhöfen und an Bahnstrecken, selbst inmitten von Großstädten, ihre Bleibe finden. Auf ihren nächtlichen Beutezügen jagen sie Mäuse, Tauben, Kaninchen, Hauskatzen und sogar kleine oder junge Haushunde. Ihren Speisezettel ergän-

zen sie mit Abfällen aus Mülltonnen, die sie begierig durchstöbern.

Eine weitere Konsequenz der fieberhaften Reviersuche ist die Tatsache, daß die suchenden Jungrüden in ihrer bedrängten Lage stets unvorsichtiger und tollkühner werden. Diesen Umstand machen sich die Jäger zunutze, die diese gestreßten und unsicheren Tiere, die ihnen fast vor die Gewehre laufen, in großen Mengen abschießen. Im Kampf gegen die Tollwut hat es den Anschein, als ob die Jäger einen wichtigen Beitrag zur Bekämpfung der Seuche leisten würden, indem sie so erfolgreich das Heer der Füchse dezimieren. In Wirklichkeit werden aber eben jene Tiere erschossen, die ohnehin geringe Aussichten auf ein Überleben gehabt hätten und, von der Suche nach einem eigenen Revier geschwächt, in den kommenden Wochen durch Verhungern von selbst eingegangen wären. Die erwachsenen Tiere hingegen bleiben in ihrer gesicherten Lebenssituation weiterhin vorsichtig und werden nur zu einem geringen Bruchteil von den Jägern erlegt.

Anders hingegen verläuft der Weg der jungen weiblichen Füchse. Finden diese keinen geeigneten Lebensraum, so kehren sie zu ihren Eltern zurück, um in deren Revier zu leben. Die Elterntiere dulden dies, da sie von den Jungfähen, diese werden als sogenannte Helferinnen bezeichnet, im kommenden Jahr bei der Aufzucht der Welpen unterstützt werden, indem sie auf den Nachwuchs aufpassen und ihm zusätzlich Nahrung bringen. Durch hormonelle Steuerung werden diese jungen Weibchen vorübergehend unfruchtbar, und nur dem ältesten Weibchen des Verbandes bleibt es vorbehalten, Junge zu bekommen. Dieser Umstand verhindert eine Massenvermehrung der Füchse innerhalb einer Population.

Wenn ein Fuchsrevier nicht genug Nahrung für die Elterntiere, die Helferinnen und die Welpen bietet, weichen die Helferinnen zu einer ansonsten nicht in diesem großen Ausmaß beanspruchten Kost aus. Sie nehmen fast ausschließlich Regenwürmer zu sich, die sie mit ihren Schnurrhaaren besonders zahlreich nach Regengüssen aufspüren. Auf diesem Weg nehmen sie den anderen Familienmitgliedern kein Futter weg. Die Helferinnen selbst werden für die Jäger zur leichten Beute, wenn sie in Ausnahmesituationen Futter für die jüngeren Geschwister finden wollen und dabei unvorsichtig vorgehen. Auch diese teilweise recht hohen Verluste schwächen eigentlich die gesamte Population nicht, bestärken aber die Jägerschaft darin, daß ein wichtiger Schritt in der Bekämpfung der Tollwut gemacht worden ist. Verringert sich, aus welchen Gründen auch immer, der Bestand der Rotfüchse innerhalb einer Population, so rücken diese Helferinnen und ebenso die jungen Rüden sofort in die unbesetzten Reviere nach. Der Hormonhaushalt der zuvor noch unfruchtbaren Weibchen normalisiert sich, und schon bald werden viele neue Welpen geboren. Diese gleichen sodann die Verluste innerhalb kürzester Zeit aus.

Diese Fortpflanzungsstrategie sowie die überaus große Anpassungsfähigkeit des Rotfuchses waren die Gründe, weshalb diese Tierart trotz intensivster Nachstellungen durch den Menschen imstande war, erfolgreich zu überleben und zum häufigsten Raubtier Europas zu werden.

SÄUGETIERE

Der Braunbär

1. Systematik

In Europa sind innerhalb der Familie der Bären (URSIDAE) zwei Gattungen mit je einer Art beheimatet. Nämlich der Eisbär (*Thalarctos maritimus*) der circumpolar die treibeisbedeckten Meere der nördlichen Halbkugel sowie in standorttreuen Populationen das von diesen umgebene Festland bewohnt. Eisbären gelangen gelegentlich von Spitzbergen an die norwegische Küste und von Grönland nach Island. Die zweite Gattung ist durch den Braunbären (*Ursus arctos*) vertreten.

Abb. 12

SÄUGETIERE

Es bereitete den Zoologen der vergangenen Jahrhunderte bis heute erhebliche Mühen, den in der Farbe, in der Größe und in der Verbreitung so unterschiedlich auftretenden Braunbären in die jeweils gängige Systematik der bärenartigen Raubtiere einzuteilen. Viele gelehrte, angesehene Zoologen teilten die Bären Europas in unzählige Arten mit noch unüberschaubareren Unterarten ein, mindestens ebensoviele Kollegen wollten nur wenige oder gar nur eine Braunbärenart in Europa anerkennen.

Bei Alfred Edmund Brehm (1829–1884) findet sich zu dieser Problematik folgende Erläuterung[8]:

> *„Nehmen wir nur eine Braunbärenart an, so haben wir festzuhalten, daß diese, der Landbär, der braune, gemeine oder Aasbär (Ursus arctos), ungemein abändert, nicht allein was die Behaarung und Färbung, sondern auch was die Gestalt und zumal die Form des Schädels anlangt ..."*

Im weiteren Text werden aber von Brehm deutlich zwei in Europa vorkommende Arten unterschieden. Die eine ist der hochgestellte, langbeinige, gestreckte, hochstirnige, langköpfige und langschnäuzige Aasbär (*Ursus arctos* bzw. *Ursus cadaverinus*), dessen schlichter Pelz in das Fahle oder Gräuliche hineinspielt, mit seinen Abänderungen *Ursus normalis*, *Ursus grandis* und *Ursus collaris*. Die zweite Form wird bei Brehm durch den niedriggestellten, dickbeinigen, gedrungen gebauten, breitköpfigen, flachstirnigen, kurzschnäuzigen Braun- oder Ameisenbär (*Ursus formicarius*) verkörpert. Es fällt auf, daß Brehm zwar vorerst nur eine Art annimmt und vorstellt, diese aber nach einer Aufteilung in zwei Formen bedenkenlos in mehrere Varietäten weiter aufsplittert, so daß durch diese Einteilung weitaus mehr Verwirrung als Aufklärung geschaffen wurde.

Die Bewohner der Alpen selbst teilten die Bären unter anderen Gesichtspunkten ein. Sie unterschieden drei Bärenarten innerhalb ihres Gebirgszuges: den großen schwarzen Bär, den großen grauen Bär und schließlich den kleinen braunen Bär.

Heute ist man sich einig, daß es lediglich eine Art Braunbär (*Ursus arctos*) gibt, die sich allerdings in zahlreiche Unterarten aufsplittert[2]. Die Faktoren für eine natürliche Spaltung waren zumeist durch die unterschiedlichen Lebensverhältnisse in den jeweiligen Regionen des riesigen Verbreitungsgebietes bedingt. Es ist nicht zielführend, alle Unterarten hier anzuführen, weshalb nur einige sehr geläufige und weit verbreitete Bärenarten Erwähnung finden sollen:

Eurasiatischer Braunbär – Ursus arctos arctos
Kodiakbär, Alaska-Braunbär – Ursus arctos middendorffi
Grizzlybär – Ursus arctos horribilis
Mandschurei-Braunbär – Ursus arctos lasiotus
Japan-Braunbär – Ursus arctos yessoensis

Blaubär in Tibet – Ursus arctos pruinosus
Himalaya-Braunbär – Ursus arctos isabellinus
Ostsibirischer Braunbär – Ursus arctos beringianus
Baikalsee-Braunbär – Ursus arctos baikalensis
Kleinasien-Braunbär – Ursus arctos meridionalis

Das natürliche Verbreitungsgebiet des Braunbären erstreckt sich demnach über den größten Teil Eurasiens und Nordamerikas. In Zentraleuropa lebt ausschließlich der *Ursus arctos arctos*, der fast im gesamten Gebiet durch den Menschen ausgerottet worden ist.

2. Zur Geschichte

Zeugnisse, die die ersten Beziehungen zwischen Menschen und Braunbären aufzeigen, reichen weit bis in die Eiszeit zurück. Der Bär, obwohl oder gerade weil er ein wichtiges Beutetier der Menschen darstellte, galt als heiliges Tier und wurde im Rahmen des sogenannten **Bärenkultes** von den steinzeitlichen Jägern verehrt. Der Bär wurde als Totemtier einer Jahrtausende zurückliegenden Zeit angesehen. Die Langknochen und vor allem der Schädel wurden in Kisten gesondert aufbewahrt, in dem Glauben, daß das Tier zu neuem Leben wiederauferstehen werde. Zudem wurde das Bild des Bären auch an heiligen Plätzen in Stein geritzt. Den Höhepunkt fand dieser Kult aber in der Herstellung von fast lebensgroßen, aus Ton gefertigten Ebenbildern dieses Tieres. Diese gewaltigen Plastiken wurden in Höhlen angefertigt und wiesen keinen Kopf auf. Dieser wurde bei Kulthandlungen durch den Schädel eines toten Tieres ersetzt. Am Vorabend einer bevorstehenden Bärenjagd wurden in diesen Höhlen Opfergaben für bereits früher erbeutete Bären gemacht, und den Geistern der Tiere wurde erklärt, warum die Jäger sie einst getötet hatten. Die Männer flehten die Geister an, ihnen nicht zu zürnen, und baten sie, daß sie künftige Jagden nicht verderben mögen.

Nach der Erlegung eines Bären wurde er entweder um Verzeihung für seinen Tod gebeten, oder aber es wurde ihm vorgelogen, daß ein Mitglied eines anderen Stammes ihn getötet habe. Auf diese Weise besänftigten die Menschen, die an unzählige Naturgeister glaubten, einerseits ihre eigenen Ängste vor dem soeben erlegten mächtigen Tier und andererseits die Geister der Bären, auf die sie nach ihren Überlieferungen bei kommenden Kämpfen oder Begegnungen treffen würden. Im Rahmen dieser Kulthandlungen wurde wahrscheinlich auch das Gehirn des erlegten Tieres von den Jägern verzehrt, die sich damit die geistigen und körperlichen Fähigkeiten des Bären aneignen wollten.

Ähnliche Rituale haben sich bei gewissen Jägerstämmen der Arktis bis in das 20. Jh. erhalten. Die Ainus, ein Naturvolk auf Hokkaido, haben ebenso Elemente dieses Glaubens in ihre Kulthandlungen übernommen. Aus Kamtschatka wird berichtet, daß noch heute die Eingeborenen, wenn sie in der Wildnis auf einen Bären treffen, diesen von der Ferne ansprechen und ihn bitten, weiterhin mit ihnen Freundschaft zu halten.

Aus der **Antike** ist bekannt, daß bereits im 3. Jtsd v. Chr. Braunbären in Mesopotamien gehalten wurden. Weiters liegen Berichte vor, daß um 2500 v. Chr. Braunbären von Syrien nach Ägypten geliefert wurden.
Zur Zeit der bombastischen Kampfspiele im alten Rom (2. Jh. v Chr.) ließ Gordian an einem Tag tausend Bären in die Arena bringen, die Kämpfe gegen Gladiatoren, gegen wilde Urstiere und Wisente, gegen andere Raubtiere und wilde Keiler sowie gegen eigene Artgenossen auszutragen hatten. In diesen Tagen waren die Braunbären in ganz Europa sehr häufig, so daß es keine Schwierigkeiten bereitete, derart viele Bären zu beschaffen. Die dabei getöteten Tiere wurden gebraten und galten als begehrte Delikatesse.

Erste detaillierte schriftliche Aufzeichnungen über den Braunbären finden sich bei den römischen Schriftstellern:
Seneca (4 v. Chr.–65 n. Chr.) berichtet im zweiten Band seiner „de ira"[16]:

> „Im Winter ist seine Fastenzeit; ohne, wie Murmeltier, Siebenschläfer und andere Tiere, einen eigentlichen Winterschlaf zu halten, liegt er vier, fünf Monate in seinem Lager, lediglich an seinen Tatzen saugend und dadurch dem Magen den zur Erhaltung der Körperwärme und des Blutumlaufes nötigen Nährstoff zuführend. Erst im Frühling geht er wieder aus seiner Ruhestätte hervor; aber er ist entkräftet und tappt auf den gehäuteten Sohlen unsicher einher...."

Daß Seneca wußte, daß der Bär keinen Winterschlaf, sondern Winterruhe hält, zeugt von einer bewunderswert genauen Beobachtungsgabe. Die Zufuhr an Energie durch das Saugen an den Tatzen kann aus heutiger Sicht nicht bestätigt werden.

Plinius der Ältere (23 – 79 n. Chr.) schrieb folgende Zeilen über den Braunbären[17]:

> „Die Bärinnen gebären am 30. Tag höchstens fünf Junge. Diese sind weiße, formlose Fleischstücke, etwas größer als Mäuse, ohne Augen, ohne Haar, nur die Krallen sind sichtbar. Durch Lecken werden sie allmählich geformt."

Bei den alten **Germanen** hatte der Bär, der dem Gott Thor geweiht war, eine wichtige Stellung inne. Thor selbst führte den Namen Björn, was mit Bär gleichzusetzen ist. Hauptsächlich wurde dieses Raubtier als ein Symbol der Stärke

SÄUGETIERE

angesehen. Die germanischen Kämpfer sollen tagelang, so wie es Tacitus in seiner „Germania" so anschaulich beschreibt, faul auf der Haut der erlegten Bären gelegen sein, was sich bis heute in einem Sprichwort erhalten hat. Ob die alten Kämpfer dies aus Ehrfurcht vor dem wilden Tier oder nur aus reiner Faulheit taten, bleibt jedoch im Ungewissen.

Die Skandinavier schwankten zwischen Furcht, Ehrfurcht und Bewunderung für den Bären. Sie bekleideten sich mit den Bärenfellen, um deren Eigenschaften anzunehmen, wohl aber auch, um sich zu wärmen und um etwaige Feinde durch dieses Zeichen des Mutes und der Stärke einzuschüchtern und zu erschrecken.

Auch das heute noch gebräuchliche Wort Berserker stammt ursprünglich aus der Zeit der alten Nordmannen. Damals bedeutete es erst Bärenfell, sodann Krieger, der in ein Bärenfell gehüllt ist. Bärenblut war in den Reihen der Kämpfer hochbegehrt, denn es soll Kraft, Mut sowie alle anderen positiven Tugenden des Bären auf den Menschen, der es trank, übertragen haben. Nach Saxo war dieses Blut der „Trunk der Helden". Norwegische Bärenjäger haben sich angeblich noch im 19. Jh. nach erfolgreicher Jagd am Bärenblut gelabt.

Nicht nur im antiken Rom, sondern auch Jahrhunderte später wurden Bären in Mittel- und Nordeuropa herangezogen, um in Arenen zu kämpfen. Im Dresdener Schloßhof wurden im Jahr 1630 binnen acht Tagen drei Bärenhatzen abgehalten. Hierbei wurde der auserwählte Bär in einem Kasten, der durch einen Zug an einem Seil aus der Ferne so geöffnet werden konnte, daß er das Raubtier nach allen Seiten hin befreite, auf den Kampfplatz gefahren. Den Bären erwartete sodann ein Kampf gegen Hunde, wilde Keiler und wütende Hengste. Im Verlauf der ersten und zweiten Hatz mußten damals sieben Bären gegen eine gewaltige Meute von Hunden, in der dritten aber gegen mächtige Keiler kämpfen, von denen fünf tot auf dem Kampfplatz zurückblieben, von den Bären hingegen lediglich einer. Die feinen Damen und Herren der Schloßgesellschaften delektierten sich an den außergewöhnlichen Darbietungen und dachten im gleichen Augenblick wohl auch an den baldigen Braten, der mit Sicherheit anfallen würde. Waren die Bären nicht in der Stimmung und Laune zu kämpfen, so wurden sie mit lautem Geschrei und Getröte gereizt und mit roten, an langen Stangen befestigten Fetzen genarrt. Wurde ein Bär im Kampf von Hunden gestellt, so tötete für gewöhnlich der Gesellschaftsgeber das Tier eigenhändig. August der Starke pflegte den Bären den Kopf mit einem Schwert abzuschlagen.

Schauspiele dieser Art wurden bis zum Anfang des 19. Jh. als große Attraktion und als erlesene Belustigung für die angeblich so feine höhere und hohe Gesellschaft abgehalten. So wurden in Madrid Bären in Stierkampfarenen getrieben, um gegen rasende Bullen zu kämpfen. Noch zu Beginn des 19. Jh. hetzte man in Paris tobende Hunde auf angekettete Bären und ergötzte sich an diesem ungewohnten Schauspiel.

Die Mehrzahl der Menschen in Europa fürchtete sich jedoch vor dem Bären und wagte es nicht, ihn bei seinem Namen, ber oder später bero, zu nennen, um ihn nur ja nicht herbeizurufen. Man bedachte ihn lieber mit schmeichelndem Euphemismus, bald mit Großvater, bald mit Goldfuß, Süßfuß, Knasterbart und dergleichen. Braun, der immer etwas tolpatschig zu reagieren scheint, war sein Name in der deutschen Tiersage, Meister Petz in der Fabel.

3. Zum Aussterben des Braunbären in Europa

Abb. 13: Bär am Ziegenstall

Chronologie

Bevor genauere Daten über letzte Abschüsse bzw. Beobachtungen im Einzelnen angegeben werden, soll die Situation der Bärenbestände in Europa, wie sie Alfred Edmund Brehm (1829–1884) in der Mitte der zweiten Hälfte des 19. Jh. gesehen hat, gezeigt werden[8]:

Braunbären waren

häufig:	in Rußland, Schweden, Norwegen, Siebenbürgen, in den Donautiefländern, in der Türkei und in Griechenland;
nicht selten:	in Slowenien und Kroatien, im gebirgigen Spanien und Italien;
schon sehr selten:	in Tirol und in der Schweiz;
fast gänzlich ausgerottet:	in Frankreich, in Großteilen des heutigen Österreichs und Deutschlands;
gänzlich vertilgt:	in Holland, Belgien, Dänemark und Großbritannien;

einzelne Überläufer konnten noch beobachtet werden: im bayerischen Hochgebirge, in Kärnten, in der Steiermark, in Mähren und vielleicht noch im Böhmerwald.

SÄUGETIERE

Österreich

1697	Am 25. Oktober wurden im Rahmen einer großen Jagd im Wienerwald bei Vöslau 17 Bären erlegt.
1707	Am 8. November wurden bei einer kaiserlichen Jagd bei Baden elf Exemplare erlegt.
1835	In Tirol wurden im Laufe des Jahres 24 Bären erlegt. Laut Schätzungen wurden auf dem gesamten Gebiet der damaligen Monarchie 200 Bären pro Jahr erlegt.

Folgende Jahreszahlen zeigen jeweils das Jahr an, in dem der letzte Braunbär im jeweiligen Bundesland erlegt wurde:

1838	Salzburg
1840	Steiermark; im Obertal bei Schladming
1845	Oberösterreich; am Ulrichsberg
1850	Kärnten
1853	Niederösterreich; auf der Feldwiesalpe
1854	Osttirol
1879	Vorarlberg
1881	Nordtirol; im Zillertal

Über das Burgenland liegen keine Angaben vor.

Schweiz

In der Mitte des 18. Jh. war der Braunbär als Standwild in den südlichen Hochgebirgen der rätischen Alpen noch relativ häufig, besonders in vielen Seitentälern des Unterengadins, des Ofnergebirges, des Münstertales und des Bergells, ebenso im tessinischen Blegnotal und in einigen Bezirken des Kantons Wallis. Seltsamerweise war der Bär schon immer sehr selten im Kanton Waadt. Die bärenreichsten Gebiete der Schweiz waren das Tessin und das untere Engadin. Im selten betretenen Val Tassry, in der Alpenwaldschlucht des Scarltales, im Tal Minger und im Val Ferrata – in beiden letztgenannten bezogen die Bären ihre Winterquartiere – sowie im Val de Poch, im Val Runa, in Fuldera und im Val Sampuoir hausten die Bären, von Jägern recht unbehelligt, in den zumeist einsamen und finsteren, zwischen sehr steil abfallenden Hochgebirgen liegenden und an beiden Seiten mit bis hoch hinaufragenden Nadelwäldern bestandenen Bergschluchten.

Letzte Daten von Abschüssen oder von Beobachtungen von Braunbären in der Schweiz:

1565	Letzter Bär bei Zürich gesichtet oder erlegt.
1664	Letzter Bär bei Unterwalden gesichtet oder erlegt.

SÄUGETIERE

1673	Letzter Bär im Kanton Appenzell gesichtet oder erlegt.
1698	Letzter Bär bei Freiburg gesichtet oder erlegt, nachdem seit 1507 38 Stück erlegt worden .
1737	Letzter Bär bei Solothurn gesichtet oder erlegt.
1803	Letzter Bär im Basler Jura bei Reigoldswil erlegt.
1804	Letzter Bär im Kanton Schwyz gesichtet oder erlegt.
1811	Im Kanton Tessin wurden sieben Bären erlegt.
1815	Letzter Bär bei Bern gesichtet oder erlegt.
1816	Letzter Bär bei Glarus gesichtet oder erlegt.
1823	Im Kanton Uri wurde ein 150 Kilogramm schweres Tier erlegt.
1840	Ein Jäger erlegte im Kanton Uri im Maderanertal auf dem Brunnigletscher einen alten und einen jungen Bären.
1843	Letzter Bär bei Waadt gesichtet oder erlegt.
1849	In Zernez im Unterengadin wurde Anfang September eine Bärin geschossen, die 130 Kilogramm wog.
1849	Am 13. Oktober wurde ein 70 Kilogramm schweres Exemplar bei Andeer in Graubünden erlegt.
1851	Ein junger Bär wurde bei Süs gefangen.
1851	Unweit von Genf wurde ein Bär erlegt.
1852	Eine Gruppe von fünf Bären konnte im Engadin beobachtet werden.
1853	Mehrere Bären trieben sich in den Rätischen Alpen umher.
1854	Drei Bären griffen mehrmals Viehherden und sogar Menschen im tessinischen Robbesacco an. Die Raubtiere wurden erlegt.
1855	Im Jura und in den neuenburgischen Wäldern vermehrten sich die Bären derart stark, daß die Regierung gezwungen war, am 20. September eine allgemeine Jagd auf die Bären ober halb Boudry am Neuenburger See anzuordnen und eine Abschußprämie von 200 Franken auszusetzen.
1855	Auffallend viele Bären zeigten sich im Prättigau, im Münstertal sowie im ganzen Unteren Engadin.
1856	In den Wäldern bei Zernez (Graubünden) wurde am 5. Juni ein junger Bär erlegt, vier Tage später dessen Mutter.
1856	Auf dem Davoser Bergrücken wurde eine alte Bärin von 121 Kilogramm und zwei junge Tiere von 41 und 34 Kilogramm erlegt, nachdem diese kurz vorher eine Schafherde angegriffen hatten.
1857	Acht alte und auch junge Bären wurden im Engadin erlegt.
1858	Mehrere Bären rissen und versprengten im Juli 22 Schafe einer Herde auf der Bussalora-Alp.
1860	Ein Bär raubte bei Zernez (Graubünden) innerhalb zweier Wochen 17 Schafe.
1860	Im Kanton Wallis wurde der letzte Bär gesichtet oder erlegt.
1861	Acht Bären wurden in Graubünden erlegt.

SÄUGETIERE

1862   Mehrere Bären wurden in Graubünden erlegt.
1863   Mehrere Bären wurden in Graubünden erlegt.
1864   Ein Bär wurde in Graubünden erlegt.
1890   Der letzte Schweizer Bär wurde im Val Cama bei Mesocco (Misox) in Graubünden erschossen.

In den darauffolgenden Jahren kamen lediglich Grenzgänger auf das Territorium der Eidgenossenschaft. Ein solcher wurde im September des Jahres 1904 in Graubünden erlegt.

Gründe

Die Bejagung

Der Braunbär ist ein klassischer Allesfresser, der aber vegetarische Kost bevorzugt, was die breitkronigen Backenzähne deutlich belegen. Besonders im Herbst, wenige Wochen bevor er sein Winterquartier bezieht, mästet sich der Bär mit Heidelbeeren, die er in großen Mengen mit seinen langen Krallen der Vordertatzen abzukämmen versteht, mit Him- und Brombeeren, die einzeln aufgenommen werden, mit Vogelbeeren, Eicheln, Pilzen, Obst, Getreide und Gras, das er mit seinen verhältnismäßig großen Schneidezähnen förmlich abweidet, und setzt eine dicke Fettschicht an.

Den Braunbären bietet sich nur selten die Gelegenheit, ein Beutetier zu schlagen. Bären begnügen sich mit schwachen, kranken oder alten Tieren, die sie leicht erbeuten können, sowie mit glücklichen Gelegenheitsfängen von Jungtieren. In Mitteleuropa kommen hierfür Hirsch, Reh und Gemse als mögliche natürliche Beutetiere in Betracht. Steinwild wird nur in Ausnahmefällen geschlagen. Aas nehmen die Bären gerne auf und verschmähen auch keineswegs Forellen aus den Gewässern, allerdings nicht im Umfang der ergiebigen Lachsfänge der Braunbären etwa in Nordamerika. Nagetiere, Würmer, Schnecken und Ameisenpuppen, die geschickt aus den aufgerissenen Bauten mit der Zunge entnommen werden, bilden für gewöhnlich den Hauptanteil der tierischen Nahrung. Die Kost der Bären ist demnach ausgewogen und reichhaltig.

Zum **Viehräuber** wurde der Bär erst, als der Mensch befestigte Ortschaften gründete und intensive Viehzucht zu betreiben begann. Dem Bären wurde eine neue, für ihn bisher unbekannte, einfache Form der Nahrungsbeschaffung erschlossen. Schaf-, Rinder- Ziegen- und Pferdeherden zogen plötzlich in ungeheurer Individuenanzahl durch die Wälder und über die neu entstandenen Almen und Weideflächen. Dieser Verlockung, ein fettes Beutetier so einfach zu schlagen, konnten die Bären nicht widerstehen und richteten enorme Schäden unter den Beständen an, obwohl Mensch und Hund das Vieh zu schützen versuchten. Besonders im Frühjahr, nachdem sie ihre Winterbehausung verlassen hatten, streunten die stark abgemagerten Bären umher und fanden kaum Grünzeug zum Fressen, da das Pflanzenkleid noch spärlich entwickelt war. Auch fehlten Beeren, Obst und Pilze. Das war der Grund, warum Bären gerade in dieser Jahreszeit vermehrt auf tierische Kost angewiesen waren und es sich nicht entgehen ließen, ein Stück Vieh als willkommene „Einstandsspeise" zu schlagen.

Einzelne Bären begannen sich daran zu gewöhnen, auf diese einfache Art und Weise Beute schlagen zu können, und suchten mit Regelmäßigkeit die Stallungen, deren Türen für die sprichwörtlich bärenstarken Tiere keinerlei Hindernisse darstellten, und Weiden der Bauern auf. Manche Individuen wurden von einer wahren Mordlust beseelt, wie etwa jener Bär, der im Juli des Jahres 1871 laut Alfred Edmund Brehm im Süden des Reviers Schitin an einem Tag 23 Rinder getötet hatte und im August desselben Jahres weitere acht Stück, ohne auch nur eines der Opfer anzuschneiden.
Tschudi wiederum berichtet, daß einem Wirt auf der Grimsel im Laufe der Jahre über dreißig „Hämmel" von den Bären geraubt wurden.

Bevorzugt lauerten Braunbären dem Vieh an günstigen Stellen, wie Tränken oder schmalen Wegstücken, auf. Eine andere Jagdtechnik war, daß sich das Raubtier im Schutze einer Nebelwand an eine Herde heranschlich und ein Tier aus dem Verband riß. Voraussetzung hierfür war, daß der Wind für den Bären günstig stand und kein Hirtenhund, der vorzeitig Alarm schlagen würde, in der Nähe war. Die Bauern hatten die Verluste von Schafen und Ziegen am meisten zu beklagen. Pferde wurden nur in Ausnahmefällen gerissen, denn der Bär kannte deren tödliche Huftritte genau. Obwohl der Bär für menschliche Begriffe plump erscheint, ist er sehr wohl imstande, mit gewaltigen Sätzen ein galoppierendes Pferd einzuholen und mit einem mächtigen Prankenschlag zu töten. Allerdings ist der Bär kein Langstreckenläufer und ermüdet rasch nach einem Sprint. Rinder wurden ebenfalls selten angegangen und wenn, dann nie von vorne, da die Hörner ernstzunehmende Waffen darstellen. Den größten Schaden richteten die Bären jedoch an, wenn sie ganze Herden von Schafen und Ziegen versprengten und etliche der verängstigten Tiere in ihrer Panik über Felsenabhänge in den Tod stürzten und so zu einem willkommenen Festmahl wurden.

Als **Ernteschädlinge** verwüsteten Bären auf der Suche nach frischen Feldfrüchten oft ganze Äcker, wenn sie ihren Hunger mit milchigem Mais oder mit im Saft stehendem Hafer stillten. In der Schweiz kamen Bären regelmäßig im Herbst aus den Gebirgen in die milden Talsohlen herab und mästeten sich mit süßen Trauben. Gerne suchten sie das Gebiet des Eringer- und des Einfischtales auf.

SÄUGETIERE

Im Jahr 1834 kam ein Bär sogar bis in die Rebberge von Siders, in den Berner Alpen gelegen, wo ihn ein junger Mann, der gerade Vögel jagte, beobachten konnte. Über diesen Mann wird folgende Begebenheit berichtet[7]:

"Dieser war tollkühn genug, seine nur mit Schroten geladene Flinte dem Thiere à bout portant ins Gesicht abzubrennen und glücklich genug, es damit augenblicklich zu töten! Diese Thatsache ist verbürgt."

1836 wurde eine Bärin im selben Gebiet samt ihren drei Jungen erlegt. Ein anderes in dieser Gegend geschossenes Exemplar soll 250 Kilogramm gewogen haben, was für einen Alpenbären ein äußerst stattliches Gewicht bedeutet. Die in den Alpen hausenden Bären stellten nämlich die in Eurasien kleinste Form dar, wobei 70 Kilogramm für einen ausgewachsenen Bären bei ausreichender Ernährung mitunter das Maximalgewicht darstellen konnten[18].

Auch **Honigstöcke** zogen den Bären magisch an, und es gelang ihm zumeist, auch wenn noch so ausgeklügelte Schutzmaßnahmen ersonnen worden waren, diese zu öffnen und somit die Arbeit oft mehrerer Jahre in einem Augenblick zu zerstören. Ein bewährtes Mittel gegen eine derartige Plünderung war diejenige, daß der Imker den Bienenstock hoch oben auf einem Baum befestigte und anschließend den Stamm entästete, um dem Bären keine Angriffspunkte zu dessen Erkletterung zu bieten. Sodann umgab er den Stamm mit einer waagrecht ausladenden Bretterbühne, die der Bär entweder zertrümmern oder mit ungewöhnlicher Kletterkunst überwinden mußte, um an den begehrten Honig zu gelangen.

Für das Leben eines Menschen selbst bedeutet der Braunbär keine direkte Gefahr. Das Raubtier meidet, falls es den Menschen wittert, dessen Weg und Nähe und zieht auch bei einem zufälligen Treffen schnell ab. Gefährlich wird der Bär, wenn er verwundet oder in die Enge getrieben worden ist. Ebenso beherzt verteidigt eine Bärin ihre Junge. Auch ein Bär, der während seiner Winterruhe unliebsam aus dem Schlaf gerissen wird, stellt eine ernstzunehmende Gefahr dar.

Hohe **Abschußprämien** lockten die Menschen, Jagd auf den Bären zu machen. Der Balg eines abgeschossenen Tieres brachte oft mehr ein, als monatelanges hartes Schuften auf den kargen Äckern und Feldern. Im Münstertal spezialisierten sich im 19. Jh. einige erfahrene Jäger auf die so einträgliche Bärenjagd. Unter diesen war Johann Ruolf, vulgo „das Geigerlein" zu finden. Dieser Mann erschoß zu seiner aktivsten Zeit an die 30 Gemsen pro Jahr und holte mit seinem Gewehr auch so manchen Adler aus der Luft. An einem Tag gelang es diesem Mann, eine Bärin samt ihren drei Jungen zu erlegen, was ihm auf einen Schlag 250 Franken, ein großes Vermögen in dieser Zeit, einbrachte. 100 Franken wurden für ein ausgewachsenes Tier und 50 Franken für ein Jungtier ausbezahlt – für damalige Verhältnisse sehr hohe Summen.

Interessant ist in diesem Zusammenhang, daß die Bevölkerung von Zernez, eine Ortschaft im Unterengadin, ihre Schußprämien nur an Kantonsbürger abgab, und die ebenfalls im Unterengadin wohnenden Schulser, denen im Sommer des Jahres 1855 von Bären um die 50 Schafe gerissen worden waren, bezahlten ihre Prämien sogar nur an Gemeindebürger aus.

Neben dem begehrten Bärenschinken galt auch der Bärenkopf als ein guter **Leckerbissen**. Junge Tiere sollen einen besonderes feinen Braten abgegeben haben. Das verbleibende Fleisch wurde einige Zeit in Wasser gelegt, um ihm seinen süßlichen Geschmack zu nehmen, worauf es ähnlich wie zartes Rindfleisch geschmeckt haben soll.

Die Bärentatzen waren eine hochgeschätzte Delikatesse, wenngleich der Feinschmecker sich erst an den Anblick gewöhnen mußte, denn abgehäutet ähneln sie einem großen Menschenfuß.

In alten Kochbüchern steht zu lesen, daß das weiße **Fett** des Bären nie hart, in verschlossenen Gefäßen selten ranzig wird und seinen in frischem Zustand widerlichen Geschmack verliert, wenn es mit Zwiebeln abgedämpft wird. Eben dieses Fett soll auch ein vielgefragtes Haarwuchsmittel gewesen sein.

Die **Galle** des Bären wurde gegen Fieber angewendet. Gerne mischten auch die Jäger nach heil überstandener Jagd die Galle des eben erlegten Tieres in ihren Siegestrunk, wohl um dessen Tugenden anzunehmen.

Das **Pelzwerk** der Bären wurde zu Mänteln und zu Schlittendecken verarbeitet.

Auch junge Mädchen zogen einen gewissen Nutzen aus einem erlegten Bären; denn dem Glauben vieler Mädchen nach zwang es einen jeden Jüngling, der heimlich von einer Verehrerin mit der vierten Kralle der rechten Vorderpranke gekratzt wurde, diese inbrünstig zu lieben.

Lebensraumverlust

Die Gründe, warum der Mensch den Braunbären derart bejagte, so daß er letztendlich ausstarb, sind offensichtlich und im Grunde die gleichen, weshalb auch die beiden anderen Großraubtiere, Wolf und Nordluchs, verschwunden sind. Für ein Raubtier, das sich äußerst schädlich für eine erfolgreiche Viehhaltung erwies und dem Menschen in Extremsituationen selbst gefährlich werden konnte, wurde bereits in den vergangenen Jahrhunderten der Lebensraum zu knapp. Ein friedliches Nebeneinander von Mensch und Raubtier war unmöglich. Aus dem ungleichen Kampf um den Lebensraum ging schließlich der Mensch als Sieger hervor, nachdem er den Bären, den Wolf und den Luchs in immer verlassenere, schroffere und ödere Gebiete zurückgedrängt hatte, wo die Lebensbedingungen zuweilen so große Anforderungen an die Tiere stellten, daß sie sich in diesen Gebieten auch ohne das direkte Zutun des Menschen auf Dauer nicht halten konnten.

Natürliche Faktoren

Braunbären erreichen ein Alter von 30 bis 35 Jahren und erlangen mit drei oder vier Jahren die Geschlechtsreife. Ein Weibchen gebiert im bestmöglichen Fall alle zwei Jahre zwei bis drei Junge. Die Hälfte der Jungen erreicht die Geschlechtsreife nicht. Je größer eine Tierart ist, desto geringer ist die Anzahl der Nachkommen, die allerdings aufwendig erzogen werden müssen. Eine systematische Bejagung gefährdet eine solche Spezies somit besonders arg.

An natürlichen Feinden hat ein erwachsener Braunbär lediglich den Wolf zu fürchten, der aber nur im Rudel Chancen gegen ihn hat. Jungbären hingegen fallen Luchs und Wolf zum Opfer, überstehen aber die kritischste Phase nach der Geburt im Schutz der Höhle. Die Bärenmutter verteidigt ihren Nachwuchs mit besonderer Vehemenz.

Mitunter kann ein männlicher erwachsener Braunbär die größte Gefahr für Jungbären darstellen. Nicht immer gelingt es dem Muttertier, aufmerksam genug zu sein oder den Altbären davon abzuhalten, die Jungen zu töten.

Die Bärenjagd

Zahlreiche Berichte, die oft nicht ganz der Wahrheit entsprechen und übertrieben geschildert sind, liegen aus vielen Tälern der Alpen vor; sie bezeugen, wie einzelne Männer, oft auch unbewaffnet, sich im Kampf einem Bären stellten und diesen dabei töteten. Unter diesen wagemutigen Männern ist auch Kaiser Maximilian I. (1459–1519) zu nennen, der es alleine mit dem „wilden Wurmen", wie er den Bären zu bezeichnen pflegte, aufnahm. Diese Heldentat wurde sodann im Theuerdank, ein die Rittertugenden verherrlichendes Gedicht, gepriesen.

Laut Friedrich von Tschudi (1818–1889) wagten es besonders tollkühne Männer vor hunderten Jahren in Graubünden, den Bären herankommen zu lassen oder direkt auf ihn zuzugehen. Einer versuchte sodann, das Tier zu umfassen und den eigenen Kopf fest unter die Kehle des Tieres zu pressen, bis ein Jagdgefährte das Tier mit einem sicheren Schuß oder mit einer Stichwaffe tötete. Verständlicherweise blieb der Mensch bei solchen Kämpfen nicht immer siegreich. Entgegen zahlreichen Darstellungen stehen Bären bei einem Zweikampf mit einem Menschen nur selten auf ihren Hinterbeinen. Wohl aber versuchen sie, mit ihren gewaltigen Vorderbeinen den Leib des Feindes zu umarmen. Der Mensch wird hierbei zumeist erdrückt.

Weiters berichtet Friedrich von Tschudi, daß einzelne Menschen schon beim bloßen Anblick eines Bären gestorben sein sollen. Im Jahr 1837 traf ein Bauer im Kanton Graubünden unvermutet auf sechs Bären. Der Mann ergriff so hastig die Flucht, daß er den Folgen des Schreckens und der Anstrengungen erlag.

Vor der Erfindung der Schußwaffen waren Fallen das bewährteste Mittel, um einen Bären zu fangen. Mächtige Schlageisen wurden am Wechsel der Tiere mit Ketten an Bäume gebunden. Im Unterengadin verwendeten die Leute Bärenfallen aus Holz, sogenannte Mordfallen, die das Tier erschlagen oder zumindest festhalten sollten.

Relativ einfach und sicher war der Bär beim Honigstehlen zu fangen oder zu töten. Hierbei wurde ein großer, schwerer Klotz an einem Seil, das stark verankert sein mußte, unmittelbar vor den Bienenwaben befestigt. Kam nun ein Bär, so war ihm jener Klotz beim Fressen im Wege, weshalb er versuchte, diesen beiseite zu stoßen. Der Klotz aber schwang nach jedem Stoß sogleich wieder zurück und traf dabei das Raubtier. Das versetzte den Bären in eine derartige Wut, daß er immer heftiger den Klotz wegzustoßen versuchte, bis das Tier betäubt zu Boden sank und von den Menschen, die dieses ungewohnte Schauspiel aus sicherer Ferne beobachtet hatten, getötet wurde.

Da sich der Bär gut mit Leuten und mit Hunden, den sogenannten Bärenbeißern, treiben ließ und dabei stets seine Wechsel einhielt, konnte der Jagdherr, nachdem das Tier durch kundige Jäger aufgestöbert worden war, mit ziemlicher Sicherheit auf Jagderfolg hoffen. Ludwig der Bärtige von Ingolstadt versammelte ganze Dorfschaften zu solchen Bärenjagden. Wer seinem Aufruf nicht folgte, dem wurde der Ofen in seinem Haus zerschlagen.
Nach erfolgreicher Treibjagd wurde der Bär folgendermaßen aufgeteilt: Der Kopf und die rechte Vorderpranke gehörten, laut einem alten, allgemeinen Brauch, dem Jagdherren. Die linke Vorderpranke erhielt der Geistliche, der bei einer Bärenjagd stets zugegen sein mußte, um einem zu Tode Verwundeten die Sterbesakramente zu überreichen, was nicht allzu selten der Fall war, da die mächtigen Jagdherren wenig Rücksicht auf das Wohl ihrer Treiber nahmen, wenn es darum ging, einen Bären zu fangen oder zu töten.
Bei einer derartigen Jagd, die Heinrich IV. (1553–1610) in Frankreich abhielt, zerriß ein verwundeter Bär sieben Treiber und stürzte mit mehreren anderen, die ihm auf den Gipfel eines Berges folgten, über einen Felsenabhang hinab. So lautet denn auch ein Sprichwort: „Der Bär hat die Kraft von zehn Männern und den Verstand von derer zwanzig!"

Der Braunbär bevorzugt eine Felsen- oder Erdhöhle als Winterlager, doch soll es auch vorgekommen sein, daß er die kalte Jahreszeit in einem undurchdringlichen Dickicht, in einem hohlen Baum oder sogar in einer Astgabel eines Baumes verbrachte.

SÄUGETIERE

In der Regel sucht sich der Bär jedoch gegen Ende des Herbstes eine Höhle zum Einschlagen, die er mit Moos, Laub, Gras und Zweigen auspolstert. Etwa zwei Wochen vor dem Aufsuchen seiner Höhle nimmt das Tier keinerlei Nahrung mehr zu sich. Es entleert, meist nach der Einnahme von abführendem Moos, seinen Darm. Lediglich im Mastdarm bleibt ein verhärteter Kotballen, der sogenannte Afterpfropf. Während seiner Winterruhe verläßt der von der im Herbst reichlich aufgenommenen Nahrung gemästete Bär nur hin und wieder sein Lager, um etwas Wasser zu sich zu nehmen. Die Körpertemperatur und der Stoffwechsel gehen kaum zurück, und das Tier lebt von seinen Fettreserven.

Dieses Wissen machten sich nun auch die Jäger zunutze. Voraussetzung war, daß der erfahrene Jäger den Ort fand, an dem der Bär sein Winterquartier eingerichtet hatte. Oft lag dieses ohnehin in der Nähe von Dörfern oder Siedlungen, da der Bär dort im Frühjahr am schnellsten Futter fand. Im Volksmund heißt es, daß das Raubtier diesen Ort nur deshalb wähle, um jeden Morgen die Hähne krähen zu hören. Hatte der Weidmann die Winterbehausung ausgekundschaftet, so versuchte er mit seinen Jagdkameraden, in sicherer Entfernung möglichst viel Lärm zu machen. Denn war der Bär einmal eingeschlafen, so arbeiteten die Sinne, vor allem das scharfe Gehör, wachsam weiter. Schon bei geringen Störungen äugte der Bär aus seinem Lager. Der Volksmund heißt diese Verhaltensweise „der Bär grüßt". Dies war nun der Moment, in dem der Jäger einen gezielten Schuß abfeuern mußte. Handelte es sich bei dem erlegten Tier um ein Weibchen, so bestand für die Jäger zudem die Hoffnung, auch an Jungtiere, die ansonsten schwierig zu fangen waren, zu gelangen.

Die Bärin wirft nämlich in ihrem Winterquartier zwischen Anfang Dezember und Ende Januar, manchmal selbst noch im Februar, zwei bis drei etwa 50 Dekagramm schwere, rattengroße Junge. Wohlbehütet, vom dichten Brustfell und den Tatzen der Mutter gewärmt, werden sie gesäugt und aufgezogen. Nach ungefähr 30 bis 32 Tagen öffnen die Jungen erstmals ihre Augen. Sie sind schon äußerst verspielt und besaugen unter laut hörbarem „Spinnen" ihre Tatzen oder ein Ohr eines Geschwisters. Einer der Jäger hatte nun die Aufgabe, in das Innere der Höhle zu kriechen und die Jungen, falls welche vorhanden waren, zu bergen. Waren diese nach dem Ermessen des Jagdleiters bereits groß genug, um weiterhin von Menschenhand aufgezogen werden zu können, wurden sie mitgenommen.

Folgender Bericht, aus Tschudis „Das Thierleben der Alpenwelt", das als besonders reichhaltige Quelle angesehen werden muß, über den verwunderlichen Hergang einer Bärenjagd veranschaulicht die Zähigkeit und die Gefährlichkeit eines bereits stark verwundeten Bärens ebenso wie die Tollkühnheit der Bärenjäger[7]:

> *„Als am 3. September 1816 nach starkem Schneefall die Vicosopraner ihr Vieh von der Ochsenalp Albigua heimholen wollten, brachte ihnen der Hirte die Botschaft entgegen, ein Bär habe letzte Nacht einen ihrer Ochsen zerrissen. Sofort*

wird Mannschaft geholt und mit Trommeln ein lautes Treiben begonnen. Der Bär tritt aus einer Schlucht, erhält eine Ladung von zwei Kugeln und kehrt brüllend um. Zwei Jäger und ein Hirt verfolgen ihn; plötzlich stürzt die Bestie aus dem Dickicht auf Letzteren, packt ihn und verwundet ihn tödlich am Kopfe. Der eine Jäger schießt sie, so rasch es ohne Gefährdung des Hirten geschehen kann, unter den Augen durch den Kopf; aber das verwundete Thier stürzt sich rasend auf ihn, packt ihn mit den Pranken am Schenkel und wendet sich mit dem offen Rachen in die Höhe, als es dem Jäger gelingt, den Ellenbogen der Bestie tief in den Schlund zu stoßen. Inzwischen durchbohrt ihr der zweite Jäger mit seiner Kugel die Schultern. Augenblicklich wirft sie sich auf diesen, empfängt aber so derbe Kolbenstöße, daß sie sich nach der Tiefe der Schlucht wendet, wo sie endlich den Kugeln der übrigen Jäger vollends zum Opfer fällt."

Welche Gefahren ein verwegener Jäger für ausgesetzte Prämien einging, bezeugt folgende Begebenheit[7]:

„. . . Im Mai 1858 traf Lechtaler auf der Hühnerjagd in der Palüetta ob Balcava unvermuthet auf einen Bären. Was thun? Er hatte bloß Schrot geladen und wußte, daß er dem alten Thiere damit nichts anhaben, wohl aber sich selbst der größten Gefahr aussetzen würde. Dennoch ließ ihn das wallende Blut nicht auf einen so seltenen Fang verzichten und in tollkühner Verwegenheit schießt er auf einen der jungen Bären, der auch alsbald zusammenstürzt. Da wendet sich die Alte, brüllt tief auf, nähert sich hochaufgerichtet ein paar Schritte dem Jäger, kehrt dann wieder zu dem halbtodten Jungen, beschnobert es, wendet es auf dem Boden um, faßt es dann mit dem Maule und trägt es, von den andern gefolgt, fort. Lechtaler sah eine Weile, vor Schreck halb erstarrt, der Szene zu und ging dann nach Hause, wo er (wie seine Frau verrieth) vor Aufregung und Zorn über die entgangene Beute ein paar bittere Thränen vergoß.
Den letzten Bären schoß er im November 1865 im Valatscha unter dem Piz d'Astas, wobei er das rasch herantrabende Thier auf zehn Schritte nahe kommen ließ und ihm mit der zweiten Kugel das Herz durchbohrte. . ."

Jener besagte Nikolaus Lechtaler aus Münster war auch ansonsten ein überaus eifriger Nimrod, der jährlich seine 40 bis 50 Gemsen abschoß und auch mehrere Bartgeier erlegt hatte. Er leitete im Sommer des Jahres 1857 eine Treibjagd auf eine Bärenfamilie, die zwei jagdlustige Fremde, ein gewisser Prinz Suworoff und ein Amerikaner, veranstaltet wissen wollten. Erst beim dritten Trieb kam diesen Männern ein Bär vor die Flinten. Lechtaler erschoß bei dieser Gelegenheit die Bärenmutter. Der in seiner Eitelkeit gekränkte Russe bestach daraufhin seine übrigen Jagdkameraden. Nach langem hin und her wurde er schließlich als erfolgreicher Jäger dieser Jagd gefeiert.

SÄUGETIERE

4. Die Wiederansiedelung des Braunbären in Österreich

Österreich liegt in einem Gebiet, das von uralten Bärenwanderstraßen durchzogen ist, auf denen die Bären sowohl vom Norden als auch vom Süden her, ihrem Wandertrieb folgend, einwechseln. Revierknappheit mag einer der Gründe sein, die die Wanderschaft auslösen. Durch das Zuwandern solcher Individuen wird ein inzuchtvermeidender Genfluß aufrecht erhalten.

Folgende Jahreszahlen geben die Erlegungen von nach Österreich eingewanderten Braunbären an. In diesen Jahren war der Braunbär als Standwild in Österreich bereits vollkommen ausgerottet.

1898	Konstantin Graf Thun Hohenstein erschoß einen eingewechselten Bären am Eingang zum Stallental bei Schwaz in Nordtirol.
1899	Nordtirol; Pitztal
1915	Nordtirol; Nauders
1916	Kärnten
1916	Niederösterreich
1919/20	Niederösterreich; bei St. Ägyd-Neuwald
1950	Kärnten; Bärental
1952	Steiermark; Pusterwald
1953	Kärnten; Mittagskogel
1955	Kärnten; Petzen
1965	Kärnten; Koschuta

Heute werden besonders häufig Zuwanderungen aus Slowenien beobachtet, was sicherlich in Zusammenhang mit den Unruhen des Balkankrieges steht.

Im Jahr 1972 brach ein junger männlicher Braunbär, der später den Namen Branco erhielt, aus dem Gebiet Gottschee (Kocevje) in Südslowenien zu einer Wanderschaft auf, die in Österreich enden sollte. So wurde dieser Bär im Juni 1972 am Schöckel bei Graz, in Kindberg, in Mixnitz, sodann im Juli mehrmals auf der Pfaffensattelstraße gesichtet. Schließlich ließ sich Branco im Ötschergebiet häuslich nieder. Diese Gegend liegt im Grenzraum von Niederösterreich zur Steiermark und bietet einem Bären alles, was er zum Überleben benötigt: abwechslungsreiche Landschaftstypen mit unterschiedlichen Vegetationssystemen, die die Ernährungsgrundlage des Bären sichern, sowie zahlreiche Höhlen zum Einschlagen, so daß die langen, schneereichen Winter gut überdauert werden können.

Im Jahr 1989 beschloß der WWF (World Wide Fund for Nature), dem allein umherstreifenden, inzwischen schon einigermaßen betagten, ungefähr 20 Jahre alten Branco eine Gefährtin zuzuführen. Im gleichen Jahr wurde in Slowenien bei Delniec eine vier Jahre alte, 76 Kilogramm schwere Bärin in einer Falle gefangen. Sie erhielt den Namen Mira und wurde ebenfalls im Ötschergebiet freigelassen.

SÄUGETIERE

Die WWF-Aktivisten hielten eine Begegnung der beiden Tiere für durchaus wahrscheinlich, wagten es aber nicht, auf Nachwuchs zu hoffen. Im Frühsommer des Jahres 1991 meldete jedoch ein Förster in einem steirischen Revier die Beobachtung einer Bärenfamilie. Losungsfunde, insbesonders Kothaufen von verschiedener Größe, verdichteten die Hinweise auf Bärennachwuchs in Österreich. Der erste seit über hundert Jahren! Von den drei Jungbären überlebte schließlich einer.

Die Eignung des Ötschergebietes für ein Wiederansiedelungsprojekt wurde durch diese Tatsache eindrucksvoll bestätigt und rechtfertigte den Einsatz von beträchtlichen Geldsummen vollkommen. So wurden 1992 eine Bärin, Cilka, sowie 1993 ein männlicher Braunbär, Djuro, beide aus Slowenien stammend, ebenfalls im Ötschergebiet freigelassen. Der Erfolg blieb nicht aus, als 1993 Mira abermals drei und Cilka zwei Junge gebaren. Getrübt wurde dieser Erfolg, als im Herbst desselben Jahres Mira im Lechnergraben bei Lunz zu Tode stürzte. Die hinterbliebenen Jungtiere schafften auch ohne die Hilfe der Mutter, den kommenden Winter zu überleben. Im Jahr 1995 lebten im Ötschergebiet und seiner Umgebung acht Braunbären, drei Alttiere und fünf Jungtiere.

Der Gesamtbestand an Braunbären in Österreich wird für 1995 mit 20-25 Tieren angegeben, die in Niederösterreich, Oberösterreich, in der Steiermark sowie in Kärnten leben.

„Problembären"

Ein Bär, der vor dem Menschen die angeborene Scheu verloren hat und direkt in die Siedlungsbereiche eindringt, um dort Futter zu finden, muß als Problembär angesehen werden. Er richtet materiellen Schaden an, indem er Vieh, vornehmlich Schafe, schlägt und Fischteiche sowie Honigstöcke plündert. Weiters versetzt ein derartiges Tier, das vielleicht in seiner Vergangenheit vom Menschen gefüttert wurde und deshalb zutraulicher als normal geworden ist, zahlreiche Menschen in Angst und Schrecken. Solche Bären ändern ihr Verhalten, oder besser gesagt, können ihr Verhalten für den Rest ihres Lebens für gewöhnlich nicht mehr ändern.

Erstmals ernsthafte Schwierigkeiten mit den freilebenden Bären gab es im Jahr 1994. In den niederösterreichisch-steirischen Kalkalpen riß ein Braunbär mehrere Schafe. Ein anderer Bär mußte seine Umtriebe im Raum Mariazell am 10. September 1994 mit dem Leben bezahlen. Die Situation zwischen Bärenschützern und der Jägerschaft wurde aufgeheizt, als elf Schafe bei Furth in Niederösterreich gerissen wurden. Aufgrund der Art und Weise, wie die Schafe getötet worden waren, stellte sich aber heraus, daß streunende Hunde für diese Tat verantwortlich waren. Wiederum ein anderer „Problembär, der den Namen Nurmi bekam, beunruhigte die Bevölkerung von Gmunden bis Bruck an der Mur. Drei von den

SÄUGETIERE

Behörden abgesegnete Abschußbescheide lagen vor. Eifrig wurde Jagd auf diese „Bestie" gemacht, die mittlerweile halb Österreich in Aufruhr versetzte, mit dem Erfolg, daß im oberösterreichischen Almtal zwar ein Bär geschossen wurde, es sich dabei aber keinesfalls um besagten Nurmi handelte. Stimmen wurden laut, daß es Nurmi gar nie gegeben habe, sondern, daß die Vorkommnisse mehreren Bären zuzuschreiben seien. Ende 1994 herrschte darum zwischen Bärenschützern und Jägern ein sehr angespanntes Verhältnis.

Um nicht noch weitere Verluste der mühsam entstandenen Bärenpopulation in Kauf nehmen zu müssen, arbeiteten WWF-Mitarbeiter das „Artenschutzprogramm Braunbär"aus. Dieses Fünf-Jahres-Projekt wird 38,8 Millionen Schilling kosten. Bund, Länder, WWF, die Wildbiologische Gesellschaft München sowie die EU sollen diese Kosten tragen. Die EU soll 75% der Gesamtkosten aus dem sogenannten „Life-Topf" beisteuern.

Das „Artenschutzprogramm Braunbär" sieht folgendermaßen aus:
1. Feststellen von sogenannten Risikogebieten
2. Untersuchung über Rückzugsgebiete und Überwinterungsbereiche der Bären, die für die Fortpflanzung der Tiere von besonderer Wichtigkeit sind.
3. Vertreibungs- und Kontrollmaßnahmen
4. Öffentlichkeitsarbeit und Information für die betroffene Bevölkerung
5. Enge Zusammenarbeit mit den zuständigen Behörden und Jagdverbänden

Bis zum Inkrafttreten des „Artenschutzprogrammes Braunbär" werden sogenannte „Bärenanwälte" die oben aufgelisteten Projektanliegen in die Hand nehmen. Derzeit bemühen sich in Österreich zwei Bärenanwälte um folgendes Anliegen:
1. Rechte der Bären wahrnehmen
2. Schäden begutachten
3. Zuständige Behörden beraten
4. Die betroffene Bevölkerung über die Lebensweise des Bären informieren
5. Allfällige Probleme, Ängste, Beschwerden etc. mit der Bevölkerung bzw. mit Einzelpersonen diskutieren

Im Jahr 1994 fielen allein in den Bundesländern Niederösterreich und Oberösterreich 600 000 Schilling Schaden an (Verlust an Schafen, Vernichtung von Bienenstöcken samt Völkern etc.) Für derartige Fälle wurde, wenn auch in den betroffenen Bundesländern auf unterschiedliche Art und Weise, Vorsorge getroffen:

Kärnten, Steiermark: Der Jagdverband kommt für allfällige Schäden auf.
Niederösterreich: Eine eigene, vom WWF finanzierte Bärenversicherung kommt für allfällige Schäden auf.

Oberösterreich: WWF, Land und Jagdverband riefen einen Schadenfonds ins Leben. Dieser Fonds deckte 1994 allerdings nur die Hälfte der Schadenersatzzahlungen, weshalb der WWF bemüht ist, auch in Oberösterreich eine Bärenversicherung abzuschließen.

Der WWF ist natürlich an möglichst großen Eindämmungen von Schäden interessiert. Aus diesem Grund werden Bären, die sich regelmäßig in der Nähe oder gar in besiedelten Gebieten aufhalten, vergrämt. Dafür wurden eigene mobile Eingreiftruppen aus drei Personen organisiert. Diese Gruppen überwachen mit Infrarotkameras die Weiden der Bauern und Landwirte und vertreiben den Bären, wenn sie ihn geortet haben, in der Hoffnung, daß er nie mehr zurückkehren möge.

Ein weiteres Ziel ist es, möglichst viele Bären mit Sendern, die um den Hals gebunden werden, zu versehen. Auf diesem Wege können wertvolle Daten über den Lebenswandel sowie über mögliche „Ausschreitungen" des Tieres festgestellt werden.

DER HÖHLENBÄR

1. Zur Geschichte

Im Rahmen des gestellten Themas soll auch der Höhlenbär (*Ursus spelaeus*) nicht unbehandelt bleiben, wenn auch erwähnt werden muß, daß diese Tierart bereits im Verlauf der letzten Eiszeit vollkommen ausgestorben ist und so, im Gegensatz zu den anderen behandelten Arten, nicht mehr in der Neuzeit (Holozän) die Wege des Menschen kreuzte. Dieser Zeit- und Lebensraumgenosse der ebenfalls ausgestorbenen Höhlenlöwen (*Panthera spelaea*), Höhlenhyänen (*Crocuta spelaea*), Wollnashörner (*Coelodonta antiquitatis*) und Mammute (*Mammuthus primigenius*), um nur einige zu nennen, war seinerzeit ein Charaktertier des Alpenraumes, weshalb im folgenden auf den Hergang des Aussterbens dieser Tierart näher eingegangen werden soll.

Der Höhlenbär lebte im jüngeren Pleistozän (270 000–20 000) von Nordwesteuropa bis hin nach Südeuropa, wo er noch das Gebiet des heutigen Griechenland erreichte. Nach Osten lebte diese Tierart bis zum Kaukasus und zum Schwarzen Meer[48].
Die größte Ausdehnung und zugleich das zahlenmäßige Maximum der Bestände erreichte der Höhlenbär im Riß-Würm-Interglazial[50].
Diese Raubtierart war Zeitgenosse des Cro-Magnon-Menschen (30 000–25 000 v. Chr.) und verschwand am Ende der Kulturepoche des Solutréen (etwa 20 000–18 000 v. Chr.), also im Verlauf der Würmeiszeit (75 000–8 000 v. Chr.). Diese Zeitangabe läßt sich aus dem Umstand ableiten, daß Höhlenmalereien des anschließenden Magdalénien diese für den Menschen in vieler Hinsicht bedeutende Tierart nicht mehr zeigen und Höhlenbärfunde, die mit der C-14-Methode untersucht wurden, nicht mehr für spätere Epochen nachgewiesen werden konnten.

2. Höhlenbärenfunde im Alpenraum

Skelettreste von Höhlenbären stellen für den Wirbeltierpaläontologen die häufigsten jungpleistozänen Fundobjekte dar und werden fast ausschließlich in Höhlen gefunden, wo sehr gute Voraussetzungen für deren Konservierung bestehen. Diese Tierart suchte die Höhlen zum Werfen der Jungen sowie zum Sterben auf.

Aber auch der Mensch des Diluviums trug die zahlreich erbeuteten Höhlenbären in Höhlen ein und hinterließ dort deren Gebeine. Nicht selten wurden in Höhlen die Überreste von mehr als tausend Tieren dieser Art gefunden.

Höhlenbärenskelette können von denen der rezenten Braunbären Mitteleuropas leicht unterschieden werden, falls nicht nur Fragmente vorliegen. Erstens fällt der enorme Größenunterschied der beiden Arten auf. So erreichte ein ausgewachsener Höhlenbär nicht selten 800 Kilogramm und war somit um ein vielfaches mächtiger als der moderne Braunbär. Liegt ein Schädel zur Unterscheidung vor, so kann jener des Höhlenbären leicht an den Ausmaßen der steil abfallenden Stirn sowie am Fehlen der vorderen, stiftförmigen Lückenzähne identifiziert werden.

Im Alpenraum sind folgende **Fundorte** von Höhlenbären bekannt. Am häufigsten entdeckte man Knochen in Nordtirol:
➤ die Tischoferhöhle, auch Schaferhöhle genannt, liegt in einer Seehöhe von 600 Metern in der Nähe von Kufstein in Nordtirol im Kaisergebirge. Bereits im Jahr 1859 fand Adolf Pichler dort ein Skelett sowie andere Knochenreste. Im Jahr 1906 wurden bei Grabungen unter der Leitung des Münchners Max Schlosser die Überreste von 200 erwachsenen sowie 180 jugendlichen Höhlenbären aufgefunden. Diese Funde wurden aus dem Höhlenlehm, eine glaziale Schmelzwasserablagerung, geborgen. Alter dieser Funde nach der C-14-Methode: 27 875 Jahre plus/minus 485 Jahre[48].
1967 wurden beim Bau der Brennerautobahn am Matreier Schloßberg Schädelstücke gefunden. 1968 barg Friedrich Pummer aus Kufstein Knochen und Zähne im Rauberloch am Pendling südwestlich von Kufstein in einer Seehöhe von 1500 Metern. Das Alter nach der C-14-Methode: 28 310 Jahre plus/minus 905 Jahre. 1971 wurden weitere Grabungen sowie Bergungen durchgeführt.

Weitere Fundorte sind:
➤ Lettenmaierhöhle bei Kremsmünster in Oberösterreich
➤ Drachenhöhle des Röthelstein bei Mixnitz in der Steiermark (950 m Seehöhe)
➤ Untersberg bei Salzburg
➤ Wildkirchli am Säntis (2500 m Seehöhe)
➤ Drachenloch ob Vättis im Taminatal (Schweiz) (fast 2500 m Seehöhe). Der Drachenberg war gleich dem Wildkirchli einNunatakker, also eine Spitze oder ein Höhenzug eines Gebirges, der aus der ansonsten geschlossenen Eisdecke herausragte und vielen Tieren, Pflanzen und auch dem Menschen, gleichermaßen als Rettungsinsel in der Eiswüste, Nahrung und Unterschlupf bot. Im Drachenloch wurden die Reste von über tausend Höhlenbären sowie von Wolf, Rotfuchs, Hermelin, Schneehasen, Schneemaus, Fledermäusen und Alpendohle gefunden. Der Großteil der Höhlenbärenüberreste geht in diesem Fall auf durch den Menschen erbeutete Exemplare zurück.[4]
➤ Bärenhöhle von Erpfingen in der Schwäbischen Alb

3. Zum Aussterben des Höhlenbären

Der Höhlenbär starb nicht, wie in den vergangenen Jahrzehnten geglaubt wurde, durch die direkte Bejagung durch den Menschen aus. Zweifelsohne war diese Tierart eine begehrte Beute der Eiszeit- und der Zwischeneiszeitjäger. Jungtiere wurden direkt von den Jägern angegangen, Schlingen ausgelegt und so manche Höhle ausgeräuchert, um den Bewohner herauszulocken und von oben herab mit Steinen und Speeren zu erlegen. Dennoch waren die Populationen der damaligen Menschen noch zu klein, ihre Waffen zu unvollkommen und die Jagdtechniken zu primitiv, als daß diese weit verbreitete Bärenart ausgerottet hätte werden können.

H. K. Erben zeigt die optimalen Lebensumstände des Höhlenbären während des Riß-Würm-Interglazials folgendermaßen auf[50]:

„In der letzten Zwischeneiszeit hatten sich für die Populationen des Höhlenbären ganz außergewöhnlich günstige Lebensbedingungen eingestellt. Nach der vorherigen Riß-Eiszeit wurde nun das Klima milder. Die Sommer waren länger, die Winter kürzer, und für einen auch Pflanzen verzehrenden Allesfresser bestand jetzt kein Nahrunsmangel mehr. Die Tiere konnten also auf Migrationen verzichten, und sie gingen nun zu einer neuen Art des Verhaltens über, dem der Standorttreue. Konkurrenten oder räuberische Feinde kannten die riesigen Höhlenbären nicht, und selbst die Jäger der noch sehr kleinen Menschen-Populationen konnten den Tierbestand nicht ernstlich gefährden. Die Jungtiere kamen zu Fortpflanzung, wuchsen heran und starben erst in späterem Alter, so daß in den Höhlen kaum jemals Jungtier-Skelette zur Ablagerung kamen, sondern lediglich die Reste voll ausgewachsener Tiere."

Die Konsequenzen dieses Überflusses an Nahrung und somit des konkurrenzlosen Daseins während eines klimatisch begünstigten Zeitraumes sowie das Fehlen ernstzunehmender Feinde scheint auf den ersten Blick ein wahrer Segen für den Höhlenbären gewesen zu sein. Nicht umsonst erreichte er eben im Riß-Würm-Interglazial die Blütezeit seiner Entwicklung.
So pflanzten sich auch jene von jeglicher Selektion verschont gebliebenen Individuen fort, was zur Folge hatte, daß von Generation zu Generation etwaige nachteilige Merkmale weitergegeben werden konnten. Doch führt, wie auch bei anderen Tierarten beobachtet werden kann, eine uneingeschränkte Bestandszunahme der Populationen in eine Einbahn, aus der, wenn plötzlich unvorhersehbare ungünstige Faktoren auftreten, nur selten ein Entkommen gelingt. Die Höhlenbärenpopulationen wurden im Verlauf von Jahrtausenden zunehmend widerstandsloser gegen Krankheiten und vermochten auf Änderungen der Umwelt

nicht mehr rasch genug zu reagieren. Vielleicht hätten sich die Bestände von selbst im Verlauf von etlichen Jahrhunderten durch Krankheiten, Verluste durch Unangepaßtheit, durch geänderte Verhaltens- und Lebensweisen sowie durch andere, heute nicht mehr eruierbare Faktoren zu einem populationsdynamisch günstigeren Bestand reduziert, wenn nicht in geologisch sehr kurzer Zeit eine einschneidende Veränderung des Klimas eingetreten wäre. Die Würm-Eiszeit begann.

Die Temperaturen begannen, wenn auch vorerst unmerklich, zu sinken, was zwingenderweise das einst so üppige Gedeihen der Vegetation zunehmend einschränkte. Als sich das Festlandeis, von Norden heranrückend, mehr und mehr gegen Süden fraß, flüchteten zahlreiche Tierarten in klimatisch günstigere Regionen. Der durch die vergangenen Jahrtausende des Überflusses zum standorttreuen Pflanzenfresser gewordene Höhlenbär konnte hingegen auf derartige Veränderungen nicht effizient genug reagieren. Ein vermindertes Nahrungsangebot stand immer länger und kälter werdenden Wintern gegenüber, weshalb die Tiere gezwungen waren, länger mit weniger körpereigenen Reserven in den Höhlen zur Überwinterung zu verweilen (Menageriesyndrom, s.u.). Dieser Aufenthalt in den feuchten, kalten Höhlen war den widerstandslosen Höhlenbären nicht zuträglich. Immer häufiger auftretende Kümmerformen dieser ursprünglich riesigen Bärenart waren die Folge.

Die bereits erwähnte Drachenhöhle des Röthelstein bei Mixnitz in der Steiermark spiegelt den Hergang des Aussterbens des Höhlenbären wieder und zeigt zudem die Gründe dafür auf: In dieser Höhle wurden nämlich nach dem Ersten Weltkrieg, als künstlicher Dünger nicht ausreichend zur Verfügung stand, die sich im Verlauf der Jahrzehnte angesammelten Fledermausfäkalien abgetragen. Im Zuge dieser Arbeiten stieß man auf unzählige Höhlenbärengebeine. Der Paläobiologe Othenio Abel (1875–1946) war somit in den Jahren von 1920–1923 in die glückliche Lage versetzt, nicht weniger als 250 Tonnen von Skelettknochen auszuheben, von denen immerhin 4 Tonnen wissenschaftlich ausgewertet werden konnten. Das Ergebnis dieser Untersuchungen war, daß sich in den unteren, also älteren Schichten, durchwegs Skelette von riesigen, kräftigen, einst wohlgenährten erwachsenen Individuen, die wahrscheinlich die Höhle zum Sterben aufgesucht hatten, fanden. Je jünger die Funde aber zurückdatierten, desto weniger ausgewachsene Exemplare konnten geborgen werden, wenn auch viele von ihnen bereits ein beträchtliches Lebensalter aufwiesen. Zudem konnten verschiedene Deformationen der Knochen sowie des Gebisses festgestellt werden. Abel erkannte, daß neben vielen „verzwergten" adulten Kümmerformen auch zahlreiche Jungbären, die noch nicht das Ende des ersten Lebensjahres erreicht hatten, einst in dieser Höhle verendet waren.
Bei näherer Untersuchung der Gebeine wurden folgende Krankheitsbilder offensichtlich:

SÄUGETIERE

➤ Wucherungen und Verwachsungen der hinteren Brustwirbel und der vorderen Lendenwirbel wurden bei vielen Exemplaren nachgewiesen. Dieses Krankheitsbild wurde als Folge fehlender Bewegung, bedingt durch verlängerte Aufenthalte in den Höhlen während der einsetzenden Eiszeit, gedeutet; ganz so, wie es bei in engen Käfigen gehaltenen Großraubtieren, etwa in Zoos und Zirkussen, als Folge von Gelenksentzündungen auftritt und unter der Bezeichnung „Menageriekrankheit" bekannt ist.

➤ Kieferknochen von Altbären zeigten deutliche Spuren von einer durch einen Strahlenpilz verursachten, bei Pflanzenfressern auch heute noch auftretenden Erkrankung, die als Aktinomykose bezeichnet wird. Dabei muß erwähnt werden, daß sich der Höhlenbär trotz seines beträchtlichen Gebisses hauptsächlich von eiweißreicher Pflanzenkost ernährte und lebende Beute oder Aas nur in geringem Ausmaße zu sich nahm. Aus oben erwähnten Gründen nahm die Resistenz gegen derartige Pilzerkrankungen ab, was zum Verenden zahlreicher Tiere führte.

➤ Sowohl bei alten als auch bei jungen Individuen war der Schnauzenteil des Schädels häufig verkürzt (dies gilt als Anzeichen von Domestikationsanpassungen, wie sie auch beim Hausschwein und bei der Bulldogge auftreten: „Mopsschädeligkeit"). Durch diese Veränderung der Anatomie des nunmehr verkürzten Kiefers waren die zum Durchstoßen des Zahnfleisches vorgesehenen Zähne zu groß, was bei Jungtieren zu schmerzhaften Kieferentzündungen geführt haben muß. Nur ein äußerst geringer Prozentsatz dieser Tiere erreichte die Geschlechtsreife, was bei den auch durch andere Ursachen abnehmenden Beständen einen weiteren Schritt hin zum Aussterben bedeutete.

Abel führte dieselben Untersuchungen auch in anderen Höhlen (z. B. Lettenmaierhöhle) durch. In ihren Schichten fand er Knochen, die die oben erwähnten Krankheitsbilder erkennen ließen.

Der Höhlenbär starb im Verlauf der Würmeiszeit aus. Als Folge Jahrtausende währender Prosperität (Existenzoptimum) führten körperliche Degenerationen (Zwergwuchs, Mopsschädeligkeit, Menageriekrankheit etc.) sowie herabgesetzte Widerstandsfähigkeit gegen Krankheiten (Aktinomykose), verbunden mit einhergehender Nahrungsknappheit und ungenügender Anpassungsfähigkeit an die plötzlich ungünstigeren klimatischen Bedingungen der Eiszeit, zum völligen Aussterben des Höhlenbären.

Der Europäische Fischotter

1. Systematik

Von den sieben Vertretern aus der Familie der marderartigen Raubtiere (*MUSTELIDAE*) der Alpen brachte der Mensch im Verlauf der letzten Jahrhunderte vor allem den Fischotter (*Lutra lutra*) an den Rand der Ausrottung.

Waldiltis (*Mustela putorius*), Hermelin, auch großes Wiesel genannt (*Mustela erminea*), Mauswiesel (*Mustela nivalis*), Steinmarder (*Martes foina*) und der Baummarder (*Martes martes*) stahlen dem Menschen zwar gelegentlich ein Hühnerei oder eine Henne aus dem Stall, blieben aber durch den geringen Schaden, den sie verursachten, von den Bauern zumeist verschont. Es konnte schon vorkommen, daß ein Landwirt einen dieser Räuber verfolgte, weil er sämtliche Hühner des Stalles getötet hatte. Derartige Vernichtungsaktionen waren jedoch jeweils auf ein kleines Gebiet beschränkt und auch nicht immer von Erfolg für den Menschen begleitet, weshalb nie eine der erwähnten Arten dadurch in ihrer Existenz gefährdet gewesen wäre. Auch die unzähligen Fallen, die in der kalten Jahreszeit ausgelegt wurden, um das nunmehr weiß gefärbte Hermelin zu fangen, konnte die Populationen dieser Tierart nicht ernsthaft bedrohen. Selbst dann nicht, wenn hunderte Bälge dieses Tieres benötigt wurden, um einen einzigen Umhang für einen König oder anderen Adeligen zu fertigen. Die gefangenen Tiere wurden in freier Wildbahn schnell von jungen, reviersuchenden Artgenossen der benachbarten Regionen ersetzt.

Das weitgehende Verschwinden des Baummarders aus den Wäldern der Alpen ist ausnahmsweise nicht allein auf das Wirken des Menschen zurückzuführen. Der Baummarder ist aus vielerlei Gründen sehr selten geworden. Einen bedeutenden Faktor stellt sicherlich die Konkurrenz seines nächsten Verwandten, des Steinmarders, dar. Dieser schaffte es, in immer neue Gebiete seiner Umwelt vorzudringen und sie erfolgreich zu besiedeln. Als ausgesprochener Kulturfolger erschloß er sich dabei sogar Großstädte als Lebensraum. Die scheinbar allgegenwärtige Präsenz des Steinmarders ging mit der Umstrukturierung vieler Wälder zu Monokulturen, der Hauptgrund für das Zurückgehen der Bestände des Baummarders, einher. Wie so oft bei sehr nahe verwandten Arten, setzte sich eine entscheidend zum Nachteil der anderen durch. Auch der friedfertige, nächtlich lebende Dachs (*Meles meles*) wurde, trotz seiner doch beachtlichen Größe, nie als Feind oder direkter Konkurrent angesehen. Ein ausgewachsenes Exemplar konnte immerhin eine Länge von über 70 Zentimetern und ein Gewicht von bis zu 18 Kilogramm, das allerdings nur vor dem Beginn der Winterruhe erreicht werden kann, aufweisen. Sein Pelzwerk war nicht sehr begehrt, und auch der Umstand, daß der eine oder andere als fetter Braten aufgetischt wurde, brachte den scheuen Einzelgänger keineswegs in Gefahr, ausgerottet zu werden.

2. Der Fischotter steht am Rande des Aussterbens

Chronologie

Der Fischotter war noch in den letzten Jahrhunderten ein in Europa häufig anzutreffendes Wildtier. Außer Island und die Mittelmeerinseln besiedelte er den gesamten Kontinent, sofern er auf entsprechende Lebensräume traf. Dennoch gelang es dem Menschen, diese Tierart in vielen Regionen Europas an den Rand des Aussterbens zu bringen. Mit Beginn des 20. Jh. war der Fischotter im Alpenbereich schon sehr selten geworden. Die Bestände verringerten sich zunehmend. Im Jahr 1982 lauteten die Schätzungen über die Bestände in Österreich und der Schweiz folgendermaßen:

➤ Österreich: weniger als 50 Tiere; die Art steht kurz vor dem Aussterben.
➤ Schweiz: weniger als 15 Tiere; die Art steht unmittelbar vor dem Aussterben.

Flächendeckende Vorkommen gab es zu dieser Zeit lediglich noch in Nordskandinavien, in Osteuropa sowie auf den Britischen Inseln.

Gründe

Die Bejagung
Der Fischotter ernährt sich sehr ausgewogen und nicht, wie vielfach angenommen wurde und wird, ausschließlich von Fisch. Dieser macht in der Regel etwa 55% seiner Nahrung aus. Der Rest setzt sich aus allerlei Wassergeflügel, Schermäusen, Bisamratten, Fröschen, Krebsen und Süßwassermollusken zusammen. Der Otter fängt Fische aller Art und Größe, somit auch Forellen und Karpfen, wobei er meist kranke, alte und schwache Tiere als Beute erwischt und zur Gesundhaltung der Fischpopulationen beiträgt.
Gelangt ein Fischotter auf einem seiner Streifzüge auf einen von vor Forellen wimmelnden Zuchtteich, so gerät er, seinem Jagdinstinkt folgend, mitunter in einen wahren Tötungsrausch. Er erbeutet nun, verlockt durch diesen unnatür-

lichen Segen, weitaus mehr Fische, als er verzehren könnte, und wirft sie ans Ufer. Teichwirte müssen am nächsten Morgen den **Schaden** zur Kenntnis nehmen. An dieser Stelle sollte vielleicht auch erwähnt werden, daß immer wieder Leute, die sich Fischfleisch nicht leisten konnten, die am Ufer liegengebliebenen Fische einsammelten und damit ihren Speiseplan erweiterten. Für die Fischzüchter war aber klar: Der Fischotter müsse mit allen Mitteln bekämpft und aus dem betroffenen Gebiet vertrieben werden.

Unberücksichtigt bleibt hierbei, daß derlei Übergriffe des Marders als Ausnahmeerscheinungen gewertet werden müssen. Gewöhnlich frißt er am Tag etwa 700 Gramm Fisch, dabei auch Fischarten, die für den Menschen keinerlei wirtschaftliche Bedeutung haben. (Für einen Zoologen gibt es keine Einteilung in wirtschaftlich bedeutende bzw. unbedeutende Tierarten.) Seine Beute sucht sich der Otter in seinem natürlichen Revier. Lebt der Otter an einem Fließgewässer, so beansprucht er bis zu zwanzig Kilometer Uferlänge, lebt er an einem See, so benötigt er durchschnittlich sieben bis zehn Quadratkilometer. In derartig großen Arealen ist der tägliche Verlust an Fisch als unbedeutend für die Populationen der jeweiligen Fischarten anzusehen.
Heute versuchen Fischzüchter, Otter durch spezielle Zäune von den Teichen fernzuhalten.

Der **Fischotterpelz** nimmt unter den Tieren des Alpenraumes eine Sonderstellung ein. Kein anderes Tier weist eine derart große Zahl an Einzelhaaren pro Quadratzentimeter auf. Zigtausende werden in solch einer Flächeneinheit gezählt; da kann nicht einmal mehr das ebenfalls hoch geschätzte Fell des Bibers mithalten. Der Otter benötigt aber auch ein qualitativ einmaliges Haarkleid. Es besteht aus den kurzen Daunenhaaren, die einen wärmeisolierenden Luftpolster aufbauen, und den längeren, dunkler gefärbten, wasserabstoßenden Grannenhaaren. Der Otter verbringt viel Zeit mit der Pflege seines Felles. Aus speziellen Drüsen sondert er Sekrete ab, die den Haaren wasserabweichende Wirkung verleihen. Dies bewirkt, daß die Haut des Marders bei seinen Tauchgängen nie mit Wasser in Berührung kommt. Das ist besonders in der kalten Jahreszeit wichtig. Der Fischotter hält keinen Winterschlaf und jagt sogar unter einer Eisdecke nach Fischen. Solch ein begehrter Pelz stellte natürlich einen großen Wert dar, was viele Leute reizte, Jagd auf den Otter und seinen Pelz zu machen.

Auch die hohen ausgesetzten **Kopfprämien** veranlaßten zahlreiche Menschen, Jagd auf dieses Tier zu machen. Schon in den ältesten Jagdgesetzen wird die Ausrottung des Fischotters befohlen und jeder Jäger oder Fänger unterstützt. In früheren Jahrhunderten zählte der Otterfang zum Fischereigewerbe. Der Fischräuber sollte demjenigen gehören, der durch ihn Schaden zu beklagen hatte. Teichwirte und Fischermeister wollten ihre Gewässer möglichst „otterfrei" vorfinden. Deshalb wurde auch folgende Regelung gefunden: der Otterfänger durf-

te das wertvolle Pelzwerk und das Fleisch des erbeuteten Marders behalten, wenn die wertvollen Zuchtfische nur verschont blieben.
Der Fischotter wurde, wie alle im Wasser lebenden Tiere, als **Fastenspeise** zur Bereicherung des ansonsten kärglichen Speisezettels herangezogen. Sein Fleisch, das als zäh und schwerverdaulich beschrieben wird und nur durch Kochkünste einigermassen schmackhaft gemacht werden konnte, bezeichnete man als Kern. Vor allem Mönche der Klöster in Schwaben und Bayern waren aber an dieser Fastenspeise sehr interessiert.

Der Umstand, daß das Blut, das Fett sowie gewisse Eingeweide des Otters als **Arzneimittel** für die unterschiedlichsten Beschwerden Verwendung fanden, ist genausowenig als direkte Ursache für die Rückgänge der Bestände zu sehen. Derartige Tatsachen sollen aber auch nicht verschwiegen werden, da sie eben ein, wenn auch sehr nebensächlicher, Faktor waren, warum diese Tierart immer seltener wurde.

Da der Fischotter durch den Menschen gezwungen wurde, in den meisten Gebieten seines verbleibenden Lebensraumes ein nächtliches Dasein zu führen, konnte diese scheue Tierart eben auch nur in der Nacht gesichtet werden. Er war also ein **Tier der Finsternis**. Werwolfartige Darstellungen des Otters bezeugen, mit welchen Wesen dieses harmlose Geschöpf in Zusammenhang gebracht wurde. Da das Fell des Fischotters wasserabweisend ist, bildet sich bei Tauchgängen ein silbriger Luftfilm zwischen Haaren und Wasser. Die Phantasie der Menschen kannte nun keine Grenzen. Sein vom Licht der mitgebrachten Lampen beleuchtetes Fell spiegelte das einfallende Licht teilweise wieder zurück, was zur Aussage veranlaßte, daß der Otter einen silbrigen Schleim von sich gebe. Auch die Tatsache, daß ein Otterweibchen, gefolgt von den dicht hinter ihr schwimmenden Jungen, den Anschein einer riesigen sich dahinschlängelnden Schlange bietet, behaftete dieses Tier mit allerlei mystischen Deutungen. Solche „Elemente des Bösen" wurden vor allem in den unaufgeklärten Zeiten restlos beseitigt.
Dieses Dahinschlängeln der Mutter mit ihren Jungen und die schlängelnden Bewegungen eines Einzeltieres beim Schwimmen gaben ihm seinen Namen - Otter.

Die Umweltzerstörung

Ein fließendes Gewässer, das durch Begradigung und durch andere Regulierungsmaßnahmen verändert wurde, stellt für einen Fischotter ein wenig einladendes Gelände dar. Betonblöcke, die nur eine artenarme Vegetation ermöglichen, entziehen dem Otter die Möglichkeiten, seinen Bau zu errichten. Das Tier ist es gewohnt, natürliche oder selbstgegrabene Höhlen als Heim zu nutzen. Der Zugang zu diesem liegt someist unter Wasser. Eine Luftröhre verbindet den Bau mit dem Land. Die Gewässerregulierungen haben es dem Otter wahrlich schwer gemacht, eine Behausung zu errichten oder zu finden, die seinen Ansprüchen genügt und die auch vom Menschen unbehelligt bleibt.

Sehr viele Organismen, darunter eben besonders auch Fische, (vgl. die Ausführungen über Flußregulierung im Kapitel über die Fische) können in derartig veränderten Gewässerabschnitten nicht mehr existieren. Der dadurch bedingte Rückgang des Beutetierspektrums hat verständlicherweise auch negative Folgen für die Existenzbedingungen des Fischotters.

Die im Zuge der Errichtung von **Laufkraftwerken** anfallenden Veränderungen des Fließgewässers beeinträchtigen seine Natur in großem Umfang.
Wasserqualität, Wassertiefe, Strömungsgeschwindigkeit, Sichtverhältnisse sind nur einige Parameter, die sich durch solch einen Bau drastisch ändern. Das wirkt sich ebenso auf die in dem Gewässer lebende Fauna und Flora aus. Eine Verarmung an Arten ist die absehbare Folge.

Der Fischotter wählt sich seinen Lebensraum in der Nähe von stehenden wie auch fließenden Gewässern. Er steigt im Gebirge auf bis 2500 Meter. Wird aber dieser Lebensraum auch nur geringfügig durch **Abwässer**, toxische Emissionen und ähnlichem beeinflußt, so hat dies wiederum Konsequenzen für die darin lebenden Organismen. Für den Fischotter ist dies doppelt tragisch, da einerseits weniger Beute zur Verfügung steht und andererseits die vorhandene Beute mit Bioziden, Schwermetallen etc. angereichert ist. Der Marder steht in diesem Ökosystem auf der obersten Spitze der Nahrungspyramide und nimmt demgemäß am meisten Schadstoffe zu sich. Dies hat unweigerlich negative Folgen auf das Wohlbefinden und die Fortpflanzungsbiologie dieser Tierart. Besonders schädlich wirken sich hierbei polychlorierte Biphenyle aus Weichmachern und Schmierölen aus.
Hinzu kommt, daß die Sichtverhältnisse im Wasser bei der Jagd nach Beute durch die Verschmutzung derart getrübt werden können, daß der Fangerfolg des Wassermarders drastisch sinkt.

Fischotter sind mitunter sehr wanderfreudige Tiere, besonders wenn sie auf der Suche nach geeigneten neuen Revieren oder Geschlechtspartnern sind. Sie scheuen dabei keineswegs davor zurück, Wasserscheiden, die in großer Meereshöhe liegen, zu überqueren. Ihr Weg führt sie dabei sogar bis in das Hochgebirge. Die vom Menschen erschaffenen Straßen erleichtern es nun diesem Tier, sich fortzubewegen. Unglücklicherweise werden Fischotter bei ihren nächtlichen Wanderungen aber zu **Verkehrsopfern**. Scheinbar haben die von ihrem Instinkt geleiteten Otter nur wenige Möglichkeiten, Kraftfahrzeuge als lebensbedrohende Gefahr zu erkennen.

SÄUGETIERE

Der Fischotter wurde durch die Erfahrungen der letzten Jahrhunderte zu einem äußerst scheuen, heimlich lebenden Raubtier. Schon bei mehrmaligen **Störungen** verlassen die sensiblen Tiere ihr Revier für immer, um ein neues zu suchen.

Besonders anfällig sind Fischotter für folgende Störungen:
- Jagdtätigkeit (hierbei ist nicht die Jagd auf den Otter gemeint, sondern die allgemeine Jagd im jeweiligen Revier)
- Wanderer, Touristen, Pilze- und Beerensammler
- Schifahren und andere alpine Sportarten
- Forstarbeiten, Forstwegerrichtungen
- Kraftwerksbau

Die Jagd auf den Fischotter

Genaue Kenner der Otter wußten, wo die scheuen Tiere ihre Fraß-, Sonn-, Losungs- und Spielplätze hatten. An diesen Ottersteigen, das sind die oft benutzten Ausstiege am Ufer, wurden Fallen, zumeist Tellereisen, verankert und befestigt. An Wechseln rammte man Baumstämme und Pflöcke derart in den Boden, daß die Tiere zwangsläufig in die Fallen rennen mußten. Besonders leicht war es für die Jäger im Winter herauszufinden, wo sich der bevorzugte Standort des Tieres befand. Nicht umsonst wurde der Schnee in Jägerkreisen als der „weiße Leithund" bezeichnet. Auch wurden die verschiedensten Gifte, meist Strychnin, entweder direkt in den Fallen oder aber in den ausgelegten Ködern verwendet.

Eine andere Methode war die Jagd mit dem Otterhund. Eigene Otterhunde wurden herangezüchtet und abgerichtet. Sie wurden vom Jagdleiter in großer Zahl ausgeschickt, um die wehrhaften Marder zu töten.

Die Jäger behalfen sich zudem mit riesigen Netzen, die oft quer durch die Gewässer aufgespannt wurden. Die von den Hunden verunsicherten Tiere wurden in die Netze getrieben und verhedderten sich dort. Es war für die Jäger nun ein leichtes, die hilflosen Marder zu erschlagen.

Dem Otter wollte man auch auf dem direkten Weg beikommen.
In Booten fuhr man auf das offene Gewässer in der Hoffnung, einen Otter zu Gesicht zu bekommen und ihn sogleich erschießen oder mit Speeren erstechen zu können. Gute Möglichkeiten boten sich, wenn das Tier beim Auftauchen erwischt werden konnte. Auch versuchte man, die Richtung des tauchenden Marders durch aufsteigende Luftblasen herauszufinden.
Im Winter lauerte der gewiefte Jäger dem Marder am Eisloch auf, aus dem dieser

zwangsläufig kommen mußte, um Luft zu holen, und tötete ihn mit einem gezielten Schlag auf den Kopf.

3. Hoffnung für den Fischotter

Mitte der achtziger Jahre besiedelten schätzungsweise bis an die hundert Tiere österreichische Gewässer. Neben wenigen isolierten Vorkommen lebte die Hauptzahl der Otter damals im Waldviertel. Als weitere Wohngebiete wurden das Mühlviertel und einzelne Landstriche des Südburgenlandes sowie der Oststeiermark angegeben.

Zu dieser Zeit wurde der WWF in Österreich wieder aktiv. Ein Otterschutzprogramm wurde ausgearbeitet; die Ziele waren folgende[20]:

➤ Ankauf von Ufergrundstücken an wichtigen Ottergewässern, um die weitere Zerstörung der Lebensräume des Otters zu unterbinden.

➤ Verhinderung von Flußregulierungen und Kraftwerksbauten an Ottergewässern.

➤ Otterforschung, um mehr Informationen über die Lebensgewohnheiten und Rückgangsursachen dieses scheuen, nachtaktiven Wassermarders zu erhalten und damit die Schutzbemühungen des WWF noch zu verbessern.

➤ Pacht von Fischereirechten an Flüssen und Teichen, um dem Fischotter seine natürliche Nahrung und ungestörte Jungenaufzuchtsgebiete zu sichern.

➤ Entschädigung von Teichwirten im Waldviertel, die durch den sich erholenden Otterbestand teilweise erhebliche Ertragseinbußen erleiden.

Daß der WWF nicht nur Ankündigungen machen kann, bewiesen dessen eifrige Mitarbeiter im Jahr 1990. So gelang die Anpachtung von Fischereilizenzen am kleinen Kamp, am Reißbach und am Braunaubach. Durch heftige Interventionen von Mitgliedern des WWF konnte weiters eine Flußregulierung der Raab, die die dort lebenden Fischotter aller Wahrscheinlichkeit nach zum Abwandern veranlaßt hätte, verhindert werden.

Ein weiteres Projekt des WWF bestand darin, ein Otterzuchtprogramm im Cumberland-Wildpark ins Leben zu rufen. Dieser liegt bei Grünau im oberösterreichischen Almtal und bietet den Fischottern ein großes Areal, in dem die Tiere annähernd natürliche Umweltbedingungen vorfinden. Hier geborene Jungtiere sollen sodann durch bestens vorbereitete Aussetzungsaktionen in geeigneten Ottergewässern angesiedelt werden.

Vielleicht wird der Fischotter irgendwann einmal auch wieder zahlreich die Gewässer der Alpen besiedeln. Anzeichen dafür wollen Wildbiologen herausgefunden haben. Sie behaupten, daß diese Marderart keineswegs nur als scheues den Menschen meidendes Tier angesehen werden soll. Neueste Untersuchungen haben ergeben, daß die Otter als Kulturfolger betrachtet werden müssen, sofern sie zum Überleben geeignete Lebensräume vorfinden.

II. PAARHUFER

Die Ordnung der Paarhufer (*Artiodactyla*) ist im Alpenraum mit zwei Unterordnungen vertreten: die Wiederkäuer (*Ruminantia*) und die Nichtwiederkäuer (*Nonruminantia*)[1].

Zur Gruppe der **WIEDERKÄUER** gehören:
1. **Die Rinderartigen (*Bovidae*)**
   Rinder:
      Ur (*Bos primigenius*)
      Wisent (*Bison bonasus*)
   Ziegenverwandte:
      Alpensteinbock (*Capra ibex*)
      Gemse (*Rupicapra rupicapra*); die systematische Stellung der Gemse ist noch nicht eindeutig geklärt, weshalb sie in den verschiedenen Lehrbüchern auch unterschiedlich eingeordnet wird.
   Schafe:
      Mufflon (*Ovis ammon musimon*)*

2. **Die Hirsche (*Cervinae*)**
   Echte Hirsche (*Cervinae*)
      Edelhirsch (*Cervus elaphus*)
      Damhirsch (*Cervus dama*)**
   Trughirsche (*Odocoilinae*)
      Reh (*Capreolus capreolus*)
   Elche (*Alcinae*)
      Elch (*Alces alces*)

* kein ursprünglicher Vertreter des Alpenraumes
** kein nacheiszeitlicher Vertreter der Fauna des Alpenraumes

Die **NICHTWIEDERKÄUER** sind im Alpenraum durch die Familie der Schweine (*Suidae*) vertreten:

Wildschwein (*Sus scrofa*)

SÄUGETIERE

Der Ur

1. Allgemeines

Ursprünglich gab es in Europa zwei Wildrinderarten; nämlich den Wisent (*Bison bonasus*) und den Ur oder Auer (*Bos primigenius*), der wenig zutreffend auch als Auerochse bezeichnet wird. Der Wisent überlebte in geringer Stückzahl, der Ur wurde vollkommen ausgerottet.

Der Ur wanderte erst in den Wärmeperioden der Späteiszeit aus Südasien nach Kleinasien und Mitteleuropa ein. Da diese Tierart wärmeliebend war, sagten ihr die rauhen Gegenden Nordeuropas nicht zu. Somit war es ihr versagt geblieben, die Neue Welt zu besiedeln.

Eine verläßliche Quelle, daß der Ur in geschichtlicher Zeit in den Alpen lebte, findet sich abermals in Friedrich von Tschudis „Das Thierleben der Alpenwelt." Tschudi unterschied eindeutig zwischen Ur und Wisent, die beide laut seinen Angaben ständige Bewohner der Schweiz waren. So ist bei ihm nachzulesen[7]:

„*Im nördlichen Europa scheint sich der Ur bis ins sechzehnte Jahrhundert neben dem Wisent wild erhalten zu haben; in der Schweiz erlosch er weit früher, und jetzt ist er allenthalben ausgestorben. Der ums Jahr 1000 von Ekkehard IV., Mönch und Magister scholarum im Kloster St. Gallen, geschriebene Codex benedictionum führt neben den Bären, Bibern, Damhirschen, Gemsen (cambissa), Steinböcken, wilden Pferden (equus feralis) u.s.w. auch folgende wilde Rinder an: den Ur (urus), den Wisent ('vesons corniopotens') und den Waldochsen (bos sylvanus, bei Geßner Bos sylvestris oder ferus). Was unter letzterem zu verstehen, ob vielleicht verwilderte Hausrinder, ist nicht gewiß.*"

Der Ur stieg wahrscheinlich nicht hoch ins Gebirge auf, fühlte sich aber in den Mittelgebirgen und in den Niederungen der Täler wohl. Hier fand er neben sumpfigen Aulandschaften auch Lichtungen zur Äsung vor.
Das Verbreitungsgebiet des Ures beschränkte sich aber aller Voraussicht nach innerhalb des Alpenraumes nicht nur auf das Gebiet der heutigen Schweiz. Er war einstmals über weite Gebiete Europas verbreitet. So besiedelte er den gesamten Raum um die Alpen, von wo ihm ein Eindringen in die Täler möglich war. Wohl behausten diese Wildrinder auch als ständige, sich fortpflanzende Bewohner die Talschaften der Ostalpen.
In Ägypten und Mesopotamien dürfte der Ausgangspunkt der **Domestikation des Ures zum Hausrind** zu suchen sein[21]. In diesen Gebieten bestand schon sehr

früh ein Rinderkult. Man nimmt an, daß der Mensch das Wildrind bereits vor 8000 Jahren zum Haustier zähmte. Der Ur war die Wildform der sogenannten „taurinen" Hausrinder. Heute haben die meisten Regionen ihre den klimatischen Bedürfnissen und örtlichen Gegebenheiten angepaßte Hausrinderrassen. Hier seien nur einige wenige erwähnt: das graue Alpenvieh, das schwarzrotbunt gescheckte Niederungsvieh, das zierliche, wildfarbene Jersey Rind, welches besonders fettreiche Milch liefert, einige hornlose Rassen, wie das nordschwedische Fjällrind (Felsenrind), eine Pinzgauervarietät, die Hummel genannt wird u.v.a. Manche Rinderrassen haben noch ein schön geschwungenes Gehörn, das ihren Stammvater erkennen läßt.

Der Auer wurde bis knapp drei Meter lang, erreichte am Widerrist eine Höhe von 1,8 Meter, hatte ein schwarzbraunes, glattes Fell mit einem hell rotbraunen Aalstrich. Von den Sinnen war besonders gut der Geruchsinn ausgebildet, was auch die große, stets feuchte Nase erkennen läßt, sowie das Gehör. Die großen, gebogenen Hörner waren eine wirksame Waffe. Sie waren innen hohl und umfaßten wie Scheiden je einen Knochen. Am ähnlichsten sind dem Ur in einigen Merkmalen verschiedene primitive Hausrinderrassen auf Korsika und im schottischen Hochland. Ebenso erinnern die Camarguerinder aus Südfrankreich sowie manche spanische Kampfstiere an ihre Ahnen.

In Asien wurden, neben dem Ur, mindestens zwei Wildrinder in den Hausstand übernommen. Der Arni oder Wasserbüffel (Bubalus arnee) wurde im dritten Jahrtausend v.B.d.Z. in Nordindien oder Indochina zum Hausbüffel oder Kerabau domestiziert. Ein ertragreicher Reisanbau von dem viele Leute in diesen Regionen leben oder abhängig sind, wäre ohne den Hausbüffel nicht möglich. Heutzutage wird dieses domestizierte Rind auch in Ungarn, Albanien, in der Ukraine und besonders häufig in Italien gehalten. Um etwa 1000 Jahre v.B.d.Z. wurde der Yak (Bos mutus) zum Hausyak oder Grunzochsen gezähmt, der in Tibet das meist eingesetzte Tragtier ist. Der Hausyak ist gut an Kälte sowie dünne Luft angepaßt, steigt bis auf 6000 Meter im Gebirge auf, liefert Fleisch, gute Wolle, welche versponnen wird, aber nur wenig Milch.

2. Zum Aussterben des Ures

Chronologie/Zur Geschichte

Da geschichtliche Erwähnungen oft letzte Zeugnisse vom Auftreten des Ures darstellen, werden hier historische Quellen in das Kapitel der Chronologie des Aussterbens und der vollkommenen Ausrottung des Ures eingearbeitet.

SÄUGETIERE

Die ersten Dokumente über den Ur stellen, wie bei vielen anderen Tieren, Bilder von Menschen aus der Altsteinzeit dar. Zahlreiche Darstellungen sind zum Beispiel im Höhlensystem von Lascaux in Südfrankreich zu finden. Für die damaligen Menschen war der Auer ein wichtiges Beutetier, weshalb er im Rahmen von Jagdkulten auf künstlerisch wunderbare Weise auf den Wänden der Höhlen abgebildet wurde. Ebenso beeindruckte er die alten Ägypter, die ihn ebenfalls als Jagdwild bildhaft darstellten, sowie die Babylonier, welche ihn Rimu nannten und in Reliefs verewigten. In der Bibel wird der Auer als Reem erwähnt.

Die afrikanische Form existierte schon gegen Ende des alten Ägypten nicht mehr, und die Bestände des mesopotamischen Ures erloschen zur Zeit der Perserherrschaft. Eine der ersten Erwähnungen fand der Ur bei Homer (8. Jh. v. Chr.). Dieser bezeichnete den Ur als „ein schwer dahinwandelndes Tier", obwohl der Auer trotz seines massigen Leibes durchaus in der Lage war, schnell und wendig zu laufen sowie sich in steilem Gelände leichtfüßig fortzubewegen.

Die alten Römer unterschieden noch deutlich den großhörnigen *Urus* von dem gemähnten, kurzhörnigen *Bonassus*, dem Wisent. Caesar (100–44 v. Chr.) berichtete aus eigener Anschauung über den Ur, den er wohl bei einem seiner Feldzüge in nördlicheren Teilen Europas gesehen hatte[5]:

„Im hercynischen Wald in Germanien (hiermit ist das deutsche Mittelgebirge gemeint) gibt es Ure. Sie sind fast so groß wie Elefanten, nach Aussehen, Farbe und Gestalt aber zählen sie zu den Rindern. Groß ist die Kraft ihrer Hörner und groß ihre Schnelligkeit. Sie schonen weder Mensch noch Tier, das sie erblickt haben. Man fängt sie in absichtlich hergestellten Fallen und tötet sie."

Ein gewisser Bischof Isidor aus Sevilla führt im Jahr 600 n. Chr. ebenfalls noch den Ur und den Wisent als getrennte Arten in seiner Geschichte der Goten, Vandalen und Sueven an[5]:

„Die Ure sind Wildrinder und so stark, daß sie Bäume und sogar gewappnete Krieger mit den Hörnern emporheben. Ure heißen sie nach dem griechischen Wort Oros, das Berg bedeutet. Es gibt aber noch andere Wildrinder in Germanien, aus deren Hörnern man Gefäße von besonders großer Fassungskraft für königliche Tafeln macht."

Auch noch im Nibelungenlied aus dem 12. Jh. werden beide Wildrinderarten eigenständig erwähnt. Darin lautet eine Textpassage folgendermaßen[22]:

„Danach schlug Herr Siegfried einen Wisent und einen Elch, starker Ure viere und einen grimmen Schelch."

Mit diesem Schelch könnte unter Umständen der bereits sehr viel früher ausgestorbene Riesenhirsch aus der Gattung *Megaceros* gemeint gewesen sein.

SÄUGETIERE

Abb. 14: Der Ur, sein Rückzug nach Osten und sein Aussterben

Quelle: SEDLAG, U. (1983): Vom Aussterben der Tiere. – Urania, Leipzig

Doch ab dem 12. Jh. begannen die Menschen der verschiedensten Regionen Europas, den Auer mit dem Wisent zu verwechseln. Die zunehmende Seltenheit von Ur und Wisent sowie das Desinteresse vieler Wissenschafter des Mittelalters waren daran schuld. Die Verwirrung um diese Tiere wurde schließlich so groß, daß die führenden Gelehrten dieser Tage der Einfachheit halber erklärten, daß es sich bei diesen beiden Rindern um ein und dieselbe Art handelte, und somit die leidige Sache kurzerhand abgetan war. Die ehemaligen Bezeichnungen wurden von nun an als Synonyme aufgefaßt, und ein Rätsel der Zoologie schien gelöst zu sein. Erst Jahrhunderte später sollte dieser Irrtum aufgedeckt werden.
Während in vielen Teilen Westeuropas der Auer noch anzutreffen war, verschwand der Wisent ab dem 10. Jh. aus weiten Teilen seines Verbreitungsgebietes und war ab dem 14. Jh. dort so gut wie ausgestorben. Daß beide Rinderarten in jenen Tagen noch im Osten Europas nebeneinander hausten, beweist eine Erwähnung aus dem Jahr 1240 von einem gewissen Lukas David, einem Begleiter des Herzogs Otto von Braunschweig. Diese besagt, daß es damals in Preußen sowohl „Auroxen als auch Visonten" gab. Der Wisent scheint auch in diesem Teil Euro-

pas die seltenere Art gewesen zu sein, denn ein gewisser Cramer schrieb, daß der „Wysant", den der polnische Fürst Wratislaw im Jahr 1364 in Hinterpommern erlegt hatte, „größer geachtet worden als ein Uhrochs".

Noch einmal versuchten zwei Geschichtsschreiber des Spätmittelalters, die sich eingehend mit dem damaligen Großfürstentum Litauen beschäftigt hatten, Matthias von Miechow und Erasmus Stella, Klarheit in die verworrene Angelegenheit um die beiden Wildrinder zu bringen. Sie stellten dem Thuri (Thur ist die polnische Bezeichnung für Ur) die Jumbones (Wisente) gegenüber und schrieben, daß die Ure das häufiger anzutreffende Wild in den litauischen Wäldern waren. Eine nächste Spur, die darauf hinweist, daß der Unterschied der beiden Tierarten allmählich erkannt wurde, findet sich im „Hortus sanitatis" des Jacob Meydenbach aus dem Jahr 1495. In diesem Werk stößt der Leser auf eine unverkennbare Abbildung eines Auerochsen, der gerade einen Ritter in Rüstung auf die Hörner nimmt. Unter der Darstellung folgt zudem noch eine genaue Beschreibung des Ures, die deutlich erkennen läßt, daß der Autor diesen wohl vom Wisent zu unterscheiden wußte.

Dieser Trend der Aufklärung erhielt einen empfindlichen Rückschlag durch den Schweizer Konrad Gesner (1516–65). Gesner war Polyhistoriker, Natur- und Sprachforscher, Professor der griechischen Sprache in Lausanne, danach Professor für Naturkunde und praktizierender Arzt in Zürich. In dieser Stadt schuf er die Basis für die Errichtung eines botanischen Gartens und legte eine Naturaliensammlung an. Sein zoologisch bedeutendstes Werk war seine „Historia animalium". In diesem fünfbändigen Werk beschrieb er zahlreiche, teilweise seit Aristoteles vergessene Tierarten. Der Gelehrte war für seine Zeit ein äußerst gebildeter und voraussichtiger Mensch. Dennoch unterliefen ihm vor allem bei seinen Beschreibungen von Tierarten teils gravierende Fehler, so eben auch bei der Abhandlung über die Wildrinder Europas. Gesner war sich im 16. Jh., als der Ur in Mitteleuropa bereits verschwunden war und im Osten Europas schon äußerst selten wurde, über die Einteilung und Klassifizierung der beiden Wildrinderarten nicht im klaren. In seiner „Historia animalium" erwähnte er, daß der litauische Ur „fälschlich als Teutscher Wisent" bezeichnet wird. So weit so gut. Unglücklicherweise war dem Text aber noch ein Holzschnitt hinzugefügt worden, der einen Ur mit einer Mähne und anderen Wisentmerkmalen, wie den kurzen Hörnern, zeigte. Über der Abbildung ist zu lesen „De uro". Da Gesner zu seinen Lebzeiten eine anerkannte Autorität auf dem Gebiet der Naturkunde war, wagte niemand an der Richtigkeit dieser Abbildung samt Erläuterungen zu zweifeln oder aber seine Zweifel mit Bestimmtheit auszusprechen. Dies hatte zur Folge, daß abermals große Verwirrung herrschte und zu guter letzt in einem Lexikon aus jener Zeit unter dem Stichwort Auerochse „siehe Wisent" zu lesen war.

SÄUGETIERE

Die letzten Ure
Die Bestände des Auer wurden in Mitteleuropa bereits im frühen Mittelalter vollkommen ausgelöscht. Im Gebiet des heutigen Deutschland dürfte er um das Jahr 1100 ausgerottet worden sein[23], ebenso im gesamten Alpenraum, wobei der Ur einst in den Westalpen häufiger als in den Ostalpen anzutreffen gewesen sein soll.

Lediglich in einigen Wildgattern fristete der eine oder andere Auer noch ein kärgliches Dasein. Dort wurde er oft zusammen mit halbwilden Hausrindern, den sogenannten Parkrindern, gehalten. Auf diese Weise kam es zu Vermischungen des Hausrindes mit dem Ur, der dadurch seine Artreinheit verlor.
Laut einem gewissen Abt Rumpler von Vorbach existierte um die Wende zum 16. Jh. ein Urgehege im niederbayerischen Neuenburger Wald. Die meisten Gehege waren aber in Osteuropa, vornehmlich in Polen zu finden. In diesem Land galt damals eine Verfügung, die verbot, in den fürstlichen Wildparks den „Subr", damit ist der Wisent gemeint, zusammen mit dem „Thur", also dem Ur, in ein und dasselbe Gehege zu sperren, da es ansonsten zu heftigen Kämpfen zwischen den Stieren der beiden Arten käme. In freier Wildbahn gingen sich die Tiere bei einem etwaigen Aufeinandertreffen wahrscheinlich aus dem Weg, was aber in einem Gehege durch dessen Begrenztheit nicht möglich war.
Im Jahr 1563 berichtete noch ein gewisser Gratiani, daß er im Wildgehege des Herzogs Albrecht von Preußen sowohl Ure als auch Wisente gesehen hatte, was ihn aber nicht daran gehindert hatte, sich den Braten eines Urkalbes munden zu lassen.

Im 15. und zu Beginn des 16. Jh. wurden die bestehenden Wildgatter, in denen sich Auer befanden, nach und nach aufgelassen, bis schließlich nur mehr ein einziges übrig geblieben war. Dieses lag im damaligen Herzogtum Masovien, das vom ostpreußischen Masurengebiet bis zum Bug und zur mittleren Weichsel reichte. Es war der Wildpark von Jaktorowka. Hier führten die polnischen Wildheger seit der Mitte des 16. Jh. genaue Zucht- und Sterbelisten über die jeweiligen Rinder. Der Historiker Jarocki veröffentlichte diese Bücher später. Darin sind erschreckende Todesprotokolle zu finden. Wilderer dezimierten die halbzahmen Ure dermaßen, daß trotz eingesetzter Wachposten im Jahr 1565 nur noch 30, im Jahr 1602 nur noch 4 und im Jahr 1620 lediglich noch ein Stück dieser Tierart lebte. 1627 fanden die Heger diesen letzten, reinrassigen auf der Erde verbliebenen Ur, es war eine alte Kuh, eines Tages tot auf. Somit war eine weitere Wildtierart, die dem Menschen so viele Vorteile brachte, für immer unwiederbringlich ausgelöscht.

Abermaliger Streit um die Existenz des Ures
Ab diesem Zeitpunkt geriet der Auerochse für zweihundert Jahre in vollkommene Vergessenheit, bis im Jahr 1827 der englische Zoologe Hamilton Smith (1819–1903) auf einer Deutschlandreise in einem Augsburger Antiquariat ein auf Holz

SÄUGETIERE

gemaltes Ölbild, das einen Auer darstellte, fand. Der Urheber dieses Werkes konnte nicht ausgeforscht werden. In einer Ecke des Bildes stand „Thur", was auch vollkommen korrekt war, da ein Urstier abgebildet war. Dieser wies seine charakteristisch langen Hörner, sein glattes, schwarzes Fell sowie den Aalstrich auf dem Rücken auf. Das Original dieses Bildes ging verloren, aber glücklicherweise ließ besagter Smith eine Nachbildung des Gemäldes anfertigen, die er sodann veröffentlichte. Viele verbohrte, stur denkende Wissenschafter jener Tage wollten aber nicht wahrhaben, daß neben dem Wisent in vergangenen Zeiten noch ein Wildrind in den Wäldern Europas gehaust haben sollte.

Der französische Baron Georges Cuvier (1769–1832), seinerzeit der namhafteste Paläontologe, griff hingegen interessiert diesen Gedanken von Smith auf und verfolgte ihn gewissenhaft weiter. Cuvier verfügte in Paris über eine reich bestückte Naturaliensammlung, die unter anderem auch die Gehörne und Knochen von Rindern, die in vergangenen Zeiten in Europa gelebt hatten, beinhaltete. Bei der Untersuchung stellte sich heraus, daß sich die Knochen von Uren deutlich von jenen der Wisente unterschieden, was bewies, daß einst zwei Rinderarten auf europäischem Boden vorgekommen sein mußten.

Die Knochen von Auern sind grobfaserig, weich, hellbraun und weisen netzartige Muskelinsertionen auf; jene des Wisents hingegen sind niemals grobfaserig. Sie sind hart, gesättigt dunkelbraun, rauh und weisen keinerlei netzartige Muskelansatzstellen auf. Im allgemeinen sind Wildrinderknochen schwer, dicht, spröde und besitzen eine starke Rindenschicht. Im Gegensatz zur verschwommenen Oberflächenstruktur der Knochen des domestizierten Rindes sind bei Wildrinderknochen alle Muskelinsertionen scharf ausgeprägt, die Gefäßrinnen zahlreicher und schärfer sowie alle Kanten viel deutlicher ausgebildet[24]. Dies waren damals, und sind es teilweise auch heute noch, die Kriterien, um Urknochen von denen des Wisents zu unterscheiden und diese allesamt wiederum von denen des Hausrindes. Somit bewies Cuvier auf wissenschaftlicher Basis, daß der Auer tatsächlich existiert hatte.

Zur Untermauerung dieser Theorie hoffte Cuvier, um keine Zweifel mehr offen zu lassen, noch andere Belege zu finden. So stöberte ein Heer von jungen Paläontologen in den verschiedensten alten Archiven nach anderen bildhaften und schriftlichen Zeugnissen über den Ur. Prompt fanden sie etliche Zeichnungen, gemalte Darstellungen des Tieres, in Holz geschnitzte Reliefs und auf Mauern aufgetragene Fresken.

Doch die Streitigkeiten und Zweifel über die Existenz des Ures wollten nicht ruhen. So verursachte 1837, zehn Jahre nachdem Smith jenes Urgemälde gefunden hatte, der deutsche Urzeitforscher Georg Gottlieb Pusch nochmals Verunsicherungen unter seinen Kollegen. Er führte an, daß auf allen Darstellungen des Auers ein gewaltiges Durcheinander in Bezug auf die Namen und Bezeichnungen der jeweils abgebildeten Rinder herrsche. Weiters meinte Pusch, daß sowohl die Bezeichnung Ur wie auch Thur vom polnischen Subr abzuleiten seien. Somit habe einst nur der Subr, also der Wisent, gelebt und nicht noch ein zweites Wildrind. Wieder einmal gingen die Meinungen auseinander. Es wurde gestritten, hin- und hergerätselt, alte einst für richtig gehaltene und auch zutreffende Ansichten neu aufgegriffen und sogleich wieder verworfen. Dieses Dilemma endete unerwartet, als eines Tages alte, nicht anzufechtende Quellen, in die übrigens auch Konrad Gesner vor langer Zeit Einsicht gehabt hatte, gefunden wurden. Es handelte sich dabei um die in drei Büchern zusammengefaßten Reiseaufzeichnungen des kaiserlich-habsburgischen Gesandten Sigismund Freiherr von Herberstein (1486–1566), der nicht weniger als fünfzehn diplomatische Reisen an den polnischen sowie an den russischen Hof in den Jahren von 1516–1533 unternommen hatte. In jedem dieser Bücher wird sowohl der Ur als auch der Wisent erwähnt und deutlich voneinander unterschieden. So stand über den Wisent folgendes geschrieben[5]:

„Die Bisonten heißen im Litauischen Subr, im Teutschen fälschlich Aurox oder Urox, welcher Name aber dem Urus zukommt, der völlig die Gestalt eines Ochsen hat, weswegen die Bisonten ganz anders aussehen. Diese haben eine Mähne, lange Haare um Hals und Schulter, eine Art Bart am Kinne, nach Bisam riechendes Fell, einen kurzen Kopf, große trotzige und feurige Augen, eine breite Stirn, eine Art Buckel auf dem Rücken und so weit auseinandergerichtete Hörner, daß zwischen denselben drei ziemlich beleibte Menschen sitzen können, was der König von Polen, Sigmund, wirklich getan haben soll."

Weiters fand sich in einem der Bücher des Wieners Augustin Hirsfogel (16. Jh.) ein Holzschnitt, der einen Wisent darstellte. Über der Abbildung stand zu lesen[5]:
„Ich bin ein Bison, so von den Polen ein Subr, von den Teutschen ein Wysent oder Damthier und von den Unverständigen ein Aurox geheißen worden." (siehe Abb. 16, S. 136)

Herberstein selbst führte noch einige Angaben über den Ur, die auf eigenen Beobachtungen und Erfahrungen beruhen dürften, an[5]:
„Urochsen gibt es nur in Masovien; sie heißen daselbst Thur und bei den Teutschen eigentlich Urox, denn es sind wilde Ochsen, von den zahmen in nichts verschieden, als daß alle schwarz sind und auf dem Rücken einen weißlichen Streifen haben. Es gibt nicht viele, an gewissen Orten werden sie fast wie in einem Tiergarten gehalten und gepflegt, und man paart sie mit zahmen Kühen."

Ebenso fand sich in einem der drei Bücher eine unverkennbare Auerdarstellung samt zugehörigen Erläuterungen[5]:
„Ich bin ein Urus, so von den Polen ein Thur, von den Teutschen ein Aurox und bisher auch von den Unverständigen ein Bison genannt worden." (siehe Abb. 15 S. 130)

SÄUGETIERE

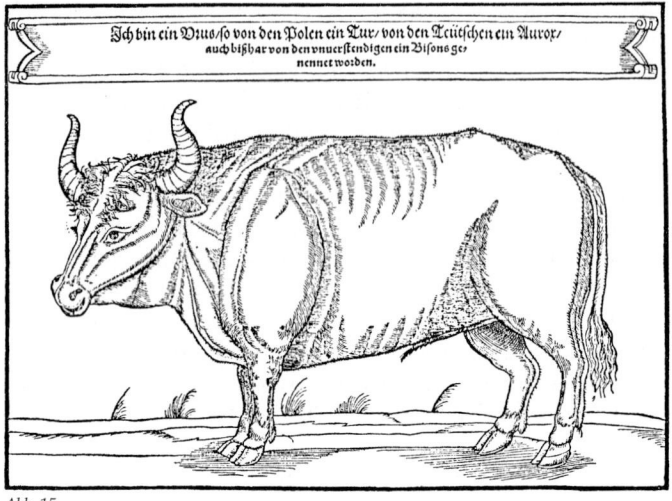

Abb. 15

Mit diesen auf fundierten Tatsachen beruhenden Zeugnissen war nun endlich ein für allemal die leidige Streitfrage über die Wildrinder Europas geklärt. Ab nun zweifelte niemand mehr daran, daß einst Ure neben Wisenten in Europa gelebt hatten, wenn auch der Auer unwiederbringlich ausgerottet worden war.

Gründe

Kampfspiele in Rom:
Im alte Rom kamen im 2. Jh. v. Chr. pompös aufgezogene, für heutige Verhältnisse nicht vorstellbare Tierhetzen, die sogenannten „venationes", groß in Mode. Exotische Tiere aus aller Herren Länder wurden zum Vergnügen der reichen Leute nach Rom gebracht. Das relativ unerforschte, rauhe Alpengebiet samt seinen teils in Rom unbekannten Tieren zählte, obwohl geographisch nicht weit entfernt, auch zu den Jagdgründen. Der Auer wie der Wisent waren keine Vertreter der Fauna der Apenninenhalbinsel und wurden zu tausenden wegen ihrer Wildheit und ihrer ungewohnten, furchterregenden Erscheinung in die Ewige Stadt gebracht.
Diese Tiere mußten in der Arena des Kolosseums vor bis zu 50 000 Zuschauern gegen Gladiatoren, Verbrecher, Sklaven und andere Gefangene sowie gegen eigene Artgenossen oder gänzlich andersartige Tiere kämpfen. So entstanden die abstrusesten Kombinationen von Kampfpaarungen. Auer und Wisente hatten Kämpfe gegen Bären, Löwen, Leoparden, andere Raubtiere, Wildschweine und

eben Menschen auszutragen. Allein für das Einweihungsfest, das sich über 100 Tage zog, wurden 9000 Tiere aller Art sowie unzählige unglückliche Menschen nach und nach in der Arena hinweggeschlachtet. Die dabei anfallenden frischen Tierkadaver wurden von einem Heer von Sklaven gegrillt und den vornehmen Leuten sowie dem niederen Volk dargeboten, ganz nach dem Motto „panem et circenses".

Nach den Angaben des Augustus wurden allein in 26 Schauspielen 3500 Tiere erlegt. Die meisten kamen per Schiff, in Kisten gehalten, aus Afrika. Ure und Wisente wurden hingegen in langen Trossen von Gallien, Raetien, Noricum und vor allem von Germanien ins antike Rom gebracht. Jene Römer, die zum „Bestienfang" in diese Gebiete geschickt worden waren, wählten lediglich wilde, erwachsene Exemplare aus, die sie in Gruben und Holzfallen fingen, da nur diese dem verwöhnten Publikum eine entsprechend spannende und blutige Vorstellung bieten konnten. Zahllose Wildrinderkälber verwaisten durch diese selektive Entnahme und mußten somit zugrunde gehen. Von den auf die Reise nach Rom geschickten Tieren starben viele durch die unkundige Behandlung ihrer Wärter oder aber an den Strapazen der Verfrachtung in winzigen, aber stabilen Holzverschlägen.

Freilich mögen diese Entnahmen aus der Natur nicht ausgereicht haben, um eine Tierart vollends auszurotten, sie waren aber einer der ersten Schritte dazu. Durch regelmäßige Fangexpeditionen wurden die lichten Bestände des Löwen im Gebiet nördlich der Sahara, die des Flußpferdes in Ägypten, die der Elefanten in Lybien und die des Leoparden in Mesopotamien arg in Mitleidenschaft gezogen. Eine entscheidender Tatsache war, daß die Kampfspiele mehr und mehr an Beliebtheit gewannen und über mehrere Jahrhunderte hinweg regelmäßig abgehalten wurden. So bot noch im Jahr 107 n. Chr. Kaiser Trajan, unter dessen Regentschaft das Römische Reich seine größte Ausdehnung erreichte, für eine vier Monate dauernde Siegesfeier 11 000 Tiere auf, um sich und das Volk zu belustigen. Die Auerbestände auf der Iberischen Halbinsel sowie in manchen entlegenen Balkanregionen dürften die einzigen in Europa gewesen sein, die von diesen Jahrhunderte dauernden Entnahmen verschont geblieben sind. Die Ure Frankreichs, der Alpen und der riesigen Urwälder und Sumpflandschaften Zentraleuropas dürften schon zu diesen Zeiten schwere Verluste durch die Römer erlitten haben.

Verlust von Lebensraum
Der Mensch stellte dem Ur und dem Wisent nach, weil sie bei der Aufnahme ihrer Nahrung enorme Schäden auf den Weiden und Feldern anrichteten. Dabei zerstampften die bis zu einer Tonne wiegenden Auerochsen den durch mühsame Arbeit gerodeten und bebauten Boden, forkelten mit ihren Hörnern im weichen Erdreich herum und verwandelten manchen Acker auf diesem Weg in einen Suhlplatz. Diese für die Rinder wichtigen Suhlplätze, die sie regelmäßig aufsuch-

ten, um eine kühlende Schlammschicht um ihren Leib zu legen, die die zahlreichen peinigenden Parasiten, wie Zecken, Dasselfliegenlarven und Egel abtöteten, wurden in den zunehmend landwirtschaftlich genutzten Gebieten immer seltener. Die natürlichen Aufenthaltsorte des Auer, die Urwälder und die sumpfigen Niederungen, wurden abgeholzt und trockengelegt. Somit wich der natürliche Lebensraum der Ure den wohlumsorgten und gepflegten Kultursteppen des Menschen. Die Wildrinder zogen sich in die verbleibenden Wälder zurück oder aber versuchten, in der Nähe der menschlichen Ansiedlungen ihr Auskommen zu finden. Um in dieser für sie künstlichen Umgebung überleben zu können, mußten die Ure das Futterangebot auf den Anwesen der Bauern nutzen, was sie aber sehr schnell mit ihren Leben bezahlen mußten.

Die Bejagung
Eigentlich alle Körperteile des Auers konnten vom Menschen gut genutzt werden. Er lieferte Fleisch, Fett, Horn und Leder. Es ist verständlich, daß ein Bauer einen Ur, der ihm nur Schaden zufügte, lieber erlegte als eine eigene wertvolle Kuh aus seinem Stall. Ein Produkt, das von Auerochsen gewonnen wurde, bereitete schließlich die Basis für sein Aussterben: nämlich die Haut, die zu Leder verarbeitet wurde.

Leder war eines der wichtigsten Produkte, das dem Menschen das Überleben erleichterte. Dieses Material war aus einer entwickelten Kultur nicht mehr wegzudenken und spielt auch heute noch eine wichtige Rolle.
Leder diente als Kleidung und war der prädestinierte Rohstoff zur Fertigung eines guten Schuhwerkes. Es wurde im Winter, als Glas noch nicht bekannt war oder wegen seiner Seltenheit und hohen Kosten nicht in Einsatz gelangte, vor zugige Fenster gespannt, um die Kälte etwas abzuhalten. Erste Blasebälge, aus Leder angefertigt, ermöglichten das Zustandebringen von enormer Hitze, die Schmiede zur Gewinnung und Verarbeitung von Erzen benötigten. Auch aus der Seefahrt wäre dieses Material nicht wegzudenken gewesen. Seeleute benötigten es zum Bespannen ihrer Boote und zur Anfertigung von Tauwerk.
Das meiste Leder wurde aber vom Militär benötigt. Vor der Entwicklung des Panzerhemdes schützten Lederrüstungen den Kämpfer vor den Hieben und Geschoßen seines Widersachers. Selbst nach Erfindung von Feuerwaffen war dieses Material wegen seines geringen Gewichtes und seiner großen Belastbarkeit, Geschmeidigkeit und Zähigkeit ein begehrtes Ausrüstungsmaterial. Außerdem wurden unzählige Schilde, Sättel und schier unverwüstliche Stiefel aus dem weißlichgelben Leder des Ures und des Wisents gefertigt, das an Qualität dem Hausrindleder bei weitem überlegen war.
Urleder war vor der Entdeckung der Neuen Welt ein äußerst gefragtes Spezialprodukt, das in ganz Westeuropa als Büffel, bufle, buffle oder einfach als buff bekannt war. Diese Bezeichnungen finden ihre Wurzel im griechischen Wort für

SÄUGETIERE

Wildochse: *boubalos*. In der Mitte des 15. Jh. wurden der Ur und der Wisent in den europäischen Wäldern zunehmend seltener oder waren in sehr vielen Gebieten bereits völlig verschwunden. Der Strom an Lieferungen von hochwertigem Leder versiegte sodann innerhalb weniger Jahre.
Überall in Europa war Wildrindleder auf einen Schlag ein kaum zu erhaltender und ebenso kaum zu bezahlender Luxusartikel. Nur aus Portugal wurde, wenn auch zu erhöhten Preisen, in gewohnter Menge und Qualität Leder in die restlichen Teile des Kontinents geliefert. Die Herkunft und Identität dieses Leders, das die Portugiesen bufalo nannten, blieb, als Handelsgeheimnis streng gehütet, im Ungewissen. Der Sachverhalt verhielt sich folgendermaßen: Die Portugiesen machten auf einer ihrer unzähligen Erkundungsreisen an der westafrikanischen Küste die folgenschwere Bekanntschaft mit dem Kaffernbüffel (*Syncerus caffer*). Die findigen Seefahrer und Händler bemerkten bald, daß das Leder dieses Tieres dem seiner europäischen Verwandten in nichts nachstand. Somit erschloß sich den geschäftstüchtigen Portugiesen eine reiche und nicht auszuschöpfende Quelle dieses Materials, das in ganz Europa um Spitzenpreise vertrieben werden konnte.

Diese Vormachtstellung wurde im Jahr 1498 durch Vasco da Gama noch gefestigt, als er nach erfolgreicher Umschiffung des Kaps der guten Hoffnung bis an die Malabarküste, ein lagunenreiches, schmales Küstentiefland im Südwesten Vorderindiens, gelangte und dort eine weitere Wildrinderart, die fortan Wasserbüffel genannt wurde, vorfand. Dieser Ahn des Hausbüffels wurde in späteren Jahrzehnten ebenso kommerziell genutzt.
Etwa zur selben Zeit entdeckten ebenfalls Portugiesen, als sie an der Ostküste Amerikas vor Anker lagen und von dort aus Erkundungszüge in das Landesinnere unternahmen, wiederum eine unbekannte Wildrinderart. Es war der Bison (*Bison bison*), der nächste Verwandte des europäischen Wisents. Bis zur Hälfte des 16. Jh. konnten die Portugiesen ihr Wildledermonopol verteidigen, bis dann schließlich auch die Franzosen begannen, die Häute des Bisons nach Europa zu verschiffen, und somit ein erbitterter Konkurrenzkampf entbrannte, den die entschlossenen Franzosen nach kurzer Zeit für sich entscheiden konnten. Das in Frankreich weiterverarbeitete Bisonleder erlangte bald einen hervorragenden Ruf. Ein gewisser Charlevoix beschrieb dieses so[25]:

> „*Es gibt kein besseres in der bekannten Welt. Es läßt sich leicht zurichten und, obwohl es außerordentlich kräftig ist, wird es biegsam und weich, wie das beste Chamois.*"

England war vor allem der Hauptabnehmer dieses erstklassigen Leders. Dort wurden ganze Regimenter damit ausgerüstet. Ein Kaufmann aus Bristol behauptete damals, daß es ebenso zäh wie Walroßleder sei.
Für den Ur kamen jene Lederlieferungen aus Afrika, Asien und Amerika jedoch zu spät. Seine letzten verbliebenen Bestände wurden im Zuge dieses „Lederkrie-

ges" in den allermeisten Gebieten, wo er noch in geringer Anzahl vorkam, ausgelöscht. Die restlichen Auer kamen in die schon erwähnten Tiergatter. Die paar Dutzend Tiere, die noch in freier Wildbahn lebten, stiegen somit in ihrem Wert. Nur Königen und anderen hochgestellten Persönlichkeiten war es vorbehalten, Jagd auf den Ur zu machen.
Die Geschichte dieser Tierart endete, wie schon dargelegt, im Jahr 1627 in Polen!

Die Urjagd

Römische Legionäre pflegten den Ur in eigens ausgehobenen riesigen Fallgruben zu fangen. Diese wurden an oft benützten Wechseln der Tiere angelegt und mit frischen Zweigen getarnt.
Weiters wurden Kastenfallen, in denen sich möglicherweise Salzsteine als Köder befanden, an Einständen aufgestellt.

Zu Zeiten als der Ur noch lebte, standen den Jägern lediglich primitive Feuerwaffen zur Verfügung. Diese reichten aber dennoch aus, um erfolgreich Jagd auf dieses Wildrind zu machen. Für gewöhnlich führte eine erfahrene Leitkuh mehrere Kühe samt deren Kälber sowie Halbwüchsige an. Die Stiere befanden sich in der Nähe dieser kleinen Herden, um im Bedarfsfall schützend einzugreifen. In der Dämmerung traten die durch die Anwesenheit des Menschen immer scheuer werdenden Tiere auf die Lichtungen, um zu äsen. Hierbei wurden sie, wenn die Jäger sich leise verhielten und sich gegen den Wind anpirschten, zur leichten Beute.

3. Rückzüchtungsversuche

Lediglich Ortsnamen, wie Auerbach, Auerberg, Auerstedt, Auersthal oder Urach, erinnern seit 1627 noch an den Auer. Die späte Erkenntnis zahlreicher Zoologen, daß diesem Wildrind mehr Schutz zukommen hätte müssen, änderte nichts an der Tatsache, daß dieses Tier ein für allemal verschwunden ist.
Anfang des 20. Jh. begannen die Gebrüder Ludwig und Heinz Heck, sie waren Direktoren der Tiergärten von Köln und Berlin, mit den ersten Rückzüchtungsversuchen des Auers. Sie erkannten, daß der Ur leicht rückzüchtbar sei, da die verschiedenen Merkmale dieses Tieres noch in vielen Hausrinderrassen vorhanden waren, deren alleiniger Stammvater ja der Auer war. Die Brüder kreuzten primitive Hausrinderrassen, die dem Bild des Ures entsprachen. Als mögliche Vergleiche dienten ihnen die Bildnisse des Auers, die prähistorische Menschen

angefertigt hatten sowie die Beschreibungen und Darstellungen der Zoologen der vergangenen Jahrhunderte. Demnach kreuzten sie auerfarbene, korsische Rinder, ungarische Steppenrinder, die ein mächtiges Gehörn haben, spanische und französische Kampfstiere, schottische Hochlandrinder, englische Parkrinder und noch zahlreiche andere urtümliche Rassen untereinander. Schon in der vierten Generation stellte sich ein achtbarer Zuchterfolg ein. Es entstand durch die Hecksche Verdrängungszucht, die darauf beruht, unerwünschte Merkmale zu eliminieren, ein Ebenbild des einstigen Ures. Ludwig Heck (1860–1951) schrieb über die herangezüchteten Rinder[5]:
„Rinder, die ihrem Aussehen und Verhalten nach als neuzeitliche Auerochsen bezeichnet werden konnten."

Es wurden Herden dieser nachgezüchteten Tiere ausgesetzt und sich selbst überlassen. Diese verwilderten nach kurzer Zeit und verhielten sich auch wie echte Wildtiere. Dies äußerte sich darin, daß sie vor dem Menschen Scheu und Argwohn zeigten und dessen Nähe mieden. Auch ihr Äußeres veränderte sich. Das Fell wurde länger und dichter. Der Zweite Weltkrieg forderte unter den freilebenden Beständen einen hohen Tribut. Nach dem Krieg erholten sich die Populationen erstaunlich gut und schnell. Heute werden Rückzüchtungen von Auern in vielen Zoos und Wildgattern der Welt den Besuchern gezeigt.

Trotz dieser äußeren Ähnlichkeiten, bleiben diese Rinder dennoch „nur" Modelltiere, da es unmöglich ist, eine bis auf das letzte Exemplar ausgerottete Tierart wieder auferstehen zu lassen, auch wenn das Erbgut in Form zahlreicher domestizierter Nachkommen weiterlebt. Diese so entstandenen Zuchtformen gleichen lediglich phänotypisch, niemals aber genotypisch ihrem Stammvater, dem Ur.

Der Wisent

1. Allgemeines

Zur Gattung Bison zählen heute der nordamerikanische Bison (*Bison bison*), der ein ähnliches Schicksal wie der Wisent zu erleiden hatte und ebenso beinahe ausgerottet wurde, und der eurasiatische Wisent (*Bison bonasus*). In Europa werden zwei Unterarten unterschieden: der Flachlandwisent (*Bison bison bonasus*), der einst auch den Alpenrand besiedelte, und der Kaukasuswisent (*Bison bison caucasicus*)[26].

Der Wisent war ursprünglich ein asiatisches Steppentier. Zu Beginn der Eiszeit lebte er in der Form des *Bison sivalensis* im Himalaya. Er wanderte, als sich die klimatische Lage zu verändern begann, im Osten über die Beringbrücke in die Neue Welt und im Westen über Südsibirien und Persien längs des schwarzen Meeres bis nach Europa ein, wo sich die Art *Bison bonasus* entwickelte. Hier hauste der Wisent bevorzugt in den riesigen Urwäldern, scheute sich aber keineswegs davor, die Täler der hohen Gebirgszüge wie der Alpen und des Kaukasus zu besiedeln.

Abb. 16

Der Wisent dürfte bis zum Ende des 11. Jh. die für ihn zugänglichen Alpentäler samt deren Hänge in kleinen Verbänden bewohnt haben, wenn auch erwähnt werden muß, daß die Individuendichte in den Alpen nie die Zahlen der die Wälder der ebenen Gebiete Europas bewohnenden Wisente erreichte.
Tschudi erwähnt, daß der Wisent in geschichtlicher Zeit in den Alpen hauste und sein Wildbret im Kloster von St. Gallen verzehrt wurde. Weiters[7]:
„In der Vorzeit bewohnten zwei wilde Rinderarten Walddickungen und Moorbrüche unseres Landes, der Wisent und der Ur. . . . Wann er* bei uns ausgerottet wurde (im Mittelalter?), ist nicht zu bestimmen." (* mit „er" ist der Wisent gemeint)

Kurt Floericke befaßte sich eingehend mit dem Wisent. So schrieb er in seinem Büchlein „Wisent und Elch" über das Vorkommen dieses Wildrindes[22]:
„Von 1000 bis 1200 finden wir den Wisent noch in Bayern, Österreich, Böhmen, Schweiz, Balkan, Schweden und Ungarn. . ."

Knochenfunde aus dem Toten Gebirge und aus einer Höhle bei der Tonioalp in der Steiermark sowie in den Westalpen bezeugen, daß der Wisent ein Bewohner der Alpen war, wenn er auch im Inneren dieses Gebirgszuges nie sehr häufig vorgekommen sein mag.

2. Zur Geschichte

Wiederum waren es die Menschen der Altsteinzeit, die die ersten bildhaften Darstellungen dieser Tierart in Form von Höhlenmalereien schufen. Erste geschichtliche Zeugnisse stammen von den Babyloniern sowie von den Mykenern etwa aus dem Jahr 1400 v. Chr. in Form von Wisentzeichnungen. Die Chaldäer verehrten den Wisent als heiliges Tier, weshalb einige ihrer Göttergestalten Wisentköpfe mit Hörnern und Bärten trugen. Mit der Bezeichnung Bison wurde ursprünglich ein wilder Stier, nach den Bisoniern, einer thrakischen Völkerschaft, benannt. Aristoteles (384–322 v. Chr.) beschrieb als erster den Wisent ausführlich und nannte ihn damals „bonassus".
Zu Caesars (100–44 v. Chr.) Lebzeiten galt die Erlegung eines Wisentstieres, sei es in freier Wildbahn oder in einem Hetztheater, als große Heldentat. Der römische Satiriker Martial, der im 1. Jh. n. Chr. lebte, rühmte in einem seiner Epigramme den Gladiator Karpophorus, der den gefährlichen Kampf gegen Wisent und Ur erfolgreich überstanden hatte. Rom bezog für seine Hetzspiele tausende Wisente vor allem aus Germanien, Siebenbürgen und anderen Teilen des Balkans.
Plinius der Ältere (23–79 n. Chr.) benennt den Wisent „Bison" und gibt Deutschland als seine Heimat an.

Im 4. Jh n. Chr. erreichte der Wisent den westlichsten Teil seines Verbreitungsgebietes an den Hängen der Pyrenäen und war laut einigen Angaben selbst auf den britischen Inseln heimisch. Diese Meldungen dürften aber auf eingeführte in Wildgattern gehaltene Tiere, die von Tierliebhabern und Jagdherren unterhalten wurden, zurückzuführen sein.

3. Gründe für das Überleben des Wisents

In Frankreich starb der Wisent noch vor dem Ur aus und war bereits im 6. Jh. n. Chr. derart selten anzutreffen, daß die Jagd auf ihn lediglich den Frankenkönigen vorbehalten blieb. Ein gewisser Szalay berichtete folgendes sehr bezeichnendes Ereignis, in dem zwar ein Ur erwähnt wird, aber ein Wisent gemeint gewesen war, ein weiteres Beispiel für eine der zahlreichen Verwechslungen von Wisent und Ur[22]:

„König Guntram (590) beritt einst seinen Wald und stieß dabei auf den Kadaver eines frisch erlegten Urs, worüber er in großen Zorn geriet. Der erschrockene Waldverwalter nannte als Täter den Kammerdiener Kundo, der aber hartnäckig leugnete. Der wutschäumende König ordnete ein sogenanntes Gottesgericht an, also einen Zweikampf auf Leben und Tod, wobei der schon bejahrte Kammerdiener seinen Neffen als Vertreter stellen durfte. Diesem gelingt ein Stoß in den Schenkel des Gegners, der Verwalter stürzt nieder, der andere wirft sich auf ihn und will ihm gerade den Hals durchschneiden, als er von dem Sterbenden einen tiefen Stich in den Bauch erhält. Beide sinken tot zu Boden. Kundo sah mit Entsetzen zu, da der Tod des Neffen ja auch seinen eigenen bedeutete, und lief aus Leibeskräften davon in der Richtung auf die Kathedrale des heiligen Marcell, die als unverletzliches Asyl galt. Aber der König bemerkte seine Absicht und ließ ihn durch seine Leute einholen, die den Unglücklichen an einen Pfahl banden und sofort zu Tode steinigten. Und dies alles nur eines Urs wegen!"

Es handelte sich hierbei nicht um einen Ur, sondern um einen Wisent. Kein König hätte um einen toten Ur, der damals ein noch relativ häufiges Wild in Frankreich war, ein derartiges Aufsehen gemacht, wohl aber um einen toten Wisent, denn nur einem König war die Jagd auf diesen erlaubt. Es dürfte sich bei diesem Exemplar im Jahr 590 um einen der letzten Wisente Frankreichs überhaupt gehandelt haben, was den Groll des in seiner Ehre ohnehin schon gekränkten Königs doppelt erzürnt haben dürfte.

Im Frankreich des 12.–16. Jh. galt die Jagd auf Hochwild als wirkliche Kunst. Die Jagddichtung und -literatur erreichte zu dieser Zeit ihre Blüte. Trotz dieser Tatsache wird in keinem der packenden und oft sehr nach dem Geschmack des

Autors ausgeweiteten Jagdabenteuer dieser Zeit entweder der Ur oder der Wisent erwähnt. Dies ist ein sicheres Zeichen, daß beide Wildrinderarten in jener Zeit bereits ausgerottet waren. Kein Jäger hätte es damals unterlassen, die attraktive Jagd auf dieses edle Wild zu erwähnen oder den neidvollen Jagdkameraden in vielfachen mündlichen und schriftlichen Ausführungen über diesen Hergang zu berichten. Schon im Jahr 1380 erwähnte Gaston Phoebus, einer der größten Nimrode seiner Zeit, der alle jagdbaren Tierarten der Pyrenäen sehr gut kannte, in seinen Jagdschilderungen keine der beiden Wildrinderarten.

Zahlreich war der Wisent im 12. Jh. nur mehr in Ungarn, Polen, in weiten Teilen Rußlands, in Deutschland und am Balkan anzutreffen.

Letzte Berichte über Wisentjagden in Ungarn finden sich aus dem siebzehnten Jahrhundert. Diese wurden im waldreichen Siebenbürgen, das lange Zeit ein Teil Ungarns gewesen ist, abgehalten. Ab dann sind kaum mehr Berichte über den Wisent in dieser Region zu finden. 1729 wurde schließlich das letzte Wisentgatter im ungarischen Komitat Marmaros aufgelassen. Im Jahr 1790 starb der Wisent im Rodnaer- und im Kelemangebirge aus. Um 1800 ist diese mächtige Wildrinderart auch in den Szekler Bergwaldungen vollkommen durch den Menschen ausgerottet worden. Dort soll der Wisent am längsten in der Nähe der Ortschaft Füle überdauert haben.

Kaukasus

Ein gewisser Archangelo Lamberti war der erste, der in der zweiten Hälfte des siebzehnten Jahrhunderts, jedoch nur dem Hörensagen nach, von „wilden Büffeln" an der Grenze von Mingrelien berichtete. Diese Angaben wurden allgemein stark angezweifelt und gerieten bald in Vergessenheit.
Erst viele Jahrzehnte später wurde der Wisent in diesem Zusammenhang erneut erwähnt. Es gelangten sodann mehrere voneinander unabhängige Berichte über das Vorkommen des Wisents im Kaukasus an die Öffentlichkeit. Einer stammte aus Petersburg, wo man den Reisebericht des baltischen Naturforschers Johann Anton von Güldenstädt (1745–1781) fand, der in den Jahren 1768–1773 ein Teilnehmer der Expedition des Entdeckungsreisenden Peter Simon Pallas (1741–1811) in den Kaukasus war. In einem seiner Reiseberichte stand geschrieben, daß im Kaukasus eine besondere Unterart des Wisents beheimatet war. Diese habe kürzere Hörner und sei kleiner als der mitteleuropäische Wisent. Außerdem seien deren Läufe sehr kurz, was das Merkmal eines Gebirgstieres sei. Offiziere kaukasischer Herkunft, welche im russischen Heer dienten, konnten diese Angaben bestätigen. Laut Schätzungen lebten ungefähr 1000 Tiere in der Nähe des Elbrus an den Südhängen dieses mächtigen Gebirgszuges.

SÄUGETIERE

Einen weiteren glaubwürdigen Hinweis lieferte ein kaukasischer Offizier, als im Jahr 1831 kaukasische Regimenter zur Bekämpfung des Polenaufstandes herangezogen wurden, in Vilnius. Dieser Offizier sah einen ausgestopften Wisent und erklärte, daß dieses Tier in seiner Heimat in freier Wildbahn lebe.

Der Zoologe und Mediziner Karl Ernst von Baer (1792–1876) bekam das Fell eines Wisents aus dem Kaukasus, das im Jahr 1836 ein Baron von Rosen übersandt hatte, zu Gesicht und stellte die Gleichartigkeit des Wildrindes im Kaukasus mit dem Wisent fest.

Auf Grund dieser Meldungen unternahmen in den darauffolgenden Jahren mehrere russische Zoologen Nordmann, Filatow, Satunin und der deutsch-russische Reisende und Naturforscher Gustav Radde Forschungsreisen in den Kaukasus. Sie erstellten Angaben über Anzahl und über das Verbreitungsgebiet der Wisente. Diese Männer fanden einen von der Bergbevölkerung Dombai-Paß genannten Übergang. Dombai ist die kaukasische Bezeichnung für Wisent. Das deutete darauf hin, daß der Wisent sowohl an den Nord- als auch an den Südhängen des Kaukasus gelebt haben mußte.

Nordmann berichtete in den späten Dreißigerjahren des neunzehnten Jahrhunderts, daß der Wisent im Gebiet der Hochstraße zwischen Taman nach Tiflis nicht mehr aufzuspüren ist, im Inneren des Gebirgszuges jedoch nicht selten anzutreffen sei. Dort hielt er sich bevorzugt auf dem Gelände vom Kuban bis zum Ursprung des Psib oder Kapuetti auf, das einen Durchmesser von 200 Kilometern hatte. Radde gab an, daß selbst noch im Jahr 1865 Wisentgruppen, meist sieben bis zehn Stück, in den weiten Kieferwaldungen westlich des Maruchagletschers anzutreffen waren. 1866 wurde ein junger, männlicher Wisent gefangen und in den Zoo nach Moskau gebracht.

Ein gewisser Roullier wußte, laut den Angaben eines Herrn Tornau, zu berichten, daß an der großen Selentschuga Wisentjagden veranstaltet wurden und daß das Wildrind weiters auch an den Ufern des Urup und der großen Laba hause und sich in den Nadelwäldern des Hauptkammes des Kaukasus dicht unter der Schneegrenze aufhalte.

Tornau selbst, der von einem Bergvolk drei Jahre lang gefangen gehalten wurde, nahm an mehreren Wisentjagden teil und konnte des öfteren die Lagerplätze der Wildrinder beobachten. Er berichtete über die unwegsamen Steige, welche die Wisente benutzten, um aus ihren zerklüfteten Tälern zu einem Bach und somit zu einer Tränke zu gelangen. Auch wurde er im Gebiet der Selentschuga Augenzeuge, wie unter lautem Getrampel ungefähr zwanzig Kühe samt deren Kälbern einem riesigen mit gesenktem Haupt einherschreitenden Stier zur Tränke folgten.

Im Jahr 1895 wurden die ersten stichhaltigen Angaben über den Wisentbestand im Kaukasus veröffentlicht. Wisente lebten demnach nur mehr im Quellgebiet des Kuban am Elbrus. Die Wildrinder hielten sich bevorzugt in den oberen Tälern des Belaja, Laba und Kischa, alles Nebenflüsse des Kuban, auf einem

Gebiet von 500 000 Hektar am Nordhang des Gebirgszuges auf. Die Wisente standen unter dem Schutz des Großfürsten Sergius Michailowitsch, der den Abschuß von Wisenten nur mehr für wissenschaftliche Untersuchungen genehmigte. Genaue Angaben über die Anzahl der Tiere konnten nicht gemacht werden, da die Wisente ein riesiges, oft kaum zugängliches Areal bewohnten, äußerst scheu waren und schon bei geringen Störungen den Standort wechselten. Eine von 1909–1911 dauernde Zählung des russischen Zoologen Filatow auf einem Gebiet von 50 Kilometer Länge und 20 Kilometer Breite ergab eine Anzahl von 700 Tieren.

Gerade wegen seiner Scheuheit mied die kaukasische Unterart des Wisents die subalpinen Wiesen, da dort die Hirten mit ihren Herden lagerten. Durch das Abholzen großer Wälder in tiefer gelegenen Tälern verloren die Wildrinder ihre altgewohnten Wintereinstände. Die Wisente waren somit gezwungen, das ganze Jahr hindurch in den höher gelegenen, dumpfen Urwäldern zu verbringen. Ihr einstmals weitreichendes Verbreitungsgebiet innerhalb des Gebirgszuges war auf ein Gebiet von 50 Werst Länge und 20 Werst Breite zusammengeschrumpft. (Der Werst ist ein altes russisches Längenmaß, wobei ein Werst 1067 Metern entspricht.) Die abwechslungslose, öde Lebensweise auf beengtem Lebensraum hat sich schädigend auf die Fortpflanzungsbiologie der Herden ausgewirkt und eine höhere Anfälligkeit gegenüber Krankheiten und Seuchen hervorgerufen. Trotz strenger Überwachungen dezimierten zahlreiche Wilderer die ohnehin schon geschrumpften Bestände noch zusätzlich.

Nach der Entmachtung des Zaren wurde der Wisentbestand fast völlig vernichtet. Rätetruppen hielten große Treibjagden ab und schossen mit ihren Maschinengewehren auf alles im Wald, was sich bewegte. Schon nach wenigen Jahren glaubte man, daß der kaukasische Wisent ausgerottet worden sei, bis man schließlich noch eine Herde von 25–30 Tieren in einem unwegsamen, abgelegenen Tal aufspürte. Doch auch ein Großteil dieser Wisente fiel Wilddieben zum Opfer. Die verbliebenen Tiere stellten in Hinsicht auf eine inzuchtfreie Fortpflanzung eine zu kleine Gruppe dar, um überleben zu können, was zur Folge hatte, daß im Jahr 1927 der letzte Kaukasus-Wisent zugrunde ging.

Ostpreußen

Ursprünglich war der Wisent in den schier unendlichen Waldungen Ostpreußens ein häufig anzutreffendes Wild. Bis in die Vierzigerjahre des achtzehnten Jahrhunderts war Ostpreußen besonders in der Gegend um Tapiau die Hauptquelle für Wisente, welche dort für neuzeitliche Kampfspiele gefangen wurden und an verschiedene königliche und fürstliche Höfe Europas geschickt wurden.

Schon in den Ausgabebüchern König Heinrich des Vierten (1367–1410) von England, der in jungen Jahren als Graf von Derby einige Zeit in Königsberg verbrach-

SÄUGETIERE

te, fand sich eine Eintragung über die Ausbezahlung eines Bauern, der ein Wisentkalb überbracht hatte.
Der brandenburgische Markgraf Joachim der Erste (1499–1535) ließ sich wiederholt vom preußischen Hochmeister Albrecht, der ja auch ein Hohenzoller war, Wisente schenken und stellte sie in seinem Wildpark zur Schau, wo sie durch ihre Größe und Wildheit Bewunderung erregten.
Zur Zeit Joachim des Zweiten (1535–1571) kämpften im Berliner Hetzgarten ostpreußische Wisente gegen Wölfe und Bären. Einmal ist ein riesiger Bär von einem mächtigen Wisent derart erschrocken worden, daß er flüchten wollte und dabei die Umzäunung niederriß.

Auch Kurfürst Joachim Friedrich (1591–1608) war ein Freund solcher Kampfspiele. Ebenso Kurfürst Johann Sigismund (1608–1619), der noch selbst im Lauf der Jahre 23 Wisente in ostpreußischen Wäldern erlegt hatte.
Friedrich der Erste ließ anläßlich seiner Krönung im Jahr 1701 noch große Hetzjagden abhalten. Er veranlaßte, daß Wisente gegen Wölfe und böse Pferde kämpfen mußten. Er selbst tötete anschließend die überlebenden oft arg verwundeten Tiere eigenhändig.
Im Jahr 1725 wurde in Berlin der sogenannte Jägerhof gegründet. In diesem Wildpark vermehrte sich der Wisent wiederholt, wenn auch der Großteil der Kälber zugrunde ging. Im Jahr 1743 beherbergte dieser Park aber immerhin noch elf Tiere.

Friedrich der Zweite, er war ein ein großer Naturfreund und Nichtjäger, interessierte sich sehr für diesen Wildpark und ließ sich jeden Monat einen Bericht über das Befinden der Tiere erstatten. Er war es auch, der veranlaßte, daß ein weiteres Wildgatter in Oranienburg errichtet wurde. Ihm mißlang jedoch der Versuch den Wisent in freier Wildbahn anzusiedeln.
Der ostpreußische Wisentbestand wurde durch das regelmäßige Einfangen von Tieren für die jeweiligen Hetztheater bedenklich reduziert. Besonders das Königsberger Hetztheater beanspruchte laufend neue Lieferungen. Laut alten Berichten haben Wisente Hunde und sogar Bären im Verlauf der Kampfspiele „wie Ballen in die Luft geworfen". Der Dichter Pietsch besang ausführlich den Kampf eines Wisents mit einem Löwen. Im Verlauf der Jahre verschwanden durch diese systematischen Entnahmen ständig mehr Herden dieses Wildrindes aus den angestammten Wäldern. Auch Wilddiebe, welche mit einer besonderen Art von Schlinge arbeiteten, dezimierten die Bestände in merklichem Ausmaß.
Im Jahr 1726 lebten 117 Wisente in ostpreußischen Wäldern; die meisten in den finsteren Forsten zwischen Labiau und Tilsit. Zur selben Zeit fristeten einige Dutzende dieser Rinder ihr Dasein in Wildgattern. Von 1717–1739 wurden trotz der geringen Anzahl immerhin noch 28 Wisente an befreundete Höfe geschickt oder als beeindruckende Geschenke an rivalisierende Machthaber verschenkt. Von 1729–1742 wurden in Preußen insgesamt noch 42 Tiere erlegt oder eingefangen.

Obwohl die Wisente unter der Obhut von Friedrich dem Großen (1742–1786) geschützt und gehegt wurden, schmolzen die Bestände dahin, wenngleich er sofort nach seiner Thronbesteigung jegliche Kampfspiele einstellen ließ. Der außerordentlich strenge Winter von 1742 raffte einen Großteil der Tiere hinweg, die bereits auf eine Handvoll zusammengeschrumpft waren. Im Jahr 1755 wurde schließlich der letzte Wisent von der Kugel eines Wilderers getroffen und somit getötet.

Ostpolen und Litauen

Weiter östlich lebten noch Wisente in den Gebieten von Ostpolen und Litauen, wo diese Wildrinderart „subr" genannt wurde. Auch dort schätzten die Könige den Wisent als begehrtes und edles Jagdwild und errichteten zur Erhaltung dieses eine Reihe von Wisentpärken. So bei Warschau, Ostrolenka und Zamosk, wo die Tiere gehegt und gefüttert wurden. Zuchtversuche hatten allerdings nur wenig Erfolg, weil die zuständigen Wildheger die Lebensgewohnheiten- und Bedürfnisse der Tiere teils nicht kannten, teils nicht berücksichtigten.

Auch von hier aus wurden viele Wisente als Prestigegeschenke in zahlreiche Regionen Europas versandt. So schickte König Wladislaus von Polen während des Konstanzer Konzils (1414–1418) dem Kaiser Sigismund als besondere Ehrerbietung ein Wisentkalb, das aber unterwegs vor Ermattung zusammenbrach und notgeschlachtet werden mußte, sodaß es nur noch in eingesalzenem Zustand sein Ziel erreichte, wo es einen vorzüglichen Festbraten abgegeben haben soll.
Auch Kaiser Maximilian der Erste (1459–1519) erhielt aus Polen fünf Wisente, die er unter anderem in Nürnberg wegen ihrer angeblichen „barbarischen Gestalt" herzeigen ließ. Diese Tiere dürften auch Albrecht Dürer zu dessen berühmten Wisentbildern als Modelle gestanden sein.

Im Jahr 1569 verehrte der Polenkönig Sigismund August dem Kaiser Maximilian dem Zweiten (1527–1576) neun Wisente, welche zusammen mit fünf siebenbürgischen Tieren zum größten Anziehungspunkt des Hetztheaters in Wien wurden. Nachdem dieses viele Jahre später 1786 den Flammen zum Opfer gefallen war, übersiedelten die Verantwortlichen den letzten überlebenden Wisentstier in die neugegründete Menagerie nach Schönbrunn, wo er unter dem Namen Miska zum Liebling der Zuschauer wurde.
Die Berichte des Geschichtsschreibers Dlugos geben Aufschluß über Einzelheiten, wie Wisentjagden der polnischen Könige abgelaufen sein mögen. Laut dessen Schilderungen war der Wisent zu Beginn des siebzehnten Jahrhunderts in Polen ein nicht selten anzutreffendes Wildtier. So erlegte König Johann Sigismund (1612–1619) im Zeitraum von sieben Jahren 42 Wisente.

Die Wisente von Bialowieza

Als der polnische Thron zum Spielball der Großmächte wurde, vernichteten die vielen Kriege und Unruhen während der zweiten Hälfte des achtzehnten Jahrhunderts die zusammengeschrumpften Wisentbestände völlig, abgesehen von einer einzigen kleinen Herde, welche im Gebiet von Bialowieza überdauern konnte.

Das Gebiet um Bialowieza ist ein ungefähr 2000 Quadratkilometer großes Areal, das wie eine grüne Insel inmitten einer ansonsten baumarmen Region liegt. Lediglich ein kleines Dörfchen befindet sich in diesem urtümlichen Wald, das eben den Namen Bialowieza trägt. Diese mächtige Waldinsel liegt an der heutigen polnisch-weißrussischen Grenze und wurde und wird seit langem lediglich vom Jagd- beziehungsweise vom Schutzpersonal bewohnt und verwaltet.

Die ursprünglich dort ansässigen Bauern wurden wegen Wilddiebgefahr nach Westsibirien, das sogenannte „russische Amerika" übersiedelt, wo sie umfangreichere und fruchtbarere Ländereien zugesprochen bekamen und für jede zurückgelassene Kuh derer drei erhielten. Somit waren die Grundvoraussetzungen für das Entstehen eines Waldes, der einem einstigen Urwald ähnelte, gegeben. Niemanden störte das in diesem lebende Wild, niemand nutzte das reichlich zur Verfügung stehende Holz, weshalb auch umgestürzte Baumriesen das Landschaftsbild mitprägten, niemand löschte die durch Blitzschlag entstandenen oft wochenlang schwelenden Brände und niemand dachte daran, neue Wege durch dieses naturbelassene Gebiet ziehen zu lassen. Eine einzige bescheidene Straße verband die winzige Ortschaft mit dem Kaiserschloß und der nächsten Stadt und Bahnstation. Fichten, Kiefern, Eichen, Erlen sowie andere Baum- und Straucharten gediehen in diesem Gebiet in kaum zu glaubender Menge und Vielfalt, die sich zusammen mit der dortigen Fauna bis in die heutigen Tage erhalten konnte. Himbeer- und Brombeergestrüppe machten das Weiterkommen an manchen Stellen fast unmöglich. Nur hier und da wurde der dunkle Wald von grünen Lichtungen mit saftigem Gras unterbrochen.

Ebenso stellte dieses Gebiet ein Paradies für viele Wildtierarten dar. Man traf in Bialowieza auf den Nordluchs, die Wildkatze, den Steinadler, der hier seinen Horst noch in Baumkronen errichten konnte, den Uhu, den Kolkraben, den Schwarzstorch, den Elch, das eingebürgerte Damwild, das Rotwild, das Reh, das Schwarzwild und eben auf den Wisent. In diesem riesigen Gebiet hat es von je her viele Wisente gegeben, wenn auch von mancher Seite behauptet wurde, daß dieses Wildrind in diesem Areal durch den Menschen eingebürgert worden sei. Doch dieser Wildreichtum veranlaßte einst, als noch keine Gedanken an den Schutz für den Wisent gehegt worden waren, die verschiedensten Machthaber dazu, große Jagden abzuhalten.

Schon König Wladislaus der Zweite (1385–1434) ließ in diesem Gebiet, als der Krieg gegen den Deutschorden anfing, aufwendige Jagden abhalten, um das Heer mit frischem Elch- und Wisentfleisch versorgen zu können. Er selbst jagte

in den Wäldern um Bialowieza mit fanatischer Leidenschaft. Einmal dauerte einer seiner Jagdzüge ganze acht Tage lang. Die Ausbeute dieses waren 50 große Fässer mit eingesalzenem Wisentfleisch, das in das Lager der Soldaten geschickt und zu Gulasch verarbeitet wurde.
Gegen Ende des achtzehnten Jahrhunderts gehörte das Gebiet um Bialowieza vorübergehend zu Preußen. Die hiesigen Fürsten versuchten die Wisente auf ihr Gebiet zu locken. Dieses Unternehmen hatte jedoch nur kurzzeitigen Erfolg.
1802 fiel Bialowieza an Rußland. Eine Zählung ergab, daß nur mehr an die 300 Wisente dieses Gebiet bewohnten. Zar Alexander der Erste, ein großer Naturfreund, stellte den gesamten Waldbezirk unter Schutz und erließ einen Ukas, durch welchen die Wisentjagd gänzlich verboten oder wenigstens von seiner persönlichen Erlaubnis abhängig gemacht wurde. Er war es auch, der den Bauern die Anordnung gab nach Westsibirien zu übersiedeln, um auf diesem Weg zu vermeiden, daß die Wisentbestände durch Wilderei noch mehr dezimiert würden.
Die Wirren der napoleonischen Kriege verhinderten zunächst eine rasche Vermehrung der verbliebenen Tiere. Im Jahr 1813 wurde abermals eine Zählung der Wisente durchgeführt. Die Zahl der Tiere war seit der letzten Zählung auf 350 Stück leicht angestiegen. Im Folgenden einige Zahlen über die weitere Bestandsentwicklung[22]:

Jahr	Wisente	Jahr	Wisente	Jahr	Wisente
1820	711	1838	906	1846	1018
1821	732	1839	932	1848	1095
1822	650	1841	946	1853	1543
1836	874	1845	1025	1857	1898

Diese 1898 Tiere stellten seinerzeit die größte Gruppe an Wisenten auf diesem Areal dar. In den Sechzigerjahren verringerten die polnischen Unruhen sowie Seuchen die Bestände, welche sich lange davon nicht mehr erholen konnten, wie folgende Zahlen veranschaulichen:

Jahr	Wisente	Jahr	Wisente	Jahr	Wisente
1884	etwa 500	1903	etwa 700	1914	737
1891	479	1909	etwa 700	1915	770

Viele Wisente wurden aus dem Gebiet von Bialowieza entnommen, um die Bestände in zoologischen Gärten mit frischem Blut zu stärken oder aber, um überhaupt erst neue Zuchtgruppen zu gründen. Die weitsichtigen russischen Zaren fühlten sich verpflichtet, dieses so seltene Wildrind in verschiedenen Tiergärten sicher untergebracht zu wissen. Das Einfangen von Kälbern, die sich am besten mit den neuen Lebensumständen zurechtzufinden wußten, war allerdings ein schwieriges Unterfangen. So mußten zum Einfangen einiger Jungtiere, welche Zar Alexander der Zweite der Königin von England versprochen hatte, nicht weniger als 300 Treiber und 80 Förster aufgeboten werden.

Aber auch ein gänzlich anderer unerwarteter Faktor erklärt die teilweise beträchtlichen Schwankungen der Anzahl der Wisente in diesen Wäldern. Die Reviere wurden von einem Heer von Pflege- beziehungsweise Hegepersonal regelrecht „überhegt". Die natürliche Auslese fehlte vollkommen, da die natürlichen Feinde der Wisente, der Braunbär und der Wolf, schon vor Jahrzehnten auf diesem Areal durch den Menschen vollkommen ausgerottet waren. Zudem begannen die Heger Verluste durch kalte Winter mit Fütterungen zu vermeiden. Das zusätzliche Auslegen von Nahrung war notwendig geworden, als die Anzahl der anderen großen Pflanzenfresser, wie Elch, Edelhirsch, Damhirsch und Reh stark zunahm und der Wald diese vielen Tiere nicht mehr ausreichend ernähren konnte. So lebten auf einer Fläche von rund 2000 Quadratkilometern 700 Wisente, 7000 Stück Rotwild, ebensoviel Damwild, 5000 Rehe und ungefähr 60 Elche. Durch diese Fütterungen veränderten vor allem die Wisente ihr Verhaltensrepertoire. Sie gingen nicht mehr wie üblich selbst auf Futtersuche, sondern warteten müßig auf die Lieferungen der Menschen, vor welchen sie kaum noch Scheu zeigten. Die Konsequenz davon war, daß die Sterblichkeit, besonders diejenige der Kälber, drastisch zunahm, da die Widerstandsfähigkeit gegen ungünstige Witterungsverhältnisse und Krankheiten durch diese monotone Lebensführung und unnatürliche Nahrung gesunken war. Zudem fügten Innenparasiten, allen voran die Leberegel, den geschwächten Beständen arge Einbußen zu. Auch die anderen Paarhufer hatten unter diesen unnatürlichen Bedingungen in ähnlicher Weise zu leiden. Das Forstpersonal war am Höhepunkt dieser Fehlentwicklung gezwungen, die täglich anfallenden Kadaver auf riesigen Scheiterhaufen zu verbrennen, um das Ausbrechen von Seuchen zu verhindern.

Es vergingen viele Jahre ehe die zuständigen Verantwortlichen sowie Wissenschafter zu der Einsicht gelangten, daß sie mit dieser Verhätschelung des Wildes einen falschen Weg eingeschlagen hatten. Man führte wieder den gezielten, auslesenden Hegeabschuß ein, woraufhin sich die Bestände, wenn auch erst nach Jahren, wieder erholten. Die Wisente mußten wieder selbst nach ihrer Nahrung suchen, was zu einer aktiveren Lebensgestaltung und somit Gesundung der Tiere führte.

Eine verheerende Dezimierung erlitten die Bestände der Wisente in Bialowieza in den Wirren des ersten Weltkrieges. Im Jahr 1915 zählte die Wisentpopulation, wie schon erläutert, ungefähr 770 Tiere. Als sich im Verlauf der Kriegsgeschehnisse die russischen Truppen zurückziehen mußten, nutzten viele Soldaten die Gelegenheit, als sie in das Gebiet von Bialowieza gelangten, um sich mit Frischfleisch, auch dem von den Wildrindern unter denen sie große Verwüstungen anrichteten, zu versorgen. Die den Russen nachsetzenden deutschen Gruppen wüteten nicht minder unter den Beständen, die zusätzlich von der rapide zunehmenden Wilderei bedroht waren. Die Wisente hatten in den Jahren der Überhegung ihr natürliches Fluchtverhalten vor dem Menschen größtenteils verloren, weshalb es für Wilderer und Soldaten ein Leichtes war, sich den Tieren zu nähern, um diese abzuschießen. Dieses Abschlachten, das teilweise auch nur zur Belustigung der Soldaten diente, fand sein Ende, als der deutsche Forstrat Georg Escherich, der die absehbare Ausrottung des Wisents ahnte, einen Heeresbefehl erließ, welcher den Soldaten strikt verbot, Wisente zu erlegen. Ungefähr 120 Wisente, davon 40 überalterte Stiere haben das Gemetzel in den Wäldern von Bialowieza überlebt. Escherich kümmerte sich auch in den folgenden Jahren um die Wildrinder. So konnten im Jahr 1918 immerhin 185 Wisente in das Zuchtbuch eingetragen werden. Weiters hegte Escherich den Plan, einen Teil der Wisente in andere sicherere Reviere zu übersiedeln. Leider kam der Forstrat nicht mehr zur Ausführung seiner Ideen, da in den Jahren von 1918 bis 1920 die Bestände trotz genauer Kontrollen und Abschußverbote zusammenschrumpften und somit eine weitere Entnahme als zu riskant für das Weiterbestehen der Population erschien. Deutsche Rückzügler, Rotarmisten, polnische Insurgenten und hungrige Bauern rotteten die kärglichen Bestände zunehmend aus. Am 19. Februar des Jahres 1921 erschoß schließlich der ortsansässige, ehemalige Wildhüter des Zaren, ein gewisser Bartmoleus Szpakowicz, den letzten Wisent von Bialowieza.

Die Wisente der Fürsten von Pleß

Auch auf schlesischem Boden hatte eine Gruppe von 56 Tieren auf dem Gebiet in Mezerzitz, das zu den Ländereien des Fürsten von Pleß gehörte, überdauert.

Die Geschichte der Entstehung dieser Wisentgruppe:
Sämtliche Tiere gingen auf einen Stier und drei Kühe, welche Zar Alexander der Zweite 1865 dem damaligen Fürsten von Pleß schenkte, zurück. Einige Jahre später stießen fünf weitere Kühe aus Bialowieza, die gegen Plesser Rotwild eingetauscht wurden, zu diesen hinzu. Diese Wisente gediehen auf dem 1100 Hektar großen Gebiet, welches der Fürst für die Tiere ausgesucht hatte, gut. Starke Stiere brachten es auf immerhin 800 Kilogramm, wenn auch kapitale Bullen in freier Wildbahn ein Gewicht von bis zu einer Tonne erreichen können. Bereits im November des Jahres 1869 konnte im Plesser Wildgatter ein Stier abgeschossen werden, wobei die Jagdverantwortlichen immer alte Tiere zum Abschuß freigaben, die am ehesten dazu neigten, bösartig zu werden. Einmal kam es bezüglich dieser Regelung auf dem Jagdschloß von Pleß zu einem diplomatischen Eklat. Auslöser dieser heiklen Angelegenheit war Erzherzog Franz Ferdinand von Österreich, als er zusätzlich zu dem für ihn zum Abschuß freigegebenen Stier

auch noch eine trächtige Wisentkuh niederstreckte. Franz Ferdinand war als passionierter, besessener Schütze bekannt, was ihn aber keineswegs vor der verständlichen Wut des Fürsten von Pleß verschonte. Dieser verbannte Franz Ferdinand am nächsten Morgen trotz dessen hoher Stellung von seinem Jagdschloß, was ihm das Haus Habsburg nie verziehen hat.
Den letzten zum Abschuß freigestellten Wisent fällte Hindenburg, der für einige Zeit das Plesser Schloß als sein Hauptquartier benutzte. Von 1869 bis 1901 wurden 23 und von 1902 bis 1913 wurden 34 Tiere auf diesem Gebiet erschossen. Im Jahr 1915 zählte man 15 Stiere, 27 Kühe und 14 Kälber.

Die Wirren während und nach dem ersten Weltkrieg forderten großen Tribut von dieser kleinen Herde. Besonders polnische Räuber und Wegelagerer, welche sich in den umliegenden Wäldern aufhielten, erlegten viele Tiere. Die Folge war, daß die Wisentgruppe bis zum Jahr 1921 auf vier Tiere zusammengeschrumpft war; nämlich auf einen verwundeten Stier, zwei Kühe und ein Kalb. Diese kümmerliche Gruppe erholte sich wider Erwarten den Umständen entsprechend relativ gut; so wurde jedes Jahr ein Kalb gesetzt. Trotzdem wurden jährlich Verluste beklagt. Ergebnis war, daß abgesehen von drei Tieren alle Wisente auf dem Anwesen von Pleß durch Wilderer getötet wurden.

Um das Jahr 1920 begriffen die Zoologen, daß es um den Fortbestand des Wisents äußerst bedenklich stand. Da ergriff der Zoodirektor Kurt Priemel aus Frankfurt am Main im Jahr 1922 die Initiative und gründete die „Internationale Gesellschaft zur Erhaltung des Wisents". Mit seinem Aufruf „Wisent in Not" rekrutierte Priemel viele Anhänger aus allen Bevölkerungsschichten zur Rettung des Wisents. Priemel faßte bei der Gründung der Gesellschaft das Schicksal des Wisents folgendermaßen zusammen[5]:

„Die Kriegs- und Nachkriegsereignisse haben nicht nur den Bialowieczer Bestand restlos hinweggefegt, wobei alle ernsteren Warnungen ungehört verhallten und die Bemühungen um Ausführung von Jungtieren zum Zweck der Aufbesserung der europäischen Gehegezuchten scheiterten. Auch die letzten Kaukasus-Wisente wurden 1918 und 1919 durch Treibjagden mit Maschinengewehren unter Aufbietung ganzer Regimenter als Treiber und Schützen bis zum letzten Stück vernichtet. Die russischen Herden fielen den Kosaken und Rotarmisten zum Opfer. Der Bestand von Pleß ging bis auf drei Exemplare durch Wildererkugeln zugrunde. Was verblieb, sind etwa fünf Dutzend Wisente in Zoologischen Gärten und verschiedenen Großgehege-Haltungen."

Die wichtigste Absicht der Gesellschaft war es, möglichst alle noch in Tiergärten, Zoos, Menagerien und Wildgattern verbliebenen Tiere zu erfassen und in ein Stammbuch einzutragen.
Es entbrannte eine fieberhafte Suche nach den letzten Exemplaren dieser Wildrinderart. Etwa 20 Wisente lebten in England, in Woburn Abbey, wo der

Herzog von Bedford eine Menagerie seltener Tiere unterhielt. Eine zweite Herde tummelte sich im Waldpark von Visegrad, die der Budapester Zoo dort ausgesetzt hatte. Ebenso lebten zwei kleinere Wisentgruppen in schwedischen Naturschutzgebieten in Engelborg und in Lansö. Einige wenige Tiere fanden sich schließlich in der Uckermark auf dem Anwesen des Grafen Arnim von Boitzenburg, weitere auf schlesischem Boden. Zusätzlich fristeten einige Wisente ihr Dasein in zehn verschiedenen europäischen Zoos.

Die Hamburger Zoologin Dr. Erna Mohr wandte sich an die Besitzer von kleinen Tiergärten und Wildgattern, in denen Wisente gehalten wurden, mit der Bitte, die Wildrinder, obwohl sie die Publikumslieblinge und den Hauptanziehungspunkt jeder Tierpräsentation darstellten, doch im Sinne der Erhaltung der Art für Zuchtprojekte freizugeben. Die engagierte Frau erntete für ihre Bemühungen großen Erfolg. Zahlreiche Wisente, die ansonsten, da sie zumeist allein gehalten wurden, nicht für Nachwuchs hätten sorgen können, wurden tatsächlich für die entsprechenden Projekte zur Verfügung gestellt.

So konnten in dem von Priemel eingeführten Stammbuch am 15. Oktober 1922 immerhin 56 Wisente erfaßt werden. Von diesen konnten 22 Stiere und ebensoviele Kühe für die Weiterzucht verwendet werden. Der Rest setzte sich aus überalterten Stieren, kranken Tieren und nicht artreinen Individuen, die zumeist aus Kreuzungen von Wisenten und amerikanischen Bisons hervorgegangen waren, zusammen.

Mit diesen wertvollen Tieren mußten die Spezialisten nun verschiedene Zuchtgruppen aufbauen, wobei die Zuchttiere des öfteren ausgetauscht wurden, um Inzucht zu vermeiden. Zuchtgruppen befanden sich neben diversen anderen in den Zoos von Stockholm, Hannover, Duisburg, Berlin und in München-Hellabrunn. Im Jahr 1930 hielt man bei einem Stand von etwa 70 gesunden und artreinen Wisenten. 1939 konnten ungefähr 150 Tiere gezählt werden. Um zu vermeiden, daß eine plötzlich auftretende Seuche oder ein anderes unvorhersehbares Unglück eine ganze Zuchtgruppe auf einen Schlag vernichten könnte, wurden erwachsene Tiere samt deren Nachwuchs Schritt für Schritt wieder an die ursprünglichen Tiergehege zurückgegeben. Auch dort stellte sich nach kurzer Zeit, zur Freude der Besitzer und der Züchter, Nachwuchs ein. Jedes neugeborene Wisentkalb wurde sogleich peinlich genau in die jeweiligen Zuchtbücher eingetragen.

Doch all diese Bemühungen von Wissenschaftern und die persönlichen Anstrengungen von verschiedenen Einzelpersonen wurden abermals durch einen Krieg weitgehend zunichte gemacht. Nach dem Zweiten Weltkrieg lebten im Jahr 1946 nur noch wenige erwiesenermaßen artreine Wisente: rund 20 Tiere auf dem Besitz des Herzogs von Bedford in England, eine kleine Gruppe von zwölf Tieren im Saupark Springe im Deister bei Hannover sowie eine kleine Herde in Polen. Außerdem fanden sich noch einige wenige Exemplare in verschiedenen Zoos von Schweden, Ungarn, Holland und Deutschland. In Hellabrunn sollen es zehn

Tiere gewesen sein. Insgesamt waren es ungefähr 70 Stück - also ebensoviele wie im Jahr 1930.
Diese Tiere stellten den Ausgangspunkt für die erfolgreichen Nachzuchten reinrassiger Wisente für die „Internationale Gesellschaft zur Erhaltung des Wisents" dar. Unter der Obhut einsatzfreudiger Zoologen gelang es, die Anzahl der Tiere innerhalb weniger Jahre deutlich zu erhöhen. Das Ziel dieser Gesellschaft war es unter anderem, Wisente wieder in der freien Wildbahn auszusetzen. Erste Versuche wurden im Gebiet um Bialowieza durchgeführt. Im Jahr 1960 konnten dort 341, 1978 bereits 875 und 1982 schon mehr als 1000 Wisente gezählt werden. Deren Zahl nimmt weiterhin stetig zu. Aus den Revieren um Bialowieza werden regelmäßig Tiere entnommen, um einerseits die dortigen Bestände in Zaum zu halten und um andererseits Wisente in anderen für sie geeigneten Regionen auszusetzen. Diese Tiere leben in Teilen Polens, Rumäniens und der ehemaligen Sowjetunion. Zudem werden etliche Wisente in Zoos, Tiergärten und Wildgattern gehalten. Darin finden sich sehr oft auch Mischformen von Wisent und amerikanischem Bison. Wisentexperten halten den heutigen Bestand von rund 3000 reinblütigen Wisenten für gesichert. So konnte die Tierart *Bison bonasus*, wenn auch in letzter Sekunde, vor dem Aussterben bewahrt werden.

4. Gründe für die Verfolgung des Wisents

Der Wisent wurde aus denselben Gründen wie der Ur bejagt.

Verlust des Lebensraumes

Ein gemeinsames Schicksal von Wisent und Ur war die Vernichtung ihres Lebensraumes durch den Menschen. Es gab keine Basis für ein friedliches Nebeneinander, denn die Wildrinder verwüsteten als Folge ihrer Lebensraumeinengung die Äcker und Felder der Landwirte.
Auch klagten die Bauern über die Gefährlichkeit der Wisente, besonders über die der Stiere, wenn sie sich den menschlichen Siedlungen näherten, um dort zu äsen. Nicht selten wurden im Winter Schlitten, die mit Heu für das Hausvieh beladen waren, von Wisenten verfolgt und regelrecht belagert. In Polen hatten die Bauern den strengen Befehl, in einem solchen Fall den Schlitten samt Heu, das ihnen später ersetzt wurde, zu verlassen.

Bei einem direkten Aufeinandertreffen von Wisent und Mensch oder Raubtier blieben die Wildrinder für gewöhnlich trotzig stehen und boten dem Feind ihre Stirn. Nur Hornsignale und plötzliches Darauflosreiten konnten den Wisent unter Umständen dazu veranlassen, den Weg zu räumen. Einzelne, an den

Anblick von Menschen gewohnte Wisente machten es sich zum Sport, als Wegelagerer den Bauern das Leben schwer zu machen. Diese Eigenschaften erklären aber auch, warum nicht der Versuch gemacht wurde, diese Wildrinderart zu domestizieren oder zu zähmen. Eine Ausnahme ereignete sich allerdings im Jahr 1740, als ein gewisser Graf Lazar in Hermannstadt, im südlichen Siebenbürgen gelegen, in einem Wagen, vor den Wisente eingespannt waren, zum Landtag vorgefahren sein soll. Die Tiere sollen ein prunkvolles Silbergeschirr angelegt bekommen haben, und die Hörner sollen vergoldet gewesen sein.

Paarungsversuche beim Aufeinandertreffen von Wisent und Hausrind kamen übrigens nur äußerst selten vor. Wisentkühe ließen sich kaum von Hausrindstieren beschlagen, wohl aber Hauskühe von Wisentstieren. Aus Bialowieza wurde berichtet, daß ein Wisentbulle in beharrlicher Manier eine Hauskuh von der Weide bis zum Dorf begleitet hatte...

Die Bejagung

Eine bewährte und wahrscheinlich sehr alte Methode, dieses Wildrind erfolgreich zu fangen und zu töten, war das mühsame Anlegen von riesigen Fallgruben. Im Mittelalter stellten sich bereits einzelne Jäger diesem wehrhaften Wild mit der Lanze, wobei nicht immer der Mensch als Sieger den Kampfplatz verließ. Darüber bei Brehm[8]:

"Ihre Jagd fordert viel Kraft und Schnelligkeit. Man stellt sich hinter Bäume, treibt sie durch die Hunde und ersticht sie sodann mit einem Spieße."

In den folgenden Jahrhunderten wurden zunehmend ausgeklügeltere und treffsicherere Feuerwaffen bis hin zum Maschinengewehr entwickelt.

Als der edle Wisent zunehmend seltener wurde und in vielen Teilen seines einstigen Verbreitungsgebietes bereits verschwunden war, blieb es ausschließlich dem Adel und der dazugehörigen feinen Gesellschaft vorbehalten, Jagd auf ihn zu machen. Im Zuge dieser Entwicklung wurden hohe Strafen auf die unerlaubte Tötung eines Wisents ausgesetzt.

Da sich der Wisent bei der Jagd nicht gut treiben ließ und gelegentlich auch rückwärts durchbrach, führte König August III. (1733–1763) von Sachsen-Polen, ein passionierter Jäger, die sogenannten „eingestellten" Jagden ein: Hierbei saßen die „Jäger" gemütlich auf dem Balkon des Jagdhauses, an dem in unmittelbarer Nähe die Wisente vorbeigetrieben wurden, und schossen sie, ohne auch nur einen einzigen Schritt gemacht zu haben, ab. Die einzige Anstrengung bestand darin, den Abzug zu betätigen. Selbst für den schlechtesten Schützen waren diese großen Tiere ein kaum zu verfehlendes Ziel. So wurden an einem einzigen Jagdtag im Jahr 1744 30 Wisente, im Jahr 1752 sogar 42 Stück regelrecht abge-

SÄUGETIERE

knallt. 20 von ihnen, darunter ein Stier, der 900 Kilogramm wog, schoß die Königin innerhalb weniger Stunden ab, wofür sie von den galanten, edlen Herren sehr gelobt wurde. Nebenbei erfreute sie sich an der Lektüre eines Romanes, da ihr dieses Schauspiel allein anscheinend nicht genug Aufregung und Ablenkung bot.

Der Wisent war eine ebenso beliebte und begehrte Frischfleischquelle wie sein Verwandter, der Ur. Einst half das Wisentfleisch den Menschen zu überleben. Jahrhunderte später war es ein reiner Luxusartikel.
Wisentfleisch wurde nicht nur auf dem Land gegessen, sondern galt auch in den Städten als erlesene Delikatesse. Je weniger Wisentfleisch, bedingt durch die voranschreitende Ausrottung, auf die Märkte gelangte, desto mehr stieg sein Marktpreis an. Auch begannen nun feine Leute, die Wisentfleisch vor Jahren noch verschmäht hätten, sich für dieses, mehr wegen seiner Seltenheit als wegen seiner Erlesenheit, zu interessieren, was zur Folge hatte, daß das inzwischen so teuer gewordene Wildbret auf ihren Gesellschaften aufgetischt wurde. Das Fleisch, im Geschmack angeblich eine Mischung aus Hirsch- und Rindfleisch, war ein begehrter Leckerbissen und diente bald als beliebtes Prestigegeschenk, das an viele fürstliche und königliche Höfe in ganz Europa versandt wurde. Das feinste Stück soll dabei der sehr fettreiche Höcker der Wisente gewesen sein. Der lateinische Name des Wisents – *Bison bonasus* – weist auch auf den Wohlgeschmack dieses Tieres hin, da bonasus soviel wie wohlschmeckend bedeutet.

Wisentleder war in seinem Wert dem des Urleders ebenbürtig, wenn es auch in der Qualität nicht gleichermaßen belastbar gewesen sein soll (vgl. Kapitel „Ur").

Die Tötung eines Wisentstieres, des mächtigsten Tieres Europas, brachte dem Jäger sowohl vor tausenden von Jahren als auch noch im 20. Jh. viel Ruhm, Bewunderung und Ehre im Kreise seiner Mitmenschen und Jagdkameraden ein. Es versteht sich von selbst, daß die bei der Jagd anfallenden Trophäen begehrte Sammelobjekte und Ausstellungsstücke darstellten und somit einen stetig steigenden Wert hatten. Aus Hörnern und Hufen wurden Schnitzarbeiten gefertigt, denen man geheimnisvolle Kräfte zuschrieb. Die Hörner, oft kunstvoll mit Silber beschlagen, dienten als Trinkgefäße und zierten vor langer Zeit die Helme nordischer Völker.

Die Wisententnahmen aus der Natur, die zur Zeit der alten Römer begannen und viele Jahrhunderte später für die Beschaffung von Tieren für die Kampftheater in Berlin, Wien, Paris und in anderen Städten fortgeführt wurden, dezimierten die Bestände dieser Tierart in antiken Zeiten nicht bedrohlich, in historischer Zeit aber bedenklich. (vgl. Kapitel „Ur")

Die beiden Weltkriege im 20. Jh. setzten den schon dezimierten Wisentbeständen arg zu. In den Wirren und Unruhen der Kriegsgeschehnisse stellte das Wildern für professionelle Wilddiebe, Soldaten und hungernde Bauern durch fehlende Aufsichtsorgane eine risikolose und ergiebige Einnahmequelle und auch Nahrungsquelle dar.

Natürliche Ursachen

An natürlichen Feinden haben Wisente den Wolf zu fürchten, der aber nur im Verband gegen einzelne von der Herde isolierte Tiere erfolgreich agieren kann und selbst in großer Überzahl noch oft in die Flucht geschlagen oder sogar durch heftige, gut gezielte Hufschläge sowie Forkler getötet wird. Auch der Bär kann einen geschwächten, kranken oder jungen Wisent schlagen, was aber eher selten der Fall ist. Viel ärger leiden die Wisente unter dem Milliardenheer der Parasiten. Dasselfliegen und Leberegel setzen den Beständen weitaus mehr zu als jedes Raubtier. Weiters sterben vor allem geschwächte Tiere an der Rinderpest, der Maul- und Klauenseuche, der Räude und am Milzbrand.

Harte, schneereiche Winter, in denen sich die Tiere mühsam ihr Futter unter einer hohen Schneedecke suchen müssen, sorgen für weitere Verluste, die aber zur Aufrechterhaltung eines ökologischen Gleichgewichtes notwendig sind, da ansonsten der Wisentbestand überhand nehmen würde.

Zur Fruchtbarkeit der Tiere sei gesagt, daß bei ausreichender Ernährung und günstigen Witterungsbedingungen ein Kalb pro Jahr gesetzt und großgezogen wird. Treten unvorteilhafte Bedingungen auf, so wird nur jedes zweite Jahr ein Junges geboren. 270–274 Tage nach der Befruchtung wird ein Kalb im Mai oder Anfang Juni gesetzt, wobei diese Zeitangaben von Ort zu Ort und von Jahr zu Jahr sehr verschieden sein können. Männchen erreichen ein Alter bis zu 21 Jahren, Weibchen können bis zu 25 Jahre alt werden. Wisente sind ab dem vierten Lebensjahr geschlechtsreif.

Sowohl von seiten der Naturschützer als auch der Jägerschaften bestehen keinerlei Bestrebungen, den Wisent in Österreich wieder heimisch zu machen.

SÄUGETIERE

Der Alpensteinbock

1. Systematik

Steinböcke leben in mehreren Arten in Eurasien und Nordafrika. In Europa sind drei Arten dieser Wildziegen anzutreffen: Der Alpensteinbock (*Capra ibex*), der Pyrenäen- oder Iberiensteinbock (*Capra pyrenaica*) sowie die Bezoarziege (*Capra aegagrus*). Die Bezoarziege ist die Wildform aller domestizierten Ziegen und lebt in Europa auf Kreta und auf einigen Inseln der Ägäis. Sie wurde schon um 7000 v. Chr. in Vorderasien zum Haustier gezähmt und ist möglicherweise im Altertum auf einigen Mittelmeerinseln ausgesetzt worden, wo mehrere von Kreuzungen mit Hausziegen und von vergeblichen Domestikationsversuchen verschonte Populationen erhalten blieben. Auf diesen Inseln diente diese Wildziegenart anlegenden Seefahrern und Rittern der Kreuzzüge als willkommene Frischfleischversorgung. Bedauerlicherweise wurde auch ein Großteil der dortigen Flora durch übermäßige Beweidung ausgerottet.

Abb. 17

Die Bezoarziege nimmt in Körpergestalt und vor allem in der Hornform eine Mittelstellung zwischen Steinbock und Hausziege ein. Steinböcke haben im Gegensatz zu den Bezoarziegen und zu den Hausziegen im Sommerfell keinen gut ausgebildeten Ziegenbart. Lediglich im Winterbalg ist ein kleines Büschel längerer, steifer, nach hinten gerichteter Haare am Kinn zu erkennen.
Der Vollständigkeit halber

seien noch einige afrikanische und asiatische Unterarten des Alpensteinbockes, dessen Nominatform (*Capra ibex ibex*) in den Alpen lebt, aufgelistet[2]:

Capra ibex sibirica	lebt in Zentralasien
Capra ibex nubiana	lebt auf der Arabischen Halbinsel, in Israel sowie in den gebirgigen Teilen Nordostafrikas
Capra ibex cylindriformis	lebt im Kaukasus und wird auch Tur genannt

Der Iberiensteinbock ist dem Alpensteinbock äußerlich sehr ähnlich, unterscheidet sich aber von ihm in der Fellfarbe und durch sein Gehörn, da die Anzahl der Querwülste auf den weitausladenden Hörnern, die zudem noch anders geschwungen sind, niedriger bleibt.

2. Zur Geschichte

Die ältesten Zeugnisse dieses Tieres sind neben vielen Knochenfunden zahlreiche Höhlenmalereien. Eine der bedeutendsten Höhlen mit Eiszeitmalereien ist jene von Niaux am Südostfuß der Pyrenäen. Typische Darstellungen sind die Bilder von zottigen Wildpferdeköpfen und von sehr realistisch wiedergegebenen Steinböcken.

Erste Angaben über diese Tierart liefern die alten Griechen und Römer. Die Römer fingen den Steinbock mit großer Jagdfreude in den Alpen und führten nicht selten bis zu 200 und mehr Stück für ihre Kampfspiele nach Rom mit.
Aus den folgenden Jahrhunderten finden sich keine nennenswerten Angaben über dieses Tier. Erst als der Bestand des Alpensteinbockes allmählich zu schrumpfen begann, beschäftigten sich Gelehrte damit und hielten ihre Erkenntnisse in ihren Büchern fest. So schrieb der Chronist Stumpf im 16. Jh. eine auf eigenen Beobachtungen beruhende Monographie über dieses Tier, die für lange Zeit mustergültig blieb.

Konrad Gesner (1516–65) beschäftigte sich mit dem Leben der Wildziege, wenn auch nicht alles, was er niederschrieb, auf zoologischen Wahrheiten beruhte. Friedrich von Tschudi schrieb über Gesners Ansichten zum gewaltigen Hörnerschmuck der Wildziegen folgendes[7]:

> *„Geßner meinte, das Thier benutze ihn (den Hörnerschmuck) nicht nur, um darauf zu fallen und des Sturzes Wucht zu mindern, sondern auch, um große herabstürzende Steine zu pariren."*

SÄUGETIERE

Gesner hatte überhaupt eigene Vorstellungen, was die Stirnwaffen verschiedener Huftiere betraf. So verbreitete er voller Überzeugung, daß Gemsen, wenn sie verfolgt werden und das Gelände derart beschaffen ist, daß sie weder gehen noch stehen können, sich mit ihren Krickeln im Felsen festhängen und sodann von den heraneilenden Jägern hinabgestürzt werden! Auch die nächste unsachgemäße Schilderung über eine dem Steinbock angedichtete Verhaltensweise entstammt seiner Feder[7]:

> *„Wenn der Steinbock aber merke, daß er sterben müsse, so steige er auf des Gebirges höchsten Kamm, stütze sich mit den Hörnern an einen Felsen, gehe rings um denselben herum, und höre damit nicht auf, bis das Horn ganz abgeschliffen sei, dann falle er um und sterbe also!"*

Außerdem glaubte er, daß der Steinbock die extreme Kälte der höchsten Berge unbedingt zum Überleben brauche, da er ansonsten erblinden würde!

Franziskus Negrinus schilderte in seinem im Jahr 1704 in Leipzig erschienenen Buch „Die von der Natur wohl verschanzte und fast unüberwindliche gefürstete Grafschaft Tyrol" den Steinbock sehr lebendig. Kurt Walde gibt Auszüge aus diesen Betrachtungen in einer in bezug auf die Rechtschreibung von ihm geänderten Version wieder[4]:

> *„Der Steinbock ist das herrlichste Hochwild in den Alp-Gebürgen. Die Ybschgeiß ist des Steinbocks Weiblein oder Gespann. Deren Wohnung ist in aller Höhe auf den unwandelbarsten Felsen bey dem Firn; dann dieses Thiers Natur erfordert Kälte oder es erblindet. Es ist ein schön Thier, schwer von Leibe, beinahe von Gestalt wie ein Hirsch, doch nicht in solcher Größe, hat aber auch raue Schenkel und einen kleinen Kopf wie der Hirsch. Seine Augen seynd schön und klar, von Farb ist er grau und hat scharff gespaltene Klauen wie die Gemsen. Er trägt ein gar schwehr Gehörn oder Geweyh auf seinen Kopff, welches hinterwerts hinaussteht, solche Hörner sind knotticht und haben viele Knöpfe, welche sich mit dem Alter vermehren und jährlich zunehmen, biss endlich ein Horn ungefehr zwantzig und mehr knöpffe überkommet. Eyn recht gross Gewey eines alten Steinbockes soll in die 16 oder 18 Pfund wägen. Es ist ein wunderlich Thier und übertrifft mit Springen die Gembsen soweit, daß es ein Unerfahrener kaum glauben mag. Kein Fels im Gebürg ist so jäh und hoch, der Steinbock kommt in etlichen Springen hinauf, so anderst der Stein so rauh und gut ist, daß er mit seinen Klauen daran hafften kan."*

Die Unwahrheit, daß der Steinbock erblinde, falls er nicht in der Höhe lebt, hat Negrinus von Gesner übernommen.
Weiters tragen Steinböcke kein Geweih wie Rehe und Hirsche, sondern ein Gehörn, das niemals abgeworfen wird. Ein Geweih besteht aus Knochensubstanz, wird alljährlich abgeworfen und wächst sodann nach.

3. Zur Ausrottung des Alpensteinbocks

Chronologie

Westalpen
Ursprünglich war das Steinwild im gesamten Alpenraum, wenn auch für einige Gebiete beweiskräftige Belege fehlen, verbreitet. Im 15. Jh. war der Steinbock, zumindest in den Westalpen, ein noch durchaus häufiges Wild. Doch schon im Jahr 1550 wurde der letzte Steinbock im Kanton Glarus am Glärnisch erschossen und dessen Hörner im Rathaus aufbewahrt. Er war einstmals besonders häufig in den Gebirgen vom Oberengadin, Kleven, Rheinwald, Vals und Bergell. Das Steinwild nahm aber in diesen Gebieten im 16. Jh. dermaßen ab, daß 1612 die Jagd bei 50 Kronen Strafe, für damalige Verhältnisse ein Vermögen, verboten wurde. Diese Maßnahme kam jedoch zu spät, denn bereits wenige Jahre nach ihrer Einsetzung waren alle Bestände vollkommen vernichtet. So fiel 1650 der letzte Steinbock in Graubünden, dessen Wappentier er übrigens war und immer noch ist, der Kugel eines Jägers zum Opfer.
1809 wurde der letzte Steinbock im Berner Oberland erlegt. Eben solange hielt sich das Fahlwild, wie das Steinwild seines helleren gelblichen Winterfelles auch bezeichnet wird, im Kanton Wallis am Monte Rosa bis zum Mont Blanc, wo es bis in die Gebirge von Faucigny hin lebte. So wurden am Monte Rosa um 1745 noch etwa vierzig Stück beobachtet, danach aber fünfzig Jahre lang keines mehr. Das letzte Exemplar dieser Tierart fiel ebenfalls 1809 im Walliser Einfischtal. Somit war der Steinbock zu Beginn des 19. Jh. in der Schweiz ausgerottet.

Ostalpen
Letzte Daten über das Vorkommen des Steinbockes in den Ostalpen:

Vorarlberg: Ende des 16. Jh. im Walsertal.
Nordtirol: Bereits im Jahr 902 wurde erstmals das Recht auf Steinwildjagd im Brixenthal erwähnt.
Das nächste Zeugnis liegt in einem Abgabenbuch, einem sogenannten Salbuch, aus dem Besitz des Herzogs Ludwig mit dem Barte (1416) vor, in dem die Jagd auf das Fahlwild genannt wird.
Um 1540 soll es bei der Martinswand in der Nähe von Innsbruck noch eine Kolonie gegeben haben, von der man aber ab diesem Zeitpunkt nichts mehr gehört hat.
Letzte Bestände hielten sich bis zum Beginn des 18. Jh. im Pitztal sowie in den Inntaler und Lechtaler Alpen.
Ein besonderes Schicksal ereilte eine der letzten Fahlwildpopulationen im Zillertal, das einst der Verwaltung von Salzburg unter-

SÄUGETIERE

stand. Aufgrund der vielen Vorfälle der Wilderei stellte der Erzbischof Guidobald von Thun (Amtszeit 1654–1668) in Salzburg, der die Steinwildjagd dort gepachtet hatte, die Wildziegen unter Schutz. Das ging so weit, daß eigene Hütten für die bestellten Wildhüter auf den höchsten Bergen errichtet wurden. Diese und ähnliche Maßnahmen stellten die Wilderer vor bisher ungewohnte Schwierigkeiten. Schlußendlich zerstritten sie sich untereinander, da keine Möglichkeiten mehr für alle bestanden, zum Schuß zu kommen. Diese Zwistigkeiten arteten in dem sogenannten Wildererkrieg aus, der mehr tote Menschen als Steinböcke zur Folge hatte. Das war der Anlaß, weshalb der Erzbischof, um dem Blutgemetzel ein rasches Ende zu bereiten, befahl, die verbliebenen Tiere bis auf das letzte Exemplar auszurotten. Hinzugefügt werden muß jedoch noch die Tatsache, daß der so um das Wohl der Tiere besorgte Erzbischof im Lauf der Jahre eine Unzahl von Steinböcken fangen ließ und an befreundete Fürsten verschenkte. Das Schicksal dieser Tiere ist leicht vorzustellen, da die Beschenkten weder recht wußten, was mit dem edlen Tier zu tun sei, noch wie es gehalten und gefüttert werden müsse.

Noch 1680 zählte man im Zillertal rund 300 Tiere. 1694 waren es nur mehr 179, und 1706 wurden die letzten zwölf Stück in der Floite und Gunggl eingefangen. Einige Tiere kamen in den Zoo Hellbrunn, andere gelangten als Geschenk an den kaiserlichen Hof in Wien.

Osttirol: 1706 wurde das letzte Tier erlegt.
Salzburg: Ebenfalls bis zum Beginn des 18. Jh. war der Steinbock im Habach-, Hollersbach- und Felbertal anzutreffen.
1710 war das Steinwild im Tennengebirge ausgerottet.
Oberösterr.: Letztes Vorkommen: 1706 Almseegebiet, 1720 Spital am Phyrn.
Südtirol: Letztes Vorkommen: 1830 im Pustertal

Der Alpensteinbock war also zu Beginn des 19. Jh. in den österreichischen und Schweizer Alpen ausgerottet.
Nur in Norditalien, in abgelegenen Teilen des Aostatales, im Gebiet des Gran Paradiso, konnte sich ein Rudel von 56 Stück dieser Tierart erhalten. Der weitsichtige Biologe Albert Girtaner und der Förster Josef Zumstein erkannten den Ernst der Lage. Diese beiden Männer überzeugten König Viktor Emanuel II. von Piemont (1861-1878), den Steinbock unter strengsten Schutz zu stellen. Es gelang dank strenger Bewachung durch 150 königliche Forstbeamte, den Stand von 50 Steinböcken zu halten. Lediglich dem König war es vorbehalten, Jagd auf das Steinwild zu machen! 1880 war der Bestand auf etwa 600 Tiere angewachsen, und die kritischste Phase im Kampf zur Erhaltung dieser Tierart war überwunden. König Viktor Emanuel III. gründete schließlich im Jahr 1921 einen der ersten

Naturschutzparks der Welt – „Gran Paradiso". Unter seiner Regentschaft lebten etwa 4000 Steinböcke in Norditalien. Den oben genannten, voraussichtigen Männern ist es zu verdanken, daß der Alpensteinbock in letzter Minute vor der vollkommenen Ausrottung gerettet werden konnte und diese Tierart nicht ausstarb. Sämtliche 30 000 Steinböcke, die heute in den Alpen leben, gehen auf diese 56 Stück zurück.

Gründe

Der Steinbock war gleichsam, wie das Murmeltier und der Biber, eine **wandelnde Apotheke** und wäre aus der Volksmedizin der letzten Jahrhunderte nicht wegzudenken gewesen. Kaum einem Körperteil dieses Tieres wurden keine heilbringenden Eigenschaften zugeschrieben.

Als Pulver eingenommen, soll das Blut des Alpensteinbocks gegen Blasensteine wahre Wunder vollbracht haben.
Frisch, also flüssig getrunken, soll es die Tugenden des Steinbockes verliehen haben: nämlich Mut, Kraft und Ausdauer. Darum ziert dieses Tier auch unzählige Wappen. Auffallend ist, daß die Gemse, die ebenfalls ein Tier der Gebirge und ein Meister im Springen und Klettern ist, fast nie auf Wappen dargestellt wurde.

Das Herz und das Knochenmark, pulverisiert oder besser noch frisch genossen, sollen Energie und Kraft für alle zu bewältigenden Lebenslagen spenden.

Besonders begehrt war die kreuzförmige Sehnenverknöcherung der Steinbockherzwände, auch als Herzkreuz bekannt. Diesem etwa fingernagelgroßen Gewebestück wurde eine derart geheime Wunderwirkung zugeschrieben, daß es bis heute völlig unergründet blieb, wogegen oder wofür es nützlich gewesen sein könnte. Manche Leute trugen diesen Herzteil wie ein Amulett um den Hals oder an einem Lederband um ein Handgelenk.
Das Herzkreuz soll, in zerriebener Form eingenommen, ungeahnte Manneskraft verleihen. Ähnliches sagt man auch dem Augenstern dieser Tiere nach.

In zerriebenem Zustand eingenommen, soll das Fersenbein des Steinbockes potenzfördernde Wirkung hervorgerufen haben.

Selbst die Exkremente des Steinbocks sollen, in den verschiedensten Variationen eingenommen oder äußerlich am Körper aufgetragen, unzählige Krankheiten und Leiden geheilt haben. So sollen sie gegen Lungenentzündung, Schwindelanfälle, alle Arten von Krebs und selbst gegen die Pest eine heilende Wirkung erzielt haben.

SÄUGETIERE

Die Menschen waren aus verständlichen Gründen keineswegs begeistert, diese Exkremente einzunehmen. Dennoch gaukelten Mediziner und Scharlatane, die über kein zuverlässiges Medikament zur Behandlung der Schwindsucht verfügten, den leichtgläubigen Leuten vor, daß Steinbockdung das wirksamste Mittel gegen dieses Leiden sei. So schlugen sie zwei Fliegen mit einem Schlag. Erstens gab es nun ein öffentlich anerkanntes Mittel gegen die Schwindsucht, und zweitens mußten die geängstigten Leute dieses bei ihnen kaufen, sofern sie nicht sterben wollten.

Somit war der Steinbockkot ein sehr begehrtes Naturprodukt, was nicht heißen muß, daß nicht ein findiger Bauer seinen Hausziegenmist als Steinbockmist verkaufte. Auch erzielten listige Apotheker mit solchen Fälschungen, die sie für billiges Geld auf dem Schwarzmarkt erstanden, erheblichen Profit. Wählten verantwortungsvolle Mediziner aber den ehrlichen Weg, so beauftragten sie einen Hirtenjungen oder einen Senn, die Exkremente, die in Steinbockrevieren in Unmengen zu finden waren, zu Tal zu bringen. Es versteht sich von selbst, daß hierbei ebenso betrogen wurde und wiederum Ziegenmist in die Hände der hoffnungsvollen Ärzte gelangte, was sich aber nicht negativ bei der Behandlung der Patienten auswirkte, da keine der beiden Dungarten heilende Wirkung aufzuweisen hatte.

An dieser Stelle soll erwähnt werden, daß der bereits genannte Bischof Guidobald von Thun und seine nachfolgenden Amtskollegen in Salzburg förmlich eine „Steinbockapotheke" unterhielten, in der alle möglichen Körperteile des edlen Wildes sowie viele andere Wundermittel, die die Natur vermeintlich zu bieten hatte, um teueres Geld an die gutgläubigen Leute verkauft wurde.

Aus dem Steinbockhorn geschnitzte Schmuckstücke, insbesonders Ringe, galten als Vorbeugungsmaßnahmen gegen fast alle erdenkbaren Krankheiten.
Trinkbecher aus Steinbockhorn sollen demjenigen, der daraus trank, Steinbocktugenden übertragen haben. Ebenso war man, falls man aus solch einem Gefäß trank, gegen allfälliges Gift im Trunk immun, und falls man schon giftige Substanzen zu sich genommen hatte, trank man daraus das rettende Gegenmittel.
Zu Pulver zerrieben, stellte es ein Heilmittel gegen Koliken, Vergiftungen und gegen Podagra, die Fußgicht bzw. das Zipperlein, dar.
Weiters galt Steinbockhorn, sowohl in zerriebener Form als auch in jeder nur denkbaren anderen Konsistenz, als eines der begehrtesten Potenzmittel dieser Tage und wurde teilweise sogar mit Gold aufgewogen.
Vor allem in Salzburg begann man im 17. Jh. den wertvollen Hornstoff dieser Tierart künstlerisch zu verarbeiten. Die mächtigen Hörner wurden ausgehöhlt, an der Außenseite poliert, wobei die engsitzenden Knoten besonders zur Ausarbeitung von Darstellungen in Hochreliefform ausgenützt worden sind. Es entstanden Pokale, Tafelaufsätze, Dosen, Trinkgefäße und Pulverhörner, die in edle Metalle gefaßt, als Zier- und Gebrauchsgegenstände hohe Preise erzielten.

SÄUGETIERE

Selbst der Magenstein, der sich im Laufe des Lebens eines Steinbockes, und zahlreicher anderer wiederkäuender Paarhufer, aus verschluckten Haaren, Steinchen, Kalksalzen, Harzen, Pflanzenfasern und anderen unverdaulichen Materialien gebildet hatte, wurde verwertet. Diese sogenannten Bezoarkugeln entstehen in den Mägen vieler Paarhufer, doch lediglich die des Steinbockes sollen angeblich erfolgreich gegen mancherlei Krebsgeschwüre eingesetzt worden sein.

Das **Fleisch** des Fahlwildes, insbesonders das der Kitze, soll eine Delikatesse sein, im Geschmack dem des Hammels ähnlich, nur derber und saftiger, mit einem nicht aufdringlichem Wildaroma.

Das **Fell**, auch als Decke bezeichnet, war wohl nur in jenen Tagen ein weiterer zusätzlicher Grund zur Jagd, als es noch als Kleidungsstück verwendet wurde. Der Mann vom Hauslabjoch, der vor weit mehr als 5000 Jahren lebte, hatte neben einer Bärenfellmütze auch Kleidungsstücke aus Steinwildfell getragen.

Die Jagd nach **Trophäen** war mit ein Grund für den ständigen Rückgang der Steinbockpopulationen.
Einen besonderen Stellenwert nahm das Gehörn ein, das einen Ehrenplatz im Haus bekam, sofern es nicht zu Medizin verarbeitet oder verkauft wurde. Es kann bis zu zehn Kilogramm schwer werden und eine Länge bis zu einem Meter erreichen. Der Hornquerschnitt ist dreieckig, und die Frontseite ist in zahlreiche Querwülste unterteilt. Diese entstehen durch das jahreszeitlich unterschiedliche Futterangebot. Sie können aber nicht zur Altersbestimmung herangezogen werden, da mehrere solcher Wülste innerhalb eines Jahres ausgeschoben werden können. Die Einbuchtungen an der Horninnen- sowie Rückseite geben Aufschluß über das Alter des jeweiligen Tieres. Steinböcke werden in der Regel 12–15, im Höchstfall 18 Jahre alt, wobei Weibchen ein durchschnittlich höheres Alter erreichen. Weibliche Tiere haben kleine säbelförmige, bis zu 30 Zentimeter lange Hörner. Das Gehörn dient der Verteidigung sowie dem Kampf der Böcke untereinander.

Anlaß zur Jagd waren auch die vielen Forderungen nach Bälgen, Hörnern und ausgestopften Exemplaren von Museen, Naturkabinetten, Gelehrten und begüterten Privatpersonen. Je seltener der Steinbock wurde, desto häufiger kamen derartige Anfragen und desto höher fiel die Entlohnung aus. Noch etwa um das Jahr 1850 hat der Naturforscher Nager in Andermatt in wenigen Jahren 40 Exemplare, wahrscheinlich aus dem Gebiet um den Monte Rosa, erhalten und größtenteils an ausländische Museen weiterverkauft. Aus alten Graubündner Urkunden geht hervor, daß der österreichische Burgvogt auf der Feste Castels von Zeit zu Zeit Steinböcke in das Tiergehege von Innsbruck, das von einigen Adeligen unterhalten wurde, zu schicken hatte. Ebenfalls wurden, wie schon erwähnt, zahllose Tiere gefangen, um als außerordentliches Gastgeschenk zu dienen.

SÄUGETIERE

Lebensraumverlust:
Von den ungefähr 90 Säugetierarten Mitteleuropas leben etwa 60 im Alpenraum. Von diesen 60 wiederum leben lediglich sechs im Hochgebirge:

Alpenspitzmaus	– *Sorex alpinus*
Schneehase	– *Lepus timidus*
Alpenmurmeltier	– *Marmota marmota*
Schneemaus	– *Microtus nivalis*
Gemse	– *Rupicapra rupicapra*
Alpensteinbock	– *Capra ibex*

Diese Tierarten leben nicht uneingeschränkt in dieser Zone. Der Schneehase zog, als das Ende der Eiszeit hereinbrach und das Eis nach Norden wanderte, diesem nach, oder er rettete sich auf Kälteinseln, wie sie zahlreich in den Alpen vorhanden waren. Ebenso zog das Murmeltier in der abklingenden Eiszeit von den Tundrasteppen hinauf zu den Alpenhochweiden und ist somit kein „echtes" Hochgebirgstier. Die Gemse lebte ursprünglich in den Mittelgebirgs- und Gebirgswäldern und nahm das Hochgebirge nur als Zufluchtsstätte vor dem Menschen als Lebensraum an.

Echte und ausschließliche Hochgebirgstiere sind somit die Alpenspitzmaus, die Schneemaus und der Alpensteinbock. Die beiden ersteren benötigen zum Überleben genügend Feuchtigkeit und niedrige Temperaturen. Diese Bedingungen finden sie in den Geröll- und Felsspalten, die auch guten Schutz vor Feinden bieten. Das Hochgebirge ist für diese beiden Arten somit eine geeignete Überlebensnische. Der Alpensteinbock hingegen paßte sich während der Eiszeit den Bedingungen in diesem extremen Lebensraum an. Er spezialisierte sich auf das Klettern und Springen in den Felsen und erwarb die Fähigkeiten, die lebensfeindlichen Wetterbedingungen zu ertragen und das geeignete Futter zu finden. Somit kann behauptet werden, daß der Alpensteinbock das einzige „reine" Hochgebirgssäugetier der Alpen ist.

Genau dieses Biotop, das Hochgebirge, wurde ebenso wie die tiefer gelegenen Stufen durch den Menschen beeinflußt und verändert. Dieser drang im Laufe der Jahrhunderte immer tiefer in den Alpenraum ein und scheute nicht davor zurück, selbst die entlegensten Täler zu besiedeln oder zu nutzen. Bauern trieben immer mehr Vieh auf die Almen, die durch die Begrenztheit der Täler stetig höher erschlossen wurden. Eben diesen Lebensraum mußte der scheue Steinbock Stück für Stück aufgeben. Diese Tierart war nun gezwungen, die extremsten Randbereiche des Hochgebirges, wo Wetterbedingungen, Lawinen- und Schneebrettabgänge sowie Steinschlag höheren Tribut zollen, aufzusuchen, was zur Folge hatte, daß die ohnehin schon geschwächten Populationen noch mehr gefordert und dezimiert wurden.

SÄUGETIERE

Natürliche Ursachen
Normalerweise genießen Steinböcke den Schutz der Herde, die sich aus 6–15 Geißen und deren Nachkommenschaft aus den letzten zwei Jahren zusammensetzt. Ältere Böcke sind Einzelgänger, die sich nur im Spätherbst und Winter diesen Verbänden anschließen.
Grundsätzlich haben Steinböcke zwei Arten von unterschiedlichen Feinden zu unterscheiden: **Boden- und Luftfeinde**.
Nähern sich Bodenfeinde, so flüchtet das Steinwild zur nächstgelegenen Felswand. Haben sie diese erreicht, klettern sie nur ein paar Meter in die Höhe, da sie wissen, daß kein Feind ihnen dorthin folgen kann. Sollte es dennoch einer versuchen, so entkämen sie ihm mit Leichtigkeit. Von dort oben behalten sie das Raubtier oder den Menschen im Auge. Oft wurde berichtet, daß sie in dieser Lage Steine abgetreten haben sollen, um den Feind zu erschlagen oder zu vertreiben. Dies kann passieren, aber niemals durch Berechnung, sondern lediglich durch Zufall. Dieses Fluchtverhalten hat sich Jahrtausende bestens bewährt, endete aber mit einer Katastrophe, als der Mensch mit einem Gewehr am Fuß der Felswand stand. Für ihn ist es nun ein leichtes, sich das gewünschte Tier aus der Herde herauszusuchen und in aller Ruhe zu warten, bis sich eine optimale Abschußmöglichkeit bot.
Der Braunbär, der Nordluchs und der Wolf wurden vor oder zur gleichen Zeit mit dem Steinbock ausgerottet. Diese Großraubtiere besiedelten nicht das Hochgebirge und konnten höchstens zufällig, wenn sich eine Steinwildgruppe zur Äsung in tiefere Lagen gewagt hatte, ein krankes oder altersschwaches Tier erbeuten, das im Fortpflanzungsgeschehen der Herde keine Rolle mehr gespielt hätte. Selbst stiegen die Raubtiere, am ehesten noch der Luchs, nur sporadisch in große Höhen auf, um Beute zu schlagen.

Als Luftfeind bleibt der Steinadler, auch er in seinen Beständen stark reduziert, zu erwähnen. Dieser Greifvogel ist in der Lage, ein unvorsichtiges Kitz zu schlagen, das sich ab einem Alter von zwei Wochen etwas weiter von seiner Mutter zu entfernen wagt. Steinadler jagen oft paarweise, wodurch sie in der Lage sind, ein einzelnes Muttertier mit ihrem Kitz durch Täuschungsmanöver so abzulenken, daß das Junge letztendlich einem der Vögel zum Opfer fällt. Sind aber mehrere Geißen mit ihren Kitzen zusammen, wird es selbst für zwei Steinadler unmöglich, ein Jungtier zu schlagen. Bei Gefahr pfeifen die alten Steingeißen, ähnlich den Gemsen, aber schärfer und weniger ausgezogen. Bei heftigem Schreck geben sie einen eigentümlichen Laut von sich, der wie ein kurzes, scharfes Niesen anmutet. Daraufhin laufen die Geißen samt Jungen zum nächsten Felsblock und richten ihre Hörner gegen die Adler, wobei sie sich an den Schatten der Vögel orientieren. Werden sie auf offenem Gelände überrascht, bilden die Muttertiere einen Kreis, in dessen Mitte die Jungtiere Schutz vor den Greifen finden.
Werden Steinböcke hingegen von Luftfeinden in einer Felswand überrascht, dürfen sie nicht, wie bei der drohenden Gefahr durch Bodenfeinde, an ein und der-

selben Stelle verweilen, sondern müssen einen Platz aufsuchen, wo sie einen sicheren Stand haben und sich verteidigen können. Der Steinadler weiß nur allzu gut ein junges Kitz, auch wenn es in unmittelbarer Nähe der Mutter steht, zu ergreifen oder durch die Wucht seiner mächtigen Schwingen in die Tiefe zu reißen. Gelegentlich geschieht es, daß halbwüchsige, ja selbst erwachsene Tiere durch die heranfliegenden Adler derart irritiert werden, daß sogar erfahrene Alttiere zur Beute der Greifvögel werden.

Alljährlich fallen viele Tiere **Naturkatastrophen** zum Opfer. So wurden im Zillertal in den Jahren von 1683 bis 1694 mindestens 53 Tiere nachweislich von Lawinen begraben. Wieviele es wirklich waren, ist nicht festzustellen. Laut Schätzungen von Experten gehen heute im Alpenraum, wo etwa 30 000 Stück leben, jährlich ungefähr 700 Stück Steinwild durch Lawinen zugrunde. Die Tiere versuchen, sich in den gefährlichen Jahreszeiten möglichst auf sehr steilen Süd- und Südwesthängen, wo der Schnee abrutscht und verweht wird, aufzuhalten, können aber der Unvorhersehbarkeit solcher Naturgewalten nur bedingt ausweichen. Gesunden Populationen schaden solche Verluste nicht. Im Gegenteil, sie halten das natürliche Gleichgewicht aufrecht und verhindern die übermäßige Vermehrung. Empfindlich werden hingegen Populationen getroffen, die durch den Menschen schon arg reduziert wurden. Derartige Gruppen können durch wiederholte Verluste dieser Art gänzlich erlöschen.

Einen weiteren natürlichen Auslesefaktor stellt der harte Winter im Gebirge dar. Die Tiere mästen sich zwar im Sommer und vor allem im Herbst genug Körperfett an, was aber noch lange keine Garantie ist, um in diesem extremen Lebensraum zu überleben, wobei sie immerhin eine trockene Kälte bis zu minus 30°C ertragen. Schwache und junge Tiere, die nicht mehr in der Lage sind, unter einer oft meterhohen Schneeschicht Gräser und Flechten mit ihren Hufen freizulegen, gehen zuerst zugrunde. Aber auch starke Alttiere erleben nicht immer den nächsten Frühling. Ausgelegtes Futter nehmen Steinböcke nur in ärgster Bedrängnis an.

Es verhält sich keineswegs so, wie man vielleicht meinen möchte, daß ein junger Steinbock geboren wird und nach kurzer Zeit genauso mühelos und leichtfüßig wie seine älteren Artgenossen in den Felswänden umherspringt. Ein Neugeborenes muß das Klettern und das sichere Bewegen in seinem Lebensraum erst erlernen. Dies geschieht durch Imitationsverhalten und Anweisungen der Alttiere in den „Kletterschulen". Bei diesen Unterweisungen legt das eine Jungtier mehr Talent an den Tag als ein anderes. Ungefähr fünf Prozent der jungen Steinböcke stürzen bei den ersten Klettererfahrungen durch Mißgeschick oder Unachtsamkeit zu Tode. Haben die Jungen diese kritische Lernphase überwunden, sind sie wahre Kletterkünstler.

Steinböcke sind zu diesen lebensnotwendigen Fähigkeiten auch bestens ausgerüstet: Ihre Hufe sind unterseits etwas hochgewölbt und schmiegen sich jeder

SÄUGETIERE

Bodenunebenheit an. Die beiden Trittzehen sind stark spreizbar und haben einen harten scharfkantigen Rand, mit dem sie auf noch so kleinen Vorsprüngen sicheren Halt finden. Ein junger Steinbock springt einem Mann ohne Mühe auf dessen Kopf und steht dort sofort fest. Es bereitet einem Steinbock keinerlei Mühe, auf der Kante einer Tür zu stehen oder auf einer handtellergroßen Fläche eine Drehung von 360 Grad zu machen.

Steinböcke wie Gemsen können von einer tückischen Augenkrankheit, die nach wenigen Wochen zur Blindheit führt, befallen werden. Für ein Augentier wie den Steinbock, der sich in schwierigstem Gelände mit Hilfe seines Gesichtssinnes fortbewegt und Sprünge über mehrere Meter zentimetergenau plant, ist eine derartige Krankheit das sichere Todesurteil. Die meisten von diesem Leiden befallenen Tiere stürzen schon in einem Frühstadium zu Tode.

Die **Nachwuchsrate** bei Steinböcken ist so eingependelt, daß trotz der Verluste durch Feinde und Dezimierung durch natürliche Ursachen diese groß genug ist, um den Fortbestand der Art zu sichern. Werden aber zusätzlich immer wieder etliche Tiere durch menschliche Bejagung der Gruppe entrissen, so reicht nach kurzer Zeit die Geburtenrate nicht mehr aus, um ein in Hinsicht auf die Fortpflanzung überlebensfähiges Rudel zu stellen.

Steinbockweibchen erreichen in freier Wildbahn die Geschlechtsreife in einem Alter von eineinhalb bis zwei Jahren, Männchen mit zweieinhalb Jahren. Die Geschlechtsreife kann bei einzelnen Tieren auch wesentlich später eintreten. Wenn ein Geißenrudel sehr groß ist, werden nicht alle Weibchen, vor allem nicht die jüngeren, vom dominanten Bock, dem sogenannten Alphabock, befruchtet. So wird in kleinen Herden das erste Kitz im dritten Lebensjahr einer Geiß gesetzt, wobei in größeren Herden die erste Geburt erst im sechsten Lebensjahr erfolgen kann. Dies hat seinen Sinn darin, daß nicht zu viele Individuen auf einmal in einem begrenzten Lebensraum auftreten können.

Eine Geiß wirft pro Jahr etwa Ende Mai, Anfang Juni nach fünfmonatiger Tragzeit ein Kitz, das sie etwa sechs Monate lang säugt. Manchmal werden auch Zwillinge geboren. Trotz dieser ermutigenden Zahlen reicht diese Quote bei Überbejagung nicht aus, um ein fortpflanzungsmäßig gesundes Rudel zu erhalten.

Die Steinbockjagd

Von der Jagdleidenschaft des Menschen hing einst sein Überleben ab. Menschen jagten zum Beispiel den Biber, weil sie dessen Fell und Fleisch haben wollten, und nicht, weil die Jagd auf dieses Tier spannend oder aufregend verlief. Ure und Wisente wurden hauptsächlich wegen ihres Fleisches und ihrer Häute bejagt. Der Adler wurde vom Himmel geschossen, um die Lämmer zu schützen, und das Raubwild wurde niedergestreckt, um das Vieh nicht zu verlieren. Die

SÄUGETIERE

Steinbockjagd hingegen war eine Jagd um ihrer selbst Willen. Anfangs, als der Alpensteinbock noch zahlreich die Gebirge bevölkerte, war die Jagd auf den Steinbock eine Alltäglichkeit. Doch je seltener und scheuer dieses Wild wurde, desto schwieriger wurde dessen Bejagung, die schließlich in eine Besessenheit, in ein Sich-Messen mit einer edlen, schlauen Kreatur, in einen Kampf gegen die Natur, das Wildtier und zu guter letzt gegen sich selbst ausartete.
Steinbockjäger berichteten mit glasigem Blick, daß es kein schöneres Gefühl gäbe, als den Augenblick, in dem der getroffene Bock zu Boden bricht. Wochenlang nahm mitunter der Weidmann die Verfolgung auf, belauschte Schritt und Tritt des Tieres und ertrug unsägliche Qualen des Hungers, des Durstes, der Kälte und der Müdigkeit. Er hatte die ganze entbehrungsreiche Zeit nur ein Ziel vor Augen, das ihm die Kraft gab, diese Torturen auszuhalten: Den geschossenen Bock zu Tal zu tragen.
Im 17. und zu Beginn des 18. Jh. war im Kanton Wallis, wo sich die Wildziegen besonders lange hielten, fast jeder Bauer zugleich ein eifriger Steinbockjäger. Sie gingen in kleinen Gruppen im Herbst, wenn das Wild am fettesten war, zum Monte Rosa oder, falls sie von italienischen Jägern unbemerkt blieben, in die piemontesischen und savoyischen Alpen. In beiden Gebieten lebten noch viele Steinböcke; die Jagd auf sie war hingegen verboten. Wurden Wilderer auf frischer Tat ertappt, wurden sie zu harten Strafen, wie monatelange Zwangsarbeit und Galeerendienst, verurteilt. In manchen Fällen wurde den Wilddieben sogar eine Hand abgehackt.

Nur mit größter List und Vorsicht, mit wenig Proviant versehen, durchstreiften Steinbockjäger viele Tage lang, nicht selten sogar zwei Wochen, die unzugänglichen Höhen. Diese Männer übernachteten an der Schneegrenze ohne Obdach und schützten sich vor dem Erfrieren, indem sie Steine trugen und viele andere Bewegungen mit ihren ausgelaugten Körpern machten. Meist schliefen sie auf den bloßen Steinen und Felsbrocken oder aber im Stehen, indem sie sich gegenseitig umschlangen, um nicht in den Abgrund zu stürzen. Die unerschrockenen Leute nahmen die Gefahren des Steinschlages und der Gletschertücken auf sich und oftmals verstiegen sie sich, dem Wild folgend, in den Felswänden. Sie umgingen das Steinwild, wenn der Wind für sie ungünstig stand, und versuchten stets höher als dieses im Gebirge zu stehen, damit es keine Witterung von ihnen bekam. Dies bedeutete, daß die Jäger früh am Morgen, oft auch schon in der Nacht, auf den höchsten Bergkämmen sein mußten, um überhaupt mit ihren einfachen Gewehren eine Schußgelegenheit zu bekommen.
All diese Strapazen nahmen diese Bauern, die sicherlich schon allein mit der Bewirtschaftung ihrer Höfe ein hartes und entbehrungsreiches Leben führten, auf sich, um einen Bock zu schießen.

Als die Steinbockbestände schon stark im Abnehmen waren, forcierten die Jäger zunehmend Kreuzungen zwischen Steinböcken und Hausziegen, um auf diese

Weise nicht gänzlich auf die Jagd auf dieses edle Wild verzichten zu müssen. In den zwanziger Jahren des 19. Jh. gedieh in den Stadtgräben von Bern eine Steinbock-Ziegenbastardzüchtung. Die daraus hervorgegangenen Blendlinge wurden gerne ausgesetzt, weil sie sich viel leichter als der Steinbock bejagen ließen, aber der Zauber dieser einzigartigen Jagd ansatzweise immer noch zu spüren gewesen sein soll.

Steinböcke paaren sich sowohl in freier Wildbahn als auch in Gefangenschaft mit Ziegen und zeugen zumeist fruchtbare Bastarde. Diese Blendlinge sind in der Regel zahm, leichter, stärker und lebhafter als junge Ziegen. Steinböcke meiden seltsamerweise die Anwesenheit von Gemsen, scheuen sich jedoch keineswegs, sich unter weidende Ziegenherden zu mischen.

Von Hand aufgezogene und mit Ziegenmilch gefütterte sowie gezähmte Steinböcke wurden in vergangenen Tagen mit den Ziegenherden auf die Berge getrieben. Diese Tiere kehrten bei Almabtrieb im Herbst freiwillig zurück. Reiche Gutsherren trachteten an Steinböcke zu gelangen, die sich ebenfalls mit ihren Ziegen paaren sollten. Sie hofften, daß die Haustiere auf diesem Weg widerstandsfähiger würden. So scheuten diese Leute auch nicht davor zurück, große Geldsummen an Jäger auszuzahlen, die tagelang trächtige Steingeißen beobachten mußten. Hatte eine Geiß ihr Kitz geboren, so eilten sie schnell, noch bevor es trocken war und fliehen konnte, zu ihm hin und steckten es in ihren Ranzen. Lediglich alte Männchen, die Steinbockblut in ihren Adern haben, werden mit zunehmendem Alter störrisch und mitunter auch für den Menschen gefährlich.

Wiederum finden sich bei Tschudi ergiebige Aufzeichnungen über Steinbockjagden[7]: Der Jäger Alexis de Caillet aus Salvent im Aostatal erzählte eine seiner letzten Steinbockjagden Anfang des neunzehnten Jahrhunderts folgendermaßen:

"Am 7. August ging ich über den großen St. Bernhard nach den Gebirgen von Ceresolles an den Grenzen Piemonts. Hier durchirrte ich den ganzen Monat alle Gegenden, wo Steinböcke sich aufzuhalten pflegen, ohne auch nur eine Spur zu finden. Endlich entdeckte ich solche auf den Gebirgen, die Piemont von Savoyen scheiden. Ich konnte mich nicht entschließen, ganz alleine diese wilden und höchst gefährlichen Felsen zu durchsteigen und suchte noch drei andere Jäger auf. Es war am 29. September, da wir endlich über die rauhesten Felsenstiege neben fürchterlichen Abgründen in dem Reviere der Steinböcke anlangten, und nicht lange dauerte es, so erblickten wir fünf Stück beieinander. Zugleich erhob sich aber auf einmal ein eisiger Sturm und im Augenblick war alles schuhhoch mit Schnee bedeckt. Jetzt war es gleich gefährlich, vorwärts und rückwärts zu gehen, und wir standen eine gute Weile da, ungewiß wozu wir uns entschließen sollten. Doch die Begierde und Hoffnung, unser flüchtiges Wild zu erreichen, trieb uns vorwärts. An einer Felsenwand, die in die finstere Tiefe eines gräßlichen Abgrundes sich lothrecht hinabsenkte, zeigte der schräg gegen den Schlund geneigte Vorsprung einer Felsenschicht – kaum so breit, um einem Fuße Raum zu geben – die einzige Möglichkeit, dahin zu gelangen, wo wir unser Wild erblickt hatten. Das

Gefahrvolle dieses schmalen Pfades war noch durch den frischgefallenen Schnee, der den glatten Schieferfelsen noch schlüpfriger machte, vermehrt worden, wenn wir auch, an schwindelnde Wege gewöhnt, uns nichts daraus machten, daß jedesmal, wenn der linke Fuß sich festzustellen versuchte, der rechte mit der ganzen Hälfte des Leibes frei über dem Abgrund schweben mußte. Doch wir hatten, um unser Ziel zu erreichen, keinen andern Weg zu wählen. Langsam und still waren wir Einer hinter dem Anderen schon eine ziemliche Strecke fortgeschritten, als auf einmal unser Vordermann durch einen falschen Tritt das Gleichgewicht verlor und unaufhaltbar in die Tiefe stürzte. Dumpf und gräßlich hallte der letzte Schrei des Fallenden aus dem Abgrunde zu uns herauf; aber wir konnten ihn nicht mehr sehen. Da ergriff uns ein Schauer des Entsetzens, und nicht viel fehlte, so wären wir ihm nachgestürzt.- Doch ermannten wir uns; behutsam zogen wir uns zurück auf dem verhängnisvollen Pfade, und mit unsäglicher Anstrengung gelang es uns, unser Leben zu retten. Die Jagd ward aufgegeben. Vergeblich suchten wir lange unseren unglücklichen Gefährten."

Alexis de Caillet mußte dieses schreckliche Erlebnis bald überwunden haben, da er schon im darauffolgenden Jahr abermals auf Steinbockjagd ging:

"Du willst doch, dachte ich, ein andermal nicht so spät im Jahre jagen und rückte daher im nächsten Sommer schon am 26. Juli aus. Wiederum überstieg ich die Gebirge bis an die Grenzen Piemonts. Nachdem ich hier einige Tage lang die wilden Einöden vergebens durchstrichen hatte, glaubte ich endlich am Fuße eines fast unersteiglichen Stockes einige Spuren zu bemerken. Mit einigen Lebensmitteln versorgt, suchte ich unter unsäglicher Mühe den Felsen zu erklimmen. Vom frühen Morgen arbeitete ich mich höher und höher hinauf, kam aber erst mit einbrechender Nacht in eine Höhe, wo ich hoffen durfte, mein Wild zu überlisten. Ich suchte mir also unter einem Felsen ein Lager für die Nacht, wo ich gegen den heftig schneidenden Wind nothdürftig geschützt war. Ein Bissen trockenes Brod und ein Schluck Branntwein war, wie gewohnt, mein Nachtessen. Bald schlief ich ein, aber nur auf einen Augenblick, und harrte dann zähneklappernd des Morgens. Ich durfte nicht daran denken, ein Feuer anzuzünden; denn dadurch hätte ich mein Wild verscheucht, – zudem standen die letzten Tannen 3–4 Stunden unter mir. Bewegung allein konnte mir helfen. Ich lief, so weit es der Raum verstattete, trug Steine von einer Stelle zur anderen, sprang hinüber und herüber und rettete mich so vor dem Erfrieren.

Als endlich der langersehnte Tag anbrach, stellte ich meine gymnastischen Uebungen ein und wartete mit Ungeduld auf meine Steinböcke, deren zahlreiche Spuren mich mit neuer Hoffnung belebten. Allein – nirgends ließ sich einer sehen. Ich streifte umher, fand den ganzen Tag Spuren, aber kein Thier. Ich bezog mein voriges Nachtquartier und schlief fast bis zum Anbruch des Tages. Rasch sprang ich auf und ergriff mein Gewehr. Zu meinem Aerger bemerkte ich, daß mich die Thiere zum Besten hatten: sie waren dagewesen und hatten ganz in der Nähe unter dem Schirm der Nacht geweidet. Mein Mundvorrath war ganz aufge-

zehrt, und doch wollte ich nicht vom Platze weichen. Spähend brachte ich den Tag zu; beim schwachen Schimmer der Dämmerung endlich gewahrte ich in schußgerechter Entfernung mein Wild. Ich schlage an, mein Schuß trifft – aber tödtet nicht, und in dem Augenblicke ist das verwundete Thier mit mächtigen Sprüngen pfeilschnell verschwunden, und da es zu finster war, es zu verfolgen, mußte ich noch eine Nacht auf dieser Höhe zubringen.

Mit dem Grauen des Tages begann ich meine Nachforschungen, und bald belebte mich die blutige Spur mit sicheren Hoffnungen. Allein erst gegen Mittag erblickte ich meine Beute neben einem Felsblock liegend. Das Thier sprang auf, that einige Sätze und legte sich dann wieder. Auf dem Bauche fortkriechend näherte ich mich auf Schußweite. Es schien mich zu bemerken und sprang auf, – meine Kugel streckte es wieder zu Boden und so sah ich mich endlich im Besitz der Beute, der ich zwanzig Tage lang nachgestellt. Unter vielen Gefahren gelangte ich mit ihr nach Hause, da ich mich, als Jäger in fremdem Revier, nur durch die unwirthbarsten Gegenden gegen das Wallis schleichen durfte und mich des Tages meist in dichten Wäldern verbergen mußte."

Hatte der Jäger endlich seinen Bock geschossen, so weidete er ihn unverzüglich aus, band dessen vier Läufe mit einem Riemen zusammen, streifte diesen über die Stirn und band den Kopf mit den schweren Hörnern hinten fest, damit die Last nicht durch ihr Schwanken den Abstieg, der ohnehin schon mühevoll und gefährlich genug war, zusätzlich erschwerte. Ein ausgewachsener, unausgeweideter Bock kann immerhin 75–100, eine Geiß bis zu 60 Kilogramm wiegen.

4. Die Wiederansiedelung des Alpensteinbocks

Schweiz

Zu Beginn des 20. Jh. wollte der Schweizer Jäger- und Forstverband das Steinwild in der Eidgenossenschaft wieder heimisch machen. Doch ihre Anfragen um eine Entnahme einer Zuchtgruppe aus den gesicherten Beständen im Aostatal wurden von den Italienern zurückgewiesen. So griffen die Schweizer 1906 zur Selbsthilfe. Sie bestachen italienische Wilderer, die ihnen beim Fang von Steinböcken mit Rat und Tat zur Seite standen, und raubten im Schutze der Nacht drei Jungtiere. Diese bildeten den Grundstock für eine Nachzucht in Tierparks, die prächtig gedeihen sollte. Bereits im Jahr 1911 wurden die ersten Alpensteinböcke in den Grauen Hörnern in den Glarner Alpen ausgesetzt. Im Gebiet um den Piz Albris schien es den Tieren besonders gut zu behagen. Unter dem Schutz der

SÄUGETIERE

dortigen Jagdaufseher und Wildhüter wuchs die Kolonie stetig an und erreichte dreißig Jahre später eine Stückzahl von 500 Tieren. Hierbei wurde beobachtet, daß das Steinwild sein Areal nur langsam ausdehnte. Natürliche Barrieren wie Täler, Flüsse und Gletscher wurden dabei erstaunlicherweise von den Tieren nicht überquert. Die Zahl der Steinböcke nahm ständig zu, und infolge der zu hohen Individuendichte wurden bereits erste Verbißschäden vermerkt. Abermals mußten Steinböcke eingefangen und an geeigneten Stellen wieder freigelassen werden.

In den darauffolgenden Jahren, als bereits viele Steinwildrudel die Schweizer Fauna bereicherten, gaben die freigebigen Eidgenossen zahlreiche Zuchtgruppen an ihre Nachbarländer weiter.

Österreich

In Österreich existierten bereits im Jahr 1932 36 Kolonien des Fahlwildes. Weitere später erfolgte Wiedereinbürgerungsversuche in Österreich:

➤ *Nordtirol:*
- Plansee bei Reutte
- Pitztal
- Kaunertal
- Lechtaler Alpen bis hin nach Vorarlberg
- Karwendel
- Zillertal: Ursprünglich sollten dort bereits in den dreißiger Jahren Steinböcke ausgesetzt werden, was aber durch den Zweiten Weltkrieg vereitelt wurde. 1976 wurden die ersten acht Tiere ausgesetzt. 1977 folgten acht weitere. Im Winter 1980/81 wütete die Räude unter den Beständen. 1982 auf 83 waren von den 30 Tieren nur ein Bock und zwei Geißen verblieben. Diese erholten sich aber, und 1991 konnten abermals 30 Wildziegen gezählt werden.

➤ *Salzburg:*
- Lammertal
- Tennengebirge
- Blühnbachtal
- Kaprunertal

➤ *Steiermark:*
- Sölker Tauern
- Wildalpen
- Hochschwab

- bei Neuberg im Mürztal
- am Röthelstein bei Frohnleiten

➣ *Oberösterreich:*
Höllengebirge
Hohe Pyhrn bei Windischgarsten

An dieser Stelle soll erwähnt werden, daß im Herbst des Jahres 1958 zwei Böcke und vier Geißen des sibirischen Steinbockes (*Capra ibex sibirica*) in der Hafnergruppe in Salzburg ausgesetzt wurden, was eine Faunenverfälschung bedeutete und von Biologen und Jägern strikt abgelehnt wurde.

Deutschland

1936 wurde der Steinbock in Berchtesgaden ausgesetzt und wenig später auch an der Benediktinerwand südlich von Bad Tölz. Die Tiere, es wurden 1983 nur etwa 100 Stück gezählt, gediehen nicht gut. Es fehlte dem Steinwild dort an der erforderlichen Höhe, und die ausgewählten Biotope am nördlichen Alpenrand scheinen überhaupt für Steinböcke nicht ideal zu sein.
Hierbei muß gesagt werden, daß Alpensteinböcke in geschichtlicher Zeit die Westalpen viel häufiger als die Ostalpen bevölkerten. Somit kann auch nicht in allen Fällen, wenn Steinböcke ausgesetzt werden, von einer Wiederansiedelung gesprochen werden, sondern von einer Neuansiedelung.

Die Voraussetzungen für erfolgreiche Wiederansiedelungen

Grundsätzlich sollen mindestens sechs bis acht, nicht zu alte Steinböcke gefangen werden. Auch soll die Anzahl der Männchen viel geringer sein als die der Weibchen, um eine gute Zuchtgruppe aufbauen zu können. Die Tiere werden, um den Streßzustand weitestgehend zu verkürzen, mit einem Kraftfahrzeug oder einem Helikopter umgehend in ihr Zielgebiet gebracht. So dauerte im Jahr 1976 ein Transport von in Graubünden gefangenen Steinböcken in das Zillertal lediglich sechs Stunden. Die Tiere wurden auf einem kleinen Lastwagen über die Grenze, wo sie noch einmal von den österreichischen Behörden auf ihre Gesundheit hin überprüft wurde, transportiert.
In den Jahren von 1950 bis 1964 wurden in der Schweiz insgesamt 1540 Steinböcke gefangen, um weitere Zuchtgruppen im Alpenraum zu gründen. Das fachgerechte Einfangen des scheuen Steinwildes ist jedoch mit vielen Komplikationen verbunden.
Die Jagd mit dem Narkosegewehr kann nur bei größeren, robusten Tieren ange-

wendet werden, um nicht einen jungen oder schwächlichen Organismus zu gefährden. Der Schuß erfolgt aus einer idealen Entfernung von ungefähr zwanzig Metern und soll das Tier an einer gut bemuskelten Körperpartie, wie etwa der Keule, treffen. Weiters sollte sich der ausgewählte Steinbock in einem möglichst ebenen Gelände befinden, um nicht einen Absturz zu riskieren. Auch muß ein Veterinär zugegen sein, der eingreift, falls dem Tier die Betäubung nicht gut bekommt. Eine zweite Ladung injiziert dem Tier ein ausgewähltes Medikament. Die Betäubung setzt nach fünf bis fünfzehn Minuten ein. Das Tier verfällt in einen schlafähnlichen Zustand und spürt zu diesem Zeitpunkt keinerlei Schmerzen. Behutsam nähern sich die Fänger dem Tier und versehen es mit einer Marke an einem Ohr. Der Veterinär zapft jedem gefangenen Steinbock eine Blutprobe zum Zweck zahlreicher Untersuchungen ab. Das Tier döst, je nach Menge des erhaltenen Betäubungsmittels, ruhig weiter und kann mit zusammengebundenen Füßen auf dem Rücken eines Menschen in das Tal oder zu seinem sonstigen Bestimmungsort getragen werden. Mehrmals wird der betäubte Organismus zu Boden gelegt und dabei fachgerecht massiert, um den Kreislauf aufrecht zu erhalten.

Die Alternative zum Gewehr stellen große Kastenfallen dar, in die Futter und speziell gewürztes Salz, das die Tiere besonders anlockt, als Köder gegeben werden. Die Fallen müssen vor allem stabil sein, da die eingefangenen Tiere mitunter sehr wild auf die neuen, ungewohnten Umstände reagieren können. Der Mechanismus muß reibungslos funktionieren, weil bei Kälte und Schneefall komplizierte und ausgefallene Schließvorrichtungen und dergleichen leicht ausfallen können. Meist werden dünne Drähte gespannt, die von den Wildziegen berührt werden. Daraufhin fällt die hochgezogene Türe herab, und die Tiere sind gefangen. Ist ein größerer Steinbock in eine solche Falle geraten, so wird er narkotisiert, um eine etwaige Verletzungsgefahr für Tier und Mensch auszuschalten. Jungtiere werden vom Wildhüter mit der Hand aus der Falle genommen. Die so gefangenen Tiere werden sodann in einem Korb am Rücken möglichst rasch zu Tal getragen oder, wie es immer üblicher wird, mit Helikoptern an ihren Bestimmungsort gebracht.

Probleme bei Wiederansiedelungsprojekten

Trotz aller Bemühungen erlebte man bei vielen Wiederansiedelungsprojekten arge Rückschläge. Dies war der Fall in St. Anna in Oberkrain, wo die Geißen ihre Kitze zu einer Zeit, als der Schnee noch sehr hoch lag, inmitten eines Legföhrenwaldes absetzten, worauf die Mehrzahl der Jungtiere einging. Gutgemeinte Aussetzungen sowie Neubesiedelungsprojekte endeten mehrmals als Katastrophe, wenn Förster und Wildhüter die gefangenen Tiere in ein für sie absolut ungeeignetes Biotop gebracht hatten und dort ohne Gedanken an die Ansprüche, die die-

se Tierart stellen könnte, freiließen. Oft ging es den Verantwortlichen, die diese Bezeichnung überhaupt nicht verdienen, lediglich darum, sagen zu können, daß in ihrem Revier nun Steinwild lebt, auch wenn das Gelände den Tieren in keiner Weise entsprach.
Die verantwortungsvollen Forstbeamten wurden mit einem anderen, nicht geahnten Problem konfrontiert: Steinböcke merken sich in ihrem Revier jeden Stein, jede Kletterpassage sowie die günstigsten Ein- und Ausstiegsmöglichkeiten in eine Felswand. So müssen diejenigen Tiere, die aus ihrem gewohnten Revier in ein ihnen völlig unbekanntes Gebirge gebracht werden, erst allmählich die neuen Kletterpassagen kennenlernen, um sich sicher und schnell bewegen zu können. Dieser Umstand erklärt auch, warum das Steinwild, abgesehen von alten Böcken, die von Weibchen angelockt oft kilometerlange Strecken zurücklegen, nicht wanderlustig ist. Auch von Hunden oder Touristen versprengte Rudel finden sich auf ungewohntem Terrain nicht gleich zurecht.
Ebenso hat sich das Verhalten der einst so scheuen Tiere in manchen Revieren drastisch verändert. Mitunter weiden Steinböcke auf Almen friedlich neben dem Vieh und lassen sich durch die Nähe des Menschen nicht so schnell beunruhigen.

Insgesamt gesehen waren die verschiedenen, teils sehr kostenaufwendigen Wiederansiedelungsprojekte des Steinwildes im Alpenraum aber ein schöner Erfolg. 1982 konnten in der Schweiz 9770 Stück, auf 53 Kolonien verteilt, gezählt werden. Laut Schätzungen leben heute ungefähr 30 000 Alpensteinböcke in der Schweiz, Österreich, Italien, den nördlichen Gebieten des ehemaligen Jugoslawien, in Frankreich und Deutschland in mehr als 120 Kolonien.

5. Die heutige Situation

In vielen Revieren vermehrte sich das Steinwild durch das Fehlen der meisten natürlichen Feinde, durch Winterfütterungen mit Heu, Mais und Hafer sowie durch die sorgfältige Hege und Pflege durch den Menschen in ungeahntem Ausmaß.
In freier Wildbahn hilft sich die Natur bei drohender Überbevölkerung durch eine selbstregelnde Geburtenkontrolle. In einem Rudel begattet lediglich der ranghöchste Bock, der sich in zahlreichen, hartumfochtenen Kämpfen bewährt hat, die brünftigen Weibchen. Da deren Hochbrunft aber nur 24 Stunden dauert, ist es dem Alphabock unmöglich, sich mit allen Weibchen zu paaren. Die Konsequenz daraus ist: je mehr Steinböcke in einem Rudel leben, desto weniger Weibchen werden beschlagen. Der Bock selbst hat vor dem sechsten Lebensjahr weder die Kraft noch die Routine, um sich gegen ältere Rivalen durchzusetzen, noch wird er von den paarungsbereiten Geißen in diesem Alter akzeptiert. Der Mensch, der das Steinwild so erfolgreich wiedereingebürgert hatte, wollte dar-

aus auch Nutzen ziehen. Besonders hatte er es wiederum auf das Gehörn des Tieres abgesehen und schoß gerade die stärksten Böcke mit den prächtigsten Hörnern aus den Rudeln heraus. Die somit verwitweten Geißen versammelten sich sodann um die verbliebenen Altböcke, was zur Bildung von Riesenrudeln mit hundert und mehr Stück führte. Eine solche Steinbockherde richtet erwartungsgemäß enorme Schäden an.

Dies aüßerst sich vor allem im Verbiß von wertvollen Legföhrenwäldern, die ursprünglich als Lawinenschutz dienen sollten. Im Engadin und anderen Teilen von Graubünden versuchte die Forstverwaltung, die Schonungen durch Einzäunungen, durch das Aushängen von übelriechenden Karbollappen und durch den Einsatz von Hunden zu schützen. Diese und ähnliche Versuche blieben in den meisten Fällen erfolglos. Daraufhin gab im Jahr 1977 das Jagdinspektoriat von Graubünden Weisungen zum ersten Hegeabschuß. Bevor dieser erfolgte, wurde eine eingehende Studie über die Steinwildbestände einzelner Reviere gemacht. Diese enthielt eine genaue Zählung der Tiere sowie deren Aufschlüsselung nach Alter und Geschlecht. Ebenso mußte deren künftige Nachkommenschaft berechnet werden als auch die zu erwartenden Verluste durch Feinde, Lawinen- und Steinschlagopfer, Krankheiten und Altersschwäche. Aus diesen Werten konnte eine Abschußzahl ermittelt werden. Solche Voruntersuchungen sind Routine und haben sich gut bewährt. Die Jägerschaft greift selektiv in die Struktur der einzelnen Rudel ein und kann es in die eine oder andere Richtung lenken. In Graubünden wurden damals nach diesen Kalkulationen etwa 600 Stück zum Abschuß freigegeben.

Doch nicht jeder Jäger ist berechtigt, Steinwild zu schießen. So muß er in der Schweiz zehn Hochjagdpatente vorweisen können, einen speziellen Kursus absolviert haben und genügend Jagdpraxis nachweisen können. Ein Steinbockjäger darf pro Saison, die Anfang August beginnt und Mitte Dezember endet, einen Bock und eine Geiß oder aber wahlweise drei Geißen erlegen. Das Los bestimmt über das Alter der zu schießenden Tiere. Normalerweise werden aus allen Altersklassen gleich viele weibliche wie männliche Tiere geschossen. Bevor der Weidmann sich seiner Beute erfreuen darf, wird sie im Rahmen einer statistischen Untersuchungsreihe begutachtet. Dabei werden Zähne und Gehörn inspiziert, um Rückschlüsse auf das genaue Alter des erlegten Tieres ziehen zu können. Die Länge der Hinterfüße wird gemessen, ebenso der Brustumfang. Die Beschaffenheit der Klauen wird notiert, und der Kadaver wird mehreren Parasitenprüfungen unterzogen, wobei Würmer dem Steinwild am ärgsten zu schaffen machen. Zu guter letzt muß derjenige, der das Tier erlegt hat, ein Protokoll, in das auch die oben genannten Resultate der Messungen eingetragen sein müssen, über den Jagdhergang anfertigen. Diese Maßnahmen sollen sicherstellen, daß auch weiterhin ein gesunder Steinbockbestand die Fauna des Alpengebietes bereichert.

SÄUGETIERE

Der Mufflon

Der Mufflon (*Ovis ammon musimon*) ist das einzige Wildschaf Europas und stellt die westlichste Unterart im Verbreitungsgebiet dar[26]. Heute lebt der nach Ende der Eiszeit in Süd- und Osteuropa häufig vorkommende Mufflon nur mehr in den Gebirgen Korsikas, Sardiniens und Zyperns, wenn auch zunehmend festgestellt werden muß, daß durch Paarungen mit Hausschafen und anderen ausgesetzten Wildschafunterarten immer weniger reinrassige Tiere bzw. Populationen diese Inseln bewohnen. Der Mufflon gilt als eine der vor über 10 000 Jahren herangezogenen Ausgangsformen für das Hausschaf.

Im 18. und 19. Jh. wurde das Muffelwild in vielen Teilen Europas und eben auch im Alpenraum hauptsächlich wegen der Jagd eingebürgert. Der mit sehr scharfen Sinnen ausgestattete Mufflon galt und gilt schwieriger zu bejagen als die Gemse und bietet ein erlesenes Wildbret, das den würzigen Wildgeschmack mit dem des Hammels vereinigt. Der Mufflon stellt eine in Österreich nicht autochtone Tierart dar. Hier lebt das Muffelwild heute in Wildparks und -gattern und in freier Wildbahn in Bergwäldern bis zu 2000 Meter Seehöhe (so im Mariazeller Gebiet, im Hochlantsch und bei Waidhofen an der Ybbs[10]).

Der Damhirsch

Der Damhirsch (*Cervus dama*) war während der Würmeiszeit ein Bewohner weiter Teile Europas, zog sich aber mit dem Abklingen der Kälteperiode nach Osten zurück. Die Phöniker und Römer brachten diese Hirschart von Kleinasien in verschiedene Mittelmeerländer. Im Mittelalter gelangte das Damwild durch den Menschen nach Mitteleuropa und auch in den Alpenraum. Der Hauptgrund für die Aussetzung dieser im Sommer gefleckten Hirschart in die freie Natur war einmal mehr die Jagdleidenschaft des Menschen (Trophäen und Wildbret). Ebenso konnte und kann dieser in Rudeln lebende Paarhufer leicht in Wildparks oder -gattern nachgezüchtet werden und erfreute eben als exotisches Parktier sowohl den Adel als auch den einfachen Tierhalter. Das Damwild bevorzugt lichte, von Feldern und Wiesen unterbrochene Laub- und Mischwälder von der Ebene bis in das Mittelgebirge und stellt heute das beliebteste Parkwild Europas dar (Lainzer Tiergarten, Herbersteinklamm in der Oststeiermark).

SÄUGETIERE

Edelhirsch, Reh und Gemse

Die heute am häufigsten im Alpenraum anzutreffenden Paarhufer, das Reh (*Capreolus capreolus*), der Edel- oder Rothirsch (*Cervus elaphus*) und die Gemse (*Rupicapra rupicapra*), sind in weiten Teilen Mitteleuropas und auch des Alpenraumes, was man gar nicht zu glauben vermag, bereits vor vielen Jahrhunderten ausgerottet worden.

1. Die Gründe für die Bestandsrückgänge

Durch das großflächige Abholzen von Au- und Gebirgswäldern, durch das Anlegen von unterwuchslosen Monokulturen sowie durch die Beweidung der verbliebenen Flächen durch Haustierherden wurden Edelhirsche, Rehe und Gemsen weitgehend ihrer natürlichen Nahrungsquellen beraubt. Dies hatte zur Folge, daß das Wild enorme Schäden durch Verbisse anrichtete, was wiederum ein Grund mehr für die Förster war, es vermehrt bejagen zu lassen. Diese Bejagung, die den höheren Ständen vorbehalten blieb, und Wilddiebereien dezimierten die Bestände in großem Ausmaß. Außerdem wurden Edelhirsche, Rehe und Gemsen wegen ihrer Trophäen, ihrem Wildbret und aus reinem Vergnügen gejagt. Zudem wurden viele ihrer Körperteile für medizinische Zwecke verwendet, wenn auch der Erfolg solcher Behandlungen mehr als fraglich war. Besonders begehrt waren die Herzkreuze, Augensterne und Bezoarkugeln.

Schweiz

Der Edelhirsch war schon im ersten Viertel des 19. Jh. aus großen Teilen der Eidgenossenschaft verschwunden[7]. Im Kanton Bern wurden die letzten Tiere im Jahr 1778 geschossen. Auf dem Gebiet von Solothurn konnte noch am 13. Februar 1851 ein Achtender ausgemacht und erlegt werden. Im Aargau wurde der letzte Hirsch, wahrscheinlich ein versprengtes Tier, das aus Deutschland eingewechselt war, im Jahr 1854 erlegt. Im Oktober des Jahres 1865 starb ein aus Vorarlberg eingewechselter Zwölfender durch die Kugel eines Jägers bei Obertoggenburg am Rothenstein. Am längsten überdauerte der Edelhirsch in einigen abgelegenen Tälern Graubündens, wie etwa im Münstertal in den Rätischen Alpen, im

Engadin, im Prättigau, in den Revieren um Zernez sowie am Ofenpaß. Aber auch dort wurden die meisten Bestände vollkommen vernichtet.

Österreich

Nicht viel besser erging es dem Edelhirsch, dem Reh und der Gemse in den Ostalpen. Bis in das 17. Jh. wurde grundsätzlich die Einzeljagd gepflogen, die dann von der Hetzjagd abgelöst wurde. Adelige machten es sich zu einem gesellschaftlichen Vergnügen, Hirsche in abgegrenzten Gehegen, Tiergärten oder Wildgattern zu Tode zu hetzen. So waren etwa zur Mitte des 19. Jh. der Edelhirsch, das Reh und auch die Gemse in Tirol beinahe ausgerottet. Es geschah schon im Jahr 1628, daß einige Adelige sich den „Spaß" erlaubten, auf Gemsen in einer Felswand mit Kanonen zu schießen. Dieses Ereignis fand bei der Martinswand in der Nähe von Innsbruck statt. Neben den Krickeln stellte das Gemswildbret, die Haut, die nach zahlreichen Arbeitsvorgängen geschmeidiges Leder zur Hosenverarbeitung erbrachte, und besonders die langen, an den Enden weißen Rückenhaare, die zusammengebunden als sogenannte Gamsbärte die Kopfbedeckungen von Generationen von traditionsbewußten Älplern schmückten und schmücken, Gründe dar, diesen Paarhufer systematisch zu bejagen. Dennoch konnten sich die Bestände dieser drei Arten in Österreich halten. Am Rand der Ostalpen war der Edelhirsch und ebenfalls das Reh noch sehr häufig anzutreffen. Von dort aus war auch eine Einwanderung in Reviere, in denen diese Wiederkäuer bereits fehlten, möglich.

2. Die heutige Situation

Durch geplante Einsatzmaßnahmen erholten sich die Bestände dieser Paarhufer innerhalb weniger Jahrzehnte, so daß diese im ersten Viertel des 20. Jh. nur mehr in wenigen Regionen der Alpen vollkommen fehlten.
Das Fehlen der ausgestorbenen Großraubtiere, Hegemaßnahmen wie Winterfütterungen und übertriebene Fürsorge der Jagdpächter führten schließlich dazu, daß sich diese Wildtiere explosionsartig vermehren konnten. Heute leben überdurchschnittlich viele Rothirsche und Rehe in den Revieren und fügen alljährlich der Forstwirtschaft enorme Schäden zu. Im Winter formieren sich die Wiederkäuer zu Riesenverbänden von nicht selten über hundert Individuen, die in den Dickichten Schutz vor dem Wetter und an den Futterraufen überreichlich Nahrung finden. Kein Raubtier versprengt mehr diese unnatürlichen Ansammlungen, weshalb der Mensch nun Ersatzwolf spielen muß oder will.

SÄUGETIERE

Der Elch

1. Allgemeines

Innerhalb der Familie der Hirsche stellen die Elche eine eigene Unterfamilie (ALCINAE) dar. Diese ist gegenwärtig durch eine Gattung mit zwei Unterarten vertreten. So lebte im nördlichen Teil Nordamerikas *Alces a. americana*, während in den entsprechenden Gebieten Eurasiens *Alces a. alces* anzutreffen ist[17]. Mitunter werden auch mehrere, bis zu sechs, Unterarten unterschieden.[26]
Die Elche der Neuen Welt erreichen etwas größere Körpermaße und schieben mächtigere Schaufelgeweihe aus als ihre Verwandten in der Alten Welt.

Der Elch war sowohl in vorgeschichtlicher als auch in geschichtlicher Zeit ein ständiger Bewohner West- und Mitteleuropas. Er bewohnte auch die sumpfigen Talgründe des Alpenraumes, was zahlreiche Funde belegen. Als Standwild stieg der Elch aber nur bis in die mittleren Lagen der Gebirge auf.

Einer der bedeutendsten Elchfunde des Alpenraumes wurde in Nordtirol, etwa 5 Kilometer östlich von Scharnitz in der Vorderkarhöhle im Karwendelgebirge (Pleisengebiet, 1850 m), gemacht. Es handelte sich hierbei um ein fast vollständiges Skelett eines weiblichen, 12–14 Monate alten Elchjungtieres. Das Skelett ist 1,93 m lang (im Bogen gemessen) und 1,43 m hoch. Das unglückliche Tier war mit dem Kopf voraus in eine ungefähr sechs Meter tiefe Felsspalte gestürzt, wobei ihm Unter- und Oberkiefer zerschmettert worden waren. Das Alter dieses Fundes wird mit rund 8000 Jahren angegeben[48].
Andere Reste von Elchen in Nordtirol wurden in Plansee, bei Inzing, bei Mils in der Nähe von Hall sowie der Umgebung des Achensees geborgen. Auch in Osttirol konnte diese Tierart nachgewiesen werden[48]. Ebenso wurden am Spullersee, etwa 1800 m Seehöhe, an der Grenze von Tirol zu Vorarlberg Überreste von Elchen gefunden[4].
Ein steirischer Förster fand die Reste von nicht weniger als neun Elchen, darunter ein fast vollständiges Skelett, in einer 1700 Meter hoch gelegenen Höhle nahe der Mühlecker Spitze. Weiters wurden in der Steiermark im Gebiet der Tonioalpe, etwa 1800 m Seehöhe, Elchgebeine ausgehoben. In Oberösterreich wurden Elchüberreste im Bereich der Schusterlücke bei Gosau geborgen. Diese Ortschaft liegt im gleichnamigen Tal westlich des Hallstättersees. Ein gewisser „Lauterersee-Hannes", er war Gemeindehirt, entdeckte in den Karwendelvorbergen bei Krünau an der Isar eine Elchschaufel und mehrere Knochen. Aus welcher Zeit diese aufgefundenen Überreste stammen, wurde bisher noch nicht festgestellt[4].

2. Zur Geschichte

Julius Caesar (100–44 v. Chr.) war einer der ersten Schriftsteller, die den Elch erwähnten[8]:
> „Es gibt im Hercynischen Walde Alces, den Ziegen in Gestalt und Verschiedenheit der Färbung ähnliche Tiere, aber größer und ohne Hörner, die Füße ohne Gelenke. Sie legen sich auch nicht, um zu ruhen, und können nicht aufstehen, wenn sie gefallen sind. Um zu schlafen, lehnen sie sich an Bäume; daher graben diese die Jäger aus (die Bäume, Anm. d. Verf.) und hauen diese so ab, daß sie leicht umfallen, samt dem Tiere, wenn es sich daran lehnt."

Caesar selbst hatte den Elch nie mit eigenen Augen gesehen und zog für seine Angaben zahlreiche Berichte von Dolmetschern und eigenen Soldaten heran. So führte er an, daß das gesamte norddeutsche Waldgebiet der Lebensraum dieser Hirschart sei, erwähnte aber kein südlicher gelegenes Vorkommen[22].

Auch Plinius der Ältere (23–79 n. Chr.), der auch nie ein lebendes Exemplar dieser Tierart zu Gesicht bekommen hatte, berichtete über den Elch in seinen Aufzeichnungen. Plinius war es, der die Unwahrheit, die man über viele Jahrhunderte hinweg als Tatsache betrachtete, verbreitete, daß der Elch durch das überhängende, fleischige Maul gezwungen gewesen sein soll, rückwärts gehend äsen zu müssen. Der römische Kaiser Gordian (238–244) brachte schließlich im 3. Jh. die ersten zehn Elche zu den Kampfspielen nach Rom.

Ebenso mußten unter der Herrschaft Kaiser Aurelians (270–275) zahlreiche Elche, die in langen Trossen neben Auern und Wisenten aus den nördlichen Teilen des Kontinents nach Rom gebracht wurden, in der Arena gegen Raubtiere, Menschen und ihresgleichen kämpfen.

In den Urkunden des Kaisers Otto des Großen aus dem Jahr 943 steht noch geschrieben, daß niemand ohne die Erlaubnis des Bischofs Balderich in den Forsten von Drente am Niederrhein Hirsche, Bären, Rehe, Eber und jene Tiere, die in der deutschen Sprache Elo oder Schelo heißen, jagen dürfe. Dieselben Jagdverbote finden sich auch in einer Urkunde Heinrich II. aus dem Jahr 1006 und in einer anderen Urkunde von Konrad II., die im Jahr 1025 abgefaßt wurde[8].
Das Nibelungenlied aus dem 12. Jh. beinhaltet, wie schon beim Ur erwähnt, eine Textpassage, in der der Elch erwähnt wird[22]:
> „Danach schlug Herr Siegfried einen Wisent und einen Elch, starker Ure viere und einen grimmen Schelch."

Sofern man an die Richtigkeit des geschichtlichen Hintergrundes dieses Heldengedichtes glaubt, bedeutet dies, daß der Elch also zu jener Zeit noch in Mitteleuropa vorgekommen ist, da sich die Verszeilen auf eine Jagd im Wasgau beziehen.

Mit Sicherheit kann jedoch festgestellt werden, daß der Elch noch um das Jahr 1000 ein Bewohner der nördlichen Teile Mitteleuropas war. Aus dem Alpenraum verschwand der Elch wahrscheinlich bedeutend früher, wenngleich keine Angaben über sein Verschwinden vorliegen.

Die nächsten Aufzeichnungen stammen aus dem Jahr 1186, als anläßlich einer zweitägigen Jagd mit 1200 Treibern, die Herzog Boleslav I. von Schlesien veranstaltete, nicht weniger als 860 Elche erlegt wurden.
Der Elch wurde und wird auch Ellend, Elent oder Elen genannt. Als erster benutzte der im Jahr 1193 geborene Bischof Albert Magnus die deutsche Bezeichnung Ellend. Diese Bezeichnungen sind vielleicht auf das slawische Wort Jelen, das soviel wie Hirsch bedeutet, zurückzuführen. Anderer Meinung war jedoch ein gewisser Kantzow, der 1530 in seiner „Pomerania" schrieb[22]:

„Das Tier hat von seiner Ohnmacht den Namen bekommen, denn es hat nichts, damit es sich wehren kann. Es hat wohl breite Hörner, aber es weiß sich nicht damit zu behelfen."

Der Elch hat natürlich, wie alle hirschartigen Paarhufer, keine Hörner, sondern ein Geweih, das alljährlich im Winter abgeworfen wird, um im darauffolgenden Jahr erneut wieder ausgeschoben zu werden. Nur die männlichen Tiere tragen ein Geweih, mit dem sie sich sehr wohl gegen Braunbären, Luchse und Wölfe, die ohnehin nur im Verband erfolgreich einen Elchbullen zu schlagen vermögen, verteidigen können. Aber auch die Elchkühe treiben Angreifer mit gezielten Huftritten in die Flucht, so daß von einer Wehrlosigkeit nicht die Rede sein kann.
Auch Konrad Gesner (1516–1565) war im Jahr 1550 vom äußeren Erscheinungsbild des Elches nicht besonders angetan[22]:

„Ist sonst ein wohl geplagtes und mit dem rechten Namen zu nennen, ein elendes Tier, das täglich von den fallenden Suchtplagen niedergeworfen wird, denn es seine Klaue an dem rechten Hinterlauf in das linke Ohr steckt."

Das urige Äußere des Elches dürfte viele Naturgelehrte der vergangenen Jahrhunderte dazu veranlaßt haben, ihn als ein elendes Tier zu bezeichnen. Der Elch bietet dem Betrachter mit seinen mächtigen Schaufeln, seiner Wamme, seiner langen Schnauze, seiner überhängenden Oberlippe, die als Muffel bezeichnet wird, seinem kurzen Hals, der die Last des Geweihes, das immerhin bis zu 20 Kilogramm wiegen kann, tragen muß, seiner Schulterhöhe von 160–230 Zentimetern und seinen langen, stacksigen Beinen einen unbeholfenen Eindruck. Dies darf aber nicht darüber hinwegtäuschen, daß der Elch ein sehr behendes Tier ist. So springt er ohne Mühen über drei Meter hohe Hindernisse ohne Anlauf in einem Satz hinweg, indem er sich unmittelbar vor der Hürde aufrichtet, die Vorderläufe über diese hinwegschnellt und die Hinterläufe nachzieht. Außerdem ist der Elch ein hervorragender und schneller Läufer und versteht es bestens, auch über weite Strecken zu schwimmen und zu tauchen. Caesar brachte erstmals jene

SÄUGETIERE

falsche Meldung, daß der Elch leicht hinfalle, unter die Leute. Wegen seines Äußeren und wegen dieser Falschmeldung ist diesem Tier das unzutreffende Attribut „elend" zugeteilt worden. Richtig ist lediglich, daß der Elch besonders bei Glatteis Schwierigkeiten hat, nach einem Sturz wieder auf seine langen Beine zu kommen.

Nachdem der Elch aus Mitteleuropa verschwunden war, lebte er noch in größeren Populationen im Osten und Nordosten des Kontinents sowie in Skandinavien.
Die Situation für das Elchwild in Ostpreußen verschlechterte sich durch die Wirren des Siebenjährigen Krieges (1756–63). Die Bestände gingen dermaßen zurück, daß Friedrich der Große eine mehrjährige Schonzeit anordnen ließ. Doch schon die Revolution im Jahr 1848 vernichtete die Ergebnisse jahrelanger Hegearbeit, so daß die Anzahl der Elche in Ostpreußen auf elf Stück zusammenschrumpfte. Durch abermalige Pflege und Hege wuchs der Bestand auf 226 Tiere im Jahr 1865 an, wurde aber 1880 durch Seuchen drastisch reduziert. Um 1910 lebten in Ostpreußen, sehr zur Freude der dortigen Jägerschaft, immerhin rund 600 Elche. Die Begleitumstände des Ersten Weltkrieges forderten wiederum hohe Tribute, so daß 1915 nur noch 250 Elche lebten. Durch Hungersnöte und die damit ansteigende Wilddieberei sowie durch die Schießlust deutscher und französischer Offiziere verringerte sich die Elchzahl erneut, so daß im Winter von 1919 auf 1920 alles in allem noch 30 - 40 Stück dieser Hirschart gezählt werden konnten. Eine dreijährige Schonzeit bewirkte ein deutliches Anwachsen der Population, die jedoch durch den Zweiten Weltkrieg abermals hohe Verluste erleiden mußte.

Heute leben Elche in großer Zahl in freier Wildbahn in Norwegen, Schweden, Finnland, Polen, den baltischen Staaten und Teilen von Rußland. Elche sind in mehreren europäischen Ländern ein beliebtes Frei- und Gatterwild.

3. Gründe für das Aussterben des Elches in Mitteleuropa

Verlust des Lebensraumes

Im Zuge der Besiedelung und der Seßhaftwerdung des Menschen im **Alpenraum** verlor der Elch innerhalb weniger Jahrhunderte weite Teile seines ehemaligen Verbreitungsgebietes. Da der Elch ohnehin nur die Talgründe sowie die mittleren Lagen der Gebirge bewohnte, blieben ihm nur sehr geringe Ausweichmöglichkeiten, als der Mensch zunehmend Sümpfe trockenlegte und Wälder rodete.

SÄUGETIERE

Diese auf Störungen durch den Menschen sehr sensibel reagierende Hirschart konnte nicht, wie etwa die Gemse, in höhere Gebirgslagen aufsteigen, da ihr Körperbau mit den langen Beinen und auch ihre Lebensansprüche für dieses Terrain nicht geeignet waren, was erklärt, weshalb der Elch in den Alpen früher als in den nördlicheren, nicht durch Gebirgszüge eingeengten Teilen Mitteleuropas ausgestorben ist.

Es liegt die Vermutung nahe, daß der Elch in den Alpen vornehmlich nicht durch direkte Bejagung durch den Menschen, was das Fehlen von Knochenresten in den ohnehin spärlichen neolithischen und späteren Funden belegt, sondern durch Klimaveränderungen und Lebensraumverlust ohne entsprechende Ersatzgebiete ausgestorben ist.

Etwas besser für den Elch war die Situation **nördlich des Alpenkammes**. Dort boten anfänglich riesige, von Sümpfen und Brüchen durchsetzte Waldgebiete genug Ausweichmöglichkeiten, nachdem der Mensch stetig mehr und mehr Land für Siedlungen, Ackerbau und Forstwirtschaft in Anspruch genommen hatte. Der Elch war in der Wahl seines Wohngebietes an und für sich nicht besonders wählerisch, benötigte aber Ruhe und ausgedehnte, mit Gewässern durchsetzte Wälder. Trotzdem erlitten auch diese Bestände enorme Einbußen durch Lebensraumverlust, wenngleich sie nicht derart rapide wie in den Alpen zum Aussterben dieses Wiederkäuers führten.

Die Bejagung

Fragt man, was ein Elch frißt, so ist die beste Antwort: **Der Elch frißt den Wald.** Dies war der Grund, warum die Verantwortlichen von Forstbetrieben diesen mächtigen Hirsch, der täglich gewaltige Mengen seiner nährstoffarmen Kost zu sich nehmen muß, ausgerottet sehen wollten.

In der warmen Jahreszeit frißt der Elch neben zahllosen Wasserpflanzen, die er mit seiner langen Schnauze vom Grund der Gewässer abweidet, vornehmlich Kräuter und die frischen Triebe von Weiden, Erlen, Espen und Birken. Um an die frischen Sprossen zu gelangen, reitet der Elch Bäume geradezu nieder, die nach solchen Attacken meist zugrunde gehen. Im Winter hingegen nimmt er mit Zweigen und vor allem mit der Rinde der Bäume vorlieb. Die für den Baum lebensnotwendige Rinde wird mit den meißelförmigen Vorderzähnen geschickt vom Stamm gelöst und von unten nach oben abgezogen. Wegen seiner beträchtliche Größe schält der Elch Bäume bis in große Höhen hinauf, weshalb diese schon nach kurzer Zeit absterben.

Zu tolerieren sind hingegen die Schäden, die der Elch in der Landwirtschaft anrichtet. Er geht nur im Ausnahmefall an die Saat, wohl aber an den in der Milch stehenden Hafer. Reife Ähren hingegen verschmäht er.

Der Mensch erkannte, daß die Haut des Elches, zu **Leder** verarbeitet, ein vortreffliches, widerstandsfähiges, vielseitig verwendbares Material abgibt. Dieses Leder soll sogar Kugeln der primitiven Feuerwaffen abgehalten haben und auch durch den festen Hieb mit einem Degen keinen Schaden genommen haben. Der Sage nach ritt Wallenstein in einer Elchlederrüstung durch einen Kugelregen, ohne dabei irgendeine Verletzung davongetragen zu haben. Das Leder blieb selbst nach langandauernden Regengüssen weich und geschmeidig.

Auch das **Fleisch** des Elches, besonders die Zunge, das überhängende Maul und die restlichen feinen Teile des Wildbrets, wurden gerne in unzähligen Zubereitungen genossen. Die Kolben, das sind die ungefegten, noch mit dem Bast überzogenen Schaufeln bzw. Stangen, galten bei manchen Volksstämmen als Leckerbissen.

Schon erwähnt wurde die Verwendung von Elchen für die Kampfspiele im alten Rom, wenngleich diese im Verlauf des Aussterbens dieser Tierart sicherlich nur eine untergeordnete Rolle darstellen.
Klimaveränderungen, die einen Wechsel der Flora bedingten, stellten einen weiteren Faktor für das Aussterben dieses Paarhufers in Mitteleuropa dar.

4. Die heutige Situation

Im südböhmischen Naturschutzgebiet Trebonsko, das sich über viele Kilometer hinweg entlang der österreichischen Nordgrenze erstreckt, leben seit dem Jahr 1985 ungefähr zehn bis fünfzehn Elche, die ursprünglich auf polnischem Gebiet ansässig waren. Eines Tages mußte diese Tiere eine Wanderlust überwältigt haben. Die Elche zogen südwärts und fanden in Trebonsko einen geeigneten Lebensraum. Nach dem Fall des „Eisernen Vorhanges" wanderten einzelne Tiere abermals weiter südlich und gelangten in Österreich zuerst in das obere Mühl- und Waldviertel. So erreichten sechs bis zehn Elche das Waldgebiet der "Grafen" Seilern-Aspang. Dort fraßen sie gemäß ihren Gewohnheiten die Blätter von Buchen und Ahorn, die Nadeln von Föhren und Weißtannen und entledigten den einen oder den anderen Baum seiner Rinde. Infolge dieser Vorkommnisse beantragten die Vertreter der Forstverwaltung der „Grafen" Seilern-Aspang in Litschau fünf Abschußgenehmigungen bei der Bezirkshauptmannschaft Gmünd. Diese erteilte vorerst die Genehmigung zum Abschuß von zwei Tieren, einem Bullen und einer Kuh. Auf höhere Weisung hin gaben die Behörden später ihre Zustimmung für den Abschuß der verbliebenen Tiere.
Mit Recht protestierten der Direktor des Naturschutzgebietes Trebonsko und Naturschützer gegen diese Maßnahmen. Ihre Meinung war es, daß Österreich

samt seinen Waldbesitzern sich glücklich schätzen müsse, solche Zuwanderer aus dem Norden zu haben, und alles unternehmen müsse, um diese zum Verbleib zu veranlassen. Sie argumentierten, daß Elche in dieser geringen Anzahl keine Gefahr für den Wald darstellen. Der Vorschlag, die Elche am Leben zu lassen und für allfällige Schäden aufzukommen, wurde von der niederösterreichischen Landesregierung nicht einmal in die nähere Erwägung gezogen. Auch die Botschaft in Prag wurde eingeschaltet und meldete an das Außenministerium in Wien, daß der europäische Elch im Roten Buch der damaligen Tschechoslowakei als kritisch gefährdete Tierart eingeordnet sei. Trotz zahlreicher Interventionen wurden die erlassenen Abschußgenehmigungen nicht zurückgenommen.

Somit bestehen in Österreich derzeit keine Voraussetzungen für die Existenz von Elchen, die auf diesem Gebiet noch in geschichtlicher Zeit ihren natürlichen Lebensraum hatten. Die Chance, eine Tierart, die im Begriff ist, ihr Verbreitungsgebiet ohne das Zutun des Menschen zu vergrößern, heimisch werden zu lassen, wurde vergeben.

SÄUGETIERE

Das Wildschwein

Auch das Wildschwein (*Sus scrofa*), das zur Unterordnung der nichtwiederkäuenden Paarhufer zählt, wurde in sehr vielen Teilen seines Verbreitungsgebietes im Alpenraum erbarmungslos ausgerottet. Ihm wurde besonders wegen seiner nächtlichen, zerstörerischen Aktivitäten bei der Futtersuche auf den Feldern und Äckern nachgestellt. Der Schaden, den eine Rotte von diesen Allesfressern in einer einzigen Nacht anrichten kann, ist mitunter so groß, daß in wiederholten Fällen sogar die Existenz eines Bauern gefährdet war.

Das Schwarzwild wurde in den Ostalpen, um die entstehenden Schäden in Grenzen zu halten, auf Befehl von Maria Theresia (1717–1780) systematisch bejagt, was zur Folge hatte, daß es fast im gesamten Gebiet ausgerottet wurde. Das Jagdpatent Josephs II. (1741–1790) verschärfte die Bestimmungen der Bejagung sogar noch. In Nordtirol war das Wildschwein bereits um das Jahr 1700, also noch bevor dieser Vernichtungsfeldzug begonnen hatte, nicht mehr zu finden. Lediglich einige wenige Wildschweinrotten konnten in den, durch sumpfigen und morastigen Untergrund unzugänglichen Landschaftsstrichen Südtirols überdauern. So schaffte es eine kleine Population, in den Niederungen der Etsch bis 1767 zu überleben. Bei Kaltern in Südtirol wurde das letzte Wildschwein bereits 1707 erlegt.

Als Standwild hielt sich das Schwarzwild in Österreich bis in die heutigen Tage lediglich im Leithagebirge.

Als praktisch keine Wildschweine mehr ihr Leben in freier Wildbahn fristeten, wollten gewisse Kreise dennoch nicht auf ihren Wildschweinbraten verzichten, weshalb diese Paarhufer in Tiergärten, Wildgattern und -parks sowie in Freigehegen zahlreich und über lange Zeit hinweg gehalten wurden, so etwa im Lainzer Tiergarten bei Wien, im Esterhazy Tierpark in Eisenstadt und bei Schloß Herberstein in der Steiermark.

Im Verlauf des Zweiten Weltkrieges kam es gelegentlich der Kampfhandlungen vor, daß die Mauern dieser Wildgatter und Tiergärten beschädigt wurden. Die entlaufenen Tiere und Wildschweine aus dem Leithagebirge vermehrten sich in den kommenden Jahren stark und begannen seit 1945 weite Teile Österreichs wieder zu besiedeln, wobei sie in einigen Alpentälern entlang der Flußläufe, wie an der Mur, Mürz und Schwarza, Einzug hielten.

Als Wechselwild kommt das Wildschwein gelegentlich in allen neun Bundesländern vor.

In der Schweiz überdauerte das Schwarzwild bis in das 19. Jh. im Aargau und im Schweizer Jura.

III. DIE NAGETIERE

Mit etwa 1800 Arten, das ungefähr zwei Fünftel aller bekannten Plazentatiere entspricht, stellen die Nager (RODENTIA) die weitaus erfolgreichste Ordnung der Säugetiere dar. Dieser Artenreichtum ist in der relativ geringen Spezialisierung und der großen Anpassungsfähigkeit der Nagetiere begründet.
Im Alpenraum wurde der europäische Biber gänzlich und das Alpenmurmeltier in großen Teilen seines Verbreitungsgebietes vom Menschen ausgerottet.

Das Alpenmurmeltier

1. Systematik

Murmeltiere der Gattung Marmota gehören der Familie der hörnchenartigen Nager (*Sciuridae*) an und leben in fast einem Dutzend Arten in den Steppen, Hochsteppen, Gebirgen und Wäldern Eurasiens und Nordamerikas. In Mittelasien haust das Steppenmurmeltier, auch Bobak genannt (*Marmota bobak*), dessen Verbreitungsgebiet bis hin zum Osten Europas reicht, und in Nordamerika neben vier anderen Arten das Waldmurmeltier (*Marmota monax*).

In Europa selbst kommt lediglich das Alpenmurmeltier (*Marmota marmota*) vor. Ursprünglich war dieses Tier nur in den Westalpen und einigen Teilen der westlichen Ostalpen (*Marmota m. marmota*) und in der Hohen Tatra (*Marmota m. latirostris*) anzutreffen. Der Mensch setzte diese Tierart in weiten Teilen der Ostalpen, in den Karpaten, im Schwarzwald, im Bayrischen Wald und in den Pyrenäen aus. Heute bewohnt das Alpenmurmeltier die angestammten und die neuen Gebiete in stark zersplitterten Arealen[26].

SÄUGETIERE

Abb. 18

2. Zur Geschichte

Trotz seines netten Äußeren haftete dem Murmeltier in den letzten Jahrhunderten etwas Geheimnisvolles und Unerklärliches an, und es bot sowohl der Bevölkerung als auch den Gelehrten viele Rätsel. Diese Tatsache hing einerseits mit der versteckten Lebensweise und andererseits mit dem bis zu acht Monate dauernden Winterschlaf zusammen, den die meisten Leute als etwas Übersinnliches und Dämonisches interpretierten. Der Wissensstand über diesen Nager war ganz allgemein sehr bescheiden, und selbst Zoologen schweiften ab in das Reich der Phantasie und Fabeln, wenn sie über das Murmeltier berichten sollten.

So schrieb schon Plinius der Ältere (23–79 n. Chr.), der die Murmeltiere als Alpenmäuse bezeichnete, folgende Unwahrheiten nieder[7]:

> *„Die Alpenmäuse (Murmelthiere) schaffen das Futter so in die Höhlen, daß sich eine auf den Rücken legt, mit Heu beladen wird und dasselbe festhält, während eine andere sie mit den Zähnen am Schwanze packt und in die Höhle zieht, weswegen ihr Rücken so abgerieben aussieht."*

Dieser Irrglaube hat sich bis in das 20. Jh. gehalten. Ein abgewetzter Rücken, der keinesfalls üblich ist, könnte sich höchstens durch oftmaliges Ein- und Auskrie-

chen am Wohnbau ergeben. Das Heu, das in den Winterbau eingetragen wird, transportieren die Tiere stets mit den Zähnen und niemals in der oben beschriebenen Art und Weise.
Ebenso geisterten folgende, völlig unsinnige Gedanken durch die Köpfe zahlreicher Gelehrter:

Athanasius Kircher (1601–1680), Naturwissenschafter, Theologe (Jesuit) und Philosoph, hielt das Murmeltier für einen Bastard, hervorgegangen aus einem Dachs und einem Eichhörnchen. Ein gewisser J. G. Altmann wies diese Aussage mit einer Portion Ironie zurück, behauptete aber selbst, daß das Murmeltier ein kleiner Dachs sei, der mit den echten Dachsen zu den Schweinen zähle. Vorstellungen von möglichen Bastardisierungen waren in jenen Tagen keine Seltenheit und ein beliebtes Diskussionsthema unter den Gelehrten. Konrad Gesner (1516–1565) berichtete von einer Stute, die am Splügen von einem Stier besprungen worden war, und daß das Junge aus dieser Verbindung eine Art Bucentaur gewesen sein soll. Laut Altmann war der Leopard ein Bastard von einer Löwin und einem Tiger. Johann Jakob Scheuchzer (1672–1733), ein schweizer Mathematikprofessor, Arzt und Naturforscher, beschrieb Tiere, deren gemeinsame Eltern Hirsche und Kühe waren. Kircher wiederum behauptete, daß das Armadill, also das Gürteltier, die Nachkommenschaft von einem Igel und einer Schildkröte gewesen sein soll.

Eine erste zoologisch genaue Beschreibung eines Alpenmurmeltieres lieferte der Theologe und Geograph Sebastian Münster, der diese Tierart wahrscheinlich selbst beobachtet hatte, im Jahre 1588[16]:
„Es sieht gleich wie ein groß Küngelin (Kaninchen), hat einen Schwantz d`einer spannen lang ist, beißt obel* so es erzürnt wird, hat kurz Schenkl, die sind under dem Bauch ganz dick von Haar, gleich alß hett es Schlotterhosen angezogen, hat Bärentappen, mit denen es gar unbillich tieff in das Erdtreich grabt. So man ihm etwas zu essen gibt, nimmt es Dasselbig in sein vorder Fuß wie ein Eichhörnlin, sitzt aufgericht wie ein Aff. Kann auch auf den zweyen hindren Füßen gehen wie ein Bär." (* übel)

Unter der Bevölkerung war dieses Tier stets sehr beliebt und erhielt in den verschiedenen Regionen zahlreiche Bezeichnungen, die sogar oft von Tal zu Tal unterschiedlich waren. So wird es in Österreich Mangei, Murbele, Urmenlen und Boomenta genannt. In Frankreich heißt es Marmotte, im Engadin Montanella oder Marmotella, in Glarus und einigen kleinen Kantonen der Schweiz Munk, im Kanton Bern Murmeli, im Wallis Mistbellerli oder Murmentli, im Tessin Mure montan (Bergmaus) und schließlich in Graubünden Marbetle oder Murbentle. Die Jägersleute nennen die Männchen Bären, die Weibchen Katzen und die Jungen Affen.

3. Gründe für die starke Bejagung des Alpenmurmeltieres

Das Murmeltier lieferte dem Menschen eine Vielzahl an **Naturstoffen und Arzneien**. Dies war der Hauptgrund für den Jäger, diesem Nagetier derart systematisch nachzustellen, so daß zahlreiche Populationen in vielen Teilen des Alpenkammes für immer erloschen.

Ein erwachsenes, durchschnittlich genährtes Tier, das am besten im Herbst geschlachtet werden sollte, wo es für den bevorstehenden Winterschlaf am meisten Fettreserven im Körper gespeichert hat und ein Gewicht bis zu acht Kilogramm erreichen kann, liefert zwischen einem dreiviertel bis zu einem ganzen Liter des stark und unangenehm riechenden **Murmeltierfettes**.

Dieses war laut Volksglauben ein Allheilmittel und das begehrteste Produkt dieses Tieres. So soll es gegen folgende Übel äußerst wirksam Abhilfe geleistet haben: Leibschneiden, Brustleiden, Rheumatismus, Koliken und alle Arten von Husten, besonders aber gegen den Keuchhusten. Weiters soll es, wenn die betroffene Stelle damit eingerieben wurde, Drüsenverhärtungen aufgelöst und das Gebären erleichtert haben.

Damit wird klar, daß das Murmeltierfett in den letzten Jahrhunderten bis hin zur heutigen Zeit ein begehrtes und somit wertvolles Handelsobjekt darstellte. Das „Mankeifett" spielt vor allem in der Volksmedizin eine nicht zu unterschätzende Rolle.

Wissenschafter haben im Murmeltierfett gewisse Corticoide festgestellt, die wohl für die Linderung einiger oben genannter Leiden verantwortlich gemacht werden können. In Österreich kostet heute ein Liter Murmeltierfett etwa 200 Schilling. Das Fett wird vor allem nach Deutschland exportiert, wo es reißenden Absatz findet.

Ein weiterer Grund, dieses Tier zu bejagen, ist die Nutzung seines **Fleisches**. Dieses hat im frischen Zustand einen intensiv erdigen Wildgeschmack und soll fast ungenießbar sein. Deshalb wurden frisch erlegte Murmeltiere, laut Angaben aus dem 19. Jh. wie ein Ferkel gebrüht und geschabt, mit Salpeter und Salz eingerieben, in den Rauch gehängt oder gesotten. Nach dieser Behandlung soll das Fleisch ein wohlschmeckendes Aroma aufgewiesen haben. Früher wurde dieses so zubereitete fette Wildbret vor allem Wöchnerinnen zur Stärkung vorgesetzt. Schon vor etwa tausend Jahren kannten die Mönche von St. Gallen die Schmackhaftigkeit dieses Fleisches und hatten dafür einen eigenen Segensspruch: „Möge die Benediktion es fettmachen!". Bei den Mönchen hieß dieses Tier *"Cassus alpinus"* (Alpenkatze ?), wobei in St. Gallen das Murmeltier ansonsten Murmenti genannt wurde.

Ein frisch abgezogener **Balg**, der auf eine von Gicht befallene Körperstelle aufgelegt wird, soll dieses Leiden innerhalb kürzester Zeit geheilt oder zumindest gelindert haben.

SÄUGETIERE

Auch der **Pelz** des Murmeltieres stellte genug Anreiz dar, um es zu bejagen. Zwar kann er sich nicht in Qualität und Schönheit mit dem des Bibers messen, ist aber immer noch fein genug, um warme Kleidungsstücke daraus fertigen zu können. Das Tragen dieses Pelzwerkes soll eine wohltuende Wirkung auf Körper und Geist ausgeübt haben.
Die Felle, auch Murmel genannt, wurden in manchen Gegenden auf Zobelmurmel oder Nerzmurmel umgefärbt. Grundsätzlich variiert die Fellfarbe des Alpenmurmeltieres von grau bis zu einem verwaschenen Braun. Häufig treten auch gänzlich schwarze Exemplare auf, wobei Albinos selten beobachtet werden.

Die langen, gebogenen, gelben bis orangeroten, manchmal auch braunen **Schneidezähne** der Murmeltiere wurden und werden häufig in Silber gefaßt und stellen ein durchaus hübsches wie auch wertvolles Schmuckstück dar.

Die Murmeltierjagd

Grundsätzlich entfernen sich Murmeltiere bei der Nahrungsaufnahme, die ausschließlich am Tag stattfindet, nie sehr weit von einem ihrer schützenden Baue. Neben dem Hauptbau werden mehrere kleine Zufluchtsbaue, die über das ganze Revier verteilt sind, angelegt. Diese bestehen oft nur aus einer kurzen Röhre und werden ausschließlich bei plötzlichen Witterungsänderungen sowie bei unmittelbar drohender Gefahr aufgesucht, wenn keine Zeit mehr verbleibt, um in den Hauptbau zu fliehen.
Trotz dieser Fluchtmöglichkeiten sind vor allem die erwachsenen Tiere während der Nahrungsaufnahme, aber auch beim Sonnen sehr aufmerksam, halten oft inne und mustern dabei die Umgebung. Zumeist ist auch noch ein Wachposten aufgestellt, der von einer übersichtlichen Stelle aus den Luftraum nach Flugfeinden und das umliegende Gebiet nach Bodenfeinden absucht, ohne bei dieser Tätigkeit selbst zu fressen. Erspäht dieser Wachposten oder ein anderes Tier der Gruppe eine Gefahr, so stößt es einen schrillen Warnschrei aus, woraufhin alle mit großer Geschwindigkeit, die man den plump wirkenden Tieren gar nicht zutrauen mag, zum nächsten der zahlreich angelegten Baue rennen und darin verschwinden. Dabei sollen einzelne Tiere sogar im Galopp davonstieben, was Spuren in feuchter Erde und im Schnee beweisen.
Die Bauten des Murmeltieres sind so angelegt, daß die nähere Umgebung im Auge behalten werden kann. Der Jäger baute sich in vergangenen Jahrhunderten daher in einer Entfernung von 20 bis 30 Schritten eine Steinblende, um dahinter auf die wachsamen Nager zu lauern. Da die scheuen Tiere an diese Veränderung in ihrer unmittelbaren Umwelt nicht gewöhnt waren, wagten sie sich nun mehrere Tage nicht aus dem Bau und ästen ganz gegen ihre sonstige Gewohnheit im Schutze der Nacht, wo ein weidgerechter Schuß nicht anzubringen war. Erwies

sich aber in den kommenden Tagen – es war dies eine harte Geduldsprobe für den Jäger –, daß diese Mauer keinerlei Bedrohung darstellte, fuhren die Tiere wieder fort, ihren gewohnten Tagesablauf zu führen. Dies war nun der Moment für den Weidmann, einen oder mehrere der Nager zu erschießen.

Es gab aber noch eine weitere Jagdvariante: Der Jäger versteckte sich vor Tagesanbruch in der Nähe des ausgewählten Baues, um auf die Murmeltiere zu lauern. Erschienen sie, das war nur der Fall, wenn der Wind für den Schützen günstig stand, mußte der erste Schuß sein Ziel treffen, da die verschreckten Tiere nach diesem Vorfall für den ganzen Rest des Tages den Bau nicht mehr verlassen würden. Doch auch die wachsamen Murmeltiere der Nachbarschaft und oft sogar des gesamten Tales waren durch diesen Schuß alarmiert, sodaß der Jäger an diesem Tag keinen einzigen dieser Nager mehr zu sehen bekam. Das war auch der Grund, weshalb häufig die Murmeltierjagd mit der Gemsenjagd verbunden wurde, um den Tag für den Jäger, falls ihm ein solches Mißgeschick widerfahren war, doch noch ertragreich und abwechslungsreich zu gestalten.
Weiters wird berichtet, daß der in der Nähe eines Baues in einem Versteck harrende Weidmann selbst einen Pfiff, der dem des Warnschreies der Tiere täuschend ähnlich ausfallen mußte, von sich gab und somit die Gruppe in den Bau trieb. Unterdessen schlich sich der Jäger bis auf wenige Meter näher an den Bau heran und wartete, bis sich die muntere Schar wieder zeigte und die Möglichkeit bestand, ein Murmeltier mit einem gezielten Schuß niederzustrecken.

Das Nachgraben, diese Tätigkeit wurde im Kanton Wallis als „creuser" bezeichnet, war eine sehr beliebte Art der Murmeltierjagd. Dabei muß das Graben an Winterbauen, auch als Schübenen bekannt, von dem an Sommerbauen unterschieden werden.

Das Nachgraben am Sommerbau: Alpenmurmeltiere ziehen in diese höhergelegenen Sommerbaue, weil hier das Futterangebot in der warmen Jahreszeit überaus reichlich ist und Störungen durch den Menschen, durch weidendes Vieh oder durch Raubtiere in solchen Höhen weitaus seltener vorkommen als in tieferen Lagen. Der Sommerbau liegt immer weit ober der Baumgrenze auf der Sonnseite des Berges und besteht aus einer ein bis zwei Meter langen Röhre, die in den Kessel mündet. In diesen Bau wird kein Heu eingetragen, und der Eingang bleibt stets unverschlossen. Er befindet sich unter einem Felsen oder einem großen Stein, um ein Nachgraben (ursprünglich taten dies der Braunbär sowie hundeartige Raubtiere) von vornherein zu erschweren oder gänzlich unmöglich zu machen.
An einem Sommerbau nachzugraben, war in den allermeisten Fällen aussichtslos, da die Nager mit ihren langen Krallen in der Lage waren, weitaus schneller als jeder Verfolger im Erdreich weiterzukommen. Dennoch nahmen einige Leute diese beschwerliche Arbeit auf sich, in der Hoffnung, daß die Tiere auf felsigen

Grund stoßen werden und somit in der Falle säßen. Wurde ein solch unglückliches Tier gestellt, gab es keineswegs auf, sondern versuchte sein Leben durch Pfauchen, Kratzen und Beißen zu retten. Es war durchaus keine Seltenheit, daß das Tier noch entwischen konnte oder der Jäger den Verlust eines abgebissenen Fingers hinnehmen mußte.

Weitaus mehr Erfolg versprach das Nachgraben an den Winterbauen: Dabei führt vom Eingang ein zwei bis drei Meter langer Gang in den Berg hinein und gabelt sich schließlich in zwei Äste. Der eine Gang ist sehr kurz und endet blind. Die in ihm ursprünglich enthaltene Erde dient den Tieren zum Verstopfen der Höhle und der neu entstandene Raum als Ort der letzten Entleerung vor dem langen Winterschlaf. Der zweite Ast führt bergwärts noch acht bis zehn Meter weiter und mündet endlich in einen geräumigen Kessel, der mit getrocknetem Gras, das aber während der Schlafphase niemals als Nahrung dient, ausgepolstert ist.

Man kann sich nun vorstellen, welche Strapazen der Ausgräber auf sich nahm, um sich bei Kälte, den gewaltigen Schneemassen und dem hart gefrorenen Erdreich in mühseliger Arbeit bis zu diesem Hauptkessel heranzuarbeiten. Bedingung war natürlich, daß der Weidmann, solange noch kein Schnee gefallen war, den Bau ausgekundschaftet hatte. War der Jäger schließlich nach oft tagelangem Schuften zum Kessel vorgedrungen, so fand er die gesamte Familie, zumeist rund 15 Tiere, tief schlafend vor. Den Nagern war es in diesem Augenblick unmöglich, die Flucht zu ergreifen, weil das Aufwachen aus dem Winterschlaf mehrere Stunden in Anspruch nimmt. Somit fielen sämtliche Tiere dem Jäger zum Opfer, der eine wahrhaft fette Beute gemacht hatte, denn die ausgewachsenen Murmeltiere wiegen, wenn sie Mitte Oktober den Winterschlaf antreten, bis zu acht Kilogramm und liefern zu diesem Zeitpunkt das meiste des begehrten Fettes. Im Vergleich dazu bringen die Tiere nach dem mehrmonatigen Schlaf, wo sie ausschließlich von dem im Sommer und Herbst angemästeten Fett zehren, lediglich rund vier Kilogramm auf die Waage.
Erreichte der Jäger den Kessel, noch bevor die Tiere in den Tiefschlaf gesunken waren, so retteten sie sich vorerst in eine eigens dafür angelegte Fluchtröhre, erlagen aber, falls sie nicht auch dort ausgegraben wurden, später unweigerlich dem Kältetod, weil der zerstörte Bau keine Temperaturisolierung mehr bieten konnte.

Daß das Nachgraben auch gewisse Gefahren in sich bergen konnte, verdeutlicht folgender Bericht aus dem 19. Jh.[7]:

> *„Im November 1852 spürten zwei Jäger aus dem Kanton Genf, Carlier und sein Sohn, an den Gletschern von Argentières nach Marmottenhöhlen. Der Vater kroch in einen der bewohnten Gänge, indem er denselben mühsam erweiterte, als plötzlich das lockere Gestein zusammenbrach und den auf dem Bauch liegenden*

SÄUGETIERE

Jäger verschüttete. Rasch kriecht der Sohn nach, um den Vater zu befreien, und arbeitet ihn glücklich schon zur Hälfte aus dem Schutte, als ein neuer Bergbruch beide bedeckt. Zwei Stunden lang wühlen die Jäger, der Sohn auf des Vaters Rücken liegend, in dem Geröll, um sich zu befreien, bis der Jüngere, den Quetschungen und Mühsalen erliegend, den Geist aufgiebt. Drei lange und bange Tage, ohne Licht und Labsal, ohne Hülfe und Kraft, bleibt der unglückliche Vater unter der Leiche seines neunzehnjährigen Sohnes in der Kluft liegen, bis endlich die nachforschenden Freunde ihn auffinden und ausgraben. Wenige Stunden nach seiner Befreiung erlag auch er an den Folgen der ausgestandenen fürchterlichen Körper- und Seelenqualen."

Auch Schlingen und Fallen bewährten sich zum Fangen dieser Nager gut. Besonders bekannt für das Fallenstellen waren die Bergamaskerhirten in Graubünden. Hierbei erwiesen sich die Einwohner der Ortschaften am Fuße der Gletscheralpe im Saastal im Kanton Wallis schon vor über hundert Jahren als sehr voraussichtig, indem sie stets trachteten, lediglich alte Exemplare zu fangen, um den Bestand der einzelnen Gruppen nicht zum Erlöschen zu bringen. Diese vorausblickende Bejagung hatte zur Folge, daß sich in diesem Gebiet die Murmeltiere zahlreich erhielten.

Fallenstellen wurde bereits im letzten Jahrhundert in einigen Kantonen der Schweiz gänzlich verboten und mit Geldstrafen geahndet.

Unter Umständen wurden beim Fallenstellen Jungtiere lebend gefangen. Diese wurden sodann von jungen Burschen aufgezogen und gezähmt. Besondere Tradition erlangten dabei die Jungen aus Savoyen, die den jungen, noch lernfähigen Murmeltieren so manche Kunststücke beibrachten. Bis in das 20. Jh. zogen sie mit den dressierten Nagern durch viele Länder Europas, wo diese Tiere auf Marktplätzen und Rummelplätzen bestaunt wurden. Die mit Kleidern geschmückten Tiere standen auf den Hinterbeinen, fraßen dargebotenes Futter, das sie mit ihren beiden an Menschenhände erinnernden Vorderbeinen hielten, und belustigten die Menge mit schrillen Schreien. Besonders gerne tanzten die Tiere, was ihnen selbst anscheinend gut gefallen haben muß, wie Bären zum Spiel eines Leierkastens.

Folgende Jagdmethode verlangte vom Jäger volle Konzentration sowie Geschick und Vorausahnung. Er schlich sich dabei unendlich vorsichtig an den Eingang des Murmeltierbaues heran, so daß den auf den umliegenden Almmatten äsenden Tieren der Rückzug versperrt wurde. Nun gab er einen lauten Schrei von sich. Die Nager erkannten sofort, daß sie überlistet worden waren, stießen grelle Schreie aus und flüchteten in Panik in alle Richtungen. Sie versuchten in ihrer Todesangst ein naheliegendes Versteck, etwa einen Zufluchtsbau oder eine geeignete Steinspalte, zu finden. Nun konnte es geschehen, daß sich ein einzelnes unerfahrenes Tier kopfüber in eine solche Spalte hineinpreßte, um das Haupt zu schützen, so daß nur mehr das Hinterteil zu sehen war. Der Jäger eilte solch einem Tieren nach, drückte es mit einem Stock nieder, um nicht gebissen zu werden, zog es sodann an den Hinterbeinen hervor und erschlug es sogleich. Manche Jäger richteten Hunde eigens dazu ab, Murmeltiere in solche Steinspalten zu treiben, wo sie zur leichten Beute wurden.

4. Gründe für das Überleben des Alpenmurmeltieres

Die Anzahl der **natürlichen Feinde** der Murmeltiere ist von Natur aus schon nie sehr groß gewesen. Die heute im Alpenraum ausgerotteten Großraubtiere, wie Wolf, Nordluchs und Braunbär, wagten sich nur in Ausnahmefällen in die Höhen, die der Nager bewohnte. Zugleich mit dem Murmeltier selbst wurden auch die Bestände eines seiner Hauptfeinde, der Steinadler, reduziert. Bleiben also neben dem gewaltigen Heer der Eingeweidewürmer, denen so manches Tier erliegt, lediglich der Fuchs, der Habicht und allenfalls der Kolkrabe als mögliche Freßfeinde zu nennen. Diese erbeuten aber nur alte oder kranke Tiere und sorgen somit eher für eine Gesundung als für eine Schwächung oder gar Gefährdung der Bestände.

Murmeltiere stellen keine besonderen Ansprüche an ihren **Lebensraum** und sind deshalb von diesem nicht so abhängig wie etwa der wählerischere Biber. Genügend Futter, Wärme – Kälte bleibt ihnen ja größtenteils durch den Winterschlaf erspart – und Trockenheit sind die Grundbedürfnisse dieses Tieres.

Auch die **Nachwuchsrate** ist derart günstig eingependelt, daß von dieser Seite her eine ernste Gefahr der Abnahme der Bestände nicht zu erwarten ist.

Ende April bis Mitte Mai, je nach Witterung und Höhenlage, erfolgt die Paarung. Etwa sechs Wochen später gebiert das Weibchen in der Regel zwei bis vier, maximal acht, etwa 30 Gramm schwere, blinde, nackte Junge, die zwei Monate gesäugt werden. Ungefähr drei Wochen nach der Geburt öffnen die Jungen die Augen, und wiederum zwei Wochen später wagen sie sich zum ersten Mal aus dem Bau, wo sie aber wegen der Aufmerksamkeit der Eltern selten einem Beutegreifer zum Opfer fallen. Erlangen die Jungtiere die Geschlechtsreife, was nach drei bis vier Jahren der Fall ist, in besonderen Höhen aber noch ein Jahr länger dauern kann, ziehen diese aus, um ein neues, eigenes Revier zu suchen oder zu erkämpfen.

Murmeltiere erreichen übrigens ein Alter von 15 bis 18 Jahren, wobei sie jedoch den Großteil dieser Zeit unter der Erde schlafend verbringen.

Das Zusammenleben in einem streng **sozialen Familienverband** erhöht die Überlebenschancen jedes einzelnen Mitgliedes.

Murmeltiere entgehen der härtesten Zeit des Jahres durch einen **Winterschlaf,** der bis zu acht Monate dauern kann.
Im Frühherbst, wenn die Tage schon merklich kürzer werden, beginnen die Tiere, mit den Zähnen Gras auszurupfen, legen es zum Trocknen aus und tragen es sodann in den Bau, den sie sich zum Überwintern ausgewählt haben. Die Tiere haben sich im Verlauf der warmen Jahreszeit einen dicken Fettpolster angefressen. Durch die Tageslichtlänge, die auch den Hormonhaushalt beeinflußt, spüren die Tiere, wann es Zeit ist, den Bau für den Winterschlaf aufzusuchen, was in der

Abb. 19: Das Alpenmurmeltier

Regel gegen Ende Oktober geschieht. Der Haupteingang sowie eventuelle Nebeneingänge werden von innen ein bis zwei Meter mit einem Gemisch aus Steinen, Erde und Heu verstopft. Dieser nahezu luftdichte Pfropfen ist dermaßen hart, daß er von den Jägern Zapfen genannt wird. Die Tiere suchen den ausgepolsterten Kessel auf und verfallen allmählich dicht aneinandergeschmiegt, zu Kugeln zusammengerollt, so daß die Körperoberfläche der Tiere möglichst klein gehalten wird, die Schnauze zwischen die Hinterbeine gesteckt, in den Winterschlaf. Dabei sind alle Stoffwechselvorgänge, Atmung und Körpertemperatur auf ein Minimum reduziert.

Das Herz schlägt nun nur mehr dreimal pro Minute. Es wurde berechnet, daß ein in diesem Zustand schlafendes Murmeltier in sechs Monaten ungefähr 71 000 mal atmet, wohingegen es im Wachzustand circa 72 000 mal innerhalb von zwei Tagen atmet. Die ideale Temperatur im Kessel sollte 4,5°C betragen. Sinkt die Temperatur aber auf 3°C herab, so erwachen die Tiere und heizen ihre Körper auf etwa 30°C auf. Mit ihrer Körperwärme steigern sie auf diese Weise die Temperatur im Kessel. Erst wenn diese auf 9°C angestiegen ist, beenden sie die eigene Wärmeerzeugung, die bei der Verbrennung des körpereigenen Fettes entsteht, und schlafen weiter.

Einmal im Monat wachen die Murmeltiere auf und verrichten in dem bereits erwähnten kleinen Gang ihr Geschäft, nehmen aber bei dieser Gelegenheit keinerlei Nahrung zu sich. Mitte bis Ende April, in höheren Lagen mitunter auch etwas später, erwachen die Nager aus ihrem Winterschlaf. Murmeltiere verfügen, wie viele andere Winterschläfer, über Gewebepolster, die aus dem sogenannten braunen Fett bestehen. Dieser Fettpolster ist zwischen den Schultern lokalisiert und dient zu einer schnellen und ergiebigen Wärmeproduktion, die für das Tier in dieser extremen Situation überlebenswichtig ist. Dieses spezielle Fettgewebe enthält besonders viele Blutgefäße und Mitochondrien, weshalb es braun erscheint, und beginnt über einen komplizierten chemischen Vorgang mit der Wärmeerzeugung, nachdem es von bestimmten Hormonen stimuliert worden ist. Diese so gewonnene Wärme wird über das Blut rasch in alle Körperteile transportiert und sichert auf diesem Weg eine Belebung des Tieres in kürzester Zeit. Auch bei der bereits oben erwähnten Aufheizung des Baues spielt dieses braune Fett eine bedeutende Rolle, wobei dieser Vorgang nur begrenzt wiederholbar ist. Sollten nach dem Erwachen die Wetterverhältnisse sowie das Futterangebot schlecht sein, bleiben die Tiere im Bau und ernähren sich von dem im Vorjahr eingetragenen Heu.

Diese Überlebensstrategien verdeutlichen die einmalige Anpassung dieser Tierart an den extremen Lebensraum im Hochgebirge.

5. Die Wieder- und Neuansiedelung des Alpenmurmeltieres in Österreich

In Österreich lebte dieses Säugetier in vergangenen Epochen in Vorarlberg, Tirol, Salzburg und im Westteil Kärntens[10]. Fossile Funde sowohl aus dem Diluvium, so in der Drachenhöhle bei Mixnitz und in der Badl- und Repoluskhöhle, als auch aus dem Postglazial, in der Steiermark bei Großreifling im Ennstal und in Krampen bei Neuberg, belegen, daß dieses Tier einst große Teile der Ostalpen bewohnte. Somit stellt die Wiederansiedelung dieses Nagers in den östlichen Bundesländern auch keine echte Faunenverfälschung dar.

Jahreszahlen und Orte, an denen das Alpenmurmeltier in Österreich eingebürgert wurde:

Salzburg:	1905 im Weißpriachtal im Lungau
	1927 im Stubach- und Blühnbachtal
Kärnten:	1906 Kreuzeckgruppe

Steiermark: 1879 Sölker Tauern
1890 Hochschwab
Niederösterreich: 1900 und 1910 Raxalpe
1947 Dürrenstein bei Lunz

Die Murmeltiere gediehen in diesen Gebieten sehr gut und haben unglücklicherweise, wegen der alltäglichen Konfrontation mit dem Menschen, in einigen Revieren, wie an der Großglocknerstraße und im Hochschwab, jegliche Scheu vor ihm verloren. Sie nähern sich den Wanderern arglos, um von ihnen dargebotenes Futter anzunehmen. Diesen Umstand nutzen einige Leute aus, um diese Tiere zu fangen oder zu erlegen, denn ausgestopfte Murmeltiere bringen nach wie vor noch viel Geld ein. Auch werben einige geschäftstüchtige Österreicher, vor allem in deutschen Zeitschriften, mit geführten Murmeltierjagden und garantieren dabei dem Jagdgast, daß er sicher zum Schuß kommen werde, wenngleich sich dieses Unternehmen, was aber mit keiner Silbe erwähnt wird, nicht immer im Rahmen der gesetzlichen Bestimmungen abspielt.

Der Europäische Biber

1. Systematik

Die Familie der Biber (CASTORIDAE) umfaßt lediglich eine Gattung mit zwei Arten: der Europäische Biber (*Castor fiber*) und der Kanadische Biber (*Castor canadensis*). Einige Wissenschafter, besonders Europäer, sehen aber beide Formen als Zugehörige einer Art an. Amerikanische Säugetierspezialisten weisen jedoch darauf hin, daß der Biber der Neuen Welt ein kürzeres Nasenbein besitzt, dunkler gefärbt ist, andere Verhaltensweisen zeigt als sein europäischer Verwandter und somit als eine eigenständige Art aufzufassen sei. Das schlagkräftigste Argument in dieser Debatte muß aber die Tatsache sein, daß sich die altweltlichen von den neuweltlichen Bibern in der Anzahl der Chromosomen unterscheiden, womit eindeutig feststeht, daß es sich um zwei verschiedene Arten handelt[26].

SÄUGETIERE

Abb. 20: Der Europäische Biber

2. Zur Geschichte

Als erster berichtete Aristoteles (384-322 v. Chr.) über den Biber, wenn auch nur die wenig aufschlußreiche Tatsache, daß diese Geschöpfe unter die vierfüßigen Tiere zu reihen seien, die wie der Fischotter an Seen und Flüssen ihre Nahrung suchen.

Plinius der Ältere (23-79 v. Chr.) erzählt von der Wirkung des Bibergeils, von dem später noch die Rede sein wird, weiters, daß der Biber stark zubeißen kann und einen von ihm gefaßten Menschen nicht eher loslassen soll, bevor er nicht dessen Knochen zerbrochen habe. Zuletzt erwähnt er, daß dieses Tier Bäume wie mit einer Axt fällen kann, einen Schwanz ganz gleich dem der Fische habe und überhaupt dem Fischotter sehr ähnlich sei.

SÄUGETIERE

Konrad Gesner (1516–65) führte folgende Einzelheiten aus dem Leben dieser Nagetiere aus[8]:

„Wiewohl dieses in allen Landen ein gemein Thier ist, und in gemein gern wohnet, wo es Fisch und Krebs giebt, als wie die Mörder an den Straßen, so seynd sie doch am liebsten, wo große Wasserflüß lauffen, als wie die Ar, Reuß und Lymmat im Schweitzerland, auch hat die Byrß umb Basel deren viel, und Hispanien vast bey allen Wassern, wie Strabo sagt, in Italien, da der Pau (Poo) ins Meer laufft."

Gesner ist hierbei der Fehler unterlaufen, daß er einen Zusammenhang zwischen dem Vorkommen des Bibers und dem Vorhandensein von Fischen und Krebsen sah. Dies ist aber völlig unzutreffend, da der Biber sich ausschließlich von pflanzlicher Kost ernährt.

Olaus Magnus, Bischof von Uppsala, schrieb ungefähr im Jahr 1520 ein eigentümliches Werk über Norwegen und seine Tiere. Hierin finden sich einige teils falsche, teils richtige Angaben und Fabeln über das große Nagetier. So berichtete der Geistliche, daß dieses Tier zahlreich am Rhein und an der Donau sowie in den Sümpfen Mährens vorkomme, noch häufiger aber im Norden, da hier an den Flüssen nicht so viele störende Geräusche, die durch die Schiffahrt erzeugt würden, zu vernehmen seien.

Die Angaben Magnus' über den Dammbau der Biber, faßte Brehm folgendermaßen zusammen[8]:

„Die Biber gingen gesellig zum Fällen der Stämme, hieben sie mit ihren Zähnen ab und trügen sie auf eine wunderbare Art zu ihren Lagern. Ein alter, träger Biber, welcher sich immer von der Gesellschaft entfernt halte, müsse herhalten. Ihn würfen die übrigen rücklings auf den Boden, legten ihm zwischen die Vorder- und Hinterfüße das Holz, zögen ihn zu ihren Hütten, lüden die Last ab und schleppten diesen lebendigen Schlitten so lange hin und her, bis ihr Häuslein fertig wäre. Die Zähne der Tiere seien so scharf, daß sie die Bäume wie mit einem Schermesser abschneiden könnten. Das Haus bestünde aus zwei bis drei Kammern übereinander und wäre so eingerichtet, daß der Leib des Bewohners aus dem Wasser hervorrage, der Schwanz aber darauf ruhe. Letzterer sei schuppig, wie der der Fische, habe lederartiges Fell, gäbe ein schmackhaftes Essen und ein Arzneimittel für diejenigen, deren Darm schwach sei, werde auch nebst den Hinterfüßen anstatt der Fische gegessen."

Niemals konnte jedoch ein derartiges „Schlittenfahren" beobachtet werden. Magnus hatte dies entweder selbst erfunden oder aber von einem anderen Autor übernommen. Der Bischof führte laut Brehm weiter aus[8]:

„Unwahr sei die Behauptung des Solinis, daß der Biber, wenn er verfolgt werde, seinen Beutel mit dem Geile abbeiße und den Jägern hinwerfe, um sich zu retten, denn alle gefangenen hätten diesen Beutel noch, und er könne ihnen nur mit dem

Verlust ihres Lebens genommen werden. Das Geil sei das vortrefflichste Gegengift bei Pest, bei Fieber, helfe überhaupt für alle denkbaren Krankheiten."

Sodann folgen Angaben über die Nützlichkeit des Bibers[8]:
„Nach der größeren oder geringeren Höhe der Hütten erlaube er, auf den späteren Stand des Wassers zu schließen, und die Bauern könnten, wenn sie den Biber beobachteten, ihre Felder bis an den Rand des Flusses bestellen oder müßten sie dort liegen lassen, weil sie sicher überschwemmt werden würden, wenn der Biber besonders hohe Häuser gehabt habe.
Die Felle seien weich und zart wie Daunen, schützen wunderbar gegen die rauhe Kälte, gäben daher eine kostbare Kleidung der Großen und Reichen ab."

Marius, ein Arzt in Ulm und Augsburg, übernahm später all diese Wahrheiten und Unwahrheiten und gab im Jahr 1640 ein eigenes Büchlein über die medizinische Nutzbarkeit des Bibers heraus. Darin wurde über die medizinische Anwendung einzelner Körperteile sowie über das Herstellen von Rezepten berichtet.

Ein gewisser Johann Frank weitete dieses Werk 1685 noch bedeutend aus. So steht bei ihm geschrieben, daß Haut, Fett, Blut, Haare, Zähne und hauptsächlich das Bibergeil vortreffliche Heilmittel seien. Aus den Haaren mache man Hüte, die gegen Krankheiten schützen sollten, und kleinen Kindern band man die Zähne an einer Schnur um den Hals, da auf diese Weise das „Zahnen" erleichtert werde.

In der deutschen Fabel und im Tiergedicht kommt dem Biber als Nobels Notarius eine bedeutende Rolle zu. Dort heißt es[16]:
„Bokert; es war sein Geschäft, die schweren, wichtigen Briefe vor dem König zu lesen, denn manche Sprache verstand er."

In Böhmen und Mähren verehrten die Leute dieses Nagetier besonders. Sie verglichen das Fiepen der Jungen in den Bauten mit dem Weinen eines Kindes und bewunderten die konstruierten „Holzhäuser" des Bibers.

Allgemein wachsen die Jungtiere, es werden pro Jahr ein bis fünf Stück geboren, im Schutze des Baues und unter der ständigen Obacht der Elterntiere sehr sicher auf. In diesem Umfeld überdauern sie sicher die ansonsten für neugeborene Säuger so kritische Phase der ersten Lebenswochen.

SÄUGETIERE

3. Zum Aussterben des Bibers im Alpenraum

Chronologie

Ursprünglich bewohnte der Biber, der das mächtigste Nagetier Europas ist und an Größe und Gewicht nur noch vom südamerikanischen Wasserschwein (*Hydrochoerus hydrochoerus*), auch Capybara genannt, übertroffen wird, alle bewaldeten See- und Flußufer der nördlichen Halbkugel. In Europa lebte er vermehrt in den nördlichen, wasserreicheren Landstrichen. Sein Verbreitungsgebiet erreichte im Süden das Mittelmeer. Im Alpenkamm besiedelte dieses Nagetier die großen Flußläufe, scheute aber auch nicht davor zurück, sich an kleinen, in Seitentälern fließenden Gewässern seine Unterkunft zu errichten. In Österreich befand sich der höchstgelegene Fundort des Bibers im gesamten Alpengebiet, nämlich in Biberwier, die Endung -wier leitete sich von (Weer – Wehr) ab, in Nordtirol, das auf einer Seehöhe von 2759 Metern liegt.

Der Biber wurde im gesamten Alpenraum vom Menschen vollkommen ausgerottet:

Österreich

1750   verschwand der Biber bereits in der Steiermark an der Mur und an der Mürz.
1825   bestand noch eine kleine Kolonie an der Traun in der Nähe von Wels, die aber in den kommenden Jahren erlosch.
1825   verließ der Biber auch die Auen des Wiener Stadtgebietes, und nur der Ort Biberhauf erinnert an das einstige Vorkommen dieser Nagerart.
1846   fiel der letzte Biber am Lech in Nordtirol. Zur gleichen Zeit ist diese Tierart auch in der Umgebung der Ortschaft Vils, ebenfalls in Nordtirol, verschwunden.
1853   wurden die letzten Tiere in Oberösterreich bei Braunau am Inn und bei Linz an der Donau gesichtet.
1863   fiel in Fischamend, ein in Niederösterreich südöstlich von Wien gelegener Markt, das letzte Exemplar einem Jäger zum Opfer.
1865   kam der letzte Biber in Vorarlberg am Bodensee um.
1867   starben die letzten Vertreter dieser Tierart in Österreich bei Werfen an der Salzach und bei Anthering.

Schweiz

In den Schweizer Alpen war der Biber nie so zahlreich wie in den Ostalpen und dürfte in der ersten Hälfte des 19. Jh. dort ausgerottet worden sein.

SÄUGETIERE

Deutschland
Auch die Angaben über das Verschwinden des Nagers in Deutschland fallen sehr dürftig aus, weshalb, um einen besseren Überblick zu schaffen, auch außeralpine Gebiete erwähnt werden:

1822	in Sachsen ausgerottet.
1840	Der Biber verschwand aus dem Rheinland.
1841	Bei Füssen wurde das letzte Tier erlegt.
1850	erloschen die Bestände in Bayern, obwohl er hierzulande einst sehr häufig vorgekommen ist. Zahlreiche Orte und Flüsse, Kobell zählte über sechzig, wie Biberhaufen, Biberbach, Biberstein, Biberschlag und viele mehr, wurden nach diesem Tier benannt. (Die Ortschaft Biebrich am Rhein führt einen Biber im Wappen, der allerdings fälschlicherweise einen Fisch im Maul hält, wo er doch ein reiner Pflanzenfresser ist.)
1853	Der letzte in Oberbayern lebende Biber wurde nahe Neuburg erlegt.
1854	in Baden-Württemberg ausgestorben.
1856	in Niedersachsen ausgestorben.
1858	Noch ein Biber soll in Bayern erschlagen worden sein, diese Tatsache ist jedoch nicht gesichert überliefert.
1877	in Westfalen ausgestorben.

Ein fischtragender Biber als Brunnenfigur in Weyer/OÖ
Foto: R.M. Wokac

Gründe

Die Bejagung
Der kostbare, weiche, mittelbraune bis schwärzlich mahagonirote, mit dichter, gekräuselter Unterwolle und kräftigen Grannenhaaren besetzte **Biberpelz** verlockte eine Unzahl von Jägern, Wilderern und anderen habgierigen Leuten, dem Biber nachzustellen.
In den letzten Jahrhunderten florierte in fast gesamt Europa ein reger Fell- und Pelzhandel. Als aber die wasserabweisenden Bälge der Nager zusehends seltener auf den Markt kamen, stiegen deren Preise in gewaltigem Ausmaß. Der Anreiz, in kurzer Zeit sehr viel Geld zu verdienen, veranlaßte viele arme Menschen, Jagd

SÄUGETIERE

auf dieses so profitversprechende Tier zu machen. Dadurch nahm die Zahl der Nager stetig ab, was zur Folge hatte, daß noch weniger Felle auf den Markt gelangten. Wohlhabende Leute bestanden doch auf ihre Bibermäntel, da sie in ihnen Prestigeobjekte sahen, die ihnen Würde und Ansehen verleihen sollten.

Obwohl Johann Ernst, ein Bischof von Salzburg, drohte, daß derjenige, der einen Biber tötete, mit Galeerendienst bestraft werde, wurden die Biber in seinem Machtbereich dennoch von Wilderern erschossen. Dies zeigt auf, welche Gefahren die Leute eingingen, um an den Balg und somit an schnelles Geld zu gelangen.

Noch teurer und somit begehrter als der Pelz war das **Bibergeil**, das sogenannte Castoreum, das den Tieren zur Markierung ihres Territoriums und als Sexuallockstoff dient. Männchen wie Weibchen scheiden diesen Stoff von bitterem Geschmack und betäubendem Geruch aus der paarig angelegten Postanaldrüse aus. Dieses dunkelbraune, wachsartige, feste Bibergeil enthält unter anderem wesentliche Bestandteile des Aspirins und wurde in der Medizin als krampflösendes Mittel eingesetzt sowie zur Heilung oder Linderung von Nervenkrankheiten verwendet. Es galt zu gewissen Zeiten als derartig wertvoll, daß es mit Gold aufgewogen wurde.

Ein weiterer, wenn auch nicht so beeinträchtigender, Grund für das vollkommene Verschwinden dieser Nagerart war die Genußsucht des Menschen. **Biberbraten** soll ein äußerst köstliches und begehrtes Gericht gewesen sein. Angeblich soll dieser am besten gemundet haben, wenn sich das Tier vornehmlich von Seerosenblättern ernährt hatte. In vielen alten Tischgebeten, wie in denen des Klosters von St. Gallen, die die Fleischgerichte preisen, werden neben den beiden Wildrindern, Wisent und Ur, auch die Biber verehrt. Diese Nagerart wurde gleich wie der Fischotter als Fastenspeise verzehrt, wobei besonders der hornbeschuppte Schwanz, der an einen Fischleib erinnert, ein begehrter Leckerbissen gewesen sein soll. So landeten Säugetiere, die zumindest einen Teil ihres Lebens im Wasser, das ja auch das Element der Fische, eine erlaubte Fastenspeise, ist, zubringen, auf den Tischen der frommen Herren. Es versteht sich von selbst, daß Biberfleisch auch den Speisezettel der einfachen Bevölkerung ergänzt hat.

Biberbraten, dies sei an dieser Stelle nur am Rande erwähnt, schmeckte anscheinend schon den Steinzeitmenschen, die aber sicherlich nichts mit der Ausrottung des Bibers zu schaffen hatten. In den sogenannten Kjökkenmöddingern, das sind riesige Haufen von Küchenabfällen, meist Muschelschalen, aus dem Norden Europas, finden sich nicht selten Biberknochenreste.
Bei Grabungen in Torfmooren stoßen Wissenschafter des öfteren auf einst von Bibern benagte Holzstümpfe. Ein interessantes Fundstück ist im Geologischen Institut Hamburg zu sehen; nämlich ein bei Duvensee gefundenes Fraßstück, in dem eine Flintspitze steckt. Der am Stamm nagende Biber war demnach von den Jägern mit dem Speer angegriffen, aber verfehlt worden.

SÄUGETIERE

Viele Menschen sahen im Biber einen direkten **Nahrungskonkurrenten**, da sie glaubten, daß das Nagetier, gleich dem Fischotter, Jagd auf Fische macht. Unzählige der rein vegetarisch lebenden Biber mußten deshalb ihr Leben lassen.

Aus wiederum anderen Gründen stellten Großgrundbesitzer und Bauern diesen Tieren nach, da sie sich von ihnen beraubt, geschädigt und sogar in ihrer Existenz bedroht fühlten.

Eine Biberkolonie, die über Generationen hinweg an einem Flußstück haust, hinterläßt zweifelsohne **landschaftsumbildende Spuren**.

Der Biber fällt lediglich Weichhölzer, wie Weiden, Espen, Pappeln und Ulmen. Dies alles sind Baumarten, die der Holzwirtschaft nur geringen oder gar keinen Nutzen bringen. Nie benagt das Nagetier Nadelbäume oder Harthölzer wie Tannen und Buchen. Biber fällen Bäume möglichst in Ufernähe und versuchen sie in einem solchen Winkel „anzuschneiden", daß sie in Richtung Wasser fallen. Der Nager benötigt dabei ungefähr fünf Minuten für einen Stamm von acht Zentimetern Durchmesser. Nicht selten legen Biber auch regelrechte Wasserkanäle an. Diese entstehen zumeist unbeabsichtigt durch das Abtragen des Bodens beim Transport von Holz an stets den gleichen Rinnen, die sich dadurch stetig vergrößern und schließlich mit Wasser füllen. Diese Kanäle dienen dem Tier vor allem als Transporthilfe und als Fluchtwege, da sie sich an Land eher schwerfällig fortbewegen.

Ist der Baum gefallen, so beginnt das Tier sofort mit der Aufarbeitung. Rinde, Knospen und Blätter werden sorgfältig abgetrennt, bilden sie doch die Nahrungsgrundlage des Tieres. Bei einer Leibeslänge von 75–100 Zentimetern und einem Gewicht von 13–35 Kilogramm benötigt es eine gewaltige Menge an Nahrung und somit an Bäumen. Der Stamm selbst wird säuberlich von allen Ästen befreit und in transportable Stücke zerlegt. Diese sind umso größer, je näher der Strunk zum Wasser liegt. Will sich das Tier aber einen Nahrungsvorrat für den Winter zulegen, so werden die gefällten Bäume zwar zerkleinert, aber ansonsten nicht weiter bearbeitet. Solche Baumteile werden unter Wasser gelagert.

Entrindete und vom Laub befreite Baumteile bilden die Grundlage für den Bau einer Behausung. Einzelne Tiere graben mit Hilfe der stark bekrallten, fünffingrigen Vorderbeine an hohen Ufern einen einfachen unterirdischen Bau nach Art des Fischotters. Ein oder mehrere Gänge, die unter dem Wasserspiegel liegen, führen zum Kessel. Leben Biber in Kolonien zusammen, so bauen und bewohnen sie sogenannte Biberburgen oder Biberhütten. Eine solche Kolonie besteht zumeist aus einem Paar, das ein Leben lang zusammenbleibt, und dessen Nachkommenschaft bis zum Alter von drei Jahren, wenn die Geschlechtsreife einsetzt. Die Nager sind beim Errichten dieser Bauwerke sehr geschickt, was auch der lateinische Namensteil *fiber*, anklingend an *faber* (der Geschickte oder der Künstler), treffend zum Ausdruck bringt. An einer geeigneten Stelle, oft inmitten des

SÄUGETIERE

Gewässers, wenn ein geeignetes Fundament vorhanden ist, werden Zweige, Jungholz und Reisig aufgeschichtet und ineinander massiv verkeilt. Diese Konstruktionen werden noch zusätzlich mit Lehm verkittet sowie mit Gras und Rohr gestärkt. Niemals verwendet das Nagetier, wie so oft in älteren Büchern fälschlicherweise zu lesen ist, dabei seinen platten Schwanz als Kelle. Im Inneren dieser Bauten befinden sich mehrere Kammern samt dem Hauptkessel, der mit Gras, Moos und Schilf ausgebettet ist. Alle Räumlichkeiten liegen stets im Trockenen. Die Kammern sind an ein Röhrensystem, das ausschließlich in das Wasser mündet, angeschlossen.

Sinkt der Wasserstand in Trockenzeiten soweit ab, daß die Mündungen der Röhren plötzlich frei liegen, so wird quer zur Laufrichtung des Gewässers flußabwärts ein Damm angelegt, um Wasser aufzustauen. Weist das Gewässer eine schwache Strömung auf, so ist dieser geradlinig; bei starker Strömung hingegen gebogen, um stabiler zu sein. In den Damm sind eine oder mehrere Abflußöffnungen, die je nach Wasserstand vom Baumeister erweitert oder geschlossen werden können, eingebaut. Im Winter aber kommt es unter widrigen Umständen dennoch vor, daß diese vereisen und die Jungen im Bau jämmerlich ertrinken müssen. Biber haben nämlich den Instinkt, ihre Jungen niemals aus der schützenden Behausung zu tragen, auch dann nicht, wenn Gefahr droht.

Im allgemeinen kann gesagt werden, daß der europäische Biber nicht so sehr zum Dammbau neigt wie sein amerikanischer Verwandter. Machen sich Biber in Europa an den Bau eines Dammes, so fällt dieses Bauwerk zumeist sehr bescheiden aus. In Kanada hingegen sind Dammkonstruktionen von über 150 Meter Länge zu bewundern. Im Bundesstaat Montana in den USA erreichte ein Damm eine Länge von 640 Metern und eine Höhe von 4 Metern. Solche gigantische Bauwerke sind viele Jahrzehnte alt und werden von Generation zu Generation übergeben. Biber können übrigens ein Alter von 30 Jahren erreichen.

Durch das Aufstauen des Wassers kann ein Bach in eine Reihe kleiner Weiher, die untereinander durch Rinnsale verbunden sind, umgewandelt werden, was den Landwirten aus verständlichen Gründen mißfällt. Durch das angesammelte Wasser gehen die meisten betroffenen Pflanzenarten schnell zugrunde. Wird der Biberdamm von den Tieren verlassen oder reißt ein Damm aus irgendwelchen natürlichen Gründen, so finden vielleicht die ehemaligen Fließgewässer wieder ihren alten Lauf, und die überschwemmten Gebiete werden dadurch trockengelegt und bilden fortan ein neu zu besiedelndes Terrain. In der vom Menschen unbehelligt belassenen Natur dient dieser Vorgang der Bildung vieler kleiner Biotope. In diesen fassen unzählige, ansonsten in diesem Gebiet nicht anzutreffende Tier- und Pflanzenarten Fuß. Diese Tatsachen belegen, daß der Biber in der Lage ist, Landschaften, ja selbst ganze Regionen und Ökosysteme zu verändern und zu beeinflussen.

SÄUGETIERE

Doch alle diese Zusammenhänge waren den Agrariern und den Forstleuten entweder unbekannt oder aber einfach egal, da für sie primär die Güte des Holzes in dem jeweiligen Gebiet sowie dessen wirtschaftliche Nutzung Vorrang hatten. Das erklärt, weshalb ein harmonisches Nebeneinander von Mensch und Biber, wollte nicht einer den kürzeren ziehen, praktisch unmöglich war. Im Kampf um die Nutzung des Lebensraumes unterlag diese Tierart dabei dem Menschen.

Verlust des Lebensraumes
Ein weiterer Grund, der dem Biber die letzten Chancen in seinem ohnehin schon schier aussichtslosen Kampf um das nackte Überleben raubte, war, daß der Mensch schon vor etlichen Dekaden die Konsequenzen seines Schaltens und Waltens auf dieser Erde nicht sachgemäß einzuordnen wußte. So wurden und werden Flüsse an den Ufern begradigt und reguliert. An solch einer Flußwüste findet das Nagetier kaum geeignete Bäume und ist deshalb seiner Nahrung sowie seines wichtigsten Werkstoffes zur Errichtung einer Behausung beraubt. Auch hier siegte der Mensch in einem der unzähligen Kämpfe um den Lebensraum. Auf der Strecke blieb der Biber, dem es in vielen Regionen unheimlich schwer gemacht wurde, überleben zu können. In den meisten Fällen verschwand diese Tierart für immer aus einem Gebiet, das sie schon seit Jahrtausenden bewohnt und mitgestaltet hatte.

Natürliche Gründe
Der Biber hatte, als er einst zahlreich den Alpenraum besiedelte, wenige Feinde zu fürchten. Lediglich der Braunbär war in der Lage, einen Biberbau mit seinen mächtigen Pranken zu zerstören. Die Nager flüchteten jedoch längst, bevor das Raubtier das Innere dieses Baues erreicht hatte. Lediglich Jungtiere konnten auf diese Weise dem Bären zum Opfer fallen. Wölfe werden Biber nur in Ausnahmefällen erbeutet haben. Auch für den Nordluchs war es ein schwieriges Unterfangen, den wehrhaften, wenn in die Enge getrieben, tollkühnen Biber zu erlegen.
Die größten Chancen hatten alle diese Raubtierarten aber, wenn sie den Nager an Land überraschten und ihm den Weg zum Wasser absperrten. Aber auch dann ging nicht immer der Angreifer als Sieger hervor, da der Biber sich durch seine beträchtliche Größe und Zähigkeit durchaus zu behaupten wußte und seine mächtigen Nagezähne eine nicht zu unterschätzende Waffe darstellten.
Eines ausgewachsenen Bibers im Wasser habhaft zu werden, war nahezu unmöglich, weil es das Nagetier versteht, in diesem Element äußerst behende zu manövrieren und bis zu einer Viertelstunde unter Wasser zu bleiben, was ihm seine außerordentlich großen Lungen ermöglichen. Die Nagetiere warnen sich gegenseitig mit einem klatschenden Schlag ihres kellenförmigen Schwanzes auf die Wasseroberfläche. Dieser weithin hörbare Klatsch entsteht aber meistens unbeabsichtigt durch den breiten Schwanz beim hastigen Eintauchen in das Wasser.

Die Biberjagd

Eisenfallen, die am Ufer und besonders an Kanälen aufgestellt und mit frischen Zweigen beködert wurden, waren die lohnendste und bequemste Lösung, diese Nager zu fangen, selbst als schon taugliche Feuerwaffen zur Verfügung standen. Diese wurden weniger verwendet, weil durch das Geschoß oft der Balg beschädigt wurde und somit beträchtlich an Wert verlor. Es gab Fallenmodelle, die dem Biber sofort den Garaus machten, aber auch solche, in denen das Tier oft tagelang qualvoll auf seine Erlösung hoffen mußte. Nicht selten verfingen sich Biber auch in den ursprünglich für den Fischotter ausgelegten Fallen oder fanden den Tod in den Stellnetzen und Flügelreusen der Fischer.

Eine andere Methode war das Aufspannen von Netzen vor den Öffnungen der Ein- beziehungsweise Ausgangsröhren der Baue. Der Jäger mußte hierbei jedoch sehr geschickt und vorsichtig vorgehen und über genügend Erfahrung über die Lebensgewohnheiten und Verhaltensweisen des Beutetieres verfügen. Während des Tages konnte der Jäger annehmen, daß der dämmerungs- und nachtaktive Biber in seinem Bau ruhte. Dies war der günstigste Augenblick, um sich vorsichtig dem Bau des aufmerksamen Tieres zu nähern und die Netze fest an den Röhren anzubringen. Nun standen dem Weidmann zwei Möglichkeiten offen: Entweder wartete er geduldig auf das Einbrechen der Dunkelheit, oder aber er zwang den Biber, (durch das Entfachen eines Feuers) seine Behausung zu verlassen, damit er sich im Netz verfing und sogleich an Land gezogen werden konnte, um den tödlichen Knüppelschlag zu empfangen.

Im Winter, wenn das Wohngewässer des Nagers zugefroren war, wurde das Tier ebenfalls durch Feuer oder andere Beunruhigungen dazu gezwungen, seinen Bau zu verlassen. Der Biber mußte sodann in gewissen Abständen eines seiner, mit den Zähnen aus dem Eis herausgenagten Atemlöcher aufsuchen, um Luft zu holen, und wurde dabei mit einem groben Knüppel erschlagen.

Seltener entschlossen sich Männer, die es auf den Balg der Biber abgesehen hatten, dessen Festung zu erobern. Das Zerstören einer Biberburg hatte nur dann „Sinn", wenn man Jungtiere fangen wollte, die den Bau noch nicht verlassen konnten. Will man ausgewachsener Tiere in deren Bau habhaft werden, so ist das Eindringen in einen großen Bau nur dann erfolgversprechend, wenn Ein- und Ausgangsröhren vorher verstopft wurden. Der taucherprobte Jäger mußte sich dann durch den Haupteingang in das Innere des Baues zwängen, um sich dort seine Beute zu holen.

Auch mit eigens abgerichteten Hunden wurde Jagd auf den Biber gemacht. Einerseits schickte man diese, was bereits Gesetze aus dem 7. Jh. belegen[16], direkt in die Biberbehausungen, oder aber man richtete sie zur direkten Jagd ab. Alfred Edmund Brehm (1829–1884) wußte darüber folgende Begebenheit zu berichten[8]:

> *„Der Hund vom Förster Gantzer fuhr einst einem Biber ins Wasser nach und schwamm dort umher; der wieder auftauchende Biber mochte ihn für einen seinesgleichen halten, denn er schwamm ruhig an ihn heran und ging erst, als er den Hund fast berührte und dieser nach ihm griff, erschreckt in die Tiefe, versetzte aber seinem Gegner sogleich von untenher einen tüchtigen Biß, der ein ganzes Stück Fleisch wegnahm; der eilig an Land flüchtende Hund lahmte infolgedessen lange Zeit."*

Biber riechen zwar sehr gut und sind auch mit einem scharfen Gehör ausgestattet, verfügen jedoch über einen ziemlich schwach ausgeprägten Gesichtssinn. So soll es schon vorgekommen sein, daß ein Biber, dessen Aktivitätszeit in die Dämmerungs- und Nachtstunden fällt, bei für ihn ungünstigem Wind direkt vor den Augen des Jägers an das Ufer gestiegen war und dort sogleich seine Unachtsamkeit mit dem Leben bezahlen mußte.

4. Die Wiederansiedelung des Bibers in Österreich

Natürliche, europäische Populationen des Bibers finden sich heute nur noch in Südnorwegen, in Polen, an der unteren Rhone sowie in größerer Anzahl in den westlichen Republiken der ehemaligen Sowjetunion.

Selbst einige Elbebiber überlebten die Wirren nach dem Zweiten Weltkrieg und konnten sich an unregulierten Abschnitten der Mulde sowie an der Schwarzen Elster, beides Nebenflüsse der Elbe, halten. Da das Land hier sehr sumpfig war, wurde es erst verhältnismäßig spät vom Menschen urbar gemacht und besiedelt. Weiters war es lange Zeit Domänen- oder Regierungsbesitz und so unter der Aufsicht der von den Fürsten eingesetzten Forstleute. Der anfänglich schwache Bestand wuchs in vielen Jahren langsam heran. Im Laufe der Zeit gediehen immer mehr Biberfamilien, die sich ihrerseits wieder zahlreich vermehrten, so daß im Jahr 1992 ungefähr 2400 Biber gezählt werden konnten, die sich auf 575 Ansiedlungen verteilen. Seltsamerweise wirkte sich die doch beträchtliche Wasserverschmutzung, der Lärm und die ständige Unruhe durch die rege Schiffahrt auf der Elbe in keiner Weise schädlich auf die Nager aus.

Wie geschildert wurde, sind die Ansprüche, die dieser Nager an seinen Lebensraum stellt, sehr vielfältig und ineinander verstrickt, so daß es im heutigen Europa sehr schwierig geworden ist, ein entsprechendes Biotop für ihn zu finden. Der Lebensraum muß vor allem einen genügend großen Weichholzbestand aufweisen und sollte möglichst wenig vom Menschen frequentiert werden. Es ist kein leichtes Unterfangen, solch einen Platz auszukundschaften, bei dem Drang des

Menschen, in die letzten Refugien der Natur einzudringen, und bei der hohen Anzahl der regulierten Flüsse.

In Mittelschweden, in Jämtland und im Västernorrland, wurden in der Zeit von 1920–1930 Biber mit großem Erfolg wiedereingebürgert. Diese gediehen so prächtig, daß sie in der Zwischenzeit derart häufig geworden sind, daß die Verantwortlichen schon überlegten, die Jagd auf diese Tiere wieder freizugeben, was eine Notwendigkeit geworden war, da der Biberbestand Ende der achtziger Jahre auf ungefähr 15 000 Stück angewachsen war. Diese Tiere bildeten fortan das Ausgangspotential für viele weitere Zuchtgruppen in anderen europäischen Ländern. Ungefähr zwanzig Biberpaare aus Schweden konnten an den Bund Naturschutz in Bayern abgegeben werden. Diese wurden im Naturschutzgebiet „Unterer Inn" und in den Altwasserarmen der Donau bei Neustadt ausgesetzt, wo sie gut gediehen und bereits drei Jahre später ihre Anzahl verdoppelt hatten. Heute leben weit mehr als 500 Biber in Bayern.
1976 und im darauffolgenden Jahr wurden in den östlichen Donauauen zwischen Wien und Hainburg 30 Biber angesiedelt, die sich sehr gut einlebten. 1978 zählte man 33 Baue, die etwa 80 Tiere beherbergten. Im selben Jahr entließ man ebenfalls einige dieser Nager im Almtal. Heute leben etwa 250 Biber in den Donauauen. So wurde die Fauna Österreichs durch die einstmals recht häufigen Biber wieder bereichert, wobei neben den schwedischen und polnischen Tieren auch kanadische Zuchtpaare ausgesetzt worden sind, was von vielen Biologen verständlicherweise als unverantwortliche Faunenverfälschung bezeichnet wurde. Eine Untersuchungsreihe der Blutproben eigens gefangener Biber zeigte, daß sich der kanadische Biber hier nicht durchsetzen konnte. Kreuzungsversuche der beiden Tierarten scheiterten bislang.

Doch schon nach kurzer Zeit, nachdem Biber wieder in Österreichs Gewässern schwammen, mehrten sich auch Stimmen gegen die plötzliche Anwesenheit der Nager. Bauern klagten, daß die Tiere in der Nacht die an die Gewässer grenzenden Felder aufsuchten und sich an Mais, Zuckerrüben sowie Kohl gütlich taten. Weiteren Ärger verursachten sie, wenn sie Feldwege untergruben, weshalb viele Landwirte abermals einen Vernichtungsfeldzug gegen die Biber antreten wollten.

Bei Wiederansiedelungsprojekten treten immer wieder unvorhergesehene Schwierigkeiten auf, von denen man aber durch deren Bewältigung viel lernen kann. So waren im Nürnberger Reichswald im Jahr 1970 einige Biberpaare ausgesetzt worden. Diese wollten aber unter keinen Umständen Bauten geschweige denn Burgen errichten. Experten wurden zu Rate gezogen, die nach langen Mühen die Ursachen für dieses Verhalten herausfanden. Sie wiesen darauf hin, daß Biber ihre Burgen lediglich an Furten oder anderen seichten Stellen mit einem soliden Fundament bauen. Mit ihrem scharfen Gehör sind sie in der Lage, durch das Fließ- und Strudelgeräusch die Tiefe des jeweiligen Gewässers abzuschätzen und somit zu erwägen, ob ein günstiger Bauplatz vorliegt oder nicht. Die Biologen installierten auf diesen Rat hin ein Tonbandgerät, das derartige Wassergeräusche wiedergab. Nach kurzer Zeit begannen die Biber mit dem Bau einer Burg. Dieses Problem kann aber auf bessere Weise gelöst werden, indem Betonklötze und -platten oder Steinbrocken an günstigen Stellen in das Gewässer versenkt werden und dort ein Fundament für eine zukünftige Biberbehausung bilden. Die mit dem Tonbandgerät animierten Tiere hingegen leisteten eine wahre Sisyphusarbeit, da die vielen von ihnen errichteten Bauten allesamt nach kurzer Zeit weggeschwemmt wurden, weil ja kein wahrer Untergrund vorhanden war. Dies zeigt, daß es nicht genügt, ein Tier einfach auszusetzen und zu hoffen, es werde schon mit den neuen Lebensumständen zurechtkommen. Profundes Wissen über Ansprüche, biologische Eigenheiten und ökologische Zusammenhänge sind die unbedingten Voraussetzungen für eine erfolgversprechende Wiederansiedelung.

IV. HASENTIERE

Noch in der ersten Hälfte des 20. Jh. wurden die Hasentiere, die heute als eigenständige Ordnung (LAGOMORPHA) der Säugetiere aufgefaßt werden, zur Ordnung der Nagetiere (RODENTIA) gezählt. Allfällige Ähnlichkeiten von Vertretern beider Ordnungen beruhen auf Konvergenz. Ein auch für den Laien erkennbares anatomisches Unterscheidungsmerkmal sind die Stiftzähne der Hasentiere. Hierbei handelt es sich um ein zweites Schneidezahnpaar, das hinter den eigentlichen Schneidezähnen angelegt ist.

Drei deutlich voneinander unterscheidbare Arten von Hasentieren leben im Alpenraum. Lediglich der europäische Feldhase und der Alpenschneehase sind jedoch im Gegensatz zum Wildkaninchen ursprüngliche Vertreter der Fauna der Alpen.

Der Europäische Feldhase (Lepus europaeus):

In manchen zoologischen Werken stößt der Leser unter dem Stichwort „Europäischer Feldhase" nicht auf die lateinische Bezeichnung *Lepus europaeus*, sondern auf *Lepus capensis*. Dies beruht auf der Tatsache, daß einige Autoren der Auffassung waren und sind, daß der afrikanische *Lepus capensis* (Linnaeus, 1758) konspezifisch mit *Lepus europaeus* (Pallas, 1778) ist. Gemäß der in der Nomenklatur geltenden Prioritätsregel, die besagt, daß nur der älteste, zuerst veröffentlichte verfügbare Name für ein Taxon als legitime Bezeichnung anerkannt wird, müßte der Europäische Feldhase demnach *Lepus capensis* heißen[26]. Bis dato herrscht unter den Experten Uneinigkeit darüber, welcher der beiden Bezeichnungen für den Europäischen Feldhasen endgültig der Vorzug zu geben ist. Hier wird die Bezeichnung *Lepus europaeus*, die in der Literatur zahlreiche Verwendung findet, herangezogen. Im Alpenraum lebt die Nominatform (*Lepus e. europaeus*) dieser Tierart.

Der Alpenschneehase (Lepus timidus varronis):

Mit dem Ausklingen der letzten Eiszeit zogen zusammen mit den zurückweichenden Eis- und Schneemassen die postdiluvialen Schneehasen einerseits in den Norden Europas, andererseits in die höheren Lagen des Alpenkammes. Diese Tatsache erklärt das gegenwärtig disjunkte, also zersplitterte, Verbreitungsgebiet des Schneehasen in Europa. In Skandinavien, in Schottland, in Nordengland sowie in Irland findet sich die Nominatform (*Lepus t. timidus*), während in den Alpen die etwas kleinere Unterart, eben der Alpenschneehase (*Lepus timidus varronis*) heimisch ist. Der Einfachheit halber wird der Alpenschneehase im folgenden auch als Schneehase bezeichnet.

Das Wildkaninchen (Oryctolagus cuniculus):

Ursprünglich lebte das Wildkaninchen in Nordafrika und auf Teilen der Iberischen Halbinsel. Bereits im Altertum erfuhr diese Tierart jedoch durch die Wanderzüge und Handelsaktivitäten des Menschen eine weitreichende Ausdehnung ihres Verbreitungsgebietes und gelangte somit über Mitteleuropa bis in den Osten des Kontinents. Da Wildkaninchen Gebirge, zusammenhängende Waldlandschaften sowie Moore als Lebensraum meiden, soll im folgenden auf diese Tierart nicht näher eingegangen werden.

Feldhase und Schneehase

1. Unterscheidungsmerkmale

Körpermaße

Mit 2,5 bis 7 Kilogramm erreicht der Feldhase eine größere Körperlänge als der Schneehase, der 2 bis maximal 5,8 Kilogramm Körpergewicht erlangt. Letzterer hat eine kürzere Schnauzenpartie und länger ausgebildete Hinterfüße, die im Winter gleich Schneetellern ein Einsinken im Schnee verhindern helfen sollen. Weiters sind die vier Zehen und die Sohle des Hinterfußes beim Schneehasen stärker behaart als beim Feldhasen. So kann der Wildbiologe auch durch die Fährte im Schnee Rückschlüsse auf deren Verursacher gewinnen. Verwischte, nicht scharf gezeichnete Abdrücke weisen auf den Schneehasen hin. Zudem sind diese Fährten im direkten Vergleich größer als jene des Feldhasen. Außerdem kann der Schneehase durch einen kürzeren Schwanz und durch kürzere Ohren vom Feldhasen unterschieden werden. Beide Arten können durch ihre schwarzen Ohrspitzen im Freiland eindeutig vom Wildkaninchen unterschieden werden.

Fellfärbung

Der Feldhase ist bräunlich mit einem Stich ins Rote gefärbt. Im Winter wechselt seine Farbe ins Braungraue. Der Alpenschneehase hingegen wechselt, wenn die Tage kürzer werden, an den Läufen beginnend, von der braungrauen Sommerfärbung in ein rein weißes Tarnkleid, das ihm in seinem Lebensraum perfekten Schutz vor Feinden bietet. Lediglich die Ohrspitzen bleiben auch im Winter schwarz gezeichnet. Im Sommer können beide Arten an der Schwanzfärbung unterschieden werden. Beim Feldhasen ist der Schwanz auf der Oberseite dunkel bis schwarz, während die gesamte Blume des Schneehasen das ganze Jahr über einfärbig weiß ist.

Lebensraum

Der Schneehase lebt in den Alpen bevorzugt im Krummholzgürtel über 1200 Meter bis hin zur Schneegrenze. Diese Art steigt nur im Winter zur Nahrungssuche tiefer hinab. Der Feldhase ist ursprünglich ein Steppen- und Waldtier und steigt im Gebirge bis 1800 Meter auf, bevorzugt aber die tieferen Lagen. Der Schneehase bewohnt demgemäß die oberen, der Feldhase die unteren Etagen der Alpen. Treffen beide Arten aufeinander, so verdrängt der stärkere Feldhase den verwandten Nahrungskonkurrenten.

2. Drastische Bestandsabnahmen

Natürliche Ursachen

Ein alter Reim, dessen Urheber nicht mehr eindeutig zu benennen ist, bezeugt die große Anzahl der **Feinde** der Hasenartigen:

    Menschen, Hunde, Wölfe, Luchse, Katzen, Marder, Wiesel, Füchse,
    Adler, Uhu, Raben, Krähen, jeder Habicht, den wir sehen,
    Elstern auch nicht zu vergessen – alles, alles will ihn fressen.

SÄUGETIERE

Vom Mauswiesel angefangen, das sich an Jungtieren schadlos hält, bis hin zu den Großraubtieren, die nur mehr aufgrund von Wiederansiedelungsprojekten in den Alpen anzutreffen sind (weiters von Uhus, Raben- und Greifvögeln), wird der Hase als begehrtes Beutetier gejagt und gefressen. Hinzu kommen noch wildernde und streunende Hunde und Hauskatzen, die die Bestände oft drastisch reduzieren. Der Schneehase hat neben dem Rotfuchs vor allem Steinadler und Kolkraben zu fürchten, sofern diese in seinem Revier anzutreffen sind.

Folgende **Krankheiten** lichten mitunter die Bestände einzelner Populationen von Schnee- und Feldhasen beträchtlich:
Pseudotuberkolose, Staphylomykose, Brucellose, Kokzidiose.

Langandauernde, niederschlagsreiche **Schlechtwetterfronten** sowie plötzliche Kälte- und Frosteinbrüche fordern besonders unter den Jungtieren des ersten Wurfes im Frühjahr zahlreiche Opfer. Das Muttertier hat nur unzureichende Möglichkeiten, die Jungen, die sie in eine mit Bauchhaaren ausgepolsterte Grube setzt, zu wärmen.

Die Bejagung

Hasen teilten in den letzten Jahrhunderten mit zahlreichen anderen bejagten Tieren das gemeinsame Schicksal, als dämonische Wesen angesehen zu werden. Wenig war über die Biologie der Hasenartigen bekannt, und viele Irrmeinungen, die zu deren Bejagung führten, kursierten in vergangenen Zeiten unter den Menschen. Noch in der ersten Hälfte des 20. Jh. wollten zahlreiche Menschen im Hasen eine Hexe wiedererkennen. So wurden die Schneisen, die sich der Hase mit seinen Zähnen durch die Getreidehalme beißt, als Hexenwerk angesehen und demgemäß als Hexenstiege bezeichnet. Weiters glaubten die Leute, daß der Hase ein Zwitterwesen sei und mit offenen Augen schlafe. Letzteres beruhte auf dem Umstand, daß Jäger des öfteren beobachteten, daß Hasen in ihrer Grube mit offenen Augen verharrten. Fest steht, daß die Tiere dabei keineswegs schliefen, sondern im Wachzustand den Jäger herannahen ließen, ehe sie zur Flucht schritten. Sowohl die Volksmedizin als auch die auf Wissenschaft basierende Heilkunde bediente sich verschiedener Körperteile des Hasen. So erhoffte man sich von aus Haaren, Fett, Blut, Gehirn, Knochen und selbst aus dem Kot dieses Tieres zubereiteten Arzneien Heilung und Linderung bei unzähligen Beschwerden. Das Fleisch der Hasen, von dem schon die alten Römer dachten, daß es dem Genießer Schönheit verleihe, und sei es lediglich für einige wenige Tage, war als feines Wildbret bei arm und reich stets sehr geschätzt. Aus dem enthaarten Balg wurde Schuhleder, eine Art Pergament und Leim gewonnen. Aus den Haaren wurden Filzhüte gefertigt. Landwirte jedoch sahen in den Hasentieren Konkurrenten, die

die Saat sowie die ersten Sprößlinge in großem Umfang verzehren und somit systematisch verfolgt und bejagt gehörten.

Heute gilt der Hase für den Jäger als bedeutsamstes Niederwild, das gut mit Hund und Treibern gehetzt und leicht mit dem Gewehr erlegt werden kann. Alljährlich werden in fast allen europäischen Ländern hunderttausende von Hasentieren abgeschossen. Österreich stellt hierbei keine Ausnahme dar. Die Lust an der Jagd und in diesem Falle auch am Töten sind die Motive der zeitgenössischen Hasenjäger. Zudem ist Hasenwildbret unter der Bevölkerung eine beliebte Bereicherung des Speisezettels.

Diese systematische Bejagung betrifft vor allem den Feldhasen, weniger aber den von Natur aus selteneren Schneehasen. Da er unwegsameres Gelände besiedelt, kann ihm nicht in der gleich gründlich vernichtenden Art nachgestellt werden. Trotzdem schwächen die jährlichen Verluste durch die Jagd die Bestände empfindlich.

Lebensraumverlust

Einst folgte der Feldhase als Kulturfolger dem rodenden Landwirt, um in den entstehenden Agrarlandschaften eine neue Heimat mit reichlichem Nahrungsangebot zu finden. In den letzten Jahrzehnten wichen jedoch immer mehr reichstrukturierte Anbauflächen mit verschiedener Fruchtfolge öden herbizid- und pestizidverseuchten, deckungsarmen Monokultursteppen, in denen der Feldhase nicht mehr genügend Nahrung und keine geeigneten Kinderstuben für seinen Nachwuchs vorfindet.

Der Alpenschneehase verliert seinen Lebensraum durch die veränderte Freizeitgestaltung des Menschen. Im Sommer ziehen massenhaft Wanderer durch das Hochgebirge, und im Winter streifen ungezählte Heerscharen von Ski- und Snowboardfahrern, Tourengehern und Langläufern durch einst vom Menschen weitgehend unberührte Gebirgslagen. Langandauernde oder wiederholte Störungen veranlassen diese Hasentiere, ihre angestammten Reviere aufzugeben.

Zum Höhepunkt der Paarung, zur sogenannten Rammelzeit, die in die Monate März und April fällt, verfallen besonders Hasenmännchen in einen wahren Liebestaumel. Die Rammler treiben die Häsinnen vor sich her und schenken ihrer Umgebung weniger Aufmerksamkeit als gewöhnlich. Dabei fallen unzählige Tiere dem Straßenverkehr und auch landwirtschaftlichen Maschinen zum Opfer. Weiters dezimieren vor allem Mäh- und Erntemaschinen die Junghasenbestände in beträchtlichem Ausmaß. Die jungen, unerfahrenen Tiere bleiben bei Herannahen der Maschinen, auf ihre Tarnung vertrauend, im Versteck liegen oder aber werden auf der Flucht von den Geräten erfaßt und dabei getötet oder verstümmelt.

3. Wie können Feld- und Schneehasen überleben?

Trotz der zahlreichen Feinde, der Krankheiten und der negativen Beeinträchtigungen durch den Menschen schafften es der Feldhase und der Schneehase, im Alpenraum bis in unsere Tage zu überleben, wenngleich die eine oder die andere Art schon in vielen Regionen selten oder gar gänzlich verschwunden ist. Spezielle Überlebensstrategien und Anpassungen bewahren diese Hasentiere vor der drohenden Ausrottung.

Hasentiere gelten als besonders fruchtbar und machen durch **hohe Nachkommenschaftsraten** die zahlreichen Verluste wett. Für gewöhnlich setzt ein Feldhasenweibchen bis zu vier, ein Schneehasenweibchen bis zu drei Würfe pro Jahr ab. Der erste Wurf umfaßt meist zwei Jungtiere, in den folgenden werden bis zu sechs geboren. Bereits vor Vollendung des ersten Lebensjahrs tritt bei den Jungtieren die Geschlechtsreife ein. Hasen können ein Alter von bis zu zwölf Jahren erreichen, wenn auch derart alte Tiere in freier Wildbahn nur selten gefunden werden.

Eine als Superfötation bezeichnete physiologische Anpassung ermöglicht es der Häsin, zwei Würfe, für die im Normalfall mindestens zwölf Wochen Tragzeit gerechnet werden müssen, innerhalb einer kürzeren Zeitspanne abzusetzen. So können im Uterus eines Weibchens mitunter Embryonen unterschiedlicher Entwicklungsphasen heranreifen, was auf eine zeitlich verschobene Befruchtung zurückzuführen ist.

Hasentiere sind ausgesprochene **Fluchttiere**. Sie lassen den Bodenfeind bis drei Meter an ihre Sasse oder einen anderen Aufenthaltsort herannahen, ehe sie in plötzlicher Flucht davonstieben. Oft ist der Feind durch die jähe Flucht derart verdutzt, daß der Hase schon einen enormen Vorsprung erreicht hat, bevor eine Verfolgung beginnt. Dabei erreichen Feldhasen über kurze Strecken bis zu 70 Stundenkilometer. Weiters schlagen Hasen bei der Flucht unvorhersehbare Haken und vermögen zwei Meter hohe und bis zu zwei Meter weite Sätze und Sprünge zu machen. Schneehasen erreichen diese Geschwindigkeiten nicht und schlagen bei der Flucht auch weniger Haken als ihre Verwandten.

Hasentiere haben im Gegensatz zu zahlreichen anderen Säugetierarten, wie Reh oder Rotfuchs, keine Duftstoffe absondernden Drüsen an den Läufen. Will ein Hasentier seinen Artgenossen Reviergrenzen oder seine bloße Anwesenheit mitteilen, so reibt er seine Wangen, wo sich eigene Duftdrüsen befinden, gegen Sträucher oder die Rinde eines Baumes. Diese Duftstoffe werden zudem beim Fortbewegen über die Pfoten an die Umgebung abgegeben, sofern das Tier zuvor seine Vorderläufe mit dem Duftstoff imprägniert hat. Weiters wird durch Putzen das Fell des Tieres mit dem körpereigenen Duft behaftet. Wird ein Hase von einem Raubtier über eine längere Distanz gehetzt, so verflüchtigt sich der an den

Pfoten haftende Geruchsstoff durch Reibung an der Erdoberfläche. Dies erklärt, warum Füchse und Jagdhunde mitunter die Spur eines Hasen verlieren können oder Schwierigkeit haben, diese überhaupt zu finden, wenn der Hase seine Vorderläufe nicht zuvor mit dem Duft eingerieben hat.

Außerdem versuchen Schneehase und Feldhase durch eine versteckte und hauptsächlich dämmerungs- und nachtaktive **Lebensweise** Freßfeinden zu entgehen.

Im Sommer vertrauen Hasen auf ihre braune bzw. graubraune **Färbung**, die die Tiere scheinbar mit dem Untergrund verschmelzen läßt.

Im Winter ist der Alpenschneehase durch sein nunmehr weißes, sehr dichtes Tarnkleid bestens vor Freßfeinden geschützt.
Tiefgespaltene, weit spreizbare Zehen und eine besonders starke Behaarung der Pfoten und Sohlen bieten ihm weiteren Schutz vor dem Einsinken.
Mit Hilfe der langen, spitzen Krallen vermag der Schneehase auch bei eisigem Untergrund gut voranzukommen oder zu flüchten.
Bei Schneestürmen läßt sich der Schneehase einschneien und führt oft mehrere Tage lang ein sicheres Leben unter einer vor Kälte und Feinden schützenden Schneedecke. Erst wenn sich die Stürme gelegt haben, erscheint er wieder an der Oberfläche.
Eingeschneit ernährt sich der Schneehase von Flechten, der Rinde, den Blättern und den Früchten von Zwergsträuchern und von Gräsern. Nicht selten kann beobachtet werden, wie mehrere Schneehasen Futter in Heustadeln suchen, den Schlitten und anderen Transportfahrzeugen folgen, um heruntergefallenes Heu aufzunehmen, oder Fütterungsstellen von Wildtieren aufsuchen und dort Freßbares finden.
In den warmen Jahreszeiten werden neben frischen Kräutern, Wurzeln, Knospen, Früchten und Pilzen auch, falls erreichbar, Gemüse- und Futterpflanzen aufgenommen.

Vögel
(Aves)

VÖGEL

Der Waldrapp

1. Allgemeines

Der Waldrapp (*Geronticus eremita*) war neben dem Löffler (*Platalea leucorodia*) und dem Sichler (*Plegadis falcinellus*) der dritte Vertreter aus der Familie der Ibisse (*Threskiornithidae*) in Österreich und in Europa. Lediglich der Waldrapp besiedelte Teile des Alpenraumes. So brütete er in inselartigen Vorkommen in den Westalpen sowie in gewissen Tälern Nordtirols, Salzburgs und der Steiermark.

Ebenso wie der Ur hat der Waldrapp kein Pendant auf dem nordamerikanischen Kontinent. Dies weist darauf hin, daß beide Tiere aus dem Süden nach Europa eingewandert sind, lange nachdem über Beringstraße oder Islandbrücke ein Einwandern eurasischer Arten nach Nordamerika möglich war.

Da der Waldrapp bereits zu Beginn des 17. Jh. in Mitteleuropa vollkommen ausgestorben war und somit schnell in Vergessenheit geriet, soll an dieser Stelle sein Äußeres kurz vorgestellt werden:

Diesem hennengroßen Vogel gelingt es, durch sein bizarres Erscheinungsbild jeden Betrachter sofort in seinen Bann zu ziehen. Sein Federkleid ist braunschwarz und läßt, wenn das Licht in einem bestimmten Einfallswinkel darauf trifft, einen grünen, bronzefarbenen und purpurnen Schimmer erkennen. Zudem ziert ihn ein an seinem Hinterkopf ansetzendes Büschel langer, lanzettförmiger Federn, was ihm einen frechen Ausdruck verleiht. Der Waldrapp hat einen langen, gebogenen, dunkelroten Schnabel mit dunkler Spitze und rosarote stelzvogelartige Beine, was ihn an einen kleinen Reiher erinnern läßt. Sein Schwanz ist kurz, die Augen sind grell orange, und im Alter verliert er die Federn auf seinem Kopf, weshalb er auch Kahlkopfibis genannt wird. Die dabei zutage tretende Haut ist bei jedem Tier individuell gezeichnet und färbt sich zur Paarungszeit intensiv rot. Einzelne Tiere des in Kolonien lebenden Vogels erkennen sich untereinander an der jeweiligen Zeichnung dieser Kopfhaut. Der nackte Kopf eignet sich auch

Abb. 21

bestens, um im Schlamm mit dem Schnabel herumzustochern und Nahrung zu finden, da kaum Schmutz haften bleibt. Der Waldrapp ernährt sich von Gliederfüßern, Amphibien, Eidechsen und selbst kleinen Schlangen. Weiters nimmt der Ibis auch gerne nestjunge Nagetiere auf, was an in freier Wildbahn lebenden Vögeln dieser Art beobachtet werden konnte.

2. Der „Waldrabe" des Konrad Gesner

Konrad Gesner (1516–1565) schuf neben seiner „Historia animalium" das erste populäre Vogelbuch. Darin widmet er eine Abbildung und einen Textabschnitt dem „Waldraben". Es ist dies eine der wichtigsten Quellen über den Waldrapp, der ja kurze Zeit nach Gesners Tod in den Alpen ausgestorben ist[27]:

VON DEM WALD=RABEN

„Corvus sylvaticus"

„Der Vogel / welches Figur hier verzeichnet stehet / wird von den unsren gemeiniglich ein Wald=Rab gennenet / dieweil er in den einöden Wäldern wohnet: da er dann in den hohe Felsen / oder alten Türmen und Schlössern nistet / daher er auch ein Steinrab genennet wird / und anderswo in Bayern und Steyermarck ein Klaußrab / von den Felsen und engen Klausen / darin er sein Nest macht. In Lothringen und bey de Pavier See wird er ein Meer=Rab genennet. An andern Orthen ein Waldrab / als in Italien / da er dann bißweilen von einem Menschen / so an einem Seil hinab gelassen worden / außgenomme / und für einen Schleck gehalten wird: wie er auch bey uns auff etlichen hohen Felsen bey dem Bad Pfäfers gefunden wird / da sich auch die Weydleut hinab lassen / ihn zu fange. Von seiner Stim wird er auch ein Scheller geheissen. Etliche halten ihn für den Phalacrocoracem: dann er an Größ und Farb fast dem Raben ähnlich ist: er bekommet auch eine Glatz in seinem Alter / wie ich sie gesehe hab. Turnerus hält den Wasser Raben Aristotelis, den Phalacrocoracem Plinii, und unsern Wald=raben für einen Vogel / aber nit recht / dieweil er derselbigen Vögel Beschreibung nicht ähnlich ist: dann er nicht breitfüssig ist / und darzu kein Wasservogel / sondern er sucht in den grünen und mosichten Orthen seine Nahrung. Unser Waldrab ist in der Gröse einer Henen / ganz schwartz gefäret / wenn du ihn von weiten anschawest: Besiehest du in aber in der nähe / sonderlich gegen der Sonnen bedünckt er dich mit grün vermischet seyn. Seine Füß sind auch beynahe wie der Hennen / länger / und zerspalten. Der Schwantz ist nicht lang / und hat auff seinem Kopff ein Sträußlein hinter sich gerichtet / nicht weiß ich ob dieses an allen / und allzeit gesehen wird. Der Schnabel ist röthlich / lang / und bequem im Erdtreich zu graben / und in die engen Klüffte der Mauren / Bäumen und Felsen zu stossen / damit er

VÖGEL

> *die verborgene Würmlein und Käferlein herauß ziehe. Er hat lange dunkelrothe Bein Sie leben von den Häwschrecken / Grillen / Fischlein und kleinen Fröschlein. Mehrentheils nistet er auff den alten und hohen Mauren der zerbrochenen Schlösser: Welcher dann im Schweitzerland sehr viel gefunden werden. Als ich dieses Vogels Magen zerschnitten / hab ich ohne das ander Ungezieffer auch viel derer Thierlein gefunden / so den Wurtzeln der Früchten schaden thun / bevorab dem Hirsen / welche die unsern Twären nennen. Sie essen auch Würm / daraus Meyenkäfer werden. Diese Vögel fliegen sehr hoch. Sie legen zwey oder drey Eyer. Sie fliegen zum ersten unter allen Vögeln hinweg / ohn zweifel umb den Anfang deß Brachmonats. Ihre jungen etliche Tage zuvor ehe dann sie flück worden auß dem Nest genommen / mögen leichtlich aufferzogen und gezähmet werden / also / daß sie in die Aecker hinaußfliegen und bald wiederumb heimkommen....*"

Erklärungen
Corvus sylvaticus: Gesner bezeichnete diesen Vogel mit *Corvus sylvaticus*, was nichts anderes als Waldrabe bedeutet (*corvus-* lat. der Rabe, *sylvaticus* von *silva-* lat. der Wald).
Pfäfers: Ort an der Tamina im Südosten des Kantons St. Gallen.
Scheller: von schellen (klingeln); nach den zum Teil hellen Lauten, die der Waldrapp von sich gibt. Diese klingen wie: Jupp!
Phalacrocoracem: Akkusativ von *Phalacrocorax* = Kormoran
(*phalakros*, gr. kahlköpfig, *ho korax*, gr., der Rabe); laut Gesner wurde der Waldrapp also mit dem Kormoran verwechselt, der in seinem Vogelbuch unmittelbar vor dem „Waldraben" als „Wasserrabe" beschrieben wird. Auch wenn beide Vogelarten ein dunkles Gefieder aufweisen, zählt keiner von ihnen zu den Rabenvögeln. Der Kormoran (von *Corvus marinus* - Meerrabe) mit der lateinischen Bezeichnung *Phalacrocorax carbo* zählt zu der Ordnung der Ruderfüßer (*Steganopodes*).
Brachmonat: Bracht (mhd. brachot = Zeit des Pflügens); veraltete Bezeichnung für den Juni. Hieraus geht hervor, daß der Waldrapp sehr zeitig im Jahr Richtung Süden aufgebrochen sein muß. Gesners Angabe, daß dies bereits im Brachmonat, also im Juni geschah, muß aber als zu früh angesehen werden. Den Rekord unter den Zugvögeln in bezug auf die Kürze seines Aufenthaltes hält der Mauersegler (*Apus apus*), der Anfang Mai aus seinem Winterquartier eintrifft und bereits Anfang bis Mitte August schon wieder dorthin zurückkehrt. Dieser Vogel ist aber ungemein wendiger und schneller im Flug als der Waldrapp, und es scheint wenig einleuchtend, daß dieser eine derart kurze Verweildauer zur Aufzucht seiner Jungen gehabt haben sollte, auch wenn man annimmt, daß er Ende März, Anfang April in den Alpen eintraf.

Die Abbildung des Waldrappes in Gesners Vogelbuch, die dem Textabschnitt vorangestellt ist, wurde hundert Jahre nach dem Tod des Schweizers Anlaß unzähliger Diskussionen. Zoologen und solche, die es sein wollten, wiesen nicht ohne spöttische Seitenhiebe darauf hin, daß in der Schweiz, ja im gesamten Alpenraum kein solches Vogelungetüm lebt oder je gelebt hat. Einhellig wurde dieser „Vogelbastard" sodann in das damals so weitläufige Reich der Fabel samt ihren unzähligen wundersamen Kreaturen verbannt. Die Mehrheit der damals tonangebenden Zoologen glaubte nämlich, daß Gesner einen Vogel halb Rabe halb Sichler oder Schwarzstorch in seiner Phantasie erfunden habe.
Hingegen dürfte es Konrad Gesner wahrscheinlich vergönnt gewesen sein, einen oder mehrere Vertreter dieser kurz vor dem Aussterben stehenden Vogelart bei einer seiner

Exkursionen mit eigenen Augen erblickt zu haben. Seine dabei gewonnenen Eindrücke sowie die spärlichen Angaben in bereits bestehenden zoologischen Werken und mündliche Überlieferungen hielt er sodann schriftlich fest. Erst viele Jahrzehnte später stellte sich heraus, daß Gesners Beschreibung und Darstellung des „Waldraben" auf der Wahrheit beruhten.

Etwa drei Jahrhunderte nach dem letztmaligen Auftreten des Waldrappes wurde der verspottete Konrad Gesner rehabilitiert. Es stellte sich nämlich damals durch die Berichte des Entdeckungsreisenden Eduard Rüpell (1794–1884) die Gleichheit des Waldrappes mit der vermeintlichen Neuentdeckung des Schopfibisses am Roten Meer und am Euphrat heraus.

Den Schlußpunkt der Debatte setzte der Schweizer Paläontologe und Urzeitforscher Hans Georg Stehlin (1870–1941), als er in der alten Siedlung Balm am Südabhang des Weißensteins oberhalb von Solothurn bei Grabungen einen *Geronticus eremita* in halbfossilem Zustand barg. Schade, daß der alte Gesner und seine höhnischen Spötter diesem Ereignis nicht beiwohnen konnten.

3. Zur Ausrottung des Waldrappes im Alpenraum

Chronologie

Der Waldrapp dürfte im gesamten Gebiet der Alpen wohl nie sehr häufig, lediglich in inselartigen Populationen vorgekommen sein. Schon Kaiser Ferdinand I. (1503–1564) war sich der Seltenheit dieser Tierart bewußt. So hat er am 1. Januar 1528 bei einem Besuch in Graz dem Freiherrn von Dietrichstein ein landesfürstliches Haus in der Stadt überschrieben, mit der besonderen Verpflichtung[4]:

„... daß er und seine Leibeserben die Klausraben, welche ihre Wohnung auf dem Schloßberge haben, so wie vom Inhaber bisher beobachtet worden ist, hegen und dieselben nicht beschädigen und verderben lassen dürfe."

Folgender Sachverhalt zeigt, daß der Waldrapp im 16. Jh. auch im westlichen Alpengebiet schon sehr selten gewesen sein muß: In einem der Zürcher Rats- und Richtsbücher aus dem Jahr 1535 fand sich nämlich ein Protokoll über eine Verhandlung, in der ein Knecht namens Jakob Schwytzer zu einer Geldstrafe verurteilt wurde, weil er einen Waldrappen „ohn ursach zu tod geschlagen hat"![4]

Einen weiteren, wenn auch nur indirekten Beleg, daß dieser so umstrittene Vogel noch im ausgehenden 16. Jh. inmitten des Alpenhauptkammes gelebt hatte, fand man in einem mit Miniaturen ausgestatteten Meßbuch, das in der Wiener Hofbibliothek verwahrt wird. In diesem alten Missal ist eine naturgetreue Wiedergabe des Waldrappes abgebildet. Dieses Werk wurde in den Jahren von 1582 bis 1590 vom holländischen Maler J. G. Hoefnagel aus Amsterdam im Auftrag des Erzherzogs Ferdinand von Tirol geschaffen. Als Hoefnagel an jenem Meßbuch arbeitete, hielt er sich in Innsbruck auf und hat vermutlich in nahegelegenen Gebieten, wie zum Beispiel bei der Martinswand und in benachbarten Schluchten, den *Geronticus* zu Gesicht bekommen. Dafür spricht zudem noch der Umstand, daß alle anderen in der Miniatur dargestellten Tiere, eine Alpenkrähe und eine Elster, weiters gebirgsliebende Schnecken, Raupen und Schmetterlinge, von denen noch heute eine genaue Artbestimmung möglich ist, in Nordtirol lebten und teilweise noch leben.

Ebenso findet sich im benachbarten Salzburg eine eindeutige Spur des Waldrappes: In einem Vokabular aus dem Jahr 1591 steht geschrieben, daß die Steinrappen „viel in einem hohen, runden Felsen bei Salzburg an der Stadt" wohnen und sich sogar erdreisten, in den Gärten nach Schlangen, Eidechsen und Fröschen zu suchen[4]. Es sollen sogar gezähmte Waldrappe in den Gärten gehalten worden sein, da sie es vortrefflich verstanden, Engerlinge und andere schädliche Kleintiere zu erbeuten. Eine der letzten Waldrappkolonien in Salzburg soll an der Mönchsbergwand existiert haben. Andere Kolonien bestanden noch in der Steiermark am Grazer Schloßberg, in Deutschland bei Passau und bei Kelheim, einem Ort in der Nähe von Regensburg, sowie bei Bad Ragaz (wenige Kilometer von Pfäfers entfernt) im südöstlichen Teil des Kantons St. Gallen in der Eidgenossenschaft. Doch ab Beginn des 17. Jh. wurde es still – ja totenstill um den Waldrapp. Ab jener Zeit finden sich praktisch keine bildlichen Darstellungen, schriftlichen Aufzeichnungen oder Erwähnungen mehr über diese Vogelart.

Gründe

Der Mensch
In einer Beschreibung der Eidgenossenschaft aus dem Jahr 1547 macht ein gewisser Johann Stumpf den Leser in dem Kapitel „über nützbares Geflügel" mit dem Waldrapp in folgender Weise bekannt[4]:

> „*Waldrappen, ein gemein Wildprät, am besten so er noch jung aus dem Nest kommt, ist ein großer, schwerer Vogel ganz schwarz als ein Rapp; hat sein Nest in den hohen unwegsamen Felsen; allermeist nistet er in dem alten Gemäuer der zerstörten und ausgebrannten Schlösser, deren viele in alpischen Ländern gesehen werden. Sie sind von Leib beinah so groß und schwer als ein Storch.*"

Diese Größenangabe ist sicherlich übertrieben, was die Älpler aber nicht daran gehindert haben dürfte, Waldrappe im Kochtopf oder auf dem Spieß zu braten. Vor allem die Betonung Stumpfs, daß der Vogel am besten mundete, wenn er noch jung war, deutet darauf hin, daß die Jäger und Vogelfänger jener Tage die Horste der Ibisvögel ausnahmen und somit die Vermehrung dieser Tierart bedeutend einschränkten.

Besonders gerne erfreuten sich Priester und andere geistliche Würdenträger sowie Adelige an einem feinen Waldrappbraten. Sie beauftragten Leute für viel Geld, sich an langen Seilen zu den Horsten hinabzulassen und die Jungtiere, am besten etwa eine Woche vor dem Flüggewerden, wenn sie am fettesten und zartesten waren und die weichsten Knochen hatten, zu entnehmen.

Konrad Gesner schrieb darüber[27]:
„Ihre jungen werden auch zur Speiß gelobt / und für einen Schleck gehalten: Dann sie haben ein lieblich Fleisch und weich Gebein. Diejenige aber welche sie auß ihrem Nest nehmen / die lassen in einem jeglichen eins liegen / damit sie nachgehende Jahr desto lieber wiederkommen."

Inwieweit man der Angabe Glauben schenken darf, daß ein Nestling zurückgelassen wurde, sei hier dahingestellt.

Das **Aushorsten** schwächte nicht nur die Zuwachsrate einer Waldrappkolonie, sondern störte sie wahrscheinlich dermaßen, daß die überaus streßsensiblen Vögel bei mehrmaligen Wiederholungen dieser Eingriffe in ihr Refugium ihre Gelege beziehungsweise Jungen im Stich ließen und die Kolonie unter Umständen sogar für immer aufgaben. Fanden sich nach etlichen Jahren der Versprengungen und Aushorstungen zu wenige Tiere zusammen, man nimmt an, daß sich mehrere Dutzend Individuen zu einer Kolonie zusammenschließen mußten, um erfolgreich brüten zu können, so fielen diese Exemplare in Lethargie und schritten nicht mehr weiter zur Fortpflanzung, was das Erlöschen der jeweiligen Kolonie oder im drastischsten Fall der Population bedeutete. Die verstörten Tiere zogen ziellos, einzeln oder in kleineren Verbänden, umher. Sie waren aus ihrem gewohnten Lebensrhythmus völlig herausgerissen und wurden somit leichte Beute für ihre zahlreichen Boden- und Luftfeinde, waren sie es doch von früher gewohnt, sich auf die in der Großgruppe herrschende Aufmerksamkeit und gemeinsame Stärke bei der Verteidigung ihrer Kolonie zu verlassen.

Da der Waldrapp den Alpenraum ohnehin nur inselartig bevölkerte, wog das Wegfallen mehrerer Kolonien oder gar Populationen besonders schwer. Genfluß durch ab- bzw. zuwandernde Tiere war nicht mehr oder nur mehr in sehr beschränktem Maß möglich, was eine weitere Schwächung des Gesamtbestandes bedeutet haben muß.

Natürliche Ursachen
Eine natürliche Ursache für das Zurückgehen der Waldrappopulationen könnte eine plötzliche **Klimaverschlechterung** gewesen sein, die den durch die Nachstellungen der Jäger ohnehin schon arg geschwächten Beständen den Rest gegeben haben könnte. Der Waldrapp war nämlich eine sehr wärmeliebende Vogelart, die im Alpenraum nur bei günstigen Wetterbedingungen erfolgreich Nachwuchs aufziehen konnte.

Der Waldrapp Mitteleuropas war gezwungen, den harten Wintern im Alpenraum auszuweichen und somit ein **Zugvogeldasein** zu führen. Die Zugroute der mitteleuropäischen Tiere führte vermutlich über die Apenninenhalbinsel nach Afrika. Ob dort weitere Ursachen für eine Schwächung der Bestände zu suchen sind, ist nicht geklärt. Sicherlich waren aber Verluste auf der mehrere tausend Kilometer langen Zugstrecke durch Freßfeinde, Ermattung, Bejagung durch den Menschen und Stürme zu verzeichnen.

Trotz des Zusammenlebens in Kolonien fielen Waldrappe zahlreichen **Feinden** zum Opfer. Dadurch wurde ein Überhandnehmen der einzelnen Populationen vermieden, und alte und kranke Tiere wurden ausgesondert. Allfällige Epidemien hatten so weniger

Möglichkeiten sich auszubreiten. Durch den Menschen geschwächte, streßanfällige Kolonien wurden hingegen durch Verluste an Raubtiere weiter geschwächt.
Bodenfeinde waren der Nordluchs, die Wildkatze, der Rotfuchs und marderartige Raubtiere. Aus der Luft hatten die Waldrappe besonders den Hühnerhabicht und andere Greifvogelartige zu befürchten. Der Kolkrabe muß als potentieller Plünderer von Eiern und Nestlingen angesehen werden, dürfte hierbei aber selten erfolgreich gewesen sein, da die Waldrappe ihre Nester gemeinsam gegen Eindringlinge verteidigten.

Das Erlegen von Adulttieren sowie die systematische Entnahme von Jungvögeln mit all den dadurch entstehenden negativen Folgen für die jeweiligen Kolonien und somit im weiteren Sinne für die Populationen aus Genußsucht durch den Menschen müssen als auslösende und wichtigste Gründe bei der Geschichte des Aussterbens des Waldrappes im Alpenraum angesehen werden. Natürliche Ursachen waren hierbei lediglich beschleunigende Faktoren, die aller Voraussicht nach ohne das Zutun des Menschen nicht zum völligen Aussterben dieses Ibisvogels in den Alpen geführt hätten.
Die letztendlichen Gründe aber, weshalb der Waldrapp aus dem gesamten Alpengebiet verschwunden ist, werden wohl nie zur Gänze geklärt werden können.

4. Die außeralpinen Waldrappe

Ursprünglich lebte diese Vogelart in großen Kolonien in Nordafrika, in Kleinasien und an den Mittelmeerküsten Osteuropas sowie in Mitteleuropa im Alpenraum. Die Zukunft dieser Vogelart sieht äußerst düster aus, da alle Brutkolonien in freier Wildbahn bis auf eine Ausnahme aufgegeben oder durch den Menschen zerstört worden sind.

So ging auch jene bedeutende Waldrappkolonie auf den steilen Felsen der südtürkischen Stadt Birecik am Euphrat (**Ostanatolien**), nahe der syrischen Grenze, zugrunde. 1957 zählte diese Siedlung immerhin noch um die 1300 Tiere. Doch dann wurde diese Population arg dezimiert, als ein Großteil der Vögel an den Folgen einer Insektizidvergiftung zugrunde ging. Diese plötzliche Schwächung der ganzen Kolonie wirkte sich auch verheerend auf die übriggebliebenen Vögel aus, die in solch einer „Endzeitstimmung" nur sehr zögernd an das Brüten herangingen oder es sogar völlig unterließen. Fazit war, daß 1962 nur mehr 250 dieser Tiere dort in freier Wildbahn lebten. Im Jahr 1977 waren es lediglich noch 34 Tiere, von denen immerhin 13 Paare erfolgreich 17 Junge aufzogen. 1984 war der Bestand auf 4 freifliegende Tiere zusammengeschmolzen. Fünf Jahre später war der Waldrapp dort endgültig ausgestorben.
Dies läßt sich erstens dadurch erklären, daß die Anzahl der freilebenden Tiere, die nur erfolgreich in Kolonien brüten, zu gering war, und zweitens, daß immer wieder Tiere aus freier Wildbahn entnommen wurden, um die Anzahl der Vögel in den Volieren der Tiergärten und reicher Privatsammler zu erhöhen oder gar nur, um diese halten zu können und somit die Statistiken zu fälschen. Selbst in den Käfigen starben zahlreiche Tiere nicht zuletzt deshalb, weil die zuständigen Wärter das den Vögeln zugedachte Frischfleisch selbst verzehrten.

Die letzte Brutkolonie dieser Vogelart in freier Wildbahn befindet sich in **Marokko** etwa 60 Kilometer südlich von Agadir. Dort brüten alljährlich ungefähr noch 40 Paare. Diese sind der kümmerliche Rest von 1500 Tieren, die dort noch im Jahr 1940 ihre Jungen aufgezogen haben. Diese letzten verbliebenen Waldrappe sind aber ebenfalls in ihrer Existenz äußerst bedroht, weil Schafe und Ziegen auf den angestammten Wiesen der Ibisvögel, auf denen sie sich ihr Futter suchen, weiden. Das Vieh zerstört das ökologische Gleichgewicht dieser Wiesen, und die Mehrzahl der dort lebenden Insekten verläßt wegen der einschneidenden Veränderungen diesen Lebensraum. Die Waldrappe aber sind somit ihrer Hauptfutterquelle beraubt.

Eine erfolgversprechende Möglichkeit, den Waldrapp in freier Wildbahn bei Agadir zu erhalten, ist das Einschleusen von in zoologischen Gärten aufgezogenen Tieren in die dort bestehende Kolonie. Hierbei treten aber vermehrt Schwierigkeiten mit den Behörden auf, die die Einfuhr der Vögel in das Zielland verzögern. Die Waldrappe, die aus europäischen und nordamerikanischen Zuchtprojekten stammen, müssen oft länger als vorgesehen in den kleinen Transportunterbringungen an Grenz- und Zollstationen ausharren, wobei immer wieder einige Tiere diesen Anforderungen nicht gewachsen sind und verenden.

Weiters ist auch keineswegs gewährleistet, daß die in mühevoller Kleinarbeit aufgezogenen Tiere in dem Bestimmungsland unter fachgerechten Schutz gestellt werden. Deshalb muß unbedingt Vorsorge getroffen werden, daß in und um die letzten Zufluchtstätten keinerlei Pestizide angewendet werden. Der Waldrapp nimmt mit seiner Nahrung Unmengen von Gliederfüßern auf. Das in diesen teilweise schon gegen Gifte immun gewordenen Kleintieren gespeicherte Pestizid gelangt somit ständig in den Organismus des Waldrappes und führt unter Umständen, wenn hohe Dosen aufgenommen werden, zum unmittelbaren Tod oder aber längerfristig zur Unfruchtbarkeit des Vogels. Ebenso muß vermieden werden, daß Heerscharen von schaulustigen Touristen und Kamerateams das letzte Refugium der so störanfälligen Vögel aufsuchen.

Wie leider sehr oft in der Geschichte der Zoologie, wird auch diese Spezies durch die unersättliche Sammelleidenschaft des Menschen noch zusätzlich bedroht. Ausgestopfte Exemplare sind begehrter Mittelpunkt vieler, teils privater Sammlungen und Museen. Der Schwarzmarktwert eines präparierten Waldrappes ist immens hoch und stellt somit nicht nur für marokkanische Nestplünderer eine große Verlockung dar.

5. Die Zukunft des Waldrappes

Laut Schätzungen bilden etwa 900 in **zoologischen Gärten** gehaltene Waldrappe die Basis für den fraglichen Fortbestand dieser Art. An dieser Stelle soll erwähnt werden, daß im Alpenzoo von Innsbruck seit dem Jahr 1963 weit mehr als 150 Tiere geschlüpft sind. Zuchterfolge gab es auch in den Zoos von Heidelberg, Berlin, Bochum und Duisburg. Die Art gilt somit als gesichert, wenn auch diese Tiere nicht in freier Wildbahn leben.

In **Südspanien** waren Waldrappe, wenn auch gesicherte Beweise dafür fehlen, einst Brutvögel[28]. Jedenfalls bieten sich dort Landschaftsteile förmlich an, um Waldrappe wiederanzusiedeln. Diesen Gedanken hat die spanische Sektion der Stiftung „Europäisches Kulturerbe" aufgegriffen und ein Naturschutzprojekt zur Rettung des Waldrappes ins Leben gerufen. Ein Wiederansiedelungsprogramm wurde von den Fachleuten des Alpenzoos in Innsbruck in Kooperation mit den Zoos von Zürich und Jerez ausgearbeitet.

Werden in Zoos Eier von Waldrappen gelegt, so überlassen die Experten das Ausbrüten einem Brutschrank. Schlüpfen die Jungtiere, so kümmert sich ab diesem Zeitpunkt der Mensch um sie. Er füttert, wärmt und reinigt die Jungvögel. Flügge geworden, werden die jungen Tiere in mühevoller, zeitraubender Kleinarbeit auf ein späteres Leben in der Wildnis vorbereitet. Erwachsene, in Zoos aufgewachsene Waldrappe entbehren selbst der Kenntnisse für ein gesichertes Leben außerhalb der Volieren, weshalb diese Tiere nicht für die Aufzucht der Jungen herangezogen werden können. Somit zeigen Ethologen den Tieren, wo sich ergiebige Nahrungsquellen sowie Wasser finden lassen, weiters, wo vor Feinden sichere Ruhe- bzw. Schlafplätze gefunden werden können, welche Tiere als Feinde anzusehen sind - kurzum alles, was der Waldrapp einmal benötigen wird, um in Südspanien in freier Wildbahn zu bestehen. Zahlreiche, teils langjährige Studien an Tieren im Zoo gingen diesen Überlebensübungen voraus.

Im Jahr 1983 wurde dieses Auswilderungskonzept von spanischen Naturschutzorganisationen übernommen. Die dafür benötigten Eier stammten aus dem Alpenzoo Innsbruck.

Den Waldrapp in den **Alpen** wieder ansässig zu machen, stellt die Verhaltensforscher und Wildbiologen vor ein unlösbares Problem. Wie erwähnt, muß der mitteleuropäische Waldrapp, will er die kalte Jahreszeit überstehen, ein Zugvogeldasein führen. So können im Alpenraum keine Tiere aus Marokko ausgesetzt werden, weil diesen der Zugtrieb fehlt und sie somit im Winter jämmerlich verhungern und erfrieren würden. Die Tiere in Marokko haben keinen angeborenen Zugtrieb, da in ihrem Lebensraum das ganze Jahr über genügend Nahrung zu finden ist. Waldrappe in Zoos gehen zumeist auf marokkanische oder türkische Bestände zurück, weshalb sie ebenfalls für ein Wiederansiedelungsprojekt im Alpenraum ungeeignet sind.

I. Geier des Alpenraumes

Altweltgeier aus der Ordnung ACCIPITRIFORMES sind nicht, wie gegenteilig vielfach behauptet wurde und wird, mit den Neuweltgeiern der Ordnung CATHARTIDIFORMES verwandt, zu welchen unter anderen beide Kondorarten, der Königsgeier sowie der Rabengeier zählen[29]. Beide Gruppen haben eine konvergente Evolution durchlaufen. Das heißt, daß, obwohl genetisch verschieden, ähnliche Merkmale in Hinsicht auf Gestalt und Verhaltens- wie auch Lebensweise, durch Anpassung an gleiche Umweltbedingungen, unabhängig voneinander entwickelt worden sind. Die Geier Amerikas sind, was biochemische Untersuchungen des Bürzeldrüsensekretes und Studien über Anatomie und Verhalten eindeutig bewiesen haben, den storchenartigen Vögeln in der Systematik nahezustellen. Ein weiterer Beleg für diese Tatsache ist der Fund eines fossilen Riesengeiers (*Argentavis magnificens*) in Argentinien, der einen langen, geraden Schnabel, gleich dem des Weißstorches, besaß[15].

Drei der vier in Europa lebenden Geierarten brüteten in den letzten Jahrhunderten regelmäßig in den Alpen: der Bartgeier (*Gypaetus barbatus*), der Gänsegeier (*Gyps fulvus*) und der Mönchsgeier (*Aegypius monachus*). Nur der Bartgeier brütete im Alpenraum in großer Zahl. Gänse- und Mönchsgeier waren ungleich seltener und brüteten lediglich unter für sie günstigen Bedingungen. Der Schmutzgeier (*Neophron percnopterus*) kam indessen nur als seltener Gast in inneralpine Regionen.

Der Bartgeier

1. Allgemeines

Der wohl imposanteste Vertreter der Geier Europas ist der Bartgeier, auch Lämmer-, Gemsen-, Joch-, Gold-, Greifgeier oder Grimmer genannt. Das Wort Geier leitet sich übrigens vom althochdeutschen Wort „gir" ab – also der Gierige. Da sein Kopf und Hals im Gegensatz zu den anderen Geierarten befiedert ist und weil die Zoologen einen scheinbaren Übergang zu den Adlern sehen wollten, nannte man ihn auch fälschlicherweise Geieradler. Manche Autoren der vergangenen Jahrhunderte stellten ihn in der Systematik gleich ganz zu den Adlern.

An der unteren Schnabelhälfte, etwa über der Kehle, hängt ein nach vorne gerichtetes schwarzes Federbüschel, das dem Tier seinen Namen gab. Dieses Federbüschel verlieh dem Bartgeier bei den Abessiniern den Titel „Abu Duschn", was soviel wie Vater Langbart bedeutet.

Der Bartgeier ist auf der Oberseite, den Flügeln und dem Schwanz schwarz mit einem grauen Schimmer, unterseits dagegen hellrostgelb gefärbt. Ein schwarzer Zügelstreifen zieht sich vom vorne fast reinweißen Kopf zurück zum rostgelben Hinterhaupt. Manche Exemplare sind mitunter besonders intensiv rostfarben gezeichnet, was von einem Farbstoff aus Eisenoxid und Quarz herrührt. Die Vögel nehmen diesen beim Kontakt mit Felsen auf, die diese Mineralien beinhalten.

Abb. 22: Der Bartgeier

Besonders wenn das ursprünglich helle Gefieder feucht ist, lagert sich dieser Farbstoff sehr gut ein.

Die hellgelbe Iris ist von einem orangeroten Wulstring umfaßt, der einen möglichen Schutz gegen seitwärts einfallende Lichtreflexe bieten kann, wenn der Vogel über Schneefelder fliegt. Die Beine sind bis zu den bleigrauen Zehen hinab befiedert.

Sein Flugbild erinnert an das eines überdimensionalen Falken, hervorgerufen durch seine langen, ziemlich schmalen und gewinkelten Flügel und seinen langen, keilförmigen, zwölffederigen Schwanz. Der Bartgeier erreicht eine Flügelspannweite von etwa 2,5 Metern. Im Vergleich dazu die Spannweiten von anderen Greifvögeln, mit denen der Bartgeier oft verwechselt wurde: Mönchsgeier bis 2,8 m, Gänsegeier bis 2,5 m, Steinadler bis 2,2 m, Schmutzgeier bis 1,7 m.

Abb. 23: Der Bartgeier

2. Zur Ausrottung des Bartgeiers im Alpenraum

Chronologie

Letzte Angaben über Abschüsse, Fänge, Bruten oder Beobachtungen des Bartgeiers in den Alpen:

Österreich
In Österreich war der Bartgeier einst in Vorarlberg, Tirol, Kärnten, Salzburg und Oberösterreich als Brutvogel anzutreffen.

1700	bei Wien
1800	am Schneeberg in Niederösterreich
1835	am Röllberg bei Scharnstein in Oberösterreich
1850–52	im Tennengebirge in Salzburg
1860	bei Knallstein in der Steiermark
1871	bei Pfunds im Oberinntal in Nordtirol
1878	im Gesäuse in der Steiermark
1880	bei Kanisfluh in Vorarlberg (letzte Brut)
1880	am Wolayasee in den Karnischen Alpen von Kärnten (letzte Brut)
1881	bei Pfunds im Oberinntal in Nordtirol
1888	bei Finstermünz in Nordtirol
1890	am Fallenkopf/Rätikon in Vorarlberg
1899	in den Ötztaler Alpen in Nordtirol; dieses Tier dürfte das letzte lebende, auf österreichischem Gebiet geborene Exemplar dieser Tierart gewesen sein. Bei späteren Beobachtungen hat es sich mit großer Wahrscheinlickeit nur mehr um Bartgeier gehandelt, die aus dem Balkan, der für einen so vortrefflichen Flieger nicht weit entfernt ist, einen Erkundungsflug in die Alpen unternahmen.

Daten über Beobachtungen von nicht autochthonen Bartgeiern:

1905	in den Stubaier Alpen in Nordtirol
1906	Am 15. Juni wurde ein Bartgeierpaar am Hafnereck im oberen Liesertal in Kärnten beobachtet, jedoch nicht erlegt.
1947	bei Nauders in Nordtirol
1961	in den Hohen Tauern in Salzburg
1961	bei Obergurgl in Nordtirol

Schweiz
Ständig brütete der Bartgeier in der ersten Hälfte des 19. Jh. noch in den Gebirgen von Graubünden, Tessin, Wallis, Uri und Bern.
Äußerst selten und dann auch nur einzeln wurde diese Vogelart zu dieser Zeit noch in den Glarneralpen, im Entlibuch, in Churfirsten und im Säntisstock gesichtet.

1842	An den Diablerets oberhalb Grion (Waadt) wurde im September ein alter Bartgeier erlegt.
1851	Auf dem Alzellerberg in Unterwalden wurde das letzte Tier am 24. September 1851 von Michael Sigrist erschossen.
1852	Im Schanfigg in Graubünden wurde ein alter Bartgeier erlegt.
1855	Ein altes Weibchen wurde im bündner Oberland lebendig gefangen. Ein altes Männchen wurde im Engadin ebenfalls lebendig gefangen.
1858	Der letzte Vogel im Gotthardgebiet kam im Dezember um.
1860	Bei Schuls im Engadin wurde ein schönes Exemplar gefangen, das sodann in die Sammlung des Museums von Chur gelangte.
1869	Der letzte Bartgeier des Maggiatales im Kanton Tessin geriet lebend in Menschenhand.
1870	Im Oberhasli (bei Zürich) wurde ein Überfall eines Bartgeiers auf einen Jungen gemeldet.
1884–85	Ch. Solèr beobachtete zwei Paar Bartgeier bei Vrin im oberen Abschnitt des Lugnezertales in Graubünden.
1886	Einer der letzten in der Schweiz lebenden Bartgeier wurde bei Visp im Wallis vergiftet aufgefunden. Das alte Weibchen lebte jahrelang im abgelegenen Bietschhornmassiv. Bei der Nahrungssuche gelangte dieses Tier in das Lötschen-, Baltschieder- und Saasertal.
1887	Im Rosegtal im Oberengadin wurde im Sommer mehrmals der letzte Bartgeier von Saratz gesichtet.

Der letzte in der Schweiz freilebende Bartgeier, von den Einheimischen „s'alte Wyb" bezeichnet, wurde mehrere Jahrzehnte im Eismeer von Grindelwald beobachtet und schließlich im Jahr 1887 infolge einer Vergiftung tot aufgefunden.

Deutschland
Der letzte Vertreter dieser Tierart wurde im Jahr 1855 im Berchtesgadener Land abgeschossen.

Gründe

Die Bejagung
Viele Leute glaubten, daß der Bartgeier junge Schafe und Ziegen, daher auch sein weiterer Name Lämmergeier, von der Weide raubte und schlimmer noch, daß dieser Vogel auch ein arger **Kinderräuber** sei. Selbst namhafte Zoologen vertraten diese Meinung und verbreiteten sie in ihren Veröffentlichungen. Einer von diesen war der Schweizer Naturforscher Dr. Friedrich von Tschudi (1818–89). In seinem Buch „Das Thierleben der Alpenwelt", das im Jahr 1868 erschien, schrieb Tschudi zwar, daß man allgemein bezweifelte, daß der Bartgeier Kinder angreift und entführt, gab aber dennoch etliche derartige Vorfälle an. Weiters berichtete er, daß so manches Kind dem mit ihm oft ver-

wechselten Steinadler, der von den Bergbewohnern „Berggeier" genannt wurde, zum Opfer fiel, was durch keinen einzigen ernstzunehmenden Fall bewiesen werden konnte. In diesem Buch steht auch geschrieben, daß noch im Jahr 1854 im Urnerland eine Frau, die als Kind von einem Lämmergeier entführt worden war, lebte. Im appenzellischen Hundwyl soll der verwegene Räuber ein Kind vor den Augen der Eltern und Nachbarn weggetragen haben. Auf der Silberalp im Kanton Schwyz wurde einem dieser Vögel etwa zur selben Zeit nachgesagt, daß er sich auf einen Hirtenjungen herabgestürzt haben soll, diesen sogleich zu zerfleischen begann und sodann in den Abgrund stieß, noch bevor die herbeieilenden Sennen ihn vertreiben konnten.

Auch Fritz Zschokke wußte in „Die Tierwelt der Alpen einst und jetzt" von einem Bartgeier zu berichten, der den Sohn des Pfarrers von Gadmen, im Osten des Kantons Bern, in dessen Garten attackierte und dann erschossen wurde[31].

Ein anderer Vorfall im Originaltext[7]:

„Im berner Oberlande wurde Anna Zurbuchen von ihren Aeltern als dreijähriges Kind beim Heuen auf die Berge mitgenommen und in der Nähe eines Stalles auf die Erde gesetzt. Bald schlummerte das Kind ein. Der Vater bedeckte das Gesichtchen mit einem Strohhut und ging seiner Arbeit nach. Als er bald darauf mit einem Heubunde zurückkehrte, fand er das Mädchen nicht mehr und suchte eine Weile vergeblich. Während dessen ging der Bauer Heinrich Michel von Unterseen auf einem rauhen Pfade dem Bergbache nach. Zu seinem Erstaunen hörte er plötzlich ein Kind schreien. Dem Tone nachgehend, sah er bald von einer nahen Anhöhe einen Lämmergeier auffliegen und eine Zeit lang über dem Abgrunde schweben. Hastig eilte der Bauer hinauf und fand am äußersten Rande das Kind, das außer am linken Arm und Händchen, wo es gepackt worden war, keine Verletzungen zeigte, wohl aber bei der Luftfahrt Strümpfe, Schuhe und Käppchen verloren hatte. Die Anhöhe war etwa 1400 Schritte vom bewußten Stalle entfernt. Das Kind hieß fortan das „Geier-Anni". Die Geschichte wurde im Kirchenbuche von Habchern verzeichnet. Noch vor wenigen Jahren lebte die berühmt gewordene Person in hohem Alter."

Eine weitere Begebenheit, welche sich im Kanton Bern zugetragen haben soll[7]:

„In Mürren (ob dem Lauterbacherthal) zeigen die Einwohner eine unzugängliche Felsenspitze, welche diesem hohen Bergdorfe gerade gegenüber liegt. Dorthin über das tiefe Lütschinenthal hat ein Lämmergeier ein in Mürren geraubtes Kind getragen und es auf dem Grath verzehrt. Das rothe Röckchen des unglücklichen Geschöpfchens sah man noch lange in den Steinen liegen."

Ein gewisser Charpentier aus Bex, eine Ortschaft im Südosten des Kantons Waadt, berichtete folgende Begebenheit[7]:

„Am 8. Juni 1838 spielten zwei kleine Kinder, Josephine Delex und Marie Lombard, mit einander am Fuße des Felsens Majoni d'Alesk im Wallis auf einem Rasenplatze, zwanzig Klafter vom Felsen entfernt. Plötzlich kam Marie weinend zur nahen Hütte gelaufen und erzählte, ihre Gespielin, ein dreijähriges, sehr schwaches Kind, sei plötzlich im Gebüsche verschwunden. Mehr als 30 Personen untersuchten die Felsen und die nahen Abgründe des Torrent d'Alesk und bemerkten endlich am

> *Rande des Felsens einen Schuh, jenseits des Abgrundes ein Strümpfchen. Erst am 15. August entdeckte ein Hirt, Franz Favolat, die Leiche des Kindes oberhalb des Felsens Lato, etwa eine halbe Stunde von dem Orte, wo das Kind verschwunden war. Das Kadaver war ausgetrocknet, die Kleider theils zerrissen, theils verloren. Da das Kind unmöglich allein über den Abgrund kommen konnte, mußte es entweder von einem Lämmergeier oder von einem in der Nähe horstenden Steinadlerpaare geraubt worden sein."*

Auch die folgende Schilderung aus dem Zoologieteil der gesammten Naturwissenschaften, zweiter Band, herausgegeben 1874, von Dr. Hermann Masius, Professor an der Universität Leipzig, verdeutlicht die Einstellung der Gelehrten zu dieser Zeit[16]:

> *„Zuweilen ertönt sein (= des Bartgeiers, Anm.) schriller Pfiff, der tief unten der Thierwelt die Nähe des Würgers verkündigt. Dann sucht die kranke Gemse, die versprengte Ziege mit letzten Kräften eine Zuflucht. Aber schon schießt der Geier herab. Ohne einen eigentlichen Kampf zu wagen, für den seine schwächeren Krallen ohnehin nicht immer taugen würden, umkreist er das geängstete Thier mit reißendem, brausendem Flügelschlag; an den Abgrund gedrängt, verwirrt, betäubt, geblendet stürzt es in die Tiefe, und nun läßt der gewaltige Vogel sich hinab, um an der zerschellten Leiche sich bis zur Unbeweglichkeit zu übersättigen. An größere Thiere wagt sich der Lämmergeier selten, dagegen wird er Kindern gefährlich. Er packt sie und trägt sie in leichtem Fluge seinem Horste zu. Mehrfache Fälle dieser Art sind noch aus neuerer Zeit bekannt, und im 16. Jahrhundert erzählt Thomas Platter, wie er einst als kleiner Hirtenknabe, auf einen schroffen Felsengrat verirrt, in seiner Todesnoth sich bereits den Geiern als Opfer fallen sah, die aus dem Geklüft heranstrichen, ‚das ich forcht, sy wurden mich hinwegtragen, wie denn etzwenn in den Alpen geschicht.'"*

Bei einer derartigen Fülle von Berichten über Kindesentführungen durch den Bartgeier kann der kritische Leser kaum zu dem Schluß kommen, daß diese allesamt erfunden seien. Sicherlich neigte der Mensch dieser Tage zu Übertreibungen. Beinahe jedes Jagdrevier und fast jede Almhütte verfügte über einen schrecklichen Bericht von furchtbaren Angriffen dieses Tieres. War dem nicht so, wurden Kleinigkeiten aufgebauscht und willkommen in das Sammelsurium der Schrecknisse aufgenommen, um nur ja nicht in den Verruf zu geraten, daß gerade in diesem Revier der Bartgeier ein friedliches Tier sei. Im Zuge dieser Hetze wurden dem Bartgeier zudem übersinnliche Kräfte sowie die Fähigkeit, den Menschen zu hypnotisieren, zugeschrieben.

Zweifellos suchte der Bartgeier gefallene Tiere auf und tat sich an diesen gütlich. Auch trachtete er mit Flügelschlägen weidendes Vieh und Wild, wie Gemsen und Steinböcke, die gerade eine Felswand erklimmen wollten oder nahe an einem Abgrund standen, zu irritieren und in die Tiefe zu stürzen. Die zahlreichen Kindesentführungen dürften aber zu einem großen Teil auf übertrieben ausgebaute Schilderungen von Annäherungen des Bartgeiers oder des Steinadlers an Almhütten zurückzuführen sein.

Eine gewisse Unsicherheit bleibt aber trotzdem, wenn man bedenkt, daß den zahlreichen Naturkundigen und Wissenschaftern, etliche beglaubigte schriftliche Berichterstattungen und von Zeugen bestätigte mündliche Überlieferungen zur Verfügung standen.

Der Bartgeier ist mit schwachen Krallen ausgestattet, die es ihm kaum ermöglicht haben dürften, ein Kind von drei Jahren, durch die Lüfte zu tragen, zumal der Vogel selbst 6 - 8, höchstens 10 Kilogramm Gewicht erreichte.

Der Bartgeier ist ein ausgesprochener Nahrungsspezialist, der neben Aas mit Vorliebe Knochen zu sich nimmt, die, wenn sie zu unförmig oder zu lang sind, von ihm aus einer Höhe von 50 bis 80 Metern auf Felsen herabgefallen lassen werden, um dort zu zerschellen. Aus diesem Grund wird er von den Spaniern „Quebrantahuesos", was soviel wie Knochenbrecher bedeutet, genannt. Im deutschen Sprachraum wird der Bartgeier wegen seiner Vorliebe für Knochen auch als „die Hyäne der Lüfte bezeichnet".

Die Zunge dieser Geierart ist so geformt, daß mit ihr leicht das an Nährstoffen reiche Knochenmark aus den Gebeinen gezogen werden kann.

Der Verdauungstrakt dieses Vogels ist sehr spezialisiert, um die Knochenmassen möglichst energiegewinnend aufzuarbeiten. Seine sehr bindegewebsreiche, gefaltete Speiseröhre ist extrem dehnbar, und der Magen ist mit vielen Drüsen, die den ätzenden Verdauungssaft abscheiden, ausgestattet. Die aufgenommene Menge unverdaubarer Substanzen ist erstaunlich. So enthielt laut einem gewissen Dr. Schinz der Magen eines Bartgeiers folgenden Inhalt[7]: einen großen Hüftknochen einer Kuh, ein langes Schienbein einer Gemse, ein halbverdautes Gemsenrippstück, viele kleinere Knochen, Haare (Federn) und die Klauen eines Birkhuhnes. Der besagte Magensaft ist dermaßen aggressiv, daß sogar die Hornhufe einer Kuh zur Gänze aufgelöst werden können. Bereits die alten Römer wußten um diese besondere Kraft, so daß deren Ärzte bei Verdauungsschwierigkeiten den Patienten rieten, einen getrockneten Geiermagen zu vertilgen oder aber den Magen zumindest während der Mahlzeit zu halten, aber nicht zu lange, weil der Betroffene sonst zu stark abmagern würde! Bei Verzehr des Darmes dieses Vogels werde alles Geschluckte verdaut und jedwede Kolik geheilt.

So kann gefolgert werden, daß sich der Bartgeier vorwiegend von Knochen samt dem darin befindlichen Mark und Aas, das er vor allem bei den Kadavern von verendeten Tieren vorfand, ernährte. Lebende Beute schlug dieser Geier keine. Das Entführen von Kleinkindern muß somit mit allergrößter Wahrscheinlichkeit als unmöglich erachtet werden.

Neben der Gefahr des Bartgeiers für Vieh und Kinder fürchteten sich die Älpler ebenso vor seiner Kühnheit, die ihn angeblich nicht einmal vor Angriffen auf Erwachsene zurückschrecken ließ.

In Brehms Tierleben, kleine Ausgabe, 3. Band – Vögel, wird folgende Begebenheit erzählt[30].

Als durchaus gesichert und glaubwürdig berichtet Girtanner indessen folgenden Vorfall: „Es war am zweiten Juni 1870, nachmittags 4 Uhr, da ging Johann Betschen, ein munterer, aufgeweckter Bursche von 14 Jahren, noch klein, aber kräftig gebaut, von Kien hinauf nach Aris. Kien liegt im Talgrunde von Reichenbach, im Winkel, den der Zusammenfluß der Kander und der Kien aus dem Kientale bildet, Aris ungefähr 150 m hoch auf einer Stufe des Bergabhanges. Der Weg führte den Knaben ziemlich steil über frischgemähte Wiesen hinauf, und wie er eben oben auf einer kleinen Bergweide, noch ungefähr 100 Schritt von den Häusern entfernt, ganz nahe bei einem

> kleinen Heuschober, angelangt war, erfolgte der Angriff. Plötzlich und ganz unvermutet stürzte der Vogel mit furchtbarer Gewalt von hinten auf den Knaben nieder, schlug ihm beide Flügel um den Kopf, so daß ihm, nach seiner Bezeichnung, gerade war, als ob man zwei Sensen zusammenschlüge, und warf ihn sogleich beim ersten Hiebe taumelnd über den Boden hin. Stürzend und sich drehend, um sehen zu können, wer ihm auf so unliebsame Weise einen Sack um den Kopf geschlagen, sah sich der Knabe abermals überfallen: es erfolgte der zweite Angriff und Schlag mit beiden Flügeln, die fast miteinander links und rechts ihm um den Kopf sausten und ihm beinahe die Besinnung raubten, so 'sturm' sei er davon geworden. Jetzt erkannte der Knabe einen ungeheuren Vogel, der eben zum drittenmal auf ihn herniederfuhr, ihn, der etwas seitwärts auf dem Rücken lag, mit den Krallen in der Seite und auf der Brust packte, nochmals mit den Flügeln auf ihn einhieb, ihn beinahe des Atems beraubte und sogleich mit dem Schnabel auf seinen Kopf einzuhauen begann. Trotz alles Strampelns mit den Beinen und Wenden des Körpers vermochte er nicht, den Vogel zu vertreiben. Um so kräftiger benutzte der Junge seine Fäuste, mit deren einer er die Hiebe abzuwehren suchte, während er mit der anderen auf den Feind losschlug. Dies muß gewirkt haben. Der Vogel erhob sich plötzlich etwas über den Knaben, vielleicht um den Angriff zu wiederholen. Da erst fing dieser mörderisch zu schreien an. Ob dies Geschrei das Tier abgehalten habe, den Angriff wirklich zu erneuern, oder ob er bei seinem Auffliegen eine auf das Geschrei des Burschen herbeieilende Frau gesehen und er ihn deshalb unterließ, bleibt unausgemacht. Anstatt sich wieder niederzustürzen, verlor er sich rasch hinter dem Abhange. Der Knabe war jetzt so schwach, von Angst und Schreck gelähmt, daß er sich kaum vom Boden zu erheben vermochte. Die erwähnte Frau fand ihn, als er sich eben taumelnd und blutend vom Boden aufraffte."

Wie berichtet, liegen mit der Schwäche der Krallen sowie mit den Ernährungsgewohnheiten des Bartgeiers starke Argumente vor, daß der Bartgeier üblicherweise kein **Viehräuber** war. Nur in Ausnahmefällen, wie etwa bei einem Nahrungsengpaß, dürfte sich der Bartgeier dem Vieh der Bauern genähert haben. Hierbei konnte es vorkommen, daß der Vogel versuchte, geängstigte Schafe und Ziegen mit seinen mächtigen Schwingen zu einem Abgrund zu treiben, in der Hoffnung, daß eines der Tiere abstürzen werde.
Der Bartgeier wurde oft mit dem Steinadler verwechselt, der durchaus als ernstzunehmender Viehräuber, vor allem junger Lämmer, angesehen werden muß.

Folgender Vorfall über einen Angriff eines Bartgeiers auf einen Ziegenbock ist überliefert[7]:
> „So wird berichtet, daß ein Geier im Gebirge ob Schuders (Bünden) plötzlich auf einen jährigen Ziegenbock herabstürzte und denselben aufhob, als der Bauer eben sein Vieh zur Tränke trieb. Dieser griff rasch nach einem Prügel, schlug auf den Räuber, um ihm sein Eigenthum abzujagen, und wurde so handgemein mit ihm. Aber rasch wandte sich das Thier und hieb mit den Fittigen so scharf auf das Männlein, daß dieser es gerathen fand, sein Heil in der Flucht zu suchen, worauf der siegreiche Geier ruhig den zappelnden Bock durch die Lüfte entführte. Der Bauer hieß fortan ‚das Gyrenmannli'."

Die ausgesetzten **Fangprämien** und Schußgelder veranlaßten viele Menschen, Jagd auf dieses Tier zu machen.
In Graubünden präsentierte der erfolgreiche Jäger den erlegten Vogel der gesamten Nachbarschaft und forderte bei jedem Hof auch sein Schußgeld ein, das er dankend ausgehändigt bekam. Freilich wurde ihm von Hirten und Sennen, die ja besonders daran interessiert waren, daß dieser vermeintlich arge Beutegreifer dezimiert werde, mit Naturalien wie Wolle und Käse für seine Verdienste gedankt.

Lebensraumverlust
Bereits im 16. Jh. mußte der Bartgeier aus seinen angestammten Wohngebieten wegen der ständigen Störungen durch den Menschen und durch dessen einschneidende Veränderungen in seinen Lebensraum in unzugängliche Teile der Alpen ausweichen.

Natürliche Ursachen
Eine Verhaltensweise des Bartgeiers, der sogenannte **Kainismus**, führte dazu, daß pro Gelege lediglich ein Jungtier aufkam und somit die Nachwuchsrate von Natur aus sehr gering war, jedoch ohne Bedrängung des Menschen vollkommen ausreichte, um den Fortbestand der Art zu sichern.
Ein Bartgeiergelege besteht in der Regel aus zwei Eiern, die in einem Abstand von fünf bis sieben Tagen gelegt werden. Das erstgeborene Tier tötet das nachfolgende instinktiv spätestens nach fünf Tagen, nachdem dieses geschlüpft ist. Dabei teilt das ältere weitaus kräftigere Junge Schnabelhiebe aus und hindert sein Geschwisterchen an der Nahrungsaufnahme, selbst wenn Futter im Überfluß vorhanden ist. Daß in jedes Nest stets zwei Eier gelegt werden, hat dennoch seinen Sinn: Wenn nämlich das erste Ei unbefruchtet ist, verbleibt das zweite, um eine erfolgreiche Brut zu sichern. Dasselbe gilt, wenn das erstgeborene Junge einem Feind, einer Krankheit oder den schlechten Wetterverhältnissen zum Opfer fällt. Übersteht ein Jungvogel all diese Gefahren, so wird er mit 5–7 Jahren geschlechtsreif und kann somit selbst erst nach langer Zeit für Nachwuchs sorgen.
Aus populationsdynamischen Gründen und eventueller Nahrungsknappheit ist das Großwerden nur eines Jungvogels somit ein Überlebensvorteil, der sich bis zum Auftreten des Menschen gut bewährt hatte.

Besonders während der Zeit nach dem Schlüpfen lauerten zahlreiche **Gefahren** auf den jungen Bartgeier. Während die Elterntiere zur Futtersuche ausgeflogen waren, und er hilf- und schutzlos im Horst lag, wurde er zu einer leichten Beute für Kolkraben und Falken. Ebenso wurden gerade flügge gewordene Junggeier, die bei einem ihrer ersten Ausflüge an einer ungünstigen Stelle gelandet waren, von Füchsen erbeutet oder von Hirten getötet.

Zahlreiche Bartgeier gingen neben anderen Aasfressern wie Gänsegeiern, Mönchsgeiern, Kolkraben und Füchsen jämmerlich zugrunde, wenn sie ihren Hunger an **vergifteten Kadavern** stillten. Diese wurden ausgelegt, um die Zahl der Großraubtiere, vor allem der Wölfe, zu verringern.

Die Jagd auf den Bartgeier

Gewehre waren in früheren Jahrhunderten noch lange nicht technisch genug ausgereift, um einen sicheren Jagderfolg zu gewährleisten. Diese Schußwaffen verfügten damals über eine sehr geringe Reichweite und hatten den Nachteil, daß innerhalb kurzer Zeit nur einmal geschossen werden konnte. Der Jäger mußte oft an unzugänglichen Stellen im Gelände, wie etwa in einer Felswand, zuerst Pulver füllen, eine weitere Kugel in den Lauf befördern und, womöglich unter stürmischen Bedingungen, noch die Lunte entfachen, ehe es ihm abermals möglich war, auf das Tier zu zielen, das in den meisten Fällen in der Zwischenzeit schon entflohen war.

Fallen, insbesonders gut verankerte Fuchsfallen, waren eine bewährte Art, einen Geier zu fangen. Über diese Art der Jagd gibt es so manch unglaubliche Geschichte: Ein so gefangener Bartgeier soll mit einem ungefähr 13 Kilogramm schweren Fangeisen davongeflogen sein. Ein anderes, ebenfalls in eine Falle gegangenes Tier soll einem Mann, als sich dieser näherte, die Krallen so tief in das Fleisch getrieben haben, daß nach dem Tod des Vogels diese abgeschnitten und einzeln herausgezogen werden mußten.

Der Winter war für den Bartgeier eine schlimme Zeit des Hungerns, obwohl zahlreiche Huftiere zu dieser Jahreszeit zugrunde gingen. Oft hatten die Tiere Glück, wenn ganze Gemsen- oder Steinbockverbände von Lawinen in den Abgrund gerissen wurden und der Tisch somit für lange Zeit reichlich gedeckt war. Für gewöhnlich wurden diese Kadaver aber von den ungeheuren Schneemassen für viele Monate verschüttet. Erst im nächsten Frühjahr aperten die Leichen der verunglückten Tiere aus. Demnach fand sich zur kalten Jahreszeit nur wenig Aas, und die Tiere waren gezwungen, ihre Streifzüge auch in die niedriger gelegenen Täler zu machen, die sie ansonsten streng mieden, da sie von zu vielen Menschen bewohnt waren.

Diesen Umstand nützten die Bewohner der höchstgelegenen Dörfer aus, indem sie Aas auslegten und sich in eigens errichteten Hütten aus Ästen versteckten. Hatten sie Glück, so landete ein Vogel und wurde sogleich mit mehreren Gewehrschüssen empfangen.

In der Region Piemont legte man gebratene Katzen, für die der Vogel nebst ebenso zubereiteten Füchsen eine große Zuneigung gehegt haben soll, oder Aas in enge Gruben, um die Geier zu einer Landung zu verleiten. Die Tiere zogen hoch über den ausgelegten Ködern ihre Kreise, um die Lage zu sondieren. Zeigten sich den mißtrauischen Vögeln keine offensichtlichen Gefahren, so sollen sich die Bartgeier dermaßen mit dem Dargebotenen angefressen haben, daß sie nicht mehr in der Lage waren, schnell aus den sperrigen Senken herauszuspringen und den schweren Leib in die Lüfte zu schwingen. Für die Menschen, die diesen Vorgang aus der Ferne beobachtet hatten, war es nun ein leichtes, die Geier mit langen Stangen zu erschlagen.

Eine andere Methode, den Bartgeier anzulocken und somit schußgerecht vor die Flinte zu bekommen, war das Ausgießen von frischem Rinderblut über Schneefelder. Man sagte nämlich dem vermeintlich blutgierigen Vogel nach, daß er eine besondere Vorliebe für die Farbe Rot habe.

Das Aushorsten war ein sehr gefährliches Unterfangen, da die Nester an den unzugänglichsten Plätzen in teils unbesteigbaren Felswänden, meist unter einem kleinen Überhang, errichtet wurden und außerdem von beiden Elternteilen auf sehr beherzte Art und Weise gegen jeden Eindringling verteidigt worden sind, was so manchen kühnen jungen Burschen das Leben gekostet haben dürfte. Die Altvögel verteilten gezielte Schnabelhiebe und peitschten mit der gewaltigen Kraft ihrer Schwingen auf den Nesträuber ein.

In vergangenen Jahrhunderten konnte ein junger Mann seinen Mut unter Beweis stellen, wenn es ihm gelang, einen noch nicht flüggen Bartgeier aus dem Horst zu entnehmen. Das brachte ihm viel Anerkennung und Ehre ein; hatte er doch einen Erzfeind besiegt. Vielleicht waren dies auch die Motive eines Harzsammlers in den Glarner Alpen, zu einem schier unzugänglichen Horst zu klettern, wo sich folgende Begebenheit ereignete[7]:

„So sah im Glarnerlande ein Harzsammmler einen Horst hoch in den Felsen, kletterte mit unendlicher Mühe hinauf, fand zwei flügge Junge, die eben ein Eichhörnchen mit Haut und Haaren verspeisten, band ihnen die Füße zusammen, warf sie über den Rücken und kletterte wieder die Felswand hinunter. Das pfeifende Geschrei der Flaumvögel lockte inzwischen die Alten herbei. Nur mit knapper Noth gelang es dem Manne, mit der stets geschwungenen Axt die Geier abzutreiben, und vier Stunden lang verfolgten sie ihn wüthend bis ins Thal hinab, wo er endlich das Dorf Schwanden erreichen und seine Beute in Sicherheit bringen konnte."

Abermals bei Tschudi und ebenfalls bei Masius, wenn auch in anderem Wortlaut, ist ein Bericht über einen tollkühnen Jägersmann zu lesen, der es wagte, aus einem Bartgeierhorst trotz Anwesenheit der Elterntiere die Jungen zu entnehmen[7].

„Der berühmte Gemsenjäger Josef Scherrer von Ammon ob dem Wallensee erkletterte barfuß mit der Flinte auf dem Rücken einen Geierhorst, in dem er Junge vermuthete. Ehe er denselben erreicht hatte, flog das Männchen herbei und wurde durchbohrt. Scherrer lud die Flinte wieder und kletterte in die Höhe. Allein beim Neste stürzte mit fürchterlicher Wuth das Weibchen auf ihn, packte ihn mit den Fängen an den Hüften, suchte ihn vom Felsen zu stoßen und brachte ihm tüchtige Schnabelhiebe bei. Die Lage des Mannes war entsetzlich. Er mußte sich mit aller Gewalt an die Felswand stemmen und den alten Geier abwehren, ohne die Flinte aufnehmen zu können. Seine Geistesgegenwart rettete ihn aber vor dem sicheren Verderben. Mit der einen Hand richtete er den Lauf der Flinte auf die Brust des an ihm haftenden Vogels, mit der nackten Zehe spannte er den Hahn und drückte los. Der Geier stürzte todt in die Felsen hinab. Für die beiden alten und die zwei jungen Vögel erhielt der Jäger vom Untervogte in Schännis - fünf und einen halben Gulden Schußgeld. Die tiefen Wundmaale am Arme aber behielt er sein Leben lang."

Ein unliebsames Jagdabenteuer hatte auch der Schweizer Kristallsucher Gedeon Trösch aus Bristen im Kanton Uri[7]:

„Dieser fing ein altes Thier, das ihm mehrere Schafe zerrissen hatte, in einer Falle und versetzte ihm drei mächtige Schläge. Dann band er es auf den Rücken und trug es zu Thal. Unterwegs erholte sich der Geier wieder, packte den Träger und dieser rang, indem er sich mit dem Rücken auf die Erde warf, lange mit dem Vogel. In

Amstäg erholte sich dieser abermals, schlug furchtbar mit den Flügeln und konnte nur mit großer Mühe erwürgt werden."

3. Die Wiederansiedelung des Bartgeiers im Alpenraum

Österreich

1978 wurde ein mit zwanzig Jahren Laufzeit anberaumtes Wiederansiedelungsprojekt ins Leben gerufen. Maßgeblich daran beteiligt waren der Zoologe Dr. Hans Frey und Winfried Walter, der damalige Geschäftsführer des österreichischen WWF. Neben dem WWF sind die Frankfurter Zoologische Gesellschaft, die Zürcher Dokumentationsstelle für Wildforschung und die Universität Wien an dem Vorhaben beteiligt. Ebenso mußte mit der Unterstützung von Zoos gerechnet werden, da keinerlei Tiere aus den gefährdeten, verbliebenen Beständen entnommen werden durften und somit lediglich in zoologischen Gärten aufgezogene Bartgeierjunge ausgesetzt werden konnten. So stellte neben anderen Zoos der Alpenzoo in Innsbruck, wo im Jahr 1974 die weltweit erste erfolgreiche Aufzucht eines Bartgeierkükens gelungen war, die Jungvögel für dieses Projekt zur Verfügung. Schließlich konnten 26 junge Bartgeier für das Zuchtprojekt herangezogen werden. Weiters gründete Frey, der sich in mühevoller Kleinarbeit selbst um die Aufzucht der Jungen gekümmert hatte, eine eigene Zuchstation mit zwölf Geiergehegen im kleinen niederösterreichischen Dorf Haring. Hier werden, wie auch in zoologischen Gärten, den Altvögeln die Eier weggenommen, durch Gipseier ersetzt und in Brutkästen bis zum Ausschlupf verwahrt. Somit wird ein möglicher Bruch und ein späteres Töten von Geschwistern vermieden.

Im Jahr 1986 konnten endlich die ersten vier Bartgeier im Raurisgebiet der Hohen Tauern in Salzburg ausgesetzt werden. Diese Region eignet sich wegen ihrer Abgelegenheit, ihrer ausreichenden Anzahl an verendenden Tieren (es weiden dort ungefähr 15 000 Schafe), und ihrer Beschaffenheit der Berge bestens als Bartgeierbiotop. 1987 folgten zwei weitere Tiere. Anfangs wurde in der Nähe der bevorzugten Aufenthaltsorte der Vögel, zumeist Felsnischen, noch allabendlich Futter ausgelegt. Dies geschah bei Dunkelheit, damit sich die Vögel nicht zu sehr an ihre Betreuer gewöhnen konnten und somit jegliche Scheu vor dem Menschen verlieren würden. Nach wenigen Monaten waren diese Geier bereits selbständig und legten auch das artübliche Verhaltensrepertoire bei der Nahrungssuche und -aufnahme an den Tag. Dazu zählt unter anderem das Zerschmettern von großen Röhrenknochen durch Fallenlassen auf Felsen und das anschließende Fressen des Knochenmarkes.

Bis zum Sommer des Jahres 1988 konnten insgesamt 14 Tiere ausgewildert werden. Obwohl diese Vögel in Gefangenschaft geboren wurden, gediehen sie in freier Wildbahn gut. Seit dem Jahr 1989 konnten Paarbildungen festgestellt werden, was auf Fortpflanzung hoffen läßt. Ob diese Bartgeierpopulation aber weiterhin überleben kann, wird sich erst im nächsten Jahrtausend weisen, wenn neue Zahlen über Bruten und Anzahl der Individuen vorliegen werden.

Schweiz

Die Schweizer strebten ebenfalls eine Wiederansiedelung dieser Tierart im Münstertal und im Unterengadin an, wo genug Nistmöglichkeiten vorhanden sind und der Tourismus die Aktivitäten und den Lebensrhythmus der Vögel nicht allzu störend beeinflußt. Auch die Nahrungsbasis ist gesichert, denn es leben heute wieder etwa 150 000 Rehe, 100 000 Gemsen sowie 30 000 Hirsche in der Schweiz. Besonders die Anzahl der Geweihträger, die über weite Gebiete bereits ausgestorben oder äußerst selten waren, hat sich erhöht. Weiters dienen den Geiern abgestürzte Schafe, Ziegen und Rinder als Nahrung.

Experten hoffen, daß diese in Graubünden angesiedelten Tiere eine Verbindung zu den Bartgeiern in Salzburg herstellen, oder umgekehrt. Das ist bei den erstaunlichen Flugleistungen der Tiere durchaus möglich und hätte den Vorteil, daß auf diesem Weg Genaustausch stattfinden könnte, der eine etwaige Inzucht verhindern würde und für die Wiederansiedelung des Bartgeiers im Alpenraum von großem Nutzen wäre.

Eine weitere Zuchtgruppe ist in den französischen Meeralpen im Entstehen. Diese soll ein Bindeglied zu den ursprünglichen Bartgeierbeständen auf Korsika und zur Kolonie in den Alpen von Hoch-Savoyen in Frankreich herstellen, wo im Jahr 1987 Bartgeier ausgewildert wurden.

4. Die heutige Situation

In Europa leben heute wilde Bartgeier noch in geringer Anzahl in den Pyrenäen, dort etwa 60 Paare, in Inner- und Südspanien, auf Korsika, eventuell auch auf Sardinien, am Südbalkan, in einigen tiefen, abgelegenen Tälern Kretas sowie in der Türkei.

Außerhalb Europas brütet der Bartgeier an Abgründen entlegener Bergketten, in einsamen felsigen Gebirgswäldern, an schroffen Meeresklippen und in den Ebenen Asiens und Nordafrikas. Vereinzelt baut diese Geierart ihren riesigen Horst, der aus Zweigen, Knochen und Häuten zusammengesetzt ist und einen Durchmesser von weitaus mehr als zwei Metern erreichen kann, auch im östlichen und südlichen Afrika.

Der Gänsegeier

1. Zur Ausrottung des Gänsegeiers im Alpenraum

Auch den restlichen Geierarten der Alpen widerfuhr das gleiche Schicksal wie dem Bartgeier – sie wurden vom Menschen vollkommen ausgerottet.

Chronologie

Westalpen

Der Gänse- oder Weißkopfgeier war schon am Anfang des 19. Jh. im Gebiet der Westalpen sehr selten. Im Jahr 1812 wurde am Axenberg ein Exemplar von einem Jäger gesichtet und sogleich zu Boden geholt. Etwa zur gleichen Zeit fand in der Nähe von Lausanne ein Junge einen so vollgefressenen Gänsegeier, daß es ein leichtes war, den flugunfähigen Vogel mit einem Stein zu verletzen und einzufangen. 1827 taten sich zwei Weißkopfgeier am Schindanger von Altdorf, in der Nähe des Vierwaldstättersees, an den Resten gütlich, was den einen sofort, den anderen einige Tage später das Leben kostete. Schließlich wurde noch im Jahr 1837 ein altes Männchen bei Yverdon am Neuenburger See erlegt. Von nun an nahmen die Beobachtungen über diese Vogelart ab.

Ostalpen

Auch in den Ostalpen war der Weißkopfgeier ein bodenständiger Brutvogel. Es liegen aber nur wenige Belege über Bruten vor, die aber auch auf Verwechslungen mit anderen Vogelarten beruhen können. Kurt Walde, ein Kenner der alpinen Fauna, schreibt noch im Jahr 1936[4]:

> *„Der weißköpfige Geier wird selbst in der Gegenwart das eine oder andere Mal, wenn auch äußerst selten, in den südöstlichen Alpen als Horstvogel beobachtet..."*

Bei Walde finden sich keine näheren Angaben zu den von ihm erwähnten Horsten. Ob autochthone oder vom Balkan stammende Tiere an diesen Horsten beobachtet werden konnten, wird wohl nie mit Sicherheit bestimmt werden können.
Tatsache ist, daß der Gänsegeier bereits in der ersten Hälfte des 19. Jh. in den Ostalpen äußerst selten anzutreffen war. Mit großer Wahrscheinlichkeit befand sich diese Tierart damals bereits im Aussterben.

Gründe

Bejagung
Wie berichtet, glaubten die Alpenbewohner, daß der Bartgeier Kleinkinder raube. Aus diesem Grund wurde allen großen „Raubvögeln" der **Vernichtungskampf** angesagt. So wurden Gänsegeier wie auch Mönchsgeier erbarmungslos verfolgt, obwohl diese Vögel in all den Jahrhunderten nie ein Kind entführt oder getötet haben konnten!

Da Gänsegeier oft an eben verendeten **Weidetieren** beobachtet wurden, glaubten die Bauern, daß die Vögel für deren Tod verantwortlich seien – ein Grund mehr, systematisch Jagd auf die Geier zu betreiben.
Gänsegeier jagen auch in größten Notzeiten nie lebende Tiere. Sie ernähren sich von durch Steinschlag zugrunde gegangenen Tieren aller Art, von Kadavern, die aus Lawinen ausapern und von an Seuchen dahingerafften Weide- und Wildtieren, wobei sie am liebsten deren Eingeweide fressen, ganz gleich in welchem Verwesungszustand sich diese befinden. Dabei strecken die Vögel mitunter den Kopf weit in die Leibeshöhle des toten Tieres. Aus diesem Grund sind Kopf und Hals des Gänsegeiers wie auch des Mönchsgeiers weitgehend unbefiedert. Keinerlei Gewebe- und Blutreste bleiben somit haften. Der Bartgeier bildet diesbezüglich eine Ausnahme, was aber einleuchtend erscheint, wenn man weiß, daß er sich zu einem Großteil von Knochen samt Mark ernährt und somit weniger mit Gewebeflüssigkeiten in Berührung kommt, die schnell Krankheiten und Seuchen übertragen können. Treffen mehrere Geierarten in ein und demselben Gebiet aufeinander, so leisten der Gänse- und der Mönchsgeier die Vorarbeit und lassen dem Bartgeier lediglich die sehnigen Gerippe übrig, die jener vortrefflich zu verwerten weiß.

Die Älpler waren besonders über die große Anzahl dieser Vögel erschreckt, die sich binnen weniger Minuten bei einem verendeten Stück Vieh einfand. Normalerweise konnten sie diese Tierart nie oder nur selten und dann vereinzelt beobachteten. Somit wußten sie es sich nicht zu erklären, woher diese „**Heerschar des Todes**" so plötzlich kommen konnte. Das Auftreten vieler Gänsegeier in kurzer Zeit an einem Kadaver beruht aber auf der Tatsache, daß dieser Vogel in Kolonien brütet. Die einzelnen Tiere kreisen sehr hoch, für das menschliche Auge nicht mehr wahrnehmbar, weit voneinander entfernt und halten Ausschau nach Aas. Hat ein Geier ein verendetes Tier gesichtet, so stürzt er in rasantem Sturzflug hernieder, was den scharfäugigen Artgenossen nicht entgeht und sie ebenfalls veranlaßt, niederzufliegen. Mit dieser Methode kann ein riesiges Gebiet nach dem ohnehin nicht häufigen Aas abgesucht werden. Zugleich profitieren aber mehrere Geier von einem Kadaver, der für ein Einzeltier zu viel wäre.
Die Bauern warteten, wenn sie ein solches Gemeinschaftsmahl der Geier gesichtet hatten, solange ab, bis diese vollgefressen waren. Meist waren die Tiere dann sehr schwerfällig und wurden zur leichten Beute der Menschen.
Für Großraubtiere gedachte, **vergiftete Kadaver** fügten auch dem Gänsegeier, wie schon dem Bartgeier, große Verluste zu.
Zudem barg das **Kolonieleben** auch entscheidende Nachteile, die neben anderen Faktoren dazu beitrugen, daß diese Vogelart aus dem Alpenraum verschwunden ist.

Wurde eine Brutkolonie wiederholt vom Menschen durch Aushorstungen oder Bejagung mit dem Gewehr gestört, hatte dies womöglich ihren Zusammenbruch zur Folge. Viele Individuen waren auf einen Schlag betroffen. Zahlreiche Tiere wanderten durch diese Eingriffe für immer ab. Derartig versprengte Gänsegeier hatten große Schwierigkeiten, sich wieder zu sammeln und gemeinsam ein adäquates neues Wohngebiet zu finden, was oft den Tod dutzender Tiere zur Folge hatte. Die verbliebenen Vögel mußten nun, zahlenmäßig geschwächt, auf die Vorteile einer Großgruppe verzichten.

Auch wirkten sich solche Veränderungen erwartungsgemäß negativ auf die **Brutgewohnheiten** der Gänsegeier aus.

Gänsegeier ziehen in der Regel lediglich ein Jungtier auf. Die Nachkommenschaftsrate ist deshalb nicht höher, zumal mehrere Jungvögel kaum Überlebenschancen hätten, wenn ein Elternteil erlegt oder andersartig umkommen würde, da beide Partner brüten und für das Junge gemeinsam zu sorgen gewohnt sind. Auch mögliche Überpopulationen werden so vermieden.

Die Jagd auf den Gänsegeier

Gänsegeier wurden mit denselben Methoden und Gerätschaften wie der Bartgeier gefangen und bejagt. Vor allem Gewehre, Fallen, ausgelegte Köder und das Aushorsten wurden dieser Geierart zum Verhängnis.

2. Die heutige Situation

Derzeit bestehen keinerlei Bestrebungen, den Gänsegeier durch ein gezieltes Projekt im Alpenraum als Standvogel wiederanzusiedeln. Dies erklärt sich aus der Tatsache, daß alljährlich hunderte Gänsegeier aus dem Balkan den Alpenraum aufsuchen, ohne allerdings dort zu brüten. Auf ihren Wanderzügen im Sommer streifen vom Balkan kommende Gänsegeier durch den Alpenraum sowie durch südliche Länder des Kontinents. So verbringen heute in den Hohen Tauern, besonders im Raurisertal, alljährlich etwa 100–200 Gänsegeier ihren „Sommerurlaub".

Die Anwesenheitszeit ist deckungsgleich mit dem Auf- bzw. Abtrieb der ungefähr 15 000 Schafe und Rinder, die, sofern sie abstürzen oder anderweitig verenden, die Nahrungsgrundlage der Vögel bilden. Diese Gänsegeier kommen, wie 1990 durch beringte Tiere nachgewiesen werden konnte, von den den Ostalpen am nähest gelegenen Brutplätzen auf den kroatischen Kvarner Inseln. Auch das Zillertal in Nordtirol besuchen jedes Jahr 50–150, sogar bis zu 300 Stück. Weiters macht der Gänsegeier ebenfalls gerne in geeigneten Täler in Osttirol, in Kärnten und in der Steiermark, in den Niederen Tauern, Station.

Der Zoo von Hellbrunn in Salzburg ist für seine freifliegenden Gänsegeier bekannt. Allmorgendlich finden sich dort zahlreiche Exemplare, die aus den verschiedensten Alpentälern heranstreichen, ein. Diese Vögel zeigen wenig Scheu vor dem Menschen. Es handelt sich aber durchwegs um wilde Gänsegeier und nicht, wie viele Besucher meinen, um zahme, vom Menschen aufgezogene Tiere.

Wenn Wildtiere, die in freier Natur gute Vorraussetzungen vorfinden, nicht von selbst den ersten Schritt zum Brüten unternehmen, scheint ein Eingreifen des Menschen wenig erfolgversprechend. Die ohnehin spärlichen Geldmittel werden für andere Unternehmen, wie etwa die Wiederansiedelung des Bartgeiers, verwendet.
Weshalb die Gänsegeier aus dem Balkan im Zuge einer Ausdehnung ihres Lebensraumes im einst angestammten Alpengebiet nicht zur Brut schreiten, ist nicht geklärt.

In Europa lebt der Gänsegeier noch auf großen Teilen der Iberischen Halbinsel, in den Pyrenäen (etwa 550 Paare), in Nordwestitalien, am Balkan sowie auf einigen Mittelmeerinseln wie Sardinien und Sizilien.
Gänsegeier wurden Anfang der achtziger Jahre im Nationalpark Cevennen in Frankreich erfolgreich wiederangesiedelt.

Außerhalb Europas ist Nordafrika ebenso Lebensraum für den Gänsegeier wie große Teile Asiens, ostwärts hin bis in die Mongolei und südwärts bis Indien und Pakistan.

Der Mönchsgeier

1. Allgemeines

Der Mönchs- oder Kuttengeier, von manchen Autoren auch Grauer Geier genannt, obwohl das wegen seines rußbraunen Gefieders nicht nahe liegt, ist Europas mächtigster Vogel, dies zumindest in bezug auf seine Flügelspannweite von bis zu 2,8 Metern. Ansonsten könnte ihm die Großtrappe (*Otis tarda*), auch als der Strauß Europas bezeichnet, aufgrund ihres Gewichtes von bis zu 16 Kilogramm diesen Titel durchaus streitig machen.
Aus der braunen Halskrause ragt der nackte, bläulich fleischfarbene Hals und Kopf. Größe und Flugbild sind dem eines Gänsegeiers ähnlich. Eine Verwechslung ist aber unmöglich, da dem Mönchsgeier die charakteristisch weißen Binden des Gänsegeiers auf den Flügelunterseiten fehlen. Vom Bartgeier können der Mönchs- und auch der Gänsegeier an der Schwanzform, die nur beim Bartgeier auffallend keilförmig erscheint, im Flugbild unterschieden werden.

Der Mönchsgeier nistet nur in seltenen Ausnahmefällen in Kolonien. In der Regel errichtet ein Paar einen mächtigen Horst, der meist gut versteckt in einer unzugänglichen Felswand oder aber, wenn auch weitaus seltener, in der Krone eines hohen, mächtigen Baumes liegt. Die Älpler fürchteten die imposante Erscheinung des Vogels und begriffen nie, daß die so gehaßten und deshalb so stark bejagten Geier, ganz gleich um welche Art es sich handelte, ihnen einen unschätzbaren Dienst erwiesen, indem sie jedes Aas in kürzester Zeit beseitigten und auf diesem Weg das Entstehen und Ausbreiten von Seuchen, die auch ihr Weidevieh nicht verschont hätten, verhinderten.

2. Die Ausrottung des Mönchsgeiers im Alpenraum

Der Mönchsgeier war im gesamten Gebiet der Alpen schon immer, auch bevor er vom Menschen bejagt wurde, ein äußerst seltenes Tier. Er mied ganze Talschaften und überließ dem Gänsegeier, der ungleich häufiger vorkam, die Vorherrschaft.
Es liegen keine gesicherten Angaben vor, wann der letzte bodenständige Mönchsgeier im Alpenraum erlegt worden ist, doch dürfte dies vor der Wende zum 20. Jh. geschehen sein, da nachher keine gesicherten Angaben mehr auffindbar sind.

Westalpen
Im November des Jahres 1866 wurde ein Exemplar, wahrscheinlich eines der letzten seiner Art, am Pilatus, ein Kalkmassiv am Vierwaldstättersee, erlegt. Etwa zur selben Zeit wurde bei Pfäfers und bei Sargans, beides Orte nahe der Grenze zu Liechtenstein, noch je ein Vertreter dieser Tierart geschossen. Eines davon zierte dann das Museum von Schaffhausen.

Ostalpen
In Österreich brütete eines der letzten Mönchsgeierpaare im Jahr 1883 am Torkofel in den Gailtaler Alpen in Kärnten. Die allerletzten Brutbeobachtungen stammen aus Osttirol. Dort hat 1886 noch ein Paar bei Lienz und ein weiteres bei Prägraten im Virgental gebrütet. Danach liegen keine gesicherten Meldungen mehr über das Vorkommen dieser Tierart vor. Seitdem gelangte der Mönchsgeier, wahrscheinlich vom Balkan her kommend, 18 mal nach Österreich: nämlich nach Salzburg, in die Steiermark, nach Ober- und Niederösterreich sowie in das Burgenland.

3. Die heutige Situation

Derzeit bestehen keinerlei Bestrebungen, den Mönchsgeier als Brutvogel im Alpenraum wiederanzusiedeln. Sein Verbreitungsgebiet erstreckt sich von Südeuropa und Nordafrika bis tief nach Asien hinein. Der Mönchsgeier lebt heute in Europa, wenn auch nirgends häufig, in weiten Teilen der Iberischen Halbinsel, auf den Balearen, auf Sardinien und auf dem Südbalkan.

Der Schmutzgeier

Bis in das 19. Jh. brütete der Schmutzgeier an den steilen Kalkfelsen des Salèvegebirges südlich von Genf. Dort erreichte der in allen südeuropäischen Ländern beheimatete Vogel die Nordgrenze seines Verbreitungsgebietes.
Der Schmutzgeier ist weitaus kleiner als die anderen drei Geierarten Europas und zeichnet sich durch ein unverkennbares Flugbild aus: lange, geradlinige, schwarzweiße Flügel und ein keilförmiger Schwanz. Es erinnert an das eines Weißstorches, der aber immer mit ausgestrecktem Hals fliegt. Bei erwachsenen Exemplaren ragen Kopf und Kehlhaut beim Sitzen aus einer struppigen, weißen Halskrause.
Der Schmutzgeier ist nie ein in den Alpen ständig heimisches Tier gewesen und soll an dieser Stelle der Vollständigkeit halber erwähnt werden, da er in Ausnahmefällen in einige Alpentäler Erkundungsflüge unternommen hatte. Mitunter schlossen sich Schmutzgeier den größeren Geierarten an, um die Reste von deren Kadavern zu verwerten, wobei sie gelegentlich in manche Schweizer Alpentäler eindrangen. Diese Vogelart scheute nicht die Nähe des Menschen und suchte sie sogar, um Abfälle aller Art, sogar Fäkalien, ein häufiger Bestandteil seiner Nahrung, zu sich zu nehmen. Der Schmutzgeier frißt neben Aas auch Frösche, kleine Nager, Insekten und Eier, die in den Schnabel genommen und an einem naheliegenden Stein zerbrochen werden.
Die Menschen haßten aus den bereits erwähnten Gründen alle Geier, die für sie das Symbol des Todes darstellten, und dürften diese kleine, harmlose, nützliche Geierart zusammen mit seinen Verwandten oft am Schindanger erschlagen haben.

Das einmalige Auftreten dieser Vogelart in Österreich:
1817   Kleßheim bei Salzburg
1885   Tackern in der Steiermark
1888   Mistelbach in Niederösterreich
1898   Kufstein in Nordtirol
1960   Oberes Inntal in Nordtirol
1965   in der Nähe von Kitzbühel in Nordtirol
sowie fünfmal in Kärnten

Zum Abschluß sei eine für die Sichtweise des 19. Jh. bezeichnende Beschreibung des Schmutzgeiers gebracht[7]:
„In den steilen Kalkfelsen des Salèvegebirges bei Genf nistet und brütet der egyptische Geier oder Aasvogel (Neophron percnopterus), ein häßliches, schmutzigweißes Thier mit langem, schwachen Schnabel, schwarzbraunen Flügeln, nackter, gelber Kehle, einem widerlichen Kropfe und ziemlich hohen, bis ans Knie befiederten Beinen. Er ist nicht viel größer als ein Rabe und stinkt wie alle Geier unausstehlich aashaft. Träg und traurig von Temperament, schmutzig, mit abgestoßenem, unordentlichem Gefieder..."

II. ADLER DES ALPENRAUMES

Der Steinadler

1. Allgemeines

Der Steinadler (*Aquila chrysaetos*) war einst, gleich wie der Kolkrabe, ein in vielen Teilen Mitteleuropas durchaus häufiger Brutvogel. Die Bezeichnungen Steinadler oder „König der Alpen" sind irreführend, da dieser Vogel ursprünglich lichtungsreiche Waldgebiete als bevorzugten Lebensraum wählte und somit nicht als alleinig in Gebirgen und Hochgebirgen ansässiges Tier angesehen werden kann. Aus eben diesen Wäldern wurde der Steinadler jedoch durch anthropogene Einflüsse, wie Forstwirtschaft, Zersiedelung und vor allem durch direkte Jagd vertrieben. Zufluchtsort waren die Alpen, in deren zerklüfteten, vom Menschen wenig besuchten Tälern der Vogel Rückzugsgebiete fand. Hier brütete und brütet er in Nischen und überdachten, wettergeschützen Felsvorsprüngen. Seltener zieht dieser Vogel seinen Nachwuchs in den Kronen von alten, mächtigen Nadelbäumen auf. Sein Horst kann in der tiefmontanen Stufe bis hin zur alpinen Region liegen. So wurden Horste von 800 Metern Seehöhe beginnend bis über 2400 Meter aufgefunden. Ein in Dauerehe lebendes Adlerpaar besitzt mehrere Horste, die einen Durchmesser von bis zu zwei Metern erreichen können und oft mehrere Jahre hintereinander von den standorttreuen Vögeln als Niststätte benützt werden. Beutetiere in der Alpenregion sind vor allem Murmeltiere, Füchse, Schneehasen, Schnee-, Birk- und Auerhühner, Gems- und Stein-

Abb. 24

bockkitze sowie Lämmer und Jungziegen. In Notzeiten werden auch kleine Nager, Maulwürfe und Insekten angenommen. Im Winter ist das Nahrungsangebot für den Steinadler zuweilen reichlich, weil er die durch Lawinen und Schneebretter getöteten Gemsen- und Steinbockkadaver gerne aufsucht.

Der Steinadler verschwand aus fast ganz Mitteleuropa vor allem durch die Jahrhunderte währende Bejagung und damit einhergehende Populationsschwächungen. Die Wende vom 19. zum 20. Jh. stellt hierbei den absoluten Tiefpunkt der Bestandszahlen dar. Damals schätzten Ornithologen, daß weniger als zehn Steinadlerpaare in Österreich erfolgreich ihre Brut aufzogen.

2. Die Gründe für den Bestandsrückgang

Die Bejagung

Das Verhältnis des Menschen zum Steinadler war sehr vielschichtig und unterschiedlich. Auf der einen Seite verehrte er diesen Vogel, der als Sinnbild für Mut und Kraft galt und deshalb oft auf Wappen und Flaggen abgebildet wurde, und auf der anderen Seite sah er in ihm einen Konkurrenten, der ihm Jungvieh, vor allem Lämmer und Ziegenkitze, auf den Weiden schlug.

Selbst des Kindesraubes wurde dieser Vogel gemeinsam mit dem Bartgeier, bezichtigt. Ein Beispiel, wiederum aus Tschudis „Das Thierleben der Alpenwelt" (1868), das sich als reichhaltigste Quelle der Literatur des 19. Jh. für derartige Begebenheiten im Alpenraum herausstellt, sei an dieser Stelle in aller Ausführlichkeit wiedergegeben, um die Einstellung und Meinung des Schweizer Gelehrten zu zeigen[7]:

„Man hat oft gestritten, ob die Steinadler auch auf Kinder stoßen. So selten dies auch geschehen mag, so ist doch der Vogel muthig und stark genug dazu, und wenigstens ein verbürgtes Beispiel haben wir aus Graubünden dafür. Dort, in einem Bergdorfe, schoß ein Steinadler auf ein zweijähriges Kind und trug es weg. Durch das Geschrei herbeigerufen, verfolgte der Vater den Räuber in die Felsen, und da die Last des Vogels ziemlich stark war, gelangte er nach großer Mühe dazu, ihm das übelzugerichtete Kind abzujagen, das, an den Augen zerhackt, bald starb. Lange lauerte der Vater dem Mörder auf, der sich stets in der Gegend umhertrieb. Endlich gelingt es ihm, ihn in einer aufgestellten Fuchsfalle lebendig zu fangen. Ergrimmt eilt er auf ihn zu und packt ihn in der Wuth so unvorsichtig, daß ihn der Vogel mit seinem freien Fuß und Schnabel schwer verwunden kann. Einige Nachbarn erschlugen hierauf mit Prügeln den gefangenen Adler, der gegenwärtig ausgestopft in Winterthur steht."

Dieser Bericht, übrigens der einzige beschriebene Kindesraub durch einen Steinadler in Tschudis Werk, ist jedoch mit größter Skepsis zu beurteilen und, wenn für wahr empfunden, als Extrembeispiel anzusehen.

Das Maximalgewicht eines Steinadlers wird mit 4,5 bis 5 Kilogramm angegeben. Ein zweijähriges Kind wiegt mindestens 12 Kilogramm, was für einen Adler schon eine enorme Last darstellt, um damit zu entfliehen und überdies auch noch in die Felsen aufzusteigen. Wie bereits im Abschnitt über den Bartgeier berichtet, sei an dieser Stelle erneut darauf hingewiesen, daß der Mensch gerade bei derlei Begebenheiten sehr gerne dazu neigte, zu übertreiben bzw. Sachverhalte in veränderter, nicht mehr der Wahrheit entsprechender Weise darzustellen.

Lebensraumverlust

Die Reduzierung der Bestände durch die Jagd war verbunden mit der Rodung riesiger Waldflächen, die dem Tier als Heimat dienten. Hinzu kam, daß diese Art ein sehr großes Revier beanspruchte und somit zwar weit verbreitet war, nirgends aber individuenstark auftrat.

Nachwuchsrate

Die Nachwuchsrate bei Steinadlern ist gering. Das Elternpaar, obwohl mitunter zwei und mehr Eier gelegt werden, zieht in der Regel lediglich ein Junges auf, was auf das Nahrungsangebot und indirekt auf populationsdynamische Faktoren zurückzuführen ist. Bei Steinadlern tritt ebenso, wie bereits beim Bartgeier erwähnt, Kainismus auf.

Die Jagd auf den Steinadler

Aushorstungen, womit sich Jungmänner beweisen konnten, Schrotgewehre, verschiedenste Fangnetze, ausgelegte Beize, um die Vögel anzulocken und dann zu erlegen, lebendige Locktiere, wie Kaninchen und selbst junge Hunde und Katzen, vergiftete Kadaver und weiters Fallen wurden dem Steinadler in fast allen Regionen seines neu erschlossenen Lebensraumes zum Verhängnis.

3. Die heutige Situation

Ab dem ersten Jahrzehnt des 20. Jh. konnte ein Zunehmen der Steinadleranzahl im Alpenraum registriert werden. Diese Tatsache ist auf die aufkeimende Einsicht des Menschen, vor allem der Jagdbetreibenden, und den daraus resultierenden, rigoros durchgeführten Schutzmaßnahmen, die jeglichen Abschuß untersagten, zurückzuführen. Zur Mitte des 20. Jh. konnten über 40 Brutpaare festgestellt werden. Die Zahl der Steinadler wuchs bald dermaßen rasch an, daß bereits im Jahr 1959 zwanzig Steinadler zum Abschuß freigegeben werden konnten, ein Jahr darauf immerhin noch sechs Stück. Kahlschläge von Waldgebieten wirkten sich jeweils kurzfristig positiv aus, da somit freie Flächen geschaffen wurden, die der Adler nutzen konnte, um dort Beute zu schlagen. Heute sind sich die Ornithologen in Österreich nicht unbedingt einig, mit wieviel brütenden Paaren des Steinadlers zu rechnen ist, der nunmehr das gesamte Gebiet der Alpen in Österreich, wenn auch lückenhaft als Brutvogel besiedelt. Die Meinungen schwanken zwischen 100 und 250 Paaren.

III. RABENVÖGEL DES ALPENRAUMES

Von den elf europäischen Arten aus der Familie der Rabenvögel (CORVIDAE) sind neun Arten als Brutvögel in den Alpen heimisch. In Österreich brüten aber lediglich acht Arten, da die Alpenkrähe in den Ostalpen als ausgerottet angesehen werden muß.

Rabenvögel werden innerhalb der Ordnung der Sperlingsvögel (PASSERIFORMES) in die Unterordnung der Singvögel (OSCINES) gestellt[1]. Sie weisen sich durch einen kräftigen, langen Schnabel aus und sind Allesfresser.

Die Rabenvögel des Alpenraumes
Kolkrabe (*Corvus corax*), Saatkrähe (*Corvus frugilegus*), Aaskrähe (*Corvus corone*): zwei Unterarten: Rabenkrähe (*Corvus corone corone*) und Nebelkrähe (*Corvus corone cornix*), Dohle (*Corvus monedula*), Alpenkrähe (*Pyrrhocorax pyrrhocorax*), Alpendohle (*Pyrrhocorax graculus*), Elster (*Pica pica*), Tannenhäher (*Nucifraga caryocatactes*), Eichelhäher (*Garrulus glandarius*)

Der Kolkrabe

1. Allgemeines

Der Kolkrabe war noch gegen Ende des 18. Jh. ein in großen Teilen Europas gemeiner Brutvogel. Er besiedelte sehr unterschiedliche Landschaftsformen von der Ebene bis hinauf in das Gebirge. Nie brütete er in geschlossenen Wäldern, sondern bevorzugte von Wiesen, Feldern und Lichtungen unterbrochene Baumbestände. Auch Wasserstellen mußten in seinem Lebensraum vorhanden sein.
Etwa zur Mitte des 19. Jh. registrierten Ornithologen das drastische Zurückgehen der Bestände im Verbreitungsgebiet. In den folgenden Jahrzehnten verstärkte sich diese Entwicklung, so daß der Kolkrabe in sehr vielen und weiten Teilen Mitteleuropas als ausgestorben betrachtet werden mußte. Diese ungünstige Tendenz setzte sich weiterhin fort, bis erkannt werden mußte, daß dieser Vogel lediglich noch in Schleswig Holstein, im

VÖGEL

Voralpenland sowie in den Alpen ständig als Brutvogel in größerer Zahl anzutreffen war.

Der Alpenraum mit seinen menschenarmen und zerklüfteten Tälern diente dem Kolkraben, gleich wie dem Steinadler, als eines seiner letzten Rückzugsgebiete. Den Beständen, die sich in diesen Gebirgszug retteten oder dort in natürlichen Populationen bodenständig waren, ist es hauptsächlich zuzuschreiben, daß diese Vogelart in Mitteleuropa nicht gänzlich ausgestorben ist. Der Eindruck, daß der Kolkrabe oder der Steinadler ein typischer Vertreter der Alpenfauna seien, ist somit verfälscht, da beide Arten ihr Hauptverbreitungsgebiet in niedergelegenen, teils gebirgslosen Regionen hatten und nur durch die Nachstellungen des Menschen dazu gezwungen worden sind, hoch in die Gebirge aufzusteigen.

Abb. 25: Der Kolkrabe

2. Die Bestandsabnahme des Kolkraben

Die Gründe

Die Bejagung
Frühestes Motiv, einen Raben zu töten, war auch bei dieser Art die **Angst** vor ihm. Obwohl der schwarze Vogel bereits Noah geholfen haben soll, Land zu finden, ebenso den Wikingern den Weg nach Grönland gewiesen haben soll, und in den germanischen Mythen eine weise und weissagende Rolle einnahm, assoziierten die Menschen des Mittelalters dieses Tier mit dem Bösen. Der Rabe, durch die Leichname angezogen, wurde besonders häufig bei Galgen und auf Schindangern angetroffen und somit automatisch mit dem Tod in Verbindung gebracht. So wundert es nicht, daß diesem heiser und dumpf krächzenden „dämonischen Wesen", „diesem Herold der Unterwelt" verderbliche Kräfte zugeschrieben wurden, was er sehr oft mit dem Leben bezahlen mußte.

Auch der Umstand, daß diesem Tier ein **Räuberwesen**, vor allem unter den Lammbeständen, nachgesagt wurde, führte zu seiner Bejagung. Vielfach wurden in den Tälern der Alpen Kolkraben bei Geburten von Schafen beobachtet. Sie überflogen mehrmals das kurz vor dem Gebären stehende Muttertier, landeten in dessen Nähe, flatterten wild umher, schlugen mit den Flügeln und wurden mit der Unruhe der Mutter immer

kecker, solange bis sie sich zu ihr hinwagten. Auch soll es vorgekommen sein, daß Raben dem noch nicht vollständig ausgetriebenen Jungtier mit ihren Schnäbeln derart zusetzten, bis dieses noch ungeboren starb. In der Regel begnügten sich die Vögel aber mit der Nachgeburt. Trotzdem veranlaßten derartige Begebenheiten zahlreiche Leute, zum Gewehr zu greifen und auf Rabenpirsch zu gehen.
Der Kolkrabe ist ein Allesfresser mit Bevorzugung fleischlicher Kost. Mit großem Appetit nimmt er Insekten und deren Larven, Würmer, Schnecken, kleine Reptilien, verschiedene Nager, Maulwürfe, Hasentiere und auch gerne Nesthocker zu sich. Fallwild und anderes Aas haben es diesem Vogel wahrhaft angetan. Der Mensch erkannte lange nicht, daß der Rabe durch Beseitigung von Aas verhinderte, daß sich Epidemien und Seuchen über das Land verbreiteten.

Lebensraumverlust
Grundsätzlich muß gesagt werden, daß Kolkraben im Gegensatz zu vielen verwandten Rabenvögeln niemals in größerer Anzahl oder gar gesellig in Schwärmen leben, wenngleich auch außerhalb der Brutzeit Ansammlungen von mehreren Individuen, so bei der Futtersuche auf Mülldeponien beobachtet werden können. Ein in treuer Einehe vereintes Kolkrabenpaar stellt hohe anforderungen an seinen Lebensraum, weshalb dieser Vogel aus diesem Grund zwar weit verbreitet, aber nirgends häufig anzutreffen war und ist. Dem Thema „*Zerstreut verbreitete Vogelarten*" widmet die Grüne Reihe einen eigenen Band. Zerstörungen von bestehenden Kolkrabenrevieren wirken sich aus diesem Grund drastisch aus.

Die Jagd auf den Kolkraben
Der Mensch legte mit Vorliebe Schlingen und Leimruten aus, warf Netze nach dem Vogel und schoß bei jeder Gelegenheit auf ihn. Die stärksten Einbußen erlitten die Populationen aber durch das Auslegen von vergifteten Ködern, die von den aasliebenden Tieren schnell angenommen wurden. Meist wurde Strychnin in Kadaver eingerieben. Die Kolkraben und zahlreiche andere Tiere verstarben qualvoll neben dem Luder.
Auch das sehr geläufige Wort „Das sind aber Rabeneltern" dürfte im Zusammenhang mit dem Einsatz von Giften entstanden sein, wenn auch auf Umwegen. Raben sind weder bessere noch schlechtere Eltern als andere Vögel. Nun kam es aber eben allzu oft vor, daß beide Elternteile durch Aufnahme von vergifteten Ködern starben. Berichte von nestplündernden Menschen über verhungerte Junge führten zu der Annahme, daß Rabeneltern sich schlecht um ihren Nachwuchs kümmerten.

3. Wie konnte der Kolkrabe überleben?
Der Kolkrabe, übrigens der größte Vertreter der Singvögel, ist ein äußerst kluges, lernfähiges und anpassungsfähiges Tier. Er kennt jeden einzelnen Sektor seines Revieres genauestens, und er weiß Nahrungsquellen geschickt auszunutzen. Dieser Vogel, wollte er überleben, mußte auch lernen, die Scheu vor dem Menschen und dessen Einrichtun-

gen allmählich zu verlieren. Die Abgeschiedenheit der Täler und ein langsam steigendes Wissen des Menschen um die Nützlichkeit des Kolkraben führten zudem zu einem behutsamen Anwachsen der Bestände innerhalb der Alpen.

In den dreißiger Jahren des 20. Jh. konnten vermehrt Ausbreitungsschübe registriert werden, mit denen Wiederbesiedelungen vieler einst aufgegebener Gebiete verbunden waren. Vor allem Müllanlagen mit ihren für Rabenbegriffe reichlich und bestens gedeckten Tafeln erwiesen sich in den folgenden Jahrzehnten als ideale Nahrungsquellen für die Kolkraben, was ebenfalls zu einem Anwachsen der Populationen führte.

Dem Autor war es vergönnt, an zwei Tagen Anfang März 1994 über siebzig Kolkraben auf und in der unmittelbaren Umgebung einer Mülldeponie bei ihren einzigartigen Balzflügen und bei der Futteraufnahme zu beobachten. Diese Müllhalde liegt nur wenige Kilometer von Innsbruck entfernt im Ahrental.

Als Beweis dafür, daß der Kolkrabe imstande ist, sich an die dauernde Anwesenheit des Menschen zu gewöhnen und sogar zum Kulturfolger zu werden, müssen die erfolgreichen Bruten von Kolkraben mitten im Stadtgebiet von Salzburg gewertet werden. Von 1962 bis 1969 nisteten mitunter drei Paare am Kapuzinerberg. Dieser Bestand erlosch 1969 durch Abschüsse! Ein anderes Paar brütete in der Ostwand des Mönchsberges.

Der Kolkrabe brütet heute, mit Ausnahme des Burgenlandes und Wien, wo er als Gast erscheint, in allen übrigen sieben Bundesländern, hält sich hierbei aber auf das Gebiet der Alpen beschränkt. Es kann festgestellt werden, daß der Kolkrabe seinen Horst sowohl auf hohen Koniferen als auch in versteckten Felsnischen anlegt. Eine eindeutige Bevorzugung von Nistplätzen in Felswänden, auch wenn diese zehn Meter nicht überragen, ist hierbei aber deutlich zu erkennen.
Nadelbäume werden nicht als Ort für die Errichtung eines Horstes ausgewählt, wenn sie sich inmitten eines großen durchgehenden Waldgebietes befinden. Bäume an Waldrändern werden bevorzugt angenommen.
Die untere Vertikalverbreitungsgrenze der Horste, die einen Durchmesser von 60 und mehr Zentimetern erreichen können, liegt in Österreich bei etwa 500 Meter Seehöhe, wenn auch Horste noch bei unter 400 Meter aufgefunden wurden. Im Gebirge steigt dieser Rabenvogel bis 2200 Meter auf, auch wenn erwähnt werden muß, daß einzelne Paare noch weit über dieser Grenze erfolgreich Junge aufziehen.

Die Alpenkrähe

1. Letzte Vorkommen der Alpenkrähe im Alpenraum

Die Alpenkrähe besiedelte in vergangenen Jahrhunderten den Alpenraum in inselartigen Populationen und war wohl nie ein häufig anzutreffendes Tier. Sie ist im Ostalpenraum als ausgestorben anzusehen und brütet in den Westalpen noch in geringer Zahl.

Friedrich von Tschudi schrieb im Jahr 1868 über diesen Vogel, den er als Steinkrähe bezeichnete, (die Alpendohle lief bei ihm unter der Bezeichnung Bergdohle oder Schneekrähe) folgendes[7]:

„Die hohen Alpen sind der eigentliche Aufenthaltsort dieser hübschen Krähe und auch in diesen kommt sie strichweise gar nicht vor. In der östlichen Schweiz finden wir sie nur sporadisch; am Säntis war sie früher, wenn auch selten, zu Hause; im rhätischen Gebirge nistet sie bisweilen nach Art der Dohlen in hochgelegenen Kirchthürmen (z.B. früher in Parpan); jetzt ist sie im Oberhalbstein noch ziemlich häufig, wo sie ‚Tolan' (Dohle) genannt wird und bis in die neuere Zeit die Kirchthürme von Reams, Schweiningen, Alvaschein u.s.w. bewohnte. Durch das fortwährende Nestausnehmen fängt sie aber an seltener zu werden als früher..."

Walter Hellmich lieferte in seinem 1936 erschienen Buch „Tiere der Alpen" folgenden Hinweis über das Vorkommen der Alpenkrähe[32]:

„Die Alpenkrähe... kommt in den Ostalpen nur selten im Grenzgebiet zur Schweiz vor, wo sie aber auch bereits gefährdet ist und unbedingten Schutzes bedarf."

In Kurt Waldes, ebenfalls im Jahr 1936 erschienenen Buch „Die Tierwelt der Alpen" steht geschrieben[4]:

„Der Besucher der Ostalpen... wird ja kaum das Glück haben, dem Rotschnabel zu begegnen. Schon in Tirol ist er äußerst selten; insgesamt liegen nicht einmal ein halbes Dutzend von Meldungen aus diesem Lande vor. Die drei Meldungen dieser Art aus Oberösterreich und Salzburg hält der ausgezeichnete Kenner der Alpenvögel V. von Tschusi für unglaubwürdig. Anders dagegen in den Westalpen; dort brütet der Vogel noch, und zwar verhältnismäßig am häufigsten in den Bergen des Berner Oberlandes. Früher soll er in Graubünden auch recht häufig in den Glockenstuben der Kirchtürme höher gelegener Berggemeinden gebrütet haben. So fand ihn Baldenstein (1821) fast in allen Dörfern des Oberhalbstein und Domleschg. Seit den Sechzigerjahren ist er jedoch nahezu ganz aus der Umgebung menschlicher Bauten verdrängt worden. Heute nistet er nur mehr an steilen, hoch gelegenen Wänden in Spalten und Löchern."

Die von Hellmich und Walde genannten Alpenkrähen zogen wohl mitunter in Alpendohlenschwärmen durch die Ostalpen, waren aber in diesen Zeiten mit größter Wahrscheinlichkeit keine Brutvögel mehr.

Im „Atlas der Brutvögel Österreichs" – „Ergebnisse der Brutvogelkartierung 1981–1985 der Österreichischen Gesellschaft für Vogelkunde" werden letzte Brutbeobachtungen der Alpenkrähe in Österreich angeführt:

> „Die Alpenkrähe war Mitte des 18. Jh. wahrscheinlich in Oberkärnten Brutvogel (Scopoli 1769). Im 19. Jh. brütete die Art noch in den Karnischen Alpen/Ktn. (Keller 1890), doch war bereits eine deutliche Abnahme bemerkbar, und Eierräuber setzten der kleinen Population offenbar stark zu. Der letzte überlieferte Brutplatz bestand Ende des 19. Jh.in der Wolaja/Ktn. (Keller 1890). Für Tirol und Vorarlberg nannten Dalla-Torre & Anzinger (1896/97) die Art im 19. Jh. als selten und kannten nur wenige konkrete Beobachtungen."

2. Gründe für das Aussterben der Alpenkrähe im Ostalpenraum

Untersucht man das Schicksal der Alpenkrähe im Alpenraum, so drängt sich die Frage auf, weshalb diese Art fast gänzlich verschwunden ist, während die nächst verwandte Art, die Alpendohle erfolgreicher war.

Ein wahrscheinlicher Faktor war die Zunahme der Bestände der Alpendohle und die damit einhergehende Lebensrauminanspruchnahme. Eine Gegenüberstellung der beiden Arten soll die Unterschiedlichkeiten, die der einen Art zum Vorteil, der anderen hingegen zum Nachteil gereichten, aufzeigen.

Abb. 26

Alpenkrähe und Alpendohle

Die Alpenkrähe ist mit der Alpendohle sehr eng verwandt, was auch deren ähnliches Erscheinungsbild bestätigt. **Äußeres Hauptunterscheidungsmerkmal** der beiden Arten ist der Schnabel. Bei der Alpenkrähe ist dieser rot gefärbt, länglich und gebogen. Lediglich Jungvögel besitzen einen gelblichen Schnabel. Jener der Alpendohle ist bedeutend kürzer, gelb gefärbt und gerade. Die Hintergliedmaßen beider Arten sind rot gefärbt, wobei gesagt werden kann, daß jene der Alpenkrähe intensiver gefärbt erscheinen. Die Alpenkrähe ist etwas größer als die verwandte Art, und ihr Gefieder weist zudem mehr Glanz, besonders im oft grünlich gefärbten Schwanzbereich, auf.

Auffallendster Unterschied im **Sozialverhalten** der beiden Arten ist, daß die Alpenkrähe nicht in Kolonien wie die Alpendohle lebt. Die Alpendohle brütet zumeist zu mehreren Paaren in einer Felswand und zieht auch an den kalten Tagen des Jahres in großen Scharen Richtung Tal, um Futter zu suchen. Das Zusammenleben in Kolonien bietet den einzelnen Paaren größere Chancen, ihre Bruten erfolgreich aufzuziehen. Allfällige Feinde, wie Kolkraben, Wanderfalken oder Steinadler, wagen sich nur selten an die wehrhaften Kolonien und werden meist im Verband vertrieben. Die Alpenkrähe brütet paarweise und muß auf diese Vorteile verzichten.

Beide Arten brüten in Nischen, Höhlen und Simsen von Felsabhängen, weiters in Burgen und Ruinen. Die Alpenkrähe ist weitaus seltener im Hochgebirge anzutreffen als die Alpendohle. Die höchsten Brutvorkommen im Alpenraum liegen bei der Alpenkrähe bei etwa 1500 Metern, bei der Alpendohle bei ungefähr 3000 Metern[34]. Somit verblieben und verbleiben der Alpendohle mehr Möglichkeiten als der Alpenkrähe, im Verlaufe der zunehmenden Zersiedlung und Nutzung der Gebirge durch den Menschen (Vieh, Tourismus) in die Höhe der Alpenberge auszuweichen. Auch verträgt die Alpenkrähe Kälte sowie Nässe ungleich schlechter als die Alpendohle und ist von zeitig im Frühling ausapernden Hängen abhängig.

Die Brutdaten der beiden Rabenvögel laut BLV Bestimmungsbuch: Alpenpflanzen, Alpentiere[34]:

	Brutzeit in Tagen	Eieranzahl	Tage vom Schlupf bis zum Flügesein
Alpenkrähe	21–22	3–6	37–45
Alpendohle	18–21	3–6	31–38

Auch ist die Ernährungsweise der beiden Arten unterschiedlich. Die Alpenkrähe ist hierbei viel wählerischer und eher auf gewisse Futtertiere wie Würmer, Spinnen, Käfer und Tausendfüßler angewiesen, die sie mit ihrem langen Schnabel unter Steinen zu finden sucht, als die Alpendohle.

Die Alpendohle erwies sich zudem als perfekter Kulturfolger, der selbst von der touristischen Erschließung großer Teile der Alpen enorm profitieren konnte. Sie sucht die Nähe des Menschen und dessen Behausungen auf, um dort Freßbares zu finden. Wetterstationen, Liftanlagen, Hotels und Schutzhütten werden regelmäßig in der Hoffnung besucht, dort gefüttert zu werden. Ganz nach Art der Möwen fangen sie in die Luft geworfene Happen geschickt auf und bereiten somit sich und auch den Menschen schöne Augenblicke. Die Alpendohle nimmt sogar vom Menschen geschaffene Gebäude als

Ort für ihr Nest an. Die scheue Alpenkrähe hingegen meidet die Nähe des Menschen und muß als Kulturflüchter angesehen werden.

So muß gefolgert werden, daß die Alpenkrähe eigentlich nicht durch das Zutun und Eingreifen des Menschen in den Ostalpen ausgestorben ist.

Freilich zielten viele Alpenbewohner auf alle schwarzen Vögel, legten Gift aus, horsteten das eine oder andere Nest aus oder raubten die darin befindlichen Eier. Dies mag aber lediglich ein nebensächlicher Faktor gewesen sein. Konkurrenzdruck durch die Alpendohle, dünne Besiedlungsrate und wahrscheinlich ungünstige Auswirkungen des Klimas führten dazu, daß die Alpenkrähe in immer weiteren Teilen des Alpengebietes verschwand, das sie ohnehin nur in Inselpopulationen besiedelte.

3. Wo leben heute noch Alpenkrähen?

Im Alpenraum brütet die Alpenkrähe heute in Savoyen, im Aostatal in Nordwestitalien und in der Schweiz im Kanton Wallis.

Als Ausnahmeerscheinung werden immer wieder Alpenkrähen in einem Schwarm von Alpendohlen auf österreichischem Gebiet beobachtet. Sie wurden in Vorarlberg, Nordtirol, Salzburg, Kärnten, Steiermark und Oberösterreich, in Osttirol, Niederösterreich und Burgenland sowie in Südtirol registriert. Der Verdacht, daß Alpenkrähen in Österreich brüten, konnte bisher nicht bestätigt werden. Wenn diese Vogelart von selbst aus keine Anzeichen einer Wiederbesiedlung einst angestammten Lebensraumes erkennen läßt, erscheint auch das Eingreifen des Menschen im Rahmen eines Wiederansiedelungsprojektes als wenig sinnvoll und zielführend. Die Dominanz der Alpendohle ist wohl zu stark, um die Alpenkrähe je wieder erfolgreich in den Ostalpen anzusiedeln.

Dahingegen brütet die Alpenkrähe an Klippen und Küstenfelsen im Mittelmeerraum, in Schottland, England und Irland.

Außerhalb Europas findet man die Alpenkrähe in Nordafrika, ostwärts tief nach Asien hinein: sie ist ein typischer Brutvogel des Himalaya.

IV. DIE HÜHNERVÖGEL DES ALPENRAUMES

Die Ordnung der Hühnervögel (GALLIFORMES) ist im Alpenraum durch zwei Familien vertreten: die Familie der Rauhfußhühner (TETRAONIDAE) und die Familie der sogenannten „echten" Hühner (PHASIANIDAE)[29].
Die Rauhfußhühner, deren Name sich von dem befiederten Lauf und meist auch gefiederten Zehen ableitet, sind mit folgenden vier Arten vertreten:
     das Auerhuhn (*Tetrao urogallus*),
     das Birkhuhn (*Lyrurus tetrix*),
     das Alpenschneehuhn (*Lagopus mutus*),
     das Haselhuhn (*Tetrastes bonasia*).

Von den „echten" Hühnern sind im Gebiet der Alpen drei Arten von Feldhühnern heimisch:
     das Steinhuhn (*Alectoris graeca*),
     das Rebhuhn (*Perdix perdix*),
     die Wachtel (*Coturnix coturnix*).

Ebenso lebt in den Niederungen des Alpengebietes der ursprünglich in Asien beheimatete Fasan (*Phasianus colchicus*), der, da er als Jagdwild bei der Jägerschaft großen Anklang findet, bei uns schon vor langen Zeiten an vielen Stellen ausgesetzt wurde.

Im folgenden soll auf die oben genannten Hühnervögel der Alpen näher eingegangen werden, da sowohl die Rauhfußhühner als auch die Feldhühner in vielen Regionen des Alpenraumes und Mitteleuropas generell bereits verschwunden sind oder aber die Populationen der einzelnen Arten lediglich noch in Zufluchtsgebieten ihr Dasein fristen, und es zu einer Frage der Zeit geworden ist, wann die eine oder andere Art vollkommen ausgestorben sein wird.

Das Auerhuhn

1. Allgemeines

Das Auerhuhn, das auch Ur-, Wald-, Gurgel-, Riedhuhn und fälschlicherweise Bergfasan genannt wurde und wird, stammt aus dem sibirischen Raum, von wo aus es mit den Gletschern der Eiszeit bis nach Europa vordrang. Dieser größte aller heimischen Hühnervögel bewohnte noch im 19. Jh. zahlreich die ungestörten Nadel- und Mischwälder der montanen und subalpinen Stufe. Als Brutvogel steigt er bis in eine Höhe von 1800 Metern. Diese Wälder wiesen genug Unterholz, mit Himbeer-, Brombeer- und Heidelbeersträuchern sowie offene Lichtungen und klare Gewässer auf. Zur Jahrhundertwende lichteten sich bereits die Bestände in vielen Regionen des Alpenraumes und auch in anderen Landschaftsstrichen Mitteleuropas. Dieser negative Trend hält bis heute an, und bereits zu Beginn der zweiten Hälfte des 20. Jh. waren zahlreiche Populationen erloschen oder aber im Begriff zurückzugehen.

Abb. 27

2. Die Gründe für die Bestandsabnahmen des Auerhuhns

Die Jagd auf den Auerhahn

Der majestätische Auerhahn galt und gilt neben dem Steinbock und dem kapitalen Rothirsch als besonders edles und begehrtes Wild. Jäger wurden von Kameraden beneidet, wenn sie einen prächtigen Hahn vom Jagdzug nach Hause brachten. Diese der Hochjagd zugerechnete Form der Jagd wurde von Jägern, die etwas auf sich hielten, lediglich auf Hähne, niemals auf die unscheinbaren und viel leichter zu erbeutenden

Hennen betrieben. Die Jagd auf den Hahn selbst galt als schwierig, was einen besonderen Reiz auf die Weidmänner und andere Schützen ausgeübt haben mag.

Kaiser Franz Joseph I. erlegte übrigens im Laufe seines Lebens nicht weniger als 600 Auerhähne!

Es versteht sich von selbst, daß jeder Jäger einen ausgestopften Auerhahn in seiner Stube als Zeichen seiner Jagdqualitäten zur Schau stellen wollte. Zudem hingen weitaus mehr Auerhahnbälge über den Stammtischen der Wirtshäuser, als Tiere in freier Wildbahn lebten. Auch wurden die schwarzen, am Ende weiß gesprenkelten Schaufelfedern (Schwanzfedern) auf die Hüte gesteckt, quasi als unübersehbares Zeichen einer erfolgreichen Jagd.

Der Auerhahn wurde mittels mehrerer Methoden gejagt. Als günstiger Zeitpunkt galt die Auherhahnbalz. Der scharfsinnige Hahn kann am ehesten im Frühjahr bei seinem Balzgeschäft erlegt werden. Am Abend fällt der Hahn auf seinem Stammbaum, eine starke Fichte oder Lärche, ein und verbringt dort die Nacht. Schon beim ersten Schimmer der Morgendämmerung „fährt Leben" in den Hahn, der im Zuge des Balzspieles einen einmaligen Anblick bietet. Unruhig trippelt der mächtige Vogel, den über jedem Auge ein grell scharlachrotes, mit aufstehenden Warzen bedecktes Schwellorgan, die sogenannte Rose, ziert, auf einem dicken Ast, schlägt ein Rad mit seinen Schwanzfedern, läßt die mit weißen Signalflecken geschmückten Flügel abgespreizt herabhängen, hebt den Kopf, wobei sich seine Kehlfedern sträuben, bläst seine Luftsäcke auf und beginnt endlich mit seinem periodischen Balzlied. Dieses setzt sich aus vier unterschiedlichen Teilen zusammen. Es beginnt mit dem hölzern klingenden „Knappen", das sich wie „telac" anhört, und setzt sich mit schnalzenden Lauten, die immer schneller werden und in das „Trillern", auch als Überschlag bezeichnet, übergehen, fort, auf das der gutturale Hauptschlag folgt, der an das Herausziehen eines Korkens aus der Flasche erinnert. Danach gibt der Vogel Töne von sich, die an das Wetzen von Sensen erinnern, weshalb diese einige Sekunden dauernde Phase „Schleifen" genannt wird. Dabei schließt der Hahn in seiner Berauschung die Augen, vergißt die Umwelt vollkommen und ist zu diesem Zeitpunkt stocktaub. Er würde in seiner Ekstase nicht einmal mehr den Knall eines Schusses wahrnehmen.

Diesen Moment muß der Jäger in seinem Versteck abwarten, um den tödlichen Schuß anzubringen oder um sich näher an das Tier heranzupirschen, was in der Jägersprache als „Anspringen" bezeichnet wird. Im Berner Oberland zogen sich bei diesem Unterfangen die Jäger ein weißes Hemd über den Kopf, um den Vogel zu täuschen, und pirschten sich auf Schneeschuhen an den Hahn heran. Wird der Vogel jedoch vor diesem Zeitpunkt „vergrämt", es genügt hierbei schon das geringste Geräusch oder ein unachtsamer Schritt, so „reitet" er unter lautem Gepolter ab und stellt in der Regel für diesen Tag die Balz ein.

Hat der Jäger hingegen Glück und er bringt einen Treffer an, so muß dies nicht unbedingt den Tod des Tieres bedeuten. Der Auerhahn hat ein zähes Leben, weshalb ein von einem Schrotschuß angeschossenes Tier keinesfalls sogleich tot vom Baum fällt, sondern in der Flucht sein Heil sucht. Oftmals hält auch das derbe Gefieder die eine oder andere

Schrotkugel wirksam ab. Besonders als die Gewehre technisch noch nicht ausgereift waren, entkamen dem Schützen auf diese Art zahlreiche Hähne.

Eine andere Methode, den Vogel zu erbeuten, war in vergangenen Jahrhunderten das Blenden des Auerwildes. Ein Trupp von mehreren Leuten zog bei Nacht mit grell scheinenden Fackeln durch den Wald. Das erschreckte mitunter die Auerhühner dermaßen, daß sie geblendet in Panik ziellos im Dickicht umherflatterten. Nun war es für die Männer ein leichtes, die verstörten Vögel entweder zu erschießen oder mit einem derben Knüppel totzuschlagen. Diese Art des Jagens setzte aber genaue Kenntnisse über den Aufenthaltsort der Tiere voraus und dürfte auf keinen Fall so leicht durchzuführen gewesen sein, wie es eben beschrieben wurde. Die meisten dieser Streifzüge endeten sicher mit einem Mißerfolg für die Menschen.

Fast unmöglich ist es, einen greisen Auerhahn, der nicht mehr balzt, vor den Gewehrlauf zu bekommen, weil dieser meist sehr erfahren ist, seine Umgebung stets äußerst genau im Auge behält, keinen Menschen auch nur in seine Nähe kommen läßt und auch nicht wie einst bei der Balz in Taubheit verfällt.
Deshalb wurden von den Jägern Schlingen ausgelegt, um diese alten Exemplare zu fangen. Auch hier bedurfte es jahrelanger Erfahrung des Weidmannes sowie exakter Kenntnisse über die individuellen Eigenarten der Tiere. Ein günstiger Platz für das Auslegen einer solchen Schlinge könnte sich zum Beispiel hinter umgestürzten Bäumen befunden haben, wo sich der Auerhahn besonders gerne aufhält.

Der Auerhahn wurde auf verschiedene Weise verwertet. Darüber berichtet ein gewisser Wurm[30]:

> *„Seine großen Schaufelfedern werden zu Fächern und selbst zu Ofenschirmen, seine Schwingen zu Kehrwischen, seine Füße zu Briefbeschwerergriffen, Kelchglasfüßen usw., seine Magensteine zu kleinen Jägerschmucksachen verarbeitet, und schließlich kann nur jemand, der noch nie einen gut zubereiteten Auerhahn mitgegessen hat, seinen Braten verlästern. Das Wildbret der Herbsthähne ist zarterer Art, feiner, saftiger und minder harzduftend als das der Balzhähne."*

Zur besseren mechanischen Aufarbeitung der aufgenommenen Nahrung schlucken Auerhühner, wie alle anderen Hühnervögel, Schneckenhäuser von bis zu einem halben Zentimeter Durchmesser und ebensogroße Steinchen, die als sogenannte Magensteine oder -zähne bezeichnet werden.

Das Fleisch der genannten Herbsthähne hatte keinen störenden Harzgeschmack, da sich die Tiere die Monate zuvor von frischen Trieben, Knospen und Blättern von Zwergsträuchern, Gräsern, Beeren, Kräutern und, anteilsmäßig sehr gering, von Insekten, Schnecken und Würmern ernährten. Die Balzhähne hingegen hatten gerade einen Winter überstanden, in dessen Verlauf sie sich vorwiegend mit harzreichen Koniferennnadeln sättigten, die ihrem Fleisch eben einen harzigen Geschmack verliehen. Dadurch war dieses ohnehin grobfaserige, zähe Fleisch fast ungenießbar und konnte nur in stark gebeiztem Zustand verzehrt werden.

Weitere Faktoren

Zahlreiche **Beutegreifer**, sowohl aus der Luft als auch am Boden, stellen dem Auerwild nach, obwohl dieses Huhn stattliche Körpermaße erreichen kann. Erreicht das Männchen ein Gewicht von maximal fünf bis sechs Kilogramm und eine Flügelspannweite von 1,3 Metern, wiegt das Weibchen durchschnittlich lediglich zweieinhalb Kilogramm. (Dieser Geschlechtsdimorphismus von Männchen und Weibchen ist so enorm, daß sogar naturkundige Menschen noch bis in das 16. Jh. glaubten, daß es sich bei diesen zwei Tieren um zwei eigenständige Tierarten handelte.)

Auerhühnern und deren Gelegen wurden ehemals der Nordluchs und die Wildkatze, weiters der Rotfuchs, der Dachs, der Baum- und Steinmarder, der Waldiltis sowie das Hermelin gefährlich. Aus der Luft können Angriffe von Uhus, Steinadlern, Hühnerhabichten, Sperbern und Rabenvögeln erfolgen.

Verwilderte Katzen und Hunde stellen dem Auerhuhn ebenso nach. Lokal kann das Wildhuhn durch diese Beutegreifer, die oft in großer Individuendichte auftreten können, ausgerottet oder durch mehrmalige Störungen zum Abwandern veranlaßt werden.

Die Henne sucht nach erfolgter Paarung, nach der sich der Hahn nicht weiter um seine Nachkommenschaft sorgt, einen geeigneten Nistplatz, der oft an der Basis von mächtigen Nadelbäumen liegt. Hat sie diesen gefunden, scharrt sie eine einfache Mulde aus und legt nach einigen Tagen 4-10, maximal 14 hellbraun gesprenkelte, etwa hühnereigroße Eier hinein. Die Henne ist von unscheinbarem Aussehen, was besonders für einen Bodenbrüter wichtig ist. Brütet sie, so verschwimmt ihr gelb bis rostbraun mit dunkler Zeichnung gefärbtes Gefieder mit dem Untergrund. Greift ein Feind das Gelege an, verteidigt es die Henne mit ihrem Leben oder versucht, den Angreifer durch die im Vogelreich weit verbreitete Verhaltensweise des „Verleitens", unter Vortäuschung einer Flügellahmheit, von den Eiern wegzulocken. Ihr Bruttrieb ist so groß, daß sie Feinde sehr nahe an sich herankommen läßt und äußerst kurze Zeit nach Verlassen des Geleges dieses wieder aufsucht. Trotz der Aufopferungsbereitschaft der Auerhenne werden viele Eier, besonders von marderartigen Raubtieren und vom Rotfuchs geraubt.

Die Küken sind Nestflüchter und nehmen in den ersten Lebenstagen ausschließlich tierische Kost, vor allem große rote Waldameisen und deren Puppen, die ihnen von der Mutter als fette Happen gereicht werden, zu sich. In verregneten Sommern sterben oft alle Jungvögel, da sich bei ungünstigen **Witterungsverhältnissen** die lebenswichtigen Insekten verkriechen. Auch vermag die Mutter die zahlreichen Küken während derartiger Schlechtwetterperioden nicht ausreichend genug zu wärmen, weshalb viele an Unterkühlung zugrunde gehen. Auerhuhnküken sind erst nach ungefähr drei Wochen in der Lage, ihre Körpertemperatur selbst aufrecht zu erhalten. Besonders arg wüten spät einsetzender Bodenfrost und Hagelschlag unter den Jungtieren.

Dazu kommen noch die Verluste durch die zahlreichen Beutegreifer, für die die Küken, die etwa nach zwei Wochen flügge werden, besonders begehrte Happen darstellen. Schätzungen von Wildbiologen zufolge erreicht aus einem Gelege im Durchschnitt lediglich ein Tier die Geschlechtsreife.

Harte Winter lassen nur die stärksten Tiere überleben. Die Vögel halten sich nun nicht mehr am Boden auf, sondern sitzen auf starken Ästen in den Bäumen. Zu dieser Jahreszeit, wenn frisches Grün fehlt, ernährt sich das Auerhuhn fast gänzlich von Koniferennadeln, die in großen Mengen aufgenommen werden müssen. Der gefüllte Kropf eines Tieres kann so bis zu einem Dreiviertelliter mit der schwer aufzuarbeitenden Kost gefüllt sein. Nach der Aufbereitung der Nadeln im Kropf sowie im Drüsenmagen gelangt der Nahrungsbrei in den Muskelmagen, wo die Magensteine die mechanische Zerkleinerung der Nahrung durchführen.

Es kommt vor allem bei ungünstiger Witterung, bei Stürmen und langanhaltendem Schneefall, vor, daß ein Tier einen Baum tagelang nicht verläßt und dessen Nadeln systematisch abfrißt.

Im immer zersiedelteren Alpengebiet ist an vielen Stellen das Nebeneinander von Menschen und Auerhühnern unmöglich geworden. Es genügt nicht, geeignete und genügend große Lebensräume für diese Vogelart in Form von Naturschutzgebieten zu erhalten, wenn nicht der Mensch diese auch in Ruhe läßt. Es deutet nichts darauf hin, wie aber oft gegenteilig behauptet wird, daß das Auerwild in der Lage ist, sich auf den sogenannten „sanften Tourismus" einzustellen. Eine und mehr **Störungen** pro Stunde versetzen die Tiere in eine derartige Panik- und Streßsituation, daß sie die Brut verlassen und dem jeweiligen Revier für immer den Rücken kehren. Die Intensivierung der Forstwirtschaft und die damit zusammenhängenden, Lärm erzeugenden Bauarbeiten, die kilometerweit zu hören sind, Verkehrslärm, Wanderer, die gar nicht zu lärmen brauchen, sowie allein schon durch ihre bloße Anwesenheit die Tiere stark beunruhigen, Beeren- und Pilzsammler, Mountainbiker und Tourengeher, Bergsteiger und Reiter, zahlreiche Rast- und Spielplätze, Langlaufloipen und Schipisten, die sich durch ganze Wälder hindurchfressen sowie die Störung durch den Jagdbetrieb versprengen das Auerwild aus den angestammten Revieren.

Diese nun heimatlosen verschreckten Tiere fliehen in ihrer Not ins Ungewisse und werden auf diesem Weg sehr leicht zum Opfer von Mensch, Beutegreifern und Verkehr, da sie in ungewohnter Umgebung auf unbekannte Gefahren nicht rechtzeitig, falsch oder überhaupt nicht reagieren. Die Chancen, daß solche Tiere ein neues Revier finden und sich dort fortpflanzen, sind äußerst gering.

Das Auerhuhn ist ein ausgesprochener Kulturflüchter!

3. Bestandssituation des Auerhuhnes in Österreich

Das Auerhuhn ist heute in den österreichischen Alpen ein seltener, aber weit verbreiteter Brutvogel. Es pflanzt sich in Vorarlberg, Tirol, Kärnten, Salzburg, Oberösterreich, Niederösterreich und in der Steiermark regelmäßig und erfolgreich fort.

Außerhalb der Alpen leben Auerhühner als Brutvögel noch auf der Böhmischen Masse, wo die Bestände aber mehr und mehr abnehmen, so daß ein vollkommenes Verschwinden befürchtet werden muß.

Foto oben:
Steinhuhn (Alectoris graeca)
Foto: Alpenzoo Innsbruck

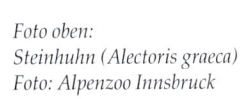

Foto rechts:
Auerhenne (Tetrao urogallus)
Foto: Alpenzoo Innsbruck

Birkhenne (Lyrurus tetrix), Foto: Alpenzoo Innsbruck

Rebhuhn (Perdix perdix), Foto: Bird Life Austria

Foto oben:
Haselhuhn (Tetrastes bonasia)
Foto: Alpenzoo Innsbruck

Foto rechts:
Kolkrabe (Corvus corax)
Foto: Bird Life Austria

Foto oben:
Schlingnatter (Coronella austriaca)
Foto: E. Cabela, Naturhistorisches
Museum Wien

Foto links:
Äskulapnatter (Elaphe longissima)
Foto: E. Sochurek, Naturhistorisches
Museum Wien

Foto rechts:
Würfelnatter (Natrix tessellata)
Foto: F. Tiedemann, Naturhistorisches Museum Wien

Foto unten:
Blindschleiche (Anguis fragilis)
Foto: F. Tiedemann

Smaragdeidechse (Lacerta viridis)
Foto: F. Tiedemann, Naturhistorisches Museum Wien

Zauneidechse (Lacerta agilis), Foto: F. Tiedemann

Bergmolch (Triturus alpestris
Foto: H. Grillitsch, Naturhistorisches Museum Wien

Foto oben: Erdkröte (Bufo bufo)
Pärchen in Amplexus – Laichwanderung
Foto: E. Cabela, Naturhistorisches
Museum Wien

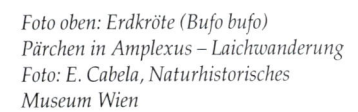

Foto rechts:
Grasfrosch (Rana temporaria)
Foto: F. Tiedemann

Foto rechts:
Alpensalamander (Salamandra atra)
Foto: R. M. Wokac, Wien

Foto unten:
Europäische Sumpfschildkröte
(Emys orbicularis)
Foto: Alpenzoo Innsbruck

VÖGEL

Das Birkhuhn

1. Allgemeines

Das Birkhuhn, das auch noch Spiel-, Schild-, Spiegel-, Baum-, Laub- und Moorhuhn genannt wird und in manchen Gegenden der Schweiz bis in das 19. Jh. fälschlicherweise als Fasan bezeichnet wurde, war einst ein in den Alpen, wo es die Baum- und Waldgrenze bewohnt und bis zum Latschengürtel aufsteigt, häufig anzutreffendes Wildtier. Noch im letzten Viertel des 19. Jh. konnten sogar Zunahmen der Bestände verzeichnet werden, die wahrscheinlich auf klimatische Begünstigungen zurückzuführen waren. Doch ab der Jahrhundertwende nahmen die Bestände ab.

2. Die Gründe für die Bestandsabnahme des Birkwildes

Die Jagd auf das Birkhuhn

Neben der Auerhahnjagd galt die Birkhahnjagd als weitere große Herausforderung für jeden Nimrod. Viele Weidmänner vertraten darüber hinaus die Meinung, daß sich die Jagd auf den kleinen Hahn, wie der Birkhahn auch bezeichnet wurde, noch schwieriger, aufregender und anspruchsvoller gestalte.

Auch der Birkhahn kann am besten bei seinem Balzgeschäft erlegt werden. Dieses beginnt im April und zieht sich bis in den Juni hinein. Der genaue Zeitpunkt ist aber von Ort zu Ort verschieden, da die Witterungsverhältnisse Einfluß auf die Balzstimmung der Männchen nehmen. Junge Hähne balzen mitunter bereits an

Abb. 28

warmen Oktobertagen bis etwa neun Uhr morgens. Der Jäger muß den Balzplatz genau kennen, denn der Ruf der balzenden Tiere ist zwar weithin zu hören, täuscht aber sehr in bezug auf Entfernung und Höhenlage. Lange vor Sonnenaufgang sollte der Jäger sein Versteck in unmittelbarer Nähe des Balzplatzes bezogen haben, denn wenn die Tiere während der Balz durch das Herannahen des Schützen gestört werden, ziehen sie sofort ab und stellen die Balz für diesen Tag ein. Befindet sich der Balzplatz in sehr hoher Lage, so muß der Weidmann dort übernachten, will er am nächsten Tag erfolgreich sein. Kurz vor der Morgendämmerung fallen die Birkhähne unter lautem Flügelgepolter am Balzplatz ein. Im Gegensatz zum Auerhuhn, bei dem wenige Männchen, oft nur eines, um die Gunst der Hennen werben, halten die Birkhähne eine „soziale" Balz ab, die keine direkte Werbung, sondern vielmehr eine Kundgabe der Paarungsbereitschaft darstellt. Der an einen Turnierplatz erinnernde Balzplatz befindet sich üblicherweise in einem Gelände mit niedriger Vegetation, so daß nahende Bodenfeinde möglichst früh und gut erkannt werden können. Hier finden sich fünf bis zehn Männchen ein. In ungestörten Gebieten können es weitaus mehr Tiere sein; es wurden mehrmals schon bis zu fünfzig Hähne gezählt. Entsprechend der Rangordnung ist der Balzplatz in Einzelreviere von 15 bis 30 Meter Durchmesser unterteilt. Vor dem eigentlichen Kampf findet das Imponiergehabe, das den Gegner einschüchtern soll, statt. Entlang der Territorialgrenzen der jeweiligen Hähne beginnen nach argwöhnischer Begutachtung der Umgebung die Kämpfe der Revierbesitzer mit eindringenden Rivalen, die umso heftiger ausfallen, je ebenbürtiger sich die Kontrahenten in bezug auf Körpergröße und Erfahrung sind.

Dem Beobachter bietet sich nun ein einmaliges und aufregendes Schauspiel. Der Balzgesang beginnt mit einer Vorstrophe, dem sogenannten „Blasen oder Rauschen". Hierauf geben die erregten Hähne ein merkwürdiges „Zischen" und „Fauchen" und dumpfe, rollende Laute von sich, die immer lauter und hektischer werden. Der Gesang endet mit dem weithin vernehmbaren „Kollern oder Rodeln". Die Tiere fächern dabei den Stoß, wodurch auf beiden Seiten die drei bis fünf leierförmig geschwungenen Schwanzfedern ihres Hochzeitskleides deutlich sichtbar werden. Ebenso wird das Bürzelgefieder aufgestellt und somit der weiße Schwanz und der untere Stoß gezeigt. Die grellroten Balzrosen schwellen zudem durch eingepreßtes Blut an. Wie auf ein Kommando verstummen die Rivalen, springen sodann zischend und mit den Flügeln flatternd aufeinander zu, teilen Schnabelhiebe aus und versuchen, den Gegner mit den scharfen Krallen zu verletzen. Dabei stoßen die Hähne Laute aus, die wie „gograio" klingen. (Seltsamerweise warnt die Henne ihre Jungen bei drohender Gefahr mit demselben Laut.) Nach einer derartigen Attacke, Verletzungen treten nur äußerst selten auf, zieht entweder eines der Männchen ab – oder der ganze Vorgang wiederholt sich so lange – bis einer der Hähne ermattet das Feld räumen muß. Im Unterschied zum Auerhahn verliert der Birkhahn niemals seine Sinneskräfte während der Balz, was ihn zu einer schwierig zu erlegenden Beute macht.

Der Ornithologe und Pfarrer Christian Ludwig Brehm (1787–1864), der Vater von Alfred Edmund Brehm (1829–84), beschrieb einen Teil der Birkhahnbalz mit folgenden Worten:

> *„Vor dem Kollern hält er, wie mein Vater bemerkt, den Schwanz senkrecht und fächerförmig ausgebreitet, richtet Hals und Kopf, an dem alle Federn gesträubt sind,*

in die Höhe und trägt die Flügel vom Leibe ab und gesenkt; Dann tut er einige Sprünge hin und her, zuweilen im Kreise herum ..."

Ethnologen meinen herausgefunden zu haben, daß sich vor langer Zeit in den Alpen der Schuhplattler, ein für diese Region typischer Tanz, bei dem der Tänzer die Tänzerin umtanzt und sich dabei mit den Händen auf die Schenkel und Absätze schlägt, was klatschende Laute erzeugt, aus der Nachahmung des gutturalen Kollerns der Birkhähne entwickelt hat.

Ist die Rangordnung endlich ausgefochten, stehen die Reviere und deren stolze Besitzer fest. Althähne haben ihre Territorien stets im Zentrum des Balzplatzes, das auch den Hauptanziehungspunkt für die Weibchen darstellt. Die alten Hähne haben die meisten Kämpfe hinter sich und werden von den Hennen bei der Paarung bevorzugt. Während der Kämpfe sitzen die von den weißen Bürzelfedern, von den ebenso weißen Flügelbinden sowie von den Balzrufen der Männchen angelockten Hennen in nahe des Kampfplatzes stehenden Bäumen und Sträuchern. In den Kampfpausen ermutigen sie die Männchen mit einem lockenden „gagag", dem sogenannten „Gocken". Ein taubenähnliches Gurren und Zischen der Hähne signalisiert den Weibchen, wann die Kämpfe vorüber sind. Die Hennen flattern nach diesen Zeichen zu Boden. Dort laufen sie mit trippelnden Schritten hin und her, drehen sich von links nach rechts, drücken den Körper gegen den Boden und senken die Flügel. Ihr Ziel ist es, durch diese Vorstellung dem Platzhahn nahezukommen. Mehrere Weibchen wollen vom dominanten Hahn begattet werden, was zur Folge hat, daß sich regelrechte Warteschlangen um diesen hart ‚rackernden' bilden.

Obwohl die Hähne auch während der Balz überaus vorsichtig sind, ist dieses Schauspiel für den Jäger die beste Gelegenheit, sie schußgerecht vor die Flinte zu bekommen. Oft halten sich auch mehrere Jäger zugleich am selben Ort auf, um dann auf ein Zeichen auf den ihm zugewiesenen Hahn zu schießen.

Als Alternative zur Balzjagd steht dem Weidmann die Treibjagd von jungen Hähnen im Spätherbst zur Auswahl. Vogelkundler machten in den letzten Jahren wiederholt folgende verheerende Entdeckung: Jäger gaben in den Abschußplänen für Birkwild eine größere Anzahl dieser Vögel an, als wirklich nach sorgfältiger Bestandsermittlung gezählt werden konnten, was aber den Abschuß von zu vielen Tieren zur Folge hatte. Als Hauptursache für diese befremdliche Abweichung fanden die Ornithologen heraus, daß den Weidmännern, Forstpflegern und -hegern gravierende Fehler bei der Festlegung der Grenzen der einzelnen Reviere unterlaufen waren und somit viele Tiere mehrfach gezählt wurden. Auch kann es vorkommen, daß ein Birkhuhnareal sich über zwei Jagdreviere erstreckt und das Tier wiederum doppelt gezählt wird.

Auch das Birkhuhn wurde vom Menschen verwertet. Neben Adlerfedern und Auerhahnschwanzfedern wurden die weißen, langen, leierhaft geschwungenen Schwanz- oder Stoßfedern, das sogenannte Spiel, eines Birkhahnes von den Älplern am Hut aufgesteckt. Diese wertvollen **Trophäen** kosteten zahlreichen Birkhähnen das Leben. Hierbei ist zu bemerken, daß gerade die Althähne, die bei der Paarung ihr Erbgut weitergeben sollten, durch ihr Alter bedingt, die längsten Schwanzfedern besitzen und somit zur bevorzugten Beute wurden. Laut einer Tiroler Sage trägt der Teufel, wenn er als Jäger erscheint, einen halben Spielhahnstoß auf dem Hut, den er aber auf der rechten Seite aufgesteckt hat, wogegen die frommen Jäger den ihren stets auf der linken Seite tragen.

Vor Hunderten von Jahren und auch noch heute ziert diese Vogelart, bevorzugt in ausgestopftem Zustand, Wirtshäuser und gemütliche Stuben der Jäger und Trophäensammler.

Das zarte, saftige und wohlschmeckende **Wildbret** des Birkwildes stellte außerdem einen Anreiz zu dessen Bejagung dar oder aber war eine willkommene Zugabe zu den gewonnenen Jagdfreuden und Trophäen.

Weitere Faktoren

Neben dem Menschen dezimiert eine gewaltige Schar von **Raubtieren** den Birkhuhnbestand. Die Feinde sind dieselben wie die des Auerhuhnes.

Die Birkhenne verteidigt das Gelege, das sehr versteckt im Dickicht oder am Fuß von alten Bäumen liegt, deren herabhängende Zweige guten Schutz bieten, mit dem eigenen Leben. Trotzdem fällt ein Großteil der 6–10, maximal 15 ockergelben, rot- bis schwarzbraunen, kleingefleckten Eier und der Jungen Räubern zum Opfer. Die gefährlichste Zeit für die Küken beginnt unmittelbar nach dem Schlüpfen, denn erst nach ungefähr einer Woche können die Kleinen flattern und sich auf diese Weise einem Angriff besser entziehen. Flügge werden die Jungvögel nach zwei Wochen.

Ebenso fordern ungünstige **Wetterverhältnisse** ihren Tribut. Nasse, verregnete, kühle Sommer lassen oft die Bruten ganzer Populationen zugrunde gehen. Das Birkhuhn brütet in den Alpen bis in eine Höhe von 1800 Metern.

Ebenso überstehen zahlreiche Jung- und Alttiere kalte Winter nicht. Nicht selten lassen sich Birkhühner im Winter einschneien oder aber graben aktiv Gangsysteme, um den ärgsten Frösten und den Angriffen der Feinde zu entgehen. Ohne diese Maßnahmen könnten die Birkhühner, deren Energiehaushalt knapp bemessen ist, den Winter nicht überstehen. In den Röhrensystemen gelangen die Tiere außerdem leichter zu den Heidelbeer- und Preiselbeersträuchern sowie zu den Alpenrosen, die in der kalten Jahreszeit neben Wacholderbeeren, Fichten-, Latschen- und Arvennadeln den Hauptanteil ihrer Nahrung bilden. Im kommenden Frühling mästen sich die Birkhühner mit dem überall sprießenden frischen Grün, im Sommer er-gänzen sie ihre Kost mit Insekten, Spinnentieren sowie Schnecken, und im Herbst bereichern verschiedene Beeren und Sämereien ihren Speisezettel.

Lebensraumverlust:
Eine maßgebliche Bedrohung für das Birkhuhn bestand und besteht in der Zerstörung seines Lebensraumes. Das Abholzen der verschieden bestandenen Bergwälder und das Ersetzen durch Fichtenmonokulturen war und ist in den Alpen ein bedeutender Faktor

für das Verschwinden dieses Wildhuhnes. Außerhalb des Alpenraumes brütet das Birkhuhn mit Vorliebe in Heidelandschaften und Mooren, die aber zunehmend entwässert werden, um für die Landwirtschaft oder aber zur industriellen Torfgewinnung herangezogen zu werden.

Das Birkhuhn reagiert auf diese Störungen durch den Menschen ähnlich sensibel wie das Auerhuhn und auch das Alpenschneehuhn. Überschreiten die Störungen die Erträglichkeitsgrenze der standorttreuen Vögel, so verlassen sie als ausgeprägte Kulturflüchter das angestammte Revier. Besonders leidet das Birkhuhn unter den Störungen von Tourengehern und Schifahrern.

4. Bestandssituation des Birkhuhnes in Österreich

Das Birkhuhn besiedelt den gesamten Bereich der österreichischen Alpen als Brutvogel. Von erfreulichen regionalen Bestandszahlen abgesehen, muß diese Tierart aber als selten angesehen werden, auch wenn sie weit verbreitet ist.
Außerhalb der Alpen brütet das Birkhuhn noch vereinzelt auf der Böhmischen Masse. Die Bestände dort sind sehr gefährdet.

Das „Rackelhuhn"

Das Birkhuhn bewohnt die gemäßigten Breiten Europas und Asiens. Überall dort, wo es auf das Auerhuhn trifft, das ja teilweise denselben Lebensraum besiedelt, kann es zu sporadischen Kreuzungen der beiden Arten kommen. Die Nachkommen dieser beiden Wildhühnerarten werden als Rackelhühner oder Mittelhühner bezeichnet.
Das Rackelwild ist im Gegensatz zu anderen Artenbastarden, wie etwa die Maultiere bzw. Maulesel, fortpflanzungsfähig. Meist kommt es zu Paarungen zwischen einem Birkhahn und einer Auerhenne. Die Hähne, die aus dieser Verbindung hervorgehen, stehen größenmäßig zwischen Auerhahn und Birkhahn und geben krächzende und schnarchende Laute von sich. Der Schnabel eines solchen Tieres ist stärker ausgebildet als beim Birkhahn, die Beine sind stark befiedert, und die breiten Zehen sind stärker befranst als die der Birk- und Auerhühner. Vereinigungen von Birkhenne und Auerhahn kommen weitaus seltener vor.

Die Zoologen waren vor schwer zu lösende Probleme gestellt, diese Kreuzungsformen, die große Färbungsverschiedenheiten aufweisen, in die jeweils gängige Systematik der Hühnervögel einzuordnen. Zudem galten ja lange Zeit die Auerhenne und der Auerhahn als zwei eigenständige Arten, was durchaus ein Resultat dieser Verwirrungen gewesen sein mochte. So wurde das Rackelhuhn kurzum als eigene Art in die zoologischen Kataloge aufgenommen, wo es den Namen „Mittleres Waldhuhn" und den wissenschaftlichen Namen *Tetrao medius* oder *T. hybridus* zugedacht bekam.

Auch Konrad Gesner (1516–65) unterliefen Fehler, als er versuchte, Aufklärung in die Systematik der Auer- und Birkhühner zu bringen; das sah bei ihm folgendermaßen aus[27]:
- Laubhan, Bromhan, kleine Bergfasan oder kleine Orhan – *Urogallus minor* (darunter verstand Gesner den Birkhahn)
- Spilhahn – *Grygallus minor* (die Birkhenne)
- Orhan – *Urogallus*, ohne weitere Bezeichnung (der Auerhahn)
- Grügelhan – *Grygallus major* (die Auerhenne)
- Birckhan – *Gallus betulae* (darunter könnte Gesner die Birkhenne oder das Haselhuhn verstanden haben)

Weiters glaubte Gesner, daß die Hennen des Auer- bzw. des Birkwildes den „Männlein gleich, doch minder schwarz und mehr grau seien."

Da das Rackelhuhn heute nur selten auftritt, ist es für die Jägerschaft kein lohnendes Ziel, ihm systematisch nachzustellen. So wurde und wird es mehr zufällig als geplant erlegt. Wohl aber sind die Kustoden der Museen und Sammler an ausgestopften und Ethologen an lebendigen Exemplaren sehr interessiert. Eine Kreuzung zwischen Birkhuhn und Fasan wurde 1953 in Aigen im Mühlkreis in Oberösterreich erlegt.

Das Alpenschneehuhn

1. Allgemeines

Zwei Arten von Schneehühnern sind in Europa beheimatet. Das Moorschneehuhn (*Lagopus lagopus*), das große Teile Skandinaviens und des Baltikums bewohnt und eine eigene Unterart auf den britischen Inseln entwickelt hat, und das Alpenschneehuhn (*Lagopus mutus*).

Das Alpenschneehuhn lebt als Glazialrelikt in den Alpen, den Pyrenäen und in Schottland, weiters in weiten Teilen Skandinaviens sowie auf Island. Vom Moorschneehuhn ist es im männlichen Geschlecht durch einen schwarzen Zügelstreifen, der vom Schnabel bis zum Auge reicht, gut zu unterscheiden.

2. Gefahren für das Alpenschneehuhn

Die Bejagung

Erfahrene Jäger berichten, daß nur mit schwerem Schrot auf die Tiere losgegangen werden kann, da ihr Gefieder äußerst derb und widerstandsfähig ist. Weiters jagten die Menschen dieses Wildhuhn auch mit Schlingen, was besondere Tradition bei den Leuten in Graubünden hatte, die Roßhaarschlingen verwendet haben. Das Fleisch dieser Vögel soll derb sein und einen scharfen, oft bitteren Wildgeschmack aufweisen.

Es ist ein schwieriges Unternehmen, Alpenschneehühner schußgerecht vor das Gewehr zu bekommen, da diese Vögel eine sehr versteckte Lebensweise führen, hervorragend getarnt und unerhört wachsam sind. Die beste Abschußzeit ist September oder Oktober, wenn

Abb. 29

die Hühner gemästet und volkweise beisammen sind. Bei starkem Nebel weiden sie wie Haushühner. Nähert man sich ihnen, so vermeiden sie vorerst zu fliegen und laufen lieber sehr schnell große Strecken bergauf. Bei Hitze sind Schneehühner sehr träge und lassen Feinde nahe an sich herankommen, ehe sie plötzlich mit einem unwilligen „gör-gör" auffliegen und in mittlerer Höhe mit Schwenkungen, wie man sie ansonsten nur von Tauben kennt, abziehen.

Störungen durch den Menschen

Alpenschneehühner bewohnen einen extremen Lebensraum. Im Winter verbleiben täglich nur wenige Stunden zur Nahrungsaufnahme. Diese Zeit kann durch Schlechtwetterfronten weiter verkürzt werden. Da Alpenschneehühner über keine Fettpolsterreserven vefügen, müssen sie täglich eine entsprechende Menge des im Winter nährstoffarmen Futters aufnehmen, um den Wärme- und Stoffwechselhaushalt aufrecht zu erhalten. Um den Energiebedarf zu drosseln, versuchen die Vögel, sich möglichst wenig zu bewegen und beschränken ihre Aktivitäten auf das Notwendigste. Werden diese Wildhühner aber bei der Nahrungsaufnahme oder während einer energiesparenden Ruhephase gestört, fliegen sie auf oder flüchten zu Fuß, was eine enorme Belastung für ihren Organismus darstellt. Bei der Flucht verbrauchen die Alpenschneehühner ein Zigfaches des Normal- oder Ruheumsatzes an Energie. Zudem verlieren die verschreckten Tiere durch die nach der Störung anhaltende Fluchtbereitschaft mehr Energie, als sie im

Ruhezustand benötigen und wichtige Zeit, die sie für die Nahrungsaufnahme verwenden könnten.

Bei oftmaligen Störungen kann ein einzelnes Tier derart geschwächt werden, daß im Extremfall der Tod eintritt. Als Hauptverursacher von Störungen muß heute der Mensch angesehen werden. Vor allem Tourengeher beeinträchtigen den Tagesablauf von Alpenschneehühnern gravierend. Die Vögel flüchten nur im äußersten Notfall und lassen den Menschen etwa 30 bis 20 Meter, in Ausnahmefällen sogar noch weniger, an sich vorbeiziehen. Wird aber diese Akzeptanzgrenze unterschritten, fliegen die Tiere auf oder aber flüchten anderweitig.

Störungen, die das Alpenschneehuhn maßgeblich beeinträchtigen, so daß das Revier verlassen und die Brut aufgegeben wird oder das Tier zugrunde geht:
- Bergsteiger, Wanderer
- Jagdbetrieb
- landwirtschaftliche Nutzung, Vieh, das inmitten des Lebensraumes des Alpenschneehuhnes weidet
- Forstarbeiten

3. Wie kann das Alpenschneehuhn überleben?

Trotz der Besiedelung eines Extremlebensraumes und der Nachstellungen und Störungen durch den Menschen und die zahlreichen Feinde ist das Alpenschneehuhn ein in den österreichischen Alpen weit verbreiteter Brutvogel. So zieht dieses Wildhuhn erfolgreich Junge in Vorarlberg, Tirol, Salzburg, Kärnten, Steiermark, Ober- und Niederösterreich auf.

Folgende Überlebensstrategien zeigen auf, weshalb sich das Alpenschneehuhn derart erfolgreich behauptet:
- Die Hennen tragen in der warmen Jahreszeit ein hell- bis dunkelbraunes, die Hähne ein braungrau gesprenkeltes **Tarnkleid**, wobei die Bauchunterseite und die Flügel stets weiß bleiben. Im Herbst legen die Vögel diese Sommertracht im Zuge der Mauser ab, die durch mehrere Hormone, die freigesetzt werden, wenn die Tageslänge abnimmt, gesteuert wird, und aus jeder Wurzel einer ausgefallenen Feder sprießt eine doppelte Daunenfeder. Das nachwachsende Gefieder ist rein weiß. Die neuentstehenden Federn schieben die alten Federn im Verlauf der Mauser aus, was den Vorteil hat, daß die Vögel in ihrem rauhen Lebensraum nie „nackt" sind. So sind im Winter beide Geschlechter weiß, mit Ausnahme des schwarzen Schwanzes, der beim ruhenden Vogel größtenteils unter den weißen Schwanzdecken verborgen ist, sowie des bereits erwähnten schwarzen Zügels am Auge. Das im Schnee als perfekte Tarnung dienende Gefieder wirkt nun beinahe haarähnlich.

Auf diese Weise sind die Schneehühner das ganze Jahr hindurch bestens an ihre Umgebung angepaßt und nur für das geübte Auge zu erkennen, wenn sie regungslos auf dem Boden sitzen oder zwischen Fels und Schnee verharren. Lediglich die roten Rosen über den Augen, die beim Hahn in der Balzzeit enorm anschwellen, verraten das Tier, sobald es den Kopf bewegt.

- Die Füße und Zehen sind besonders stark befiedert und durch starre Borsten verstärkt, wodurch der Vogel wie auf **Schneeschuhen** gehen kann und im Schnee nicht einsinkt. Aus diesem Grund meinte schon Plinius der Ältere (23–79 n.Chr.), daß der Schneehuhnfuß eher zu einem Hasen als zu einem Vogel gehöre.

- Sollte die erste **Brut** zugrunde gehen, so brütet das Weibchen abermals, weshalb man Küken selbst noch im August finden kann. Normalerweise paaren sich die Geschlechter im Mai. Anfang Juni legt die Henne 7–15 gelblichweise, schwarzbraun gesprenkelte Eier in eine Mulde zwischen Steinen und Alpenrosengestrüpp. Die hohe Eianzahl erklärt sich durch die großen Verluste an Jungtieren.

- Erkennt die Mutter eine Gefahr, so fliegt sie, ihrem **Mutterinstinkt** folgend, auf, und die Jungen stieben in alle Richtungen auseinander und verstecken sich blitzschnell zwischen Steinen und Gestrüpp, was den Beutegreifer oft derart erschreckt, daß er selbst das Weite sucht. Glaubt die Henne, daß die Gefahr vorüber ist, lockt sie die Jungtiere durch spezielle Signallaute an. Diese eilen herbei und schlüpfen unter die schützenden und wärmenden Flügel ihrer Mutter.
Steinadler, Kolkraben und Rotfüchse gelten als die Hauptfeinde der Alpenschneehühner.

- Während im Frühling Männchen und Weibchen paarweise über die Hänge streifen, schließen sich im Herbst und im Winter mehrere Tiere zu einer **Gruppe** zusammen und ziehen gemeinsam in tiefere Lagen, wo sie das Nahen des Frühlings erwarten. Mehrere wachsame Tiere erkennen einen Feind früher als ein Einzeltier und sind im Verband besser gegen diesen geschützt.

- Das Alpenschneehuhn steigt höher als alle anderen Hühnervögel im Gebirge auf. So ist es noch weit oberhalb der Baumgrenze auf den höchsten Bergrücken bis hin zum ewigen Schnee anzutreffen. Der höchste in den Alpen aufgefundene Brutplatz lag in einer Seehöhe von 2800 Metern. Diese Vogelart bevorzugt felsige, steile und mit Gras, Zwergsträuchern und Kräutern bestandene Gebirgsabhänge, die genug Deckung bieten. Im Sommer wechseln die Tiere zumeist auf die Nordseite des Gebirges, während sie im Winter Südhänge bevorzugen.
Um im Winter den extremen Temperaturen zu entgehen, graben sich Alpenschneehühner oft weitläufige **Schneehöhlen** in den gefallenen Schnee. Diese röhrenartigen Gänge bieten eine gute Isolierung vor den eisigen Temperaturen und schützen zudem vor Stürmen und Feinden. Auch gelangen die Hühner darin leichter an ihre Nahrung, die sich unter anderem aus Blättern von Heidel- und Preiselbeeren, Alpenrose und anderen Zwergsträuchern zusammensetzt.

Das Haselhuhn

Das Haselhuhn, das vierte Rauhfußhuhn der mitteleuropäischen Wälder und des Alpenkammes, ist etwa ebenso groß wie das Alpenschneehuhn. Es nistet in Mulden, gut versteckt unter dichter Vegetation in Misch- und Niederwäldern des Hügellandes, besonders gerne in Espen- und Birkenbeständen. Diese Hühnerart ist, wenn auch seltener, ebenso in Mittel- und Hochgebirgen zu finden, dort aber nie in reinen Nadelwäldern. Das höchstgelegene Brutvorkommen dieser Vogelart in den Alpen wurde in einer Seehöhe von 1700 Metern registriert.

Hahn und Henne schauen sich sehr ähnlich und tragen ein rostfarbenes, schwarz-weiß geflecktes Federkleid. Das Männchen hat eine schwarze Kehle und trägt einen Federschopf auf dem Scheitel.

Das Haselhuhn ist bereits aus großen Teilen seines Verbreitungsgebietes, das von Zentraleuropa bis nach Nordeurasien reicht, verschwunden. Dieses Wildhuhn kam nie in dichten Populationen vor und reagierte besonders empfindlich auf Störungen durch den Menschen (Forstarbeiten, Jagdbetrieb, Beeren- und Pilzesammler, Wanderer und Verkehrslärm). Jäger stellten diesem Tier besonders gerne nach, da es als äußerst zartes und wohlschmeckendes Wildbret galt und gilt. Die Feinheit seines Fleisches bekundet auch sein lateinischer Name *Tetrastes bonasia*, wobei bonasius soviel wie wohlschmeckend bedeutet. Früher sagte man zu einem guten Braten „bon assa".

Die Jagd auf diesen Vogel erfolgte mit einem Vorstehhund oder aber durch das Nachahmen des Balzrufes des Hahnes mit einer eigenen Pfeife. Anfang September bis Ende Oktober begab sich der Jäger frühmorgens, zur „Kampfzeit", wenn die Hähne um die Gunst der Weibchen buhlten, vorsichtig in das bereits früher ausgekundschaftete Revier von Haselhühnern. Er suchte sich einen mächtigen Baum, um sich dahinter zu verstecken. Sodann versuchte er, was oft jahrelanger Übung bedurfte, mit der Pfeife den Ruf eines jüngeren Männchens zu imitieren. Gelang ihm das, so stob oft innerhalb weniger Sekunden der eifersüchtige alte dominante Hahn herbei. Der getäuschte Vogel beäugte nun von seinem Landeplatz aus die Umgebung. Abermals ertönte das trügerische Pfeifen, was den Hahn erneut in Richtung Jäger fliegen ließ. Dieser wußte nun, aus welcher Richtung er den Vogel zu erwarten hatte, und empfing ihn mit einer Ladung Schrot.

Heute ist das Haselhuhn ein weit verbreiteter, in großen Teilen aber sehr seltener Brutvogel des gesamten österreichischen Alpengebietes.

Das Steinhuhn

1. Allgemeines

Vier Vertreter der Gattung Alectoris können in Europa angetroffen werden. Es sind dies das Chukarhuhn Thraziens und der Inselwelt der Ägäis (*Alectoris chukar*), das Felsenhuhn Sardiniens und Gibraltars (*A. barbara*), das Rothuhn (*A. rufa*) und das Steinhuhn (*A. graeca*)[35].

Das Rothuhn, das auf der Iberischen Halbinsel und in Frankreich, gelegentlich im Tessin und im Jura sowie in Nordwestitalien beheimatet ist und so gerade noch die Alpen an ihren Ausläufern erreicht, ist dem Steinhuhn äußerlich sehr ähnlich. Vor allem an der unterschiedlichen Stimme und an der rotbraunen Rückenfärbung ist diese Wildhuhnart vom Steinhuhn zu unterscheiden.

2. Die Abnahme der Steinhuhnbestände in den Alpen

Chronologie

Einstmals war diese Hühnerart, die sich heute auf den Süden der Alpen beschränkt, auch im Inneren dieses Gebirgszuges häufig anzutreffen, so im Kanton Wallis auf einer bemerkenswert niedrigen Seehöhe von 500 Metern und weiters in Tirol am Fuße der Martinswand in der Nähe von Innsbruck auf einer Seehöhe von etwa 600 Metern[4], wo eine kleine Schar dieser Vögel noch zumindest im ersten Viertel des 20. Jh. ihr Leben fristete. Alfred Edmund Brehm (1829–84) berichtete über das Verbreitungsgebiet dieser Vogelart in den Alpen, daß Steinhühner in Oberbayern, in Oberösterreich, in Tirol, in der Schweiz und besonders häufig in Südtirol lebten[30]. Bemerkenswert hingegen ist, daß Steinhühner laut zahlreichen schriftlichen Belegen im 16. Jh. an den felsigen Bergen bei St. Goar am Rhein gelebt haben[4].

Abb. 30

Letzte Beobachtungen bzw. Brutnachweise, Gelegefunde etc. laut dem Atlas der Brutvögel Österreichs[33]:

19. Jh.	Angaben über Vorkommen im östlichen Kärnten im Bereich der Kor- und der Saualpe
1893	Gleinalpe, steirisches Randgebirge
1910	Hochlantsch, steirisches Randgebirge
1910	Rax, niederösterreichische Kalkalpen
1925	Schneeberg, niederösterreichische Kalkalpen
30er Jahre	Ötscher, niederösterreichische Kalkalpen
40er und 50er Jahre	letzte Beobachtungen aus dem Sensengebirge und dem Dachsteinmassiv
1964	letzter Brutnachweis im Toten Gebirge

Gründe

Die Bejagung

Das Steinhuhn zählt zu den scheuesten Vogelarten der Alpenregion. Seine versteckte Lebensweise läßt oft gar nicht auf die Präsenz dieser Tierart schließen. So war der Jäger einmal mehr gefordert, was den Reiz der Steinhuhnjagd nur vergrößert haben mag.

Im Winter, wenn eine hohe Schneedecke die pflanzliche Nahrung bedeckt, ziehen die Wildhühner oft, zu Ketten von mehreren Tieren vereint, auf vom Wind schneefrei gehaltene Stellen der Gebirge und steigen nicht selten über 3000 Meter auf. Zu dieser Jahreszeit nehmen Steinhühner vornehmlich Wacholderbeeren, Blätter und Knospen von Alpenrosen zu sich, wogegen in der warmen Jahreszeit Insekten und Spinnentiere bevorzugt werden. Ist den Vögeln durch heftige Stürme der Aufstieg verwehrt, so suchen die ansonst scheuen Tiere auch die Nähe menschlicher Siedlungen auf. Hierbei wurden sie sehr oft und in großer Anzahl erlegt.

In Graubünden bejagten die Bauern diesen dort auch Pernise genannten Vogel mit Roßhaarschlingen, Hühnerhunden und Schlagfallen. Ebenso verwendete man gezähmte Steinhühner als Lockvögel.

Traf ein Jäger auf ein Nest mit Küken, so stoben diese in alle Richtungen auseinander und versteckten sich in Windeseile. Mit etwas Geschick und Geduld gelang es dem Weidmann aber dennoch, sie zu fangen. Er bediente sich dabei einer Lockpfeife, mit der er den Lockruf des Elterntieres nachahmte. Nach wenigen Minuten sammelten sich die Küken und wurden sogleich mit einem gezielt geworfenen Netz zur Beute des Menschen.

Das Fleisch des Steinhuhnes soll äußerst delikat und feinfaserig sein und einen aromatischen Geruch ausströmen. Besonders geschätzt waren auch die Eier dieser Vogelart.

Natürliche Faktoren
Vor allem verschiedene Rabenvögel, Hühnerhabichte und Steinadler, als auch Füchse und marderartige **Raubtiere**, die es vorwiegend auf die Gelege abgesehen haben, dezimieren diese Vogelart in großem Maße.

Der **Winter** stellt hohe Anforderungen an diese wärmeliebende Vogelart. Auch wenn die Tiere, zu Ketten vereint, den Vorteil der Gruppe genießen, überleben zahlreiche Individuen die kalte Jahreszeit nicht.

Lebensraumverlust
Das Steinhuhn ist ein Bewohner felsiger, begraster Halden, wo der Holzwuchs aufhört, zuweilen lichter Berghänge zwischen Baum- und Schneegrenze. Diese Hühnerart lebt nicht in Wäldern oder Ebenen.
Eben dieser bevorzugte Lebensraum wird vom Menschen einerseits durch die Viehwirtschaft, andererseits durch sportliche Aktivitäten wie Schilaufen, Wandern und Bergsteigen in negativer Weise beeinträchtigt. Der lärmscheue Vogel wandert, wenn sich Störungen häufen, ab und kehrt nicht wieder. Da aber diese Beeinflussungen stets längerfristiger Natur sind, sind zahlreiche, einst angestammte Regionen für diese Vogelart für immer verloren.

3. Ein einzigartiges Brutverhalten

Das Brutverhalten dieser Vögel ist einzigartig und wurde schon vom griechischen Naturforscher und Philosophen Aristoteles (384–322 v.Chr.), in dessen Heimat die Steinhühner zahlreich lebten, beschrieben. Viele Zoologen glaubten seinen Berichten nicht, aber Oskar Heinroth (1871–1945), ein deutscher Zoologe und Fachmann auf dem Gebiet der Ornithologie, konnte die Angaben von Aristoteles bestätigen: Das Steinhuhnweibchen scharrt an einer geschützten Stelle eine Nestmulde aus, und legt 9–15, maximal 18 dickschalige, auf samtfarbenem Grund bräunlich gefleckte Eier. Nun wandert es einige hundert Meter weiter, sucht abermals einen geeigneten Nistplatz und legt wiederum etwa ebensoviele Eier ab. Daraufhin kehrt es zum ersten Gelege zurück und beginnt dieses zu bebrüten. Der Steinhuhnhahn, der das Treiben der Henne genau beobachtet hat, setzt sich indessen auf das zweite Gelege und beginnt ebenfalls mit dem Brutgeschäft. Nach ungefähr 24–26 Tagen schlüpfen die Küken, und Hahn und Henne führen gesondert ihre Jungenschar. Wenn eines der beiden Gelege durch Raubtiere oder den Menschen entdeckt und geplündert wird oder einer der beiden Altvögel einem Beutegreifer oder Jäger zum Opfer fällt, so verbleibt noch die Nachkommenschaft aus der zweiten Brut. Kommen jedoch aus beiden Nestern die Jungen auf, so bedeutet das, daß mehr Individuen den kommenden Winter überleben werden, die in den darauffolgenden Jahren wieder selbst Junge aufziehen werden.

4. Die heutige Situation

In den Zentralalpen ist das Steinhuhn ein weit verbreiteter, aber seltener Brutvogel. Das Hauptbesiedelungsgebiet in Österreich liegt südlich des Alpenhauptkammes in Westkärnten. Ansonsten ist es spärlich anzutreffen in Osttirol, Nordtirol, in Südvorarlberg und äußerst selten in der Weststeiermark und in Südsalzburg.

In Südtirol leben heute Steinhühner am Vintschgauer Sonnenberg. Diese Vogelart ist aber in den übrigen Landesteilen, wo es früher an den heißen Porphyrhängen des Etschtales beheimatet war, stark gefährdet und weitenteils ausgestorben.

Ansonsten leben Steinhuhnpopulationen in Nordwestitalien, in den französischen Meeralpen sowie in den Schweizer Alpen, wo sie am häufigsten im Süden (Tessin) gefunden werden.

Außerhalb der Alpen leben Steinhühner in den Gebirgen Italiens, auf Sizilien sowie in großen Teilen des Balkans. In Griechenland und Süditalien galt es einst als gemeines Geflügel, das im Herbst zu Tausenden auf die Märkte kam und ein wichtiges Nahrungsmittel für die Bevölkerung darstellte. Auch die Eier dieses Wildhuhnes waren sehr geschätzt. In diesen Gebieten wurden ebenso Hähne, die lediglich eine kleine Spornwarze besitzen, gehalten und für Hahnenkämpfe verwendet. Nicht umsonst bedeutet der Gattungsnahme *Alectoris* eben auch Kampfhahn.

Das Rebhuhn

1. Das Rebhuhn als Bewohner des Alpenraumes

Ursprünglich war das Rebhuhn ein Steppenvogel. Erst mit dem Beginn des Ackerbaues vor tausenden Jahren, der auf großflächige Rodungen erfolgte, wanderte das Rebhuhn, vom Osten kommend, in die ehemals von dichtem Urwald bedeckten Landstriche Europas ein. Somit ermöglichten Bauern dieser Vogelart, ihr Wohngebiet zu erweitern und bis in das Herz Europas vorzudringen. Auch die Niederungen großer Alpentäler erschlossen sich diesem Vogel im Zuge seiner Ausbreitung.

Das Rebhuhn ist aus inneralpinen Tallagen mit Ausnahme des oberen Murtales in der Steiermark in den letzten Jahrzehnten fast völlig verschwunden.
Im Inntal verschwand dieser Vogel schon in der ersten Hälfte des 20. Jh. fast vollkommen, wenn auch eine erfolgreiche Brut östlich von Innsbruck für das Jahr 1970 registriert wurde. Ähnliches gilt auch für die Populationen im Lienzer Becken in Osttirol.

Im steirischen Ennstal lichteten sich die Bestände im Verlaufe der fünziger Jahre mehr und mehr und erloschen im kommenden Jahrzehnt. Im Lungau in Salzburg lebten um 1960 noch Rebhühner. Die Bestände in diesem Gebiet gelten aber heute als erloschen. Im Rheindelta in Vorarlberg brüteten zu Beginn der sechziger Jahre um die zwanzig Paare. 1967 konnten nach zwei nassen Sommern lediglich noch zwei Paare und schließlich 1968 nur mehr ein Paar beobachtet werden.

2. Die Gründe für die Bestandsabnahmen des Rebhuhnes

Die Jagd

Den größten Tribut zollen die Rebhuhnbestände der **Jägerschaft**. Die Schußzeit dauert von September bis November. Etwa die Hälfte aller Rebhühner wird in diesen Monaten mit Schrot aus der Luft geholt. So erbeuten im ehemaligen Westdeutschland alljährlich die nimmermüden Nimrode rund 300 000 Stück und in Österreich beachtliche 45 000 Tiere.

Verlust des Lebensraumes

Gerade die Bauern, die einst dem Rebhuhn das Einwandern nach Europa ermöglichten, vertreiben heute unwissentlich diese Wildhuhnart aus den Agrarlandschaften. Der Landwirt, der höchstmöglichen Gewinn aus seinen Ländereien erwirtschaften will, gestaltet seine Äcker und Felder zunehmend maschinengerechter, was zur Folge hat, daß **monotone Agrarsteppen** ohne jegliche Hecken oder Strauchgruppen entstehen. Genau diese Landschaftsstrukturen boten aber den Rebhühnern ausreichend Nahrung und Deckung vor ihren zahllosen Freßfeinden.

Normalerweise leben Rebhühner in kleinen Gruppen, die aus dem Elternpaar und deren Jungen bestehen. Zur Balz- und Brutzeit entwickeln Rebhühner ein ausgeprägtes Territorialverhalten. Jedes Männchen verteidigt aggressiv sein Revier gegen allfällige Konkurrenten. Sind ausreichend Deckungsmöglichkeiten wie Hecken und Sträucher vorhanden, so werden durch solche Vegetationsgruppen Agrarflächen in viele Abschnitte unterteilt, und den Männchen stehen somit zahlreiche Reviere zur Verfügung. Die Konsequenz dieser Flächengestaltung ist, daß mehrere Rebhuhnpaare ihre Bruten erfolgreich aufziehen können. Dort, wo Hecken zu Genüge vorhanden sind, brüten im Durchschnitt zehn bis zwölf Paare pro Hektar. In einer landwirtschaftlichen Einöde ohne solche markanten Abgrenzungen gelingt es auf gleicher Fläche nur einem Paar, seine Jungen aufzuziehen.

Als die Rebhuhnpopulationen anfingen abzunehmen, glaubten Biologen vorerst, daß diese Verluste auf Raubtiere wie Marder, Wiesel, Füchse, verwilderte Hauskatzen, Hunde und vor allem auf Greifvögel zurückzuführen seien. In einer großzügig angelegten

Versuchsreihe in England wurden in ausgewählten Arealen diese Beutegreifer systematisch durch Bejagung und Fang eliminiert. Trotzdem nahm aber der Bestand der Rebhühner nicht zu. Dies geschah erst, als dieselben Reviere mit Hecken und Sträuchern bepflanzt wurden.

Der Trend der Landwirte, ihre Felder immer großflächiger, ohne störende Vegetationsgruppen, anzulegen, brachte den Rebhühnern noch einen weiteren entscheidenden Nachteil. Rebhühner sind Bodenbrüter, die bevorzugt in Brachland und eben in vom Menschen genutzten Agrargebieten, wie Feldern, brüten. Die Vögel versuchen, ihre Nester möglichst in der Nähe der Feldränder, die der Deckung am nächsten liegen, anzulegen. Laut einer Untersuchung[36], wird die Hälfte der Rebhuhnnester innerhalb der ersten drei Meter vom Feldrand angelegt. Nur jede fünfte Henne wagt sich bis neun Meter weit, und gar nur jede zwanzigste über dreißig Meter weit in das Innere eines Feldes. Die Hennen scheuen deshalb davor zurück, inmitten eines Feldes zu brüten, da sie dort bei einer etwaigen Gefahr eine längere Strecke über offenes Gelände fliegen müßten, um eine rettende Hecke, Böschung oder eine andere Zuflucht zu erreichen.

Zahlreiche Gelege, die aus 10–20 einfarbig grünlichbraunen Eiern bestehen und die auf ihnen brütenden Hennen fallen landwirtschaftlichen Maschinen zum Opfer. Gerade im Juni, wenn die Luzernefelder, eine von den Rebhennen bevorzugte Brutstätte, gemäht werden, brüten die Hennen. Als Detail am Rande sei erwähnt: Nur jedes zwanzigste Gelege wird in ein Gerstenfeld und lediglich jedes fünfzigste in ein Mais- oder Weizenfeld gelegt[36]. Wildbiologen errechneten, daß im Durchschnitt in Mitteleuropa jede fünfte Henne Opfer der Feldmaschinen oder der Feinde wird.

Gelingt es einer Henne, ihre Eier auszubrüten, so ist sie schon mit einer weiteren Schwierigkeit konfrontiert. In den ersten 24 Stunden nehmen die frisch geschlüpften Küken noch keine Nahrung auf und zehren von dem in den Magen eingesaugten Rest vom Dottersack. In den darauffolgenden Tagen aber ist die ewig hungrige Kükenschar auf Insekten und Spinnen – diese Nahrung besteht aus nährstoffreichen Proteinen – angewiesen. In dieser Zeit nehmen die Jungtiere nur einen Bruchteil an Grünfutter, Körnern und Samen, was ihre Nahrung sein wird, wenn sie erwachsen sind, zu sich. Das Problem ist nur, all die fetten Raupen, Spinnen, Käfer und andere Happen in der Kulturwüste, in die sie hineingeboren wurden, zu finden. Viele Küken überleben diese für das Gedeihen des Organismus so entscheidende Phase nicht und gehen an Nährstoffmangel innerhalb kurzer Zeit zugrunde. Erst nach etwa drei Wochen nehmen die Jungtiere etwa gleich viel vegetarische wie tierische Kost zu sich. Ausgewachsene Rebhühner fressen fast ausschließlich pflanzliche Nahrung und schnappen einen fetten Kerf nur dann, wenn er ihnen zufällig über den Weg läuft.

In dieser ohnehin schon so kritischen Entwicklungsphase nehmen die anfälligen Jungtiere über ihre Nahrung eine Unmenge an **Insektiziden und Herbiziden**, die in der ertragsorientierten Produktionsplanung in gewaltigen Massen auf die Felder und Äcker gesprüht werden, zu sich. Da das Rebhuhn in der warmen Jahreszeit standorttreu bleibt, besteht für den Vogel keine Möglichkeit, ein anderes, nicht von Chemikalien verpestetes Gebiet aufzusuchen, um dort schadstofffreie Nahrung aufzunehmen.

Natürliche Faktoren

Die Anzahl der Tiere, die den Rebhühnern sowie deren Eiern nachstellen, ist sehr groß. Vom Igel, der ein berüchtigter Eierliebhaber ist, reicht die Liste der **Räuber** über das Mauswiesel, das Hermelin, den Waldiltis, den Stein- und Baummarder und den Fuchs hin bis zu den Luftfeinden, wie den verschiedensten Rabenvögeln, dem Sperber und dem Habicht. Auch Hauskatzen dezimieren die Rebhuhnbestände. Gemäß Feldbeobachtungen ist ein Habichtpaar in der Lage, 25–50 Rebhühner innerhalb eines Jahres zu schlagen. Dabei ist die Zahl der erbeuteten Männchen doppelt so groß wie die der Weibchen. Dies ist so zu erklären, daß die Männchen unter Einsatz ihres Lebens versuchen, die Hennen sowie deren Brut oder Küken gegen übermächtige Feinde zu verteidigen.

Eine große Herausforderung für die Rebhühner stellt auch die **kalte Jahreszeit** dar. Im Herbst, wo sie sich für den Winter mästen sollten, werden die Felder und Äcker allzu oft kurz nach der Ernte umgepflügt, was das Nahrungsangebot deutlich herabsetzt. Dies hat zur unmittelbaren Folge, daß zahlreiche Rebhühner nicht genügend Fettreserven für den Winter ansetzen können. Ist erst einmal Schnee gefallen, wird es für die etwa taubengroßen Hühner zunehmend schwieriger, sich zu den Gräsern und den Sämereien durchzuwühlen.

Die ansonsten so standorttreuen Rebhühner schließen sich im Winter zu Ketten zusammen, wobei auch Waisen einer anderen Familie miteinbezogen werden können, und machen sich zu sogenannten Futterwanderungen auf. Bis zu 25 Tiere ziehen in lockeren Verbänden über die Felder. Das Leben in solch einem Verband hat den Vorteil, daß mehrere Augenpaare mehr sehen und sich die Vögel gegenseitig warnen können. Erkennt ein Kettenmitglied einen Räuber, so alarmiert es auf akustischem Weg seine Artgenossen. Dieser Warnruf hört sich wie „rep-rep" an und hat diesem Vogel auch seinen Namen gegeben. Nähert sich der Feind bis auf eine kritische Distanz, so preschen alle Vögel wie auf ein Kommando in die Luft, wobei durch ihre besonders derben Schwungfedern ein lautes Geräusch entsteht. Der Angreifer, durch diesen Lärm beirrt, erschrickt, und ehe er sich versieht, ist die Vogelschar schon abgezogen. Auch könnte sich das Raubtier in diesem Überraschungsmoment, in dem zwanzig oder mehr Tiere plötzlich in unmittelbarer Nähe auffliegen, nicht für ein bestimmtes Tier entscheiden und würde leer ausgehen.

Im Verband ist außerdem die Möglichkeit, auf eine ergiebige, für mehrere Tiere ausreichende Futterquelle zu stoßen, ungleich größer, als wenn sich jedes Tier einzeln seine Nahrung beschaffen müßte. Weiters kuscheln sich die Mitglieder einer Kette, wenn die Dunkelheit hereinbricht, eng aneinander und sparen auf diese Weise wertvolle Energie. Trotz all dieser Überlebensstrategien überstehen viele Tiere die kalte Jahreszeit nicht.

Eigentlich ist es erstaunlich, daß diese Tierart in Mitteleuropa und auch im Alpenraum noch nicht ganz ausgestorben beziehungsweise ausgerottet worden ist. Die meisten Rebhühner werden nicht älter als ein Jahr. Feldbiologen errechneten, daß das Durchschnittsalter dieser Vögel bei fünfeinhalb Monaten liegt. Auch die Anzahl der Hennen, die mehrmals zum Brüten schreiten, ist sehr gering. Von 38 Hennen konnten gerade vier zum dritten Mal und lediglich eine zum vierten Mal erfolgreich ihre Jungen ausbrüten[36].

Die Wachtel

Die Wachtel sieht wie das verkleinerte Ebenbild des Rebhuhnes aus. Ebenso wie dieses wanderte die Wachtel vom Osten kommend nach Europa ein, nachdem der Mensch riesige Waldgebiete urbar gemacht hatte, und gelangte auf diesem Wege auch in das Innere des Alpenkammes, dessen breite Talgründe sie fortan besiedelte.

Obwohl diese Vogelart über weite Teile Europas verbreitet ist, trifft man sie nirgends häufig an. In vielen Gebieten, welche sie vor gar nicht allzu langer Zeit noch zahlreich bevölkerte, ist sie heute für immer verschwunden.

Angaben zur Entwicklung der Wachtelbestände in den österreichischen Alpen:
- Aus dem Inntal wie aus dem Ennstal ist die Wachtel, die einst die meisten breiten Alpentäler besiedelte, fast vollkommen verschwunden.
- Am Alpenrand kommt die Wachtel noch in breiteren, landwirtschaftlich genutzten Tälern stellenweise vor.
- Sie ist heute noch im oberen Murtal bis hin in den Lungau und weiters im Drau- und im Gailtal in Kärnten (als äußerst seltener Brutvogel) anzutreffen.

Aus ähnlichen Gründen, wie sie schon beim Rebhuhn genannt wurden, gehen die Bestände der Wachtel in den Alpen, an deren Rand und im übrigen Gebiet Österreichs zurück, wobei erwähnt werden muß, daß die landwirtschaftliche Intensivierung als der Hauptfaktor für die Bestandsabnahmen angesehen werden muß.

Dieser braun gesprenkelte Vogel gleicht auch in seinem Verhalten und in seiner Lebensführung dem Rebhuhn und ist somit vor ähnliche Probleme gestellt. Lediglich im Winter sammeln sich die ansonsten einzelgängerisch oder paarweise lebenden Tiere und überfliegen in großen Gesellschaften das Mittelmeer. Wachteln sind somit die einzigen Hühner des Alpenraumes, die ein **Zugvogeldasein** führen. Die Vögel nehmen die Strapazen eines Zuges auf sich, da sie wegen ihrer Zartheit im Winter die Schneedecke nicht durchbrechen könnten, um an die Nahrung zu gelangen, und daher unweigerlich verhungern würden. Gerade auf diesen Wanderzügen werden die Wachteln im Süden Europas, besonders in Italien, mit Netzen gefangen. So wurden z. B., allerdings schon gegen Ende des 19. Jh., ungefähr 100 000 Wachteln an einem Tag im Golf von Neapel gefangen.

Kriechtiere
(Reptilia)

KRIECHTIERE

Systematik

Die Klasse der Reptilien oder Kriechtiere (REPTILIA) ist in Europa und auch im Alpenraum mit zwei Ordnungen vertreten.

Manche der 16 Reptilienarten der Alpen bewohnen lediglich die Ausläufer dieses Gebirgszuges[37]; (A – Österreich, Ch – Schweiz, D – Deutschland, I – Italien):

1. Ordnung: Schuppenkriechtiere (Squamata)

1. Unterordnung: *Schlangen (Serpentes = Ophidia)*
   1. Familie: Vipern (Viperidae)

Kreuzotter (*Vipera berus*)	A, Ch, D
Aspisviper (*Vipera aspis*)	Ch, D, I
Sandviper (*Vipera ammodytes*)	A, I

   2. Familie: Nattern (Colubridae)

Ringelnatter (*Natrix natrix*)	A, Ch, D, I
Würfelnatter (*Natrix tessellata*)	A, Ch, D, I
Vipernatter (*Natrix maura*)	Ch, I
Gelbgrüne Zornnatter (*Coluber viridiflavus*)	Ch, I
Schlingnatter (*Coronella austriaca*)	A, Ch, D, I
Äskulapnatter (*Elaphe longissima*)	A, Ch, D, I

2. Unterordnung: *Echsen (Sauria = Lacertilia)*
   1. Familie: Schleichen (Anguidae)

Blindschleiche (*Anguis fragilis*)	A, Ch, D, I

   2. Familie: „echte" Eidechsen oder Halsbandeidechsen (Lacertidae)

Zauneidechse (*Lacerta agilis*)	A, Ch, D, I
Bergeidechse (*Lacerta vivipara*)	A, Ch, D
Smaragdeidechse (*Lacerta viridis*)	A, Ch, D, I
Kroatische Gebirgseidechse (*Lacerta horvathi*)	A, I, Kroatien, Slowenien
Mauereidechse (*Lacerta muralis*)	A, Ch, D, I

2. Ordnung: Schildkröten (Chelonia = Testudines)

   1. Familie: Sumpfschildkröten (Emydidae)

Europäische Sumpfschildkröte (*Emys orbicularis*)	A, Ch, D, I

KRIECHTIERE

100 % der in den österreichischen Alpen lebenden Reptilienarten sind gefährdet!

Vereinfachte Übersicht der Gefährdungskategorien laut den Roten Listen gefährdeter Tiere Österreichs[38].

Kat. 0:   ausgestorben, ausgerottet oder verschollen
Kat. 1:   vom Aussterben bedroht
Kat. 2:   stark gefährdet
Kat. 3:   gefährdet
Kat. 4:   potentiell gefährdet
Kat. 5:   ungenügend erforscht
Sonderkategorie B.2:   Gefährdete Vermehrungsgäste
Sonderkategorie B.5:   Vorkommen nur durch Nachbesetzen gesichert.

Folgende Tabelle zeigt das Gefährdungsmaß der einzelnen in den österreichischen Alpen lebenden Reptilienarten beziehungsweise Unterarten, sowohl für das Gesamtgebiet als auch für die einzelnen Bundesländer unter Verwendung der oben genannten Gefährdungskategorien[38]:

Gefährdungskategorien/Bundesländer	Ö	V	T	S	K	St	O	B	N	W
Vipera b. berus – Kreuzotter	3	2	3	3	3	3	3	-	3	-
Vipera a. ammodytes – Sandviper	2	-	-	-	2	1	-	-	-	-
Ringelnatter (2 Unterarten)										
Natrix n. natrix – Ringelnatter	3	3	3	3	3	3	3	3	3	3
Natrix natrix helvetica – Barrenringelnatter	3	3	3	-	-	-	-	-	-	-
Natrix t. tessellata – Würfelnatter	2	-	-	-	2	1	2	2	2	1
Coronella a. austriaca – Schlingnatter	3	3	3	3	2	3	3	3	3	3
Elaphe l. longissima – Äskulapnatter	3	-	-	3	2	3	3	3	3	3
Anguis f. fragilis – Blindschleiche	3	3	3	3	3	3	3	3	3	3
Lacerta a. agilis – Zauneidechse	3	3	3	3	2	3	3	3	3	3
Lacerta v. vivipara – Bergeidechse	3	3	3	3	3	3	3	3	3	0
Lacerta v. viridis – Smaragdeidechse	2	-	-	-	2	2	2	2	2	1
Lacerta horvathi – Kr. Gebirgseidechse	4	-	-	-	4	-	-	-	-	-
Podarcis m. muralis – Mauereidechse	2	-	2	-	3	2	-	1	3	1
Emys orbicularis – Sumpfschildkröte	B.2	-	B.5	B.5	B.5	B.5	B.5	B.5	B.2	B.5

KRIECHTIERE

Prozentuelle Aufteilung der gefährdeten Reptilienarten gemäß den Gefährdungskategorien[38]:

Kategorie 2	4 Arten	28,6 %
Kategorie 3	8 Arten bzw. Unterarten	57,1 %
Kategorie 4	1 Art	7,1 %
Kategorie B.2.	1 Art	7,1 %

Die Gründe für das Aussterben von Reptilien

Giftschlangen und andere Reptilien, die für solche angesehen werden, sind seit jeher erschlagen oder auf eine andere Art und Weise **vom Menschen getötet** worden. Dieser traurige Trend setzte sich bis in die heutige Zeit durch.

Die ersatzlose **Zerstörung von Lebensräumen** durch großflächige Zersiedelung, Straßenbau und Industrie müssen als wichtigste Faktoren im Zusammenhang mit dem lokalen Aussterben bzw. mit der allgemeinen Bestandsabnahme der jeweiligen Reptilienarten betrachtet werden. Besonders negativ wirken sich die „flurbereinigenden Landschaftsveränderungen" im Zuge der agrartechnisch intensivierten Nutzung als auch der Forstwirtschaft aus.

Pestizide und Herbizide werden auf den Feldern und Äckern eingesetzt, um die Erträge zu steigern. Dieser Einsatz von Bioziden hat zwei unmittelbare negative Auswirkungen auf die Reptilien. Diese sind einerseits mit drastischen Rückgängen ihrer Nahrungsquellen konfrontiert; andererseits nehmen sie durch die Nahrung, die sich bei den meisten Arten hauptsächlich aus tierischer Kost zusammensetzt, selbst toxische Stoffe auf. Diese speichern sich in den Organen der Tiere und führen entweder zum unmittelbaren Tod oder aber zu Unfruchtbarkeit und anderen Mißbildungen.

Zahlreiche Reptilien suchen wärmespeichernde Asphaltstraßen auf und werden dabei ein Opfer des **Verkehrs**.

Viele Herpetologen und Terrarienfreunde entnehmen der Natur Reptilien, um diese in **Terrarien** zu halten. Besonders seltene Arten und Unterarten sind dabei wegen ihrer Exklusivität sehr begehrt. Sogenannte Liebhaber ziehen aus, um einen der letzten verbliebenen Standorte einer aussterbenden Art systematisch zu durchsuchen. Kleine, auf wenige Individuen zusammengeschrumpfte Populationen sind durch derartige Entnahmen in ihrem Weiterbestehen besonders betroffen.

Wiederholte **Störungen** durch Wanderer, Radfahrer etc. wie auch durch weidendes Vieh können Reptilien zum Abwandern aus dem gewählten Lebensraum veranlassen.

Eine gewaltige Schar von **Feinden** stellt den Reptilienarten nach: die zahlreichen marderartigen Raubtiere, der Rotfuchs, der Igel, die Hauskatze, der Haushund und das Hausschwein. Ratten plündern Eigelege und nehmen selbst ausgewachsene Alttiere auf. Rabenvögel, Mäusebussarde, verschiedene Falkenarten, Weißstörche und Graureiher erbeuten Reptilien. Truthühner und selbst Haushühner stellen Eidechsen nach, und Raubwürger und Rotrückenwürger bereichern mit ihnen ihre Nahrungspalette.
Der Autor konnte im Juli 1995 im Stadtgebiet von Innsbruck (Wilten, östlich des Westbahnhofes) beobachten, wie selbst ein Amselmännchen, das Tage zuvor seine angestammtem Jagdgründe durch den Bau eines Gebäudes verloren hatte, eine ausgewachsene Mauereidechse aktiv bejagte und schlußendlich mit dieser im Schnabel abfliegen konnte, die Beute dabei aber verlor. Jagdversuche eines Junge versorgenden Amselhahnes konnten mehrmals registriert werden, wenn auch gesagt werden muß, daß diese Verhaltensweise als eine durch einen Nahrungsengpaß hervorgerufene Ausnahmeerscheinung anzusehen ist.
Weiters fressen Reptilien auch andere Reptilienarten. So ernährt sich die Schlingnatter vor allem von Eidechsen, Blindschleichen und seltener von jungen Schlangen. Auch Vipernarten nehmen gerne Eidechsen zu sich. Bei Smaragdeidechsen sollen mitunter auch Fälle von Kannibalismus auftreten.

I. DIE SCHLANGEN

1. DIE VIPERN

Von den zehn in Europa lebenden Vipernarten sind drei im Alpenraum heimisch[39]: die Kreuzotter, die Aspisviper und die Sandviper. Bevor über die Methoden der Vernichtung und über die Gründe der Verfolgung berichtet wird, sollen diese Vipernarten vorgestellt werden.

KRIECHTIERE

Die Kreuzotter

Die Kreuzotter besiedelt in mehreren Unterarten ein riesiges Verbreitungsgebiet, das vom nördlichen, südlichen und mittleren Europa bis tief hinein nach Asien reicht. In den Alpen lebt ausschließlich die Nominatform *Vipera berus berus*.

Die Kreuzotter sieht der Aspisviper sehr ähnlich, doch wirkt ihre Schnauzenspitze nicht aufgeworfen, sondern gleichmäßig abgerundet. Ein weiterer taxonomischer Unterschied besteht in der Anzahl der Schuppenreihen auf dem Rücken und auf der Körperunterseite. Auch die Anordnung und Größe der Kopfschilde ist für eine systematische Einordnung von größter Wichtigkeit.

Es gibt mehrere Deutungen, warum diese Viper Kreuzotter genannt wurde. Diese Bezeichnung könnte von der V- oder X-förmigen Zeichnung auf der Mitte des Kopfes herrühren, die aber niemals wie ein Kreuz ausgebildet ist. Oder aber sie leitet sich vom Zick-Zackband her, das über den Rücken, das Kreuz, verläuft. Dieses Band ist bei den Weibchen braun und bei den Männchen schwarz gefärbt. Weiters wird die Kreuzotter auch als Adder- und Torfmoosviper bezeichnet.

Die Kreuzotter lebt in einem meist etwas feuchten Gelände des Hügel- und Berglandes und steigt bis 3000 Meter in das Gebirge auf. Am liebsten hält sich diese Vipernart in der Krummholzzone und in der Felsregion zwischen 1200–1800 Meter auf, kommt aber in Deutschland selbst in die tiefen Niederungen herab. Ihr dienen Torfmoore, Heidegelände und Lichtungen, wo sie sich unter Sträuchern und in Nagergängen verkriechen kann, als ideales Wohngebiet, wobei sie den dichten Wald meidet.
Die Kreuzotter ist wie alle Vipern von gedrungenem Bau. Der Schwanz ist kurz und setzt sich deutlich vom Rumpf ab. Die Pupille steht senkrecht in einer rotbraun, oft auch lebhaft rot gefärbten Iris. Je nach geographischer Herkunft und auch Lebenslage der Kreuzotter finden sich die unterschiedlichsten Färbungen: über bläuliche, graue, aschgraue, grünlich graue, bräunlich graue, beigefarbene bis hin zu gelben Färbungen. Das Weibchen mit einer maximalen Körperlänge von 70–80 Zentimetern ist in der Regel braun, das Männchen, bis 70 Zentimeter lang, gewöhnlich grau gefärbt. Rote Formen dieser Schlangenart werden Kupferottern oder schwarze Höllenottern genannt. Letztere sind besonders in Mooren und höheren Lebenslagen anzutreffen, wobei erwähnt werden muß, daß vorwiegend weibliche Tiere Melanismus aufweisen. Der Vorteil dieser dunklen Färbung ist, daß Sonnenstrahlen von den schwarzen Leibern der wechselwarmen Tiere weniger reflektiert werden und die auftreffende Wärme somit besser genutzt werden kann. Der Unterschied der Wärme, die so noch in extremen Lebensräumen aufgenommen wird, soll im Gegensatz zur gewohnt gezeichneten Kreuzotter bis zu 5°C mehr betragen. Der Nachteil der schwarzen Färbung ist es, daß Feinde eher auf das Reptil aufmerksam gemacht werden, da die in der Regel auftretende braun-graue

Färbung den Tieren mehr Tarnung bietet. Schwarze Exemplare bringen Junge zur Welt, die sowohl naturfarben als auch schwarz sein können, wobei in einem Wurf beide Varianten auftreten können. Eine Untersuchung im Engadin zeigte, daß auf vierzig Kreuzottern ein schwarzes Individium anzutreffen ist.

Auf ihren Beutestreifzügen, die im Hochsommer in tiefen Lagen im Schutze der Dunkelheit der Nacht, im Gebirge während des Tages unternommen werden, stellt die Kreuzotter mit besonderer Vorliebe Nagern, z. B. Wühlmäusen, nach, verschmäht aber auch Vögel, Eidechsen, Blindschleichen und Froschlurche nicht. Sie spürt ihre Beutetiere mit Hilfe ihres äußerst feinen Geruchsinnes auf, injiziert mit einem blitzschnellen Biß das Gift und findet das verendete Tier abermals durch den Geruchsinn wieder. Schlangen züngeln, nehmen dabei noch unendlich geringe Konzentrationen von Duftmolekülen aus der Luft auf und leiten diese mit der Zunge zum Mundhöhlendach weiter. Dort befindet sich das paarige Jacobson'sche Organ (*Organum vomeronasale*), das eine Verbindung zum Geruchsnerv hat und die eingelangten Informationen entsprechend auswertet. Alle Schlangen sind taub, nehmen jedoch über Erschütterungen der Umgebung Schallwellen auf.

Von allen heimischen Reptilienarten sind lediglich die Kreuzotter und die Bergeidechse in der Lage, die extremen Höhenstufen der Alpen zu bewohnen. Beide Arten, wobei alle Vipern lebende Junge zur Welt bringen, die Bergeidechse hingegen eine Ausnahme bezüglich des üblichen Fortpflanzungsmodus unter den Eidechsen darstellt, sind lebendgebärend. Das heißt, daß auf Eier, die in diesen rauhen Biotopen wegen unzureichender Sonneneinstrahlung nur selten zur Reife gelängen, verzichtet werden muß und bereits völlig entwickelte Jungtiere abgesetzt werden. Das deuten auch die lateinischen Namen dieser beiden Tierarten an: nämlich *Vipera berus* und *Lacerta vivipara*, was soviel bedeutet wie gebärende Viper bzw. lebendgebärende Eidechse. Die Kreuzotter gebiert im August oder September etwa 5–20, ungefähr zwanzig Zentimeter lange Junge, die sofort eigenständig leben, über einen funktionsfähigen Giftapparat samt Zähnen verfügen und sich vorerst von Insekten, nestjungen Nagern sowie kleinen Echsen ernähren. Während der Reifung der Jungen im Mutterleib nimmt das Weibchen für gewöhnlich keine Nahrung auf, was auch erklärt, warum nur jedes zweite oder, bei widrigen Witterungsverhältnissen, gar nur jedes dritte Jahr Junge abgesetzt werden.

Die Aspisviper

Von der Aspisviper werden mehrere Unterarten unterschieden[40]. Eine davon ist *Vipera aspis atra*, die bezeichnenderweise als Alpenviper bezeichnet wird. Sie lebt in den Voralpen und in den Alpen der Schweizer Kantone Bern, Freiburg, Wallis und Tessin, weiters in den Alpen in Südtirol, wo sie die häufigste Giftschlange des Eichenbuschwaldes ist, in Nordwestitalien und Südostfrankreich. Die Nominatform *Vipera aspis aspis* lebt in

Deutschland im südlichen Schwarzwald, wo sie bereits als verschollen galt, aber 1984 durch Cambensy und K. Fritz wiederentdeckt wurde. *Vipera a. aspis* lebt weiters im Jura und auch im Unterwallis. *Vipera a. francisciredi* behaust das Tessin südlich des Monte Ceneri, Südgraubünden sowie Italien, abgesehen vom nordwestlichen Alpengebiet, wo die Alpenviper lebt, und vom Süden des Landes.

Die Aspisviper, auch Jura-, Schild- oder Redische Viper genannt ähnelt, der Kreuzotter in ihrem äußeren Erscheinungsbild, in der Größe, in der Lebensweise und in der Wahl des Lebensraumes. Allerdings steigt diese Art nur selten über 2500 Meter auf und bevorzugt eher trockenes, mit Sträuchern und Büschen bestandenes Gelände.

Die Sandviper

Eigentlich wäre der Name Hornviper, der ihr oft auch zugedacht wird, für diese Schlangenart bezeichnender, da oberhalb des Schnauzenschildes ein fleischiger, mit Schuppen bedeckter, hornartiger Fortsatz ausgebildet ist. Die Sandviper meidet sandigen Untergrund und hat ihren Namen wahrscheinlich wegen ihrer sandbraunen Färbung erhalten. Die Sandviper bewohnt in mehreren Unterarten Transkaukasien, die Türkei, den gesamten Balkan, Österreich, Südtirol, Trentino sowie Nordostitalien. Sie bevorzugt steiniges Gelände mit Ast- und Steinhaufen, das ausreichend Versteckmöglichkeiten bietet. Die Sandviper ist lebendgebärend, lebt von Nagetieren und Echsen und steigt bis in eine Höhe von 2000 Meter auf.
Die alpine Sandviper – *Vipera ammodytes gregorwallneri* – lebt in den österreichischen Alpen in folgenden Orten bzw. Gebieten: Sie erreicht im Norden über die Gailtaler Alpen und über die Karawanken den östlichen Teil von Kärnten. Dort ist sie im Drau-, Gail-, Gitsch-, Lavant-, Gurk-, Metnitz-, Glan- und Gegendtal, dort bei Feldkirchen, anzutreffen. Im Gebiet des Neumarkter Sattels dringt sie auch in die Steiermark vor und ist dort im Olsatal bei Bad Einöd, weiters im Gebiet des Radlpasses und südlich von Leutschach zu finden. Den nördlichsten Punkt ihres Verbreitungsgebietes erreicht die Sandviper bei Hammerl. Diese alpine Unterart erreicht stattliche Körpermaße. Sandvipernmännchen werden bedeutend größer als die Weibchen und können in Ausnahmefällen über einen Meter lang werden (110 Zentimeter), bleiben in der Regel aber unter 90 Zentimetern. Gelegentlich werden Kreuzungen von alpinen Sandvipern mit Kreuzottern beobachtet, so zum Beispiel bei Friesach in Südkärnten.

Außerdem lebt die Sandviper in der Unterart *Vipera ammodytes ruffoi* als besondere Rarität in einer kleinen, in ihrem Bestand gefährdeten Verbreitungsinsel in Südtirol. Sie lebt in den Bergen und Hügeln an den Flanken und am mittleren Höhenzug im Etschtal von Bozen im Norden bis nach dem südlicher gelegenen Auer (Ora). Sie bewohnt die Porphyrgeröllhalden von der Talsohle bis auf Höhen von 1000 Meter. Diese Tiere sind vorwiegend graulichweiß gefärbt und durch die Begrenztheit des besiedelten Areales, in dem sich Verluste drastisch auf die Gesamtpopulation auswirken, besonders gefährdet.

Der Mensch trachtete stets danach, diese für ihn gefährliche Schlange in seinem Aufenthaltsgebiet vollkommen auszurotten. Ihr Biß ist für den Menschen, besonders für Kinder sehr gefährlich, da das äußerst wirksame Gift in großer Menge dem Opfer injiziert wird. Auch der Fang von Tieren für die Gewinnung von Serum schwächte die Bestände ebenso wie die Entnahme für Terrarien.

Die Wiesenotter

Die Wiesenotter (*Vipera ursinii*) lebte nicht im Gebiet der Alpen, wird an dieser Stelle aber behandelt, da sie in Österreich als ausgestorben, ausgerottet oder verschollen gilt und somit im Rahmen des gestellten Themas Erwähnung finden soll.

Im Aussehen gleicht die Wiesen- oder Spitzkopfotter, die auch Orsinische Viper genannt wird, der Kreuzotter, ihr Zickzackband ist jedoch weniger scharf gezeichnet. Auch die Lage und Anzahl gewisser Schilder am Kopf sowie die Größe und Position des Nasenlochs dienen als weitere Unterscheidungsmerkmal der beiden Arten.
Diese wenig giftige, kleine Schlangenart, sie erreicht selten eine Länge über 60 Zentimeter, bewohnt die Steppen und Wiesen eines riesigen Gebietes, das von Frankreich bis zum Altai und Pamir reicht, vom Tiefland bis in Höhen von 3000 Metern.
Die Systematik der geographischen Rassen beziehungsweise Unterarten, die unter anderem an der Anzahl der Bauchschienen unterschieden werden, ist noch keinesfalls befriedigend ausgearbeitet. Die Unterart *Vipera ursinii rakosiensis* bewohnte einige isolierte Stellen Niederösterreichs, des Burgenlandes und Wiens und ist sporadisch auftretend bis Rumänien verbreitet. Einst war diese Schlangenart in der Wachau bis Melk anzutreffen und soll im 19. Jh. noch häufig zwischen Wien und dem Neusiedlersee vorgekommen sein. In der ersten Hälfte des 20. Jh. lebte die Wiesenotter noch im burgenländischen Seewinkel östlich des Neusiedlersees, so in den Wiesen um Zitzmanndorf. Es liegen nur wenige Fälle von Bißverletzungen durch diese Schlange vor, und es wird sogar berichtet, daß Kinder gelegentlich mit ihr gespielt hatten, ohne irgendeinen Schaden davonzutragen.

Ursachen für das Verschwinden dieser Spezies waren die Zerstörung ihres Lebensraumes, als neue Agrarflächen, wie Rebberge und Felder errichtet wurden, und die damit einhergehenden Ruhestörungen. Ebenso veränderten die mit diesen Maßnahmen verbundenen Entwässerungen kleiner Regionen das Nahrungsangebot sowie das jeweilige Mikroklima. Diese Schlangenart schien auch negativ auf natürliche klimatische Veränderungen anzusprechen. Auch die immer häufiger auftretenden Touristen störten die Wiesenotter in ihrem Lebensrhythmus empfindlich. Da sie niemals in großer Individuenzahl ein Gebiet besiedelte, traf schon der Verlust von nur wenigen Tieren die Gesamtpopulation hart. Es verblieben nicht mehr genug Exemplare, die eine intakte Fortpflanzung gewährleisten und somit das Überleben der Art sichern konnten.

Auch der Marktwert der Wiesenotter unter sogenannten Reptilienliebhabern, die gerade die seltensten Arten in ihren Terrarien halten möchten, war sehr hoch. Dies führte dazu, daß in Niederösterreich regelrechte Fangexpeditionen durchgeführt wurden, um dieses seltene Reptil der Natur zu entnehmen, was die Bestände zusätzlich schwächte. Auch die Aufnahme von Schadstoffen (Biozide) über die Nahrung, die vor allem aus Geradflüglern oder Schrecken, seltener aus kleinen Echsen und Nagern besteht, hatte negative Folgen auf die Bestände. Weiters dezimierte ein Heer von natürlichen Freßfeinden, wie Greifvögel, Rabenvögel, Störche, verschiedene marderartige Raubtiere sowie Igel, die ohnehin schon abnehmenden Bestände.

Heute lebt diese Unterart noch als seltene Rarität im Nordosten Ungarns und in der Ungarischen Tiefebene südlich von Budapest. Weitere Berichte über ihr Vorkommen stammen aus Siebenbürgen und Nordbulgarien.

Zur Verfolgung der Vipern

Die Gründe

Aberglaube
Der Mensch teilte seit seinem ersten Auftreten Tiere, Pflanzen, Naturerscheinungen, eigentlich alles womit er in seinem täglichen Leben konfrontiert wurde, in Giftiges und Ungiftiges, in Nützliches und Unnützliches, in Gutes und in Böses ein.
So schrieb der Mensch schon immer den Reptilien, besonders den giftigen Schlangen, schlechte Angewohnheiten und gefährliche Attribute zu und bezeichnete sie als häßliche Kreaturen, die vertilgt werden müßten. Das Züngeln der Schlange mit ihrer gespaltenen Zunge wurde ein Zeichen des Lügens, der Verschlagenheit und der Verblendung. Das Zischen der Reptilien wurde und wird als Symbol für Hinterlistigkeit und Einschmeichelei gedeutet. Schon in der Bibel (Gen 3,1–24) wird die Schlange als Sinnbild für die gefährliche Macht des Bösen und für die Hinterhältigkeit dargestellt. Weiters soll das starre Auge der Schlange, die keine Augenlider besitzt, selbst Menschen in Hypnose versetzen können. Derartiges spielte sich aber nur in der Phantasie der Leute ab. Der Mensch hatte Angst vor der Schlange. Um sich mit ihr gutzustellen und sie in Wohlwollen zu wiegen, begann er in vielen Kulturkreisen, die Schlange als Gottheit zu verehren und zu bewundern.

KRIECHTIERE

In den dunklen Tagen des Mittelalters hatte der Mensch ein sehr vages Bild der Natur vor Augen. Was er sah und sich nicht erklären konnte, galt sofort als ein mit dem Teufel in Verbindung stehendes Phänomen, das bekämpft werden müsse. Es gab in diesen Tagen wohl kaum eine Tierart, der nicht nachgesagt wurde, daß sie von bösen Geistern besessen sei. Katzen, (Wer-)Wölfen, Pferden, Schafen, Ziegen, selbst Fliegen und natürlich den Schlangen wurden die abstrusesten Geschichten und Untaten angedichtet. Die Menschen dachten damals, daß die dunklen Mächte besonders gerne den Körper von Schlangen in Besitz nehmen würden und feiten sich gegen solche Dämone mit frommen Sprüchen und Formeln. Eine dieser Beschwörungen lautete ungefähr so[11]:

„Im Namen dessen, der dich erschaffen hat, beschwöre ich dich, rühre dich nicht von der Stelle; wenn du mein Gebot nicht befolgst, so verfluche ich dich, wie der Schöpfer dich verflucht hat."

Dem durchschnittlichen Menschen war es jedoch nicht erlaubt, ohne den Beistand der Kirche solche Beschwörungen auszusprechen. Mindestens ein Geistlicher mußte der Zeremonie beiwohnen und diese leiten. War gar ein „Heiliger" zugegen, galt der Erfolg der Beschwörung als gesichert. Nach solchen Ritualen stellten die von den bösen Mächten befallenen Schuppentiere und andere Kreaturen sofort ihre lasterhaften und gesellschaftsfeindlichen Tätigkeiten und Umtriebe ein.

In diesen Zeiten wußten die Geistlichen mit den Unsicherheiten und Ängsten der einfachen Leute zuweilen recht schlau umzugehen; zusammengefaßt nach[11]:

Einst geschah es in der Gegend um Grenoble, daß Vertreter der besorgten Bevölkerung, die im giftigen Otterngezücht eine Gefährdung von Besitztum und Gesundheit fürchteten, den Bischof Hugues von Grenoble aufsuchten und klagten, daß die Schlangen die ganze Gegend verheerten. Der kluge Geistliche war auf diese Klage der Leute vorbereitet gewesen. Er hatte sich nämlich selbst Tage zuvor, als er von seinen Untergebenen von der Unruhe unter den Leuten erfahren hatte, ein Bild von der ungewöhnlichen Plage in der freien Natur gemacht. Dabei war er zu der Erkenntnis gekommen, daß es sich bei den Tieren um harmlose Ringelnattern handelte, die unter optimalen Lebensbedingungen fallweise in ungeheuren Massen auftreten können. So zeigte sich der Bischof auf die Bitte der Leute, dieser Qual ein Ende zu machen, zuerst erstaunt und besorgt, ergriff sodann die Initiative und verfluchte das Otterngezücht.

Eine Chronik, die unter anderem von diesem Ereignis berichtet, bekundet, daß die Schlangen zwar nicht starben, aber aufhörten, giftig zu sein. Das natürliche Gleichgewicht bei massenhaftem Auftreten von Individuen einer Tierart pendelt sich von selbst nach kurzer Zeit wieder ein, da zuwenig Nahrung für die vielen Tiere vorhanden ist und somit ein Großteil von ihnen zugrunde geht oder aber andere Reviere aufsucht. Diese Tatsache hatte in besagtem Fall die Folge, daß die Anzahl der Ringelnattern bereits wenige Tage später wieder auf die üblichen Werte gesunken war, genauso wie es der Bischof vorhergesagt hatte. Die Bauern und anderen unbedarften Menschen dieser Tage hatten somit ein neues „Wunder" erfahren und verehrten ihren Bischof ob dessen Wunderkraft noch mehr als zuvor.

KRIECHTIERE

Die Angst vor dem Gift der Schlange:
Daß Vipernbisse gefährlich und gesundheitsbedrohend waren und sind, steht außer Frage. Das Gift der Ottern wirkt hämotoxisch, das heißt, daß vor allem das Blut des Opfers angegriffen wird. Das Blut agglutiniert, es gerinnt und verklumpt, zudem können die Wandschichten der Gefäße derart zerstört werden, daß sie durchlässig werden. Weiters werden weiße Blutkörperchen vernichtet, und mitunter sterben ganze Organbereiche ab. Im Gegensatz zu den Vipern verfügen Kobras, Mambas, Seeschlangen, um nur einige zu nennen, über neurotoxisches, also nervenzerstörendes Gift. Das Gift aller Schlangen hat neben der Tötung des Opfers auch noch den Sinn, dieses vorzuverdauen, da es im ganzen unzerkaut verschluckt wird.

Die Folgen eines Giftschlangenbisses hängen von zahlreichen Faktoren ab. Wichtig ist, ob die Schlange, was an den Wunden festzustellen ist, mit beiden Giftzähnen das Opfer getroffen hat oder nicht, da so die eingespritzte Giftmenge besser abgeschätzt werden kann. Über die Giftmenge, die injiziert wurde, lassen sich jedoch keine definitiven Angaben machen. Hat die Otter kurze Zeit vor dem Biß, es handelt sich hierbei um Tage, schon Gift bei einem anderen Biß abgegeben, so hatte sie innerhalb dieser Zeitspanne nicht die Möglichkeiten, dieses gänzlich neu nachzubilden. Somit kann eine kleine Schlange, die schon seit geraumer Zeit nicht mehr zugebissen hat, über weitaus mehr Gift als ein beträchtlich größeres Exemplar verfügen, das erst vor wenigen Stunden Gift abgesondert hat. Eine weitere bedeutende Rolle spielt die körperliche Verfassung der gebissenen Person. Kleinkinder sind am meisten gefährdet, da ihr Körper die oft doch enormen Giftmengen nicht verkraften kann.

In der Schweiz erlag das letzte Opfer eines Kreuzotternbisses im Jahr 1961. Dank der Sera sind Todesfälle in der heutigen Zeit beinahe ausgeschlossen, wenn nicht eine Verkettung ungünstiger Faktoren das Gegenteil bewirkt. Grundsätzlich fliehen alle Schlangen vor dem Menschen und werden schon bei geringen Erschütterungen unruhig. Niemals lauern Schlangen einem Menschen auf, um ihn vorsätzlich zu beißen. Lediglich wenn ein Wanderer zufällig auf das Reptil steigt oder es in die Enge getrieben wurde, beißt die Schlange zu, um sich ihres Lebens zu erwehren.
Aufpassen, wohin man tritt oder wohin man mit den Händen faßt, ist immer noch das sicherste Mittel, sich vor dem Biß einer Viper zu schützen.
Eine für Europa geltende Faustregel: Alle Schlangen, die länger als einen Meter sind, sind ungiftig.

Vipern setzen ihr Gift gegen Feinde ein und um ihre Beutetiere zu töten, niemals aber gegen Artgenossen. Männliche Tiere ermitteln die Rangordnung in sogenannten Commentkämpfen, bei denen auch keine Bisse zugefügt werden. Dabei richten die zwei Buhler etwa ein Drittel des Rumpfes in die Höhe und umschlingen einander. Bald stellt sich heraus, welcher der beiden stärker und erfahrener ist. Der Unterworfene zieht sodann ab und überläßt dem Gegner das Feld. Somit wird der Tod eines Tieres vermieden, und es besteht keine Gefahr, daß sich die Art selbst dezimiert.

Ein besonders ominöser Fall eines Schlangenbisses sei an dieser Stelle erwähnt. Der Herpetologe Othmar Harald Lenz (1798–1870) wurde Zeuge folgenden Vorfalls[7]:

„*Ein schlechter Kerl, Hörselmann mit Namen, machte sich groß, ein Mittel zu kennen, mit dem er sich dem Bisse der Vipern ungestraft aussetzen könne.* Er kam zu Lenz, der mehrere lebendige Vipern zu Versuchen hielt, und bat, sie ihm zu zeigen. Er rühmte sich, sie wohl zu kennen, und wollte, um zu zeigen, wie wenig er sich fürchte, zugreifen und eine Viper in die Hand nehmen. Gewarnt, unterließ er es einen Augenblick. Allein ehe sich's Lenz versah, griff er in die Vipernkiste und nahm eine ruhig daliegende Viper mitten am Leibe, hob sie hoch empor und sprach einige unverständliche Zauberworte. Die Schlange blickte ihn grimmig an und züngelte sehr stark; dessenungeachtet steckte er schnell ihren Kopf in den Mund und that, als ob er daran kaue. Bald zog er sie wieder zurück und warf sie in die Kiste, spie dreimal Blut aus und sagte, indem sich sein Gesicht schnell röthete und seine Augen denen eines Rasenden glichen: ‚Mit meiner Wissenschaft ist es nichts, mein Buch hat mich betrogen'.*
Lenz wußte nicht, ob die Sache Betrug oder Ernst sei, und verlangte, Hörselmann solle ihm die Zunge zeigen. Dessen weigerte sich dieser, klagte über Schmerz, bezeichnete die Stelle des Bisses weit hinten an der Zunge und verlangte, nach Hause zu gehen, wo er schon Mittel habe, welche ihm helfen würden. Oel wollte er keines nehmen und ging noch ziemlich festen Schrittes, um seinen Hut zu holen, wankte aber bald und fiel um, stand wieder auf und fiel von neuem nieder. Er sprach noch deutlich, aber leise; sein Gesicht röthete sich mehr, die Augen wurden matter; er beklagte sich über Schwere des Kopfes und bat um eine Unterlage. Man trug ihn auf einen Stuhl, wo er sich anlehnen konnte; er blieb ruhig sitzen, klagte anfangs über Hunger, da er den ganzen Tag noch keine feste Nahrung genossen habe, forderte Wasser, trank aber nicht, senkte den Kopf, fing an zu röcheln und verschied. Die ganze Scene hatte 50 Minuten gedauert und 10 Minuten nachher war die Leiche schon kalt.
Am folgenden Morgen zeigten sich bereits Spuren der Fäulniß, und die Leichenöffnung wurde vorgenommen. Stirn, Augen, Nasenlider, die linke Hand und der linke Schenkel waren blau, die Zunge geschwollen und in der Mitte, wo die Wunde war, fast schwarz, die Hirngefäße voll dunklen Blutes und die Lungen ungewöhnlich blau. Der Uebergang vom Leben zum Tode glich hier wie in anderen Bißfällen einem ruhigen Einschlafen. Keine Beklemmung des Athems, keine Bangigkeit war eingetreten, wohl aber ein sehr schnelles Sinken der Kräfte und Störung der willkürlichen Bewegung."

Massenauftreten von Giftschlangen

Im Zusammenhang mit der Gefährlichkeit stand auch das teilweise massenhafte Auftreten von Vipern, wenn auch gesagt werden muß, daß es sich hierbei stets um lokale, auf kleine Regionen bezogene Phänomene handelte, die scheinbar heute nicht mehr in diesen Ausmaßen beobachtet werden können.

Massenhaftes Auftreten von Vipern und auch anderen Schlangenarten kann unter Umständen im Frühling beobachtet werden, wenn mehrere Tiere, die zusammen an einer günstigen Stelle den Winter in einem Starrezustand überdauert haben, zugleich, durch die ersten warmen Sonnenstrahlen angelockt, ein Sonnenbad nehmen. Es ist

selbstverständlich, daß diese noch nicht gänzlich aktiven Tiere keine Strapazen bei dieser ersten Unternehmung auf sich nehmen und für einige Stunden oder Tage in unmittelbarer Nähe des Winterquartiers bleiben. Danach verteilen sich die Vipern aber schnell auf die verschiedenen Reviere.
Nach den Angaben von Mathion und Ebel waren die Kreuzottern am St. Salvadore bei Lugano einst derart zahlreich, daß ganze Landhäuser verlassen werden mußten. Auch in diesen Fällen verhielt es sich wahrscheinlich so, daß die Tiere auf der Suche nach einem geeigneten Winterquartier das Landhaus eines Bauern, der sogleich von einer Vipernepidemie zu sprechen begann, als bevorzugtes Refugium ausgewählt hatten.

In solchen Fällen wurden umgehend Schlangenfänger bestellt, die dem „Gezücht" ein Ende bereiten sollten. Die dabei ausgesetzten hohen Prämien waren für viele Leute Ansporn genug, sich auf diese Weise ihren Lebensunterhalt zu verdienen.

Vipern in der Medizin
Kreuzottern sowie Aspisvipern waren noch bis in das 20. Jh. begehrte Objekte für Mediziner, Quacksalber, Naturheiler und Privatpersonen.
Vipern gebraten, gekocht, pulverisiert oder in Alkohol eingelegt, wurden als Mittel gegen Lähmungen, Schlagfuß, Zahnfäule, Fieber jeder Art, Epilepsie und gegen Pocken verschrieben. Aus dem Fleisch ließ sich eine nahrhafte, heilende Brühe zubereiten, und das Fett der Reptilien sollte Heilung oder zumindest Linderung bei Quetschungen, Prellungen und Augenkrankheiten gebracht haben.
Selbst eitle Damen scheuten nicht davor zurück, in den Schlangenfettiegel zu greifen, um ihre Haut einzureiben. Sie erhofften sich eine glättende Wirkung durch das Fett.

Die Nachfrage nach Schlangenprodukten war teilweise so groß, daß Apotheker Vipern in Fässern mit Kleie hielten, um die zahlreichen Bestellungen erfüllen zu können. Im Jura soll ein geschäftstüchtiger Apotheker Ottern in einem Garten gehalten haben und diese lebendig, in Schachteln mit Sägemehl, in die gesamte Schweiz versandt haben.
Die Nachfrage wurde in verschiedenen Regionen zunehmend größer. Um das Jahr 1800 gab es speziell in der Umgebung von Mailand Händler, die oft mit über sechzig dieser heilsamen und nahrhaften Ottern in einem Kasten durch die Dörfer und Städte zogen, um sie stückweise, tot oder lebendig, für gutes Geld zu verkaufen.

Vipern waren auch neben zahlreichen anderen Schlangenarten fixer Bestandteil des berühmten venetianischen **Theriak**. Theriak war in vergangenen Tagen ein sehr begehrtes Allheilmittel und bestand aus einer Mixtur von mehr als siebzig unterschiedlichen Ingredienzien. Das Rezept war geheim, und nur wenige Geistliche kannten es, was aber geschäftstüchtige Schwindler keineswegs davon abhielt, Theriak, das einen sehr hohen Marktpreis erzielte, zu fälschen. Ob die Geistlichen oder die Theriakfälscher die besseren Betrüger waren, bleibt dabei offen. Angeblich soll es gegen Schlangenbiß, Kropf, Krätze, Aussatz und vieles mehr geholfen haben.
Der Arzt Christoph Hellvig rät in seinem im Jahr 1716 erschienenen Buch „Armer Leute sicherer und geschwinder Hausmedicus" folgende Vorgangs- beziehungsweise Anwendungsweise bei allfälligen Vergiftungen[41]:

„Nimm ein warm Brod aus dem Ofen oder machs auffm Rost warm, mach in der Mitten ein Loch, fülle es mit Theriak und Essig, solch Loch auf den Leib geleget, daß das Loch gerade auf den Nabel kommt, das zeugt allen Gift heraus."

Das Allheilmittel Theriak wurde immerhin bis in das Jahr 1882 im offiziellen deutschen Heilmittelverlag geführt. Inzwischen wurde durch zahlreiche Analysen an alten Theriakresten herausgefunden, daß es, medizinisch gesehen, völlig wertlos gewesen ist, abgesehen davon, daß dieses Gemisch bestenfalls ein gutes Placebomittel abgegeben haben könnte.

Der Aberglaube und die Angst vor dem Gift waren die maßgeblichsten Ursachen, weshalb jeder, der auf eine Schlange traf, ganz gleich welcher Art, sogleich zum Stock griff und auf die wehrlose Kreatur einprügelte, bis sie sich nicht mehr rührte. An dieser Einstellung hat sich bis heute wenig geändert.

Schon Alfred Edmund Brehm (1829–1884), obwohl ein großer Naturfreund und -kenner, teilte die Anschauung des römischen Dichters Vergilius (70–19 v.Chr.), indem er schrieb[41]:

„Nur frisch zu Steinen und Knütteln gegriffen und wacker losgeschlagen auf das Gezücht, wie es auch drohend sich hebe und mit schwellendem Hals zische."

Auch der deutsche Biologielehrer und spätere Professor in Heidelberg Otto Schmeil (1860–1943), der grundsätzlich als seriöser Naturgelehrter angesehen werden muß, ruft noch im ersten Viertel des 20. Jh. in seinem weitverbreiteten Zoologielehrbuch (!) zum Kampf gegen die Kreuzotter auf[23]:

„Selbst das eingetrocknete und wieder aufgeweichte Gift hat seine Wirkung nicht verloren. Darum sollte niemand einen Ort, der von dem giftigen Gezücht bewohnt wird, barfuß betreten, oder sich im Freien an einer Stelle niederlassen, ohne sie vorher genau untersucht zu haben. Darum sollte man ferner die natürlichen Feinde der Otter (Iltis, Igel, Schlangenbussard) sorglich schützen und endlich nächtliche Jagden auf den Unhold veranstalten."

Die Jagd auf die Vipern

Konrad Gesner (1516–1565), der übrigens diesem „Giftwurm" ein „frevel Gesicht" zuschrieb, berichtete von einer zweifelhaften Art und Weise, wie man Vipern habhaft werden konnte. So wurden bei Hecken und neben Steinhaufen mit Wein gefüllte Schälchen hingestellt. Angeblich reizte der süße Duft die „leckerhaften Würmer" dermaßen, daß sie aus ihren Ritzen hervorkrochen und von dem köstlichen Trunke naschten! Hierauf war es nicht mehr schwierig, die berauschten Tiere einzufangen.

In Frankreich suchte der Schlangenfänger in vergangenen Jahrhunderten angeblich einen Platz auf, von dem er wußte, daß dort Vipern hausten. An solch einem Ort entfachte er ein Feuer und stellte auf einem Dreifuß einen Kessel darüber. Sodann fing er eine Otter, zumeist hatte er jedoch schon selbst eine mitgebracht, und warf sie bei leben-

KRIECHTIERE

digem Leib in den Kessel, wo die arme Kreatur zu rösten begann. Das fürchterliche Zischen der mit dem Tode ringenden Schlange soll sodann zahlreiche Ottern aus deren Verstecken gelockt und dermaßen verwirrt haben, daß es nun für den Fänger ein leichtes gewesen sein soll, diese verschreckten Tiere mit Handschuhen einzufangen und in einen Sack zu stecken.

Da Schlangen taub sind, wird diese ohnehin fragwürdige Fangmethode wirkungslos gewesen sein.

In Italien sollen die Jäger ähnlich vorgegangen sein, nur mit dem Unterschied, daß sie selbst zischende Laute von sich gegeben haben sollen. Außerdem wurden auf offenem Feld Reifen senkrecht aufgestellt, an denen sich die herbeigelockten Vipern emporgerichtet haben und mit Zangen eingefangen worden sein sollen.

Ein sagenhafter Fangvorhergang wird aus dem oberen Nikolaital im Kanton Wallis aus dem 19. Jh. berichtet; zusammengefaßt nach Tschudi[7]:

> In besagtem Tal sollen die Ottern einst so häufig geworden sein, daß die Einwohner einen Schlangenbeschwörer herbeirufen ließen. Dieser lockte, gemäß den Angaben des Berichtes, mit einer Pfeife zuerst eine weiße (!) Schlange aus ihrem Versteck hervor. Nach und nach krochen andere Vipern aus ihren Löchern und sammelten sich um das weiße Exemplar. Der Pfeifer durchstrich sodann das gesamte verseuchte Gebiet, immer gefolgt von der weißen Schlange und den sich stets vermehrenden Ottern, die er schlußendlich am Ende des Zermatter Bannes in eine Grube lockte und bei lebendigem Leib verbrannte. Beim Einkassieren seines Honorars gab der Schlangenfänger den Zermattern noch den Ratschlag, daß nicht alle Kreuzottern ausgerottet werden sollten, da sie dem Boden einen schädlichen Stoff für deren Gifterzeugung entnähmen!

Das Ausheben eines Überwinterungsquartieres, in dem sich oft mehrere Dutzend Tiere befanden, war und ist eine beliebte Methode, um schnell und auf ungefährliche Art und Weise zahlreiche Giftschlangen zu fangen oder zu töten. Solche Nester wurden sehr oft auch mit Feuer vernichtet.

2. DIE NATTERN

Von den 22 in Europa lebenden Natternarten bewohnen sechs Vertreter den Alpenraum, wenn auch einige davon lediglich in dessen Ausläufern anzutreffen sind[39]:

Die Ringelnatter

Die Ringelnatter hat von allen europäischen Schlangen das größte Verbreitungsgebiet auf dem Kontinent. In neun geographischen Rassen lebt sie in gesamt Europa, mit Ausnahme von Island, Irland, Schottland, dem Norden Skandinaviens sowie einiger Mittelmeerinseln. Zudem ist sie in großen Teilen Asiens bis hin zum Baikalsee und in Nordwestafrika verbreitet. Die Barren-Ringelnatter (*Natrix natrix helvetica*) ist im westlichen Teil der Alpen heimisch und kommt noch lokal in Vorarlberg, dort nicht am Bodensee, und in Tirol vor. Diese Unterart ist durch die barrenförmig verlängerten Querflecken an den Flanken gekennzeichnet. Die Nominatform (*Natrix natrix natrix*) bewohnt die östlichen Teile der Alpen (auch Tirol und Vorarlberg). Ihr fehlen die Barrenflecken an den Flanken, sie weist aber intensiv weißgelbliche bis orange gefärbte Mondflecken, die sogenannten Krönchen, am Nacken auf. Auch an der Beschuppung können diese zwei Rassen voneinander unterschieden werden.

Männchen können über einen Meter lang werden, die Weibchen bis eineinhalb Meter, und sie erreichen in Ausnahmefällen sogar zwei Meter. Das längste in Mitteleuropa, in der Schweiz, gefangene weibliche Exemplar wies eine Länge von 180 Zentimetern auf. Die Färbung kann sehr unterschiedlich sein: Oberseite grau bis olivgrün, bräunlich bis schwarz. Die Unterseite des Kopfes, die Kehle und der Vorderteil des Bauches bleiben häufig fleckenlos hell. Die Ringelnatter lebt in den Niederungen gleichwohl wie im Gebirge, in das sie bis zu 2300 Meter hoch aufsteigt. Im Norden Europas lebt sie bis hin zum 67° nördlicher Breite. Stets ist die Ringelnatter aber in der Nähe von Gewässern anzutreffen, die ihr bevorzugtes Jagdrevier darstellen. *Natrix* bedeutet ja soviel wie Schwimmerin, weshalb diese Gattung auch als Wassernatter bezeichnet wird. Sie besiedelt Teich-, See-, Bach- und Flußufer, aber auch Moore, Brüche und andere Wasseransammlungen. Ringelnattern sind am Tag aktiv und sonnen sich meist in der Nähe ihres Heimatgewässers. Sie verstehen es ausgezeichnet zu schwimmen und zu tauchen.

KRIECHTIERE

Frösche stellen neben Molchen und Fischen den Hauptanteil ihrer Nahrung dar. Seltener werden Nagetiere aufgenommen. Die Ringelnattern schlucken ihre Beute, die sie mit ihren Zähnen festhalten, lebend und halten sie dabei nur selten mit Körperschlingen fest.

In zahlreichen Märchen, Wundergeschichten und Legenden spielt die Ringelnatter, oft mit einem goldenen Krönchen auf dem Haupt, die Rolle der Glücksbringerin. Die Menschen sahen in den hellen Mondflecken eine Krone. Überlieferungen berichten, daß in die Krone ein Edelstein, der sogenannte Siedelstein, eingearbeitet sei. Dieser wurde so benannt, da sich in diesen jegliches nur erdenkbare Glück eingesiedelt hatte. Der Besitzer eines solchen wertvollen Steines erlangt binnen kurzer Zeit großen Reichtum, das Glück wendet sich von ihm nimmermehr ab, und auch ständige Gesundheit ist gewährleistet. In der germanischen Mythenerzählung wird er als Siegesstein bezeichnet. Der Träger eines solchen Steines geht aus jeder Schlacht als Sieger hervor und kann den zauberkräftigen Stein auch übertragen und an seine Nachfahren vererben.

Ludwig Bechstein veranschaulicht in dem Märchen „Das Natternkrönlein" die Einflußmöglichkeit einer Ringelnatter[41]:
Als Dank dafür, daß eine Magd eine Ringelnatter mit kuhwarmer Milch gefüttert hatte, erhielt das Mädchen einen jungen, feschen Gemahl. Mit dem Bauern aber, der dies unterbinden wollte und dem „Teufelswurm" keine Milch vergönnte, ging es bergab. Die Ringelnatter hingegen bezog Quartier im Stall des Brautpaares, ergötzte sich weiterhin an der Milch und brachte Glück und Frieden über Hof und Haus.

Dazu muß bemerkt werden, daß Ringelnattern keine Flüssigkeiten und schon gar nicht Milch zu sich nehmen; doch diese Verleumdung wurde ihnen oftmals zum Verhängnis: Nicht selten sucht nämlich eine weibliche, trächtige Natter im Juli oder August die Nähe menschlicher Behausungen auf, um dort ihre 11–25, oft auch wesentlich mehr (man zählte schon bis zu 53 Stück) weichschaligen, glatten, weißen Eier in Mulm oder in anderes feuchtwarmes Material, wie etwa einen Misthaufen, abzulegen. Wird die Schlange jedoch durch Zufall auf dem Anwesen eines Bauern von den Hufen einer Kuh erdrückt oder von einem Menschen erschlagen, so quillt der milchige, weiße Inhalt der Eier, den die Bauern für Kuhmilch hielten, aus dem angeschwollenen Tier. So dachten die Landwirte, daß die Natter in die Stallungen eindringen, um dort ihren Durst am Euter der Kuh zu stillen. Der Volksmund nennt übrigens solche in Misthaufen abgelegte Eier „Hahneneier".

Ganze Gehöfte gerieten mitunter in Aufruhr, wenn sich im Spätherbst mehrere Nattern dort einfanden, um einen Platz zum Überwintern zu erkunden. Fanden sich in solchen Anwesen dann noch zusätzlich Gemeinschaftsgelege von mehreren Nattern, die über 200 Eier enthalten können, so stand fest, daß der Satan in Gestalt der Schlange hier sein Unwesen trieb, was wiederum die harmlosen Reptilien mit ihrem Leben bezahlen mußten.

Menschen schlagen schnell auf alle schlangenähnlichen Tiere mit dem Stock ein, da sie fürchten, sie könnten von der Schlange gebissen werden. Dies hat zur Folge, daß auch zahllose harmlose Nattern und selbst Blindschleichen, die keine Schlangen sind, getötet wurden und werden.

Je höher Ringelnattern in das Gebirge aufsteigen, desto mehr nehmen sie eine dunklere Färbung an, wobei die Mondflecken mitunter düster grau werden oder gänzlich verschwinden. Wegen dieser scheinbaren Ähnlichkeit mit der schwarzen Form der Kreuzotter mußten und müssen unzählige Ringelnattern ihr Leben lassen.

Angegriffen, stößt die Ringelnatter unter lautem Zischen den abgeplatteten Hals und Kopf vor, beißt aber nur in den seltensten Fällen zu. Geschieht dies dennoch, so ist die Wunde kaum zu sehen, schmerzlos und ungefährlich. Wird eine Ringelnatter eingefangen, entleert sie ein gelbes Postanaldrüsensekret, das übel nach Knoblauch und Mäusemist riecht, und würgt unter Umständen sogar Nahrungsreste hervor.

Trotz all der Nachstellungen durch den Menschen, der zahlreichen Raubsäuger, Igel, Ratten und Schweine, der vielen Greifvögel, Störche, Rabenvögel, selbst der Haushühner, der Hechte und Barsche, ist die Ringelnatter noch die am häufigsten anzutreffende Schlange des Alpenraumes, wenn sie auch in vielen Gebieten bereits verschwunden ist oder nur mehr selten vorkommt.

Die übrigen Natternarten sollen nun recht kurz vorgestellt werden:

Die Würfelnatter

Die Würfelnatter hat eine Länge von 80 bis 110 cm, ihr Rücken ist hell olivgrau mit kleinen dunklen, mehr oder weniger deutlich ausgebildeten und in Längsreihen angeordneten Flecken. Die Bauchfläche ist weiß bis gelblich, mit zahlreichen schwarzen Flecken.

In Österreich trifft man auf die Unterart *Natrix t. tessellata*, die lokal in Südkärnten, weiters in der Steiermark südlich von Graz, in Niederösterreich im Wiener Becken und im Burgenland zu finden ist. Oft wandert sie zu Hunderten von Donau, Mur und Drau in innere Regionen des Alpengebietes. Sie kommt auch in Südtirol und in der Schweiz (Tessin, Wallis) vor. Außerhalb der Alpen ist die Würfelnatter in Deutschland (Rhein-, Mosel-, Nahe-, Lahn- und im oberen Elbetal), auf der Apenninenhalbinsel, in Polen, im Bereich der ehemaligen Tschechoslowakei, am Balkan und im südlichen Rußland verbreitet.

Stärker als die Ringelnatter ist die Würfelnatter an Gewässer gebunden, ihre Nahrung besteht aus Fischen, Fröschen, Kaulquappen und Molchen.

Nach der Paarung im Frühjahr setzt das Weibchen 5–25 Eier ab, aus denen im August die lediglich 16 Zentimeter langen Jungtiere schlüpfen. Die Winterruhe beginnt im September oder Oktober. Würfelnattern verkriechen sich dazu unter Steinen oder zwischen den Wurzeln alter Bäume. Erst im März oder April werden die Tiere wieder aktiv.

Die Vipernatter

Die Vipernatter erreicht eine Länge von 80–90 cm, Weibchen können bis zu einem Meter lang werden. Ihr im Umriß dreieckiger Kopf sowie ihre Rückenzeichnung erinnern an eine Viper, weshalb sie auch oft von unkundigen Menschen erschlagen wird. Sicheres Kennzeichen, daß es sich um eine Natter handelt, sind die großen Kopfschilder. Aber selbst Fachleute lassen sich von der Mimikry dieser Natter täuschen oder meinen umgekehrt, wenn sie eine Kreuzotter sehen, es handelt sich hierbei um eine harmlose Vipernatter. So erging es im 19. Jh. einem gewissen André Duméril (1774–1860), der sich eingehend mit Reptilien befaßt hatte. Er fand eine Kreuzotter, meinte, es sei eine Vipernatter, hob sie auf und wurde gebissen, danach schwebte er mehrere Tage lang in Lebensgefahr. Die Vippernatter löst die Würfelnatter nach Westen hin ab. Sie kommt auch in der Schweiz (Wallis, Tessin) und im Nordwesten von Italien vor, ansonsten in großen Teilen Frankreichs, auf Sardinien, auf den Balearen und auf der Iberischen Halbinsel sowie in Teilen Nordwestafrikas. Sie lebt am Rande fließender und stehender Gewässer, im Flach- und Hügelland bis 1500 Meter. Ihre Nahrung besteht vor allem aus kleinen Fischen und Kaulquappen, aber auch aus erwachsenen Fröschen und Molchen. Die Paarung findet sowohl im Herbst als auch im Frühling statt. Im Juni, Juli oder August legt das Weibchen 4–14, manchmal sogar 20 weißliche Eier in feuchtes Erdreich ab. Im September oder Oktober schlüpfen die 20 Zentimeter langen Jungtiere aus. Die Winterruhe erstreckt sich von Oktober bis März. Gerne werden dabei Nagergänge aufgesucht.

Die gelbgrüne Zornnatter

Diese Natterart wird bis eineinhalb Meter, manchmal auch bis zwei Meter lang. Auf dem schwarzen bis dunkelgrünen Rücken stehen im Vorderteil des Rumpfes gelbe Flecken zu Querreihen angeordnet, im hinteren Teil des Körpers bilden sie Längsreihen. Die weißlich oder grünlich gelbe, mitunter auch fast völlig schwarze Unterseite weist seitlich dunkle Flecken auf.

Die gelbgrüne Zornnatter kommt in Südtirol in der Umgebung von Bozen und in Görz vor. In Südtirol kommt auch die fast völlig schwarze Unterart, die Karbonarschlange (*Coluber viridiflavus carbonarius*) vor. Ansonsten ist die Nominatform (*Coluber v. viridiflavus*) verbreitet. In der Schweiz kommt sie im Tessin und im Wallis vor. Weiters ist sie in großen Teilen von Frankreich, auf Sardinien, Korsika, Sizilien, Malta, auf der Apenninenhalbinsel und an Teilen der nördlichen adriatischen Balkanküste zu finden. Als Lebensraum bevorzugt sie trockene und sonnige Stellen an Waldsäumen und Straßenrändern, Gestein, Gebüsch und Hecken. Sie lebt sowohl im Flachland als auch im Gebirge bis zu 1800 Meter Seehöhe. Die Zornnatter frißt kleine Nagetiere wie Mäuse, Vögel, Echsen und Schlangen. Auf der Suche nach Nahrung klettert die ansonsten bodenbewohnende Natter geschickt in den Büschen und Hecken, wo sie die Nester von Singvögeln plündert und auch gerne Eier verzehrt. Wird sie angegriffen oder gefangen, so beißt die Zornnatter sofort zu und kaut gleichsam die gebissene Stelle durch. Bei Gefahr peitscht diese Natter auch mit ihrem Schwanzende in Richtung Feind ein. Der Biß ist vollkommen ungefährlich.

Im Juni oder Juli legt das Weibchen 10–15 längliche, weiße, kalkschalige Eier in ein Erdloch oder in eine Gesteinsspalte. Nach 6–8 Wochen schlüpfen die ungefähr 20 Zentimeter langen Jungtiere aus und ernähren sich vorerst von Insekten und anderen Wirbellosen. Von Oktober bis März verharrt diese Natternart oft in Gruppen im Erdreich.

Die Schling- oder Glattnatter

Die Schling- oder Glattnatter wird bis 75 cm lang. Auf der Oberseite ist sie grau, braun, oliv oder rötlich gefärbt und mit kleinen braunen bis schwärzlichen, in paarigen oder schräg gegeneinander versetzten Flecken versehen. Auf dem Hinterkopf verschmelzen zwei dunkelbraune Flecken. Je nach Verschmelzung der Fleckenreihen entsteht eine Zeichnung, die der der Kreuzotter ähnelt, weshalb diese harmlose Natter auch oft erschlagen wird. Die Flecken bilden jedoch niemals ein für die Kreuzotter charakteristisches Zickzackband. Der Kopf der Schlingnatter ist weit schmaler, der ganze Körper viel schlanker als bei der Kreuzotter. Die Bauchseite ist schwarz, grau, braun, orangerot oder gelb gefärbt. Bei den Männchen wirkt sie mehr rötlich braun, bei den Weibchen aber eher grau und bei den Jungtieren ziegelrot oder leuchtend braun. Die Schuppen dieser Natter sind völlig glatt und weisen keinen bei Schlangen sonst üblichen Kiel auf. In Österreich ist die Unterart *Coronella a. austriaca* in den Alpen bis 2000 m häufig anzutreffen; und von der Iberischen Halbinsel über gesamt Zentral-, Mittel- und Südeuropa bis hin nach Westasien ist sie auch im Süden Englands, Norwegens, Schwedens und Finnlands verbreitet.

Die Glattnatter kommt an warmen und trockenen Stellen vom Flachland an bis in Höhen von 2000 Metern vor. Diese Art stellt keine bestimmten Ansprüche an die Geländeform, was auch ihr weites Verbreitungsgebiet erklärt.

Ihre Nahrung besteht vor allem aus Eidechsen, Blindschleichen, seltener aus jungen Schlangen, Vögeln und Nagetieren. Das Beutetier wird vor dem Hinabwürgen mit mehreren Körperschlingen gefesselt. Die Schlingnatter ist die einzige lebendgebährende Natter des Alpenraumes! Im August oder September gebiert das Weibchen 2–15 Junge, die im Augenblick der Geburt ihre Eihüllen sprengen. Die Schlingnatter ist also ovovivipar. Die Jungtiere sind 13–18 Zentimeter lang. Bereits im September oder Oktober zieht sich die Schlingnatter in frostsichere Plätze im Erdreich oder zwischen Wurzeln zurück.

Eine der Schlingnatter sehr nahe verwandte Art ist die Gironde-Glattnatter (*Coronella girondica*), die in Südtirol, auf der Apenninenhalbinsel, im südlichen Frankreich, auf der Iberischen Halbinsel und im nordwestlichen Afrika lebt. Diese Art ist erst wenig erforscht. In Größe, Verbreitung und Fortpflanzungsbiologie ähnelt sie der Schlingnatter.

Die Äskulapnatter

Die Äskulapnatter wird im Durchschnitt bis 1,1 Meter lang, kann aber auch 1,8 Meter und im südlichen Teil des Verbreitungsgebietes bis zwei Meter lang werden. Ihre Rückenfärbung ist glänzend braun, mitunter gelblich-grau oder olivbraun. Jede Schuppe weist einen kleinen, weißen Fleck auf, der besonders an den Flanken deutlich ausgeprägt ist. Die Bauchfläche ist gelb oder grünlich gefärbt. Jungtiere sehen aschbraun oder grünlich grau aus und zeigen in Längsreihen angeordnete dunkle Flecken. Der Kopf dieser Natter ist oben dunkelbraun gefärbt und weist hinten eine gelbliche oder cremefarbene Querbinde auf. In Österreich ist die Unterart *Elaphe l. longissima* verbreitet. Die Äskulapnatter ist von den Hängen der Pyrenäen über Frankreich, die Apenninenhalbinsel, Teile Mitteleuropas, das gesamte Balkangebiet bis nach Transkaukasien anzutreffen. Die Frage, ob

312

die Äskulapnatter ein natürliches Verbreitungsgebiet nördlich und in den Alpen hat, ist sehr umstritten. Viele Herpetologen meinen, daß diese Natternart von den alten Römern über die Alpen nach Mitteleuropa gebracht worden ist.

Ein Indiz hierfür könnte der Umstand sein, daß die Römer Schlangen zu Ehren des Gottes Äskulap, der als Gott der Heilkunst verehrt wurde, in ihren Tempeln hielten. Ob es sich hierbei um Äskulapnattern handelte, ist jedoch nicht geklärt. Weiters erscheint es unwahrscheinlich, daß die Römer bei ihren Alpenüberquerungen Schlangen mit sich geführt haben. Viel wahrscheinlicher ist, daß diese Natternart an einigen günstigen Stellen als Relikt vergangener wärmerer Erdepochen bis in heutige Tage überdauern konnte.

Lokal verbreitet ist diese Natter auch in Osttirol, Salzburg, Oberösterreich, Niederösterreich, Burgenland, Kärnten und in der Steiermark. In Kärnten und in der Steiermark kommt sie stellenweise besonders häufig vor und wird hier als „Hausschlange" bezeichnet. Aus Nordtirol gibt es lediglich Hinweise, daß in der Umgebung von Rattenberg ein Äskulapnatternvorkommen bestehen soll. In Deutschland gibt es diese Art bei Schlangenbad, bei Passau, bei Lörrach und Hirschhorn am Neckar, in Italien im Bereich der Alpen in Südtirol und in der Schweiz im Tessin und Wallis.

Die Äskulapnatter bevorzugt sonnige Stellen im Flach- und im mittleren Bergland bis 1600 Meter Höhe. Sie meidet das Wasser, kann jedoch gut schwimmen und tauchen. Ihre Nahrung besteht vor allem aus Nagetieren wie Mäuse und Bilche, Vögel, deren Junge und Eier, Echsen und Fledermäuse. Sie ist eine besonders geschickte Kletterin, die sich in Hecken, Gebüschen und selbst an senkrechten Wänden gut zurechtfindet, weshalb sie mitunter auch Kletternatter genannt wird. Einige Wochen nach der Paarung, die Ende Mai oder im Juni erfolgt, legt das Weibchen 5 bis 8, manchmal sogar bis 18 längliche, weichschalige Eier in Humus, unter Blätter oder Moos, in Mauerritzen oder unter einem Baumstumpf ab. Nach etwa zwei Monaten schlüpfen die ungefähr 25 Zentimeter langen Jungtiere aus. Ab September verkriecht sich diese Natternart unter Baumwurzeln, Steinen und in Nagetiergängen. Erst Mitte April wird die Äskulapnatter wieder aktiv.

Geschichtliches: Einst wütete die Pest im alten Rom. Die Priester erfuhren aus den Sibyllinischen Büchern, daß lediglich der Gott Asklepios diese Seuche beseitigen könne. In letzter Verzweiflung fuhren einige Abgesandte per Schiff nach Epidauros, einer alten Hafenstadt im Nordosten des Peloponnes, wo sie den Beistand der Götter erhofften. Sodann kroch eine Schlange auf das Schiff der Römer und ringelte sich vor den Augen der verschreckten Mannschaft in der Kajüte des Gesandten Olgunius ein. Die friedfertige Schlange schlief laut Überlieferung des Schriftstellers Valerius Maximus ein. Es bestand kein Zweifel; der Gott Asklepios war zu den Römern gekommen. Freudig segelten diese Richtung Heimat. In Antium, das heutige Anzio südlich von Rom, legten sie an. Die Schlange verließ das Schiff und suchte für drei Tage den Äskulaptempel auf. Sodann setzte die Abordnung ihre Reise weiter nach Rom fort, wo bald darauf die Pest erlosch. Noch heute ist die Äskulapnatter, die sich um einen Stab windet, das Sinnbild der Medizin und das Berufssymbol der Ärzte.

Die Äskulapnatter ist leicht zähmbar, was schon der Bologneser Zoologe U. Aldrovandi (1522–1605) in seinem Werk „Draconum et Serpentum Historia" angibt. In Schlangenbad (Dtld.) haben einst arme Leute diese Natternart gezähmt und gelegentlich an Kurgäste verkauft.

II. DIE ECHSEN

1. DIE SCHLEICHEN

In Europa leben zwei Vertreter aus der Familie der Schleichen. Der Scheltopusik (*Ophisaurus apodus*) lebt in den Balkanländern, auf der Halbinsel Krim, in Kaukasien, auf Rhodos, in Kleinasien, Syrien, im Iran und in Transkaspien. Diese bis zu 120 Zentimeter lang werdende Art bevorzugt dicht mit Buschwerk bestandenes Steppengebiet von Meereshöhe an bis zu Lagen um 2100 Meter und ernährt sich von Insekten, Würmern, Schnecken und kleinen Wirbeltieren.

Der zweite Vertreter dieser Familie ist die im Alpenraum weit verbreitete Blindschleiche (*Anguis fragilis*).

Die Blindschleiche

Die Blindschleiche wird im Höchstfall bis knapp 50 Zentimeter lang. Sie hat einen eidechsenähnlichen Kopf, der ohne halsähnliche Einschnürung in den schlangenähnlichen und beinlosen Rumpf übergeht. Im Unterschied zu den Schlangen haben Blindschleichen bewegliche Augenlider, können ihre Mundspalte nicht erweitern, häuten sich in Fetzen und können bei Gefahr das Schwanzende an einer bestimmten Stelle mittels eines eigenen Muskels willkürlich abwerfen. Das abgetrennte Stück windet sich durch Muskelkontraktionen weiter und lenkt einen Verfolger ab, so daß sich das Tier selbst in Sicherheit bringen kann. Der verlorengegangene Teil des Schwanzes wächst wieder nach, erreicht aber nicht mehr die einstige Länge. Das neue Schwanzstück wird auch nicht mehr durch Wirbel, sondern durch Knorpel gestützt. Von der Bruchstelle

KRIECHTIERE

aus kann der Schwanz sogar ein zweites oder drittes Mal nachwachsen. Alle vier in den Alpen heimischen Eidechsen können ebenfalls in Gefahrensituationen den Endteil ihres Schwanzes abwerfen. Blindschleichen sind in ihrer Färbung sehr unterschiedlich: hell, fahl oder dunkelbraun bis fast schwärzlich. Zumeist erstreckt sich bei den Jungtieren und bei den Weibchen ein breiter, nicht unterbrochener dunkler Längsstreifen vom Hinterkopf an über den Rücken; die gesamte Bauchfläche bis zur Unterseite der Flanken erscheint dunkel bis schwarz. Bei männlichen Tieren können blaue Flecken an der Oberseite aufscheinen. In Österreich ist die Unterart Anguis f. fragilis verbreitet und in den Alpen bis auf 2000 Meter anzutreffen, weiters überall in Europa außer auf Island, Irland, den Balearen, Korsika, Sardinien, Kreta, Zypern und dem Norden Skandinaviens sowie in Nordwestafrika. Die Blindschleiche bevorzugt Waldränder, feuchte Gebüsche, Gärten, Parkanlagen und Wiesen und steigt von der Ebene in das Gebirge bis etwa 2000, in Ausnahmefällen bis 2400 Meter auf.

Dieses eher sich langsam fortbewegende Dämmerungstier nimmt vornehmlich Nacktschnecken, Würmer und Insekten aller Art auf. Nach 11–13 Wochen Trächtigkeit gebiert das Weibchen im Juli oder September, manchmal auch viel später im November 5–25 Jungtiere. Meist sind es 8–12 Stück, die 4–7 Zentimeter lang sind. Diese Art ist ovovivipar. Früher wurde diese Schleiche wegen ihrer im Sonnenlicht glänzend-blendenden Oberseite Blendschleiche genannt. Dieser Name erfuhr jedoch im Laufe der Jahre eine Umänderung zu der sinnlosen Bezeichnung Blindschleiche. Ihr lateinischer Name Anguis fragilis, was soviel wie zerbrechliche Schlange (fälschlicherweise, anguis bedeutet Schlange) heißt, bezieht sich auf die Fähigkeit, den Schwanz abzuwerfen. Der Beginn der Winterruhe ist sehr unterschiedlich und hängt von der Meereshöhe bzw. vom Breitengrad des Wohnortes ab. Meist finden sich mehrere Tiere in frostsicheren Plätzen ein.

2. DIE ECHTEN EIDECHSEN

Die Zauneidechse

Die Zauneidechse wird bis 25 Zentimeter lang, wobei zwei Drittel auf den Schwanz entfallen. Die Färbung dieser Eidechse ist sehr unterschiedlich. Den bräunlichen oder graubraunen Rücken und die ebenso gefärbten Flanken zieren meist dunkle runde Flecken mit weißlichen Punkten. Im Frühjahr und im Sommer sind die Flanken der Männchen grasgrün gefärbt, mitunter nimmt auch der Rücken eine grüne Färbung an. Bei den Weibchen überwiegen die bräunlichen Töne. Die Unterart Lacerta a. agilis ist in Österreich im Alpenraum auf Talböden und Niederungen beschränkt und wird mit zunehmender Meereshöhe von der Bergeidechse abgelöst. Die Zauneidechse ist von den

KRIECHTIERE

Pyrenäen ostwärts bis zum Kaukasus und Armenien anzutreffen. Sie lebt in Südengland und in Dänemark wie auch in den südlichen Teilen Schwedens, und sie fehlt auf der Apenninenhalbinsel, im Süden des Balkangebietes und in der Türkei. Im Flach- und Hügelland ist sie an sonnigen und trockenen Stellen zu finden. Sie steigt bis etwa 1000 Meter in das Gebirge auf und war einst eine sehr verbreitete Art, ist jedoch durch den unkontrollierten Einsatz von Insektenvernichtungsmitteln in einigen Teilen des Verbreitungsgebietes bereits völlig verschwunden. Die Zauneidechse fehlt fast immer dort, wo die Smaragdeidechse auftritt. In Niederösterreich bei Maria Taferl wurden vermutlich Bastarde dieser zwei Arten gefunden. Ihre Nahrung sind Insekten, Spinnen, Würmer und Schnecken.

Sieben bis neun Wochen nach der Paarung setzt das Weibchen 6–20 Eier, die Anzahl ist vom Alter des Tieres abhängig, in ein etwa 15 Zentimeter tiefes Loch im feuchtwarmen Erdreich ab. Nach ungefähr drei Monaten schlüpfen die 4–7 Zentimeter langen Jungtiere aus. Im Norden des Verbreitungsgebietes kann die Winterruhe von September bis April dauern, bleibt aber im Süden kürzer.

Die Berg- oder Waldeidechse

Diese Echsenart wird 16 bis ausnahmsweise 18 Zentimeter lang. Sie ist nicht so gedrungen gebaut wie die Zauneidechse und wesentlich behender. Der Schwanz ist kurz und kräftig. Über den graubraunen bis dunkelbraunen Rücken zieht sich häufig ein etwas dunklerer Längsstreifen, an der Grenze zwischen Rücken und Flanken verläuft zu beiden Seiten ein dunkleres ununterbrochenes Band und direkt an den Seiten ein zusammenhängender, ebenfalls dunkler, von helleren Flecken gesäumter Streifen. Der Bauch der Weibchen ist gelblich oder grau, der der Männchen dottergelb bis orange und schwarz gefleckt. Gelegentlich werden auch vollkommen dunkel gefärbte Tiere gefunden.
In Österreich lebt die Unterart *Lacerta v. vivipara*. Außerhalb der Alpen ist sie in gesamt Skandinavien bis zur nördlichen Begrenzung zu finden, in Großbritannien und Irland, von den Pyrenäen über gesamt Zentraleuropa bis hin zur Mongolei. Sie fehlt auf der Apenninenhalbinsel, den Mittelmeerinseln, in der Türkei sowie auf Island. Die Bergei-

dechse liebt verhältnismäßig feuchte Stellen, sumpfiges Grasland, Waldränder, Heideflächen, Almwiesen und Lichtungen. Sie steigt in den Alpen bis 3000 Meter auf, kommt aber auch im Hügelland und in Niederungen vor. Sie ist ein typischer Bodenbewohner, der kaum klettert. Ihre Nahrung besteht aus Gliederfüßern, Würmern und Schnecken.
Zwischen April und Juni paaren sich die Geschlechter. Da Bergeidechsen ovovivipar sind, können sie extreme Lebensräume bewohnen, die anderen Reptilien, abgesehen von der Kreuzotter, nicht zugänglich sind. Die Weibchen gebären 3–10, in Ausnahmefällen bis zu 15 Junge.
Die Ruhezeit beträgt im Norden des Verbreitungsgebietes sowie in großen Höhen oft 8–9 Monate. In südlichen Gebieten kommen die Bergeidechsen während der Wintermonate an schönen Tagen zum Vorschein. Ihre Winterruhe dauert weniger lange als bei den anderen dort heimischen Eidechsenarten.

Die Smaragdeidechse

Die Art erreicht eine Länge bis 40 Zentimeter, wovon aber zwei Drittel auf den Schwanz entfallen. Sie hat einen smaragdgrünen oder bräunlich grünen Rücken mit schwarzen Punkten, die ein Längsband bilden. Bei den Männchen ist die Kehle, besonders zur Fortpflanzungszeit, blau gefärbt, die Unterseite ist einheitlich gelblich.
Die Smaragdeidechse besiedelt das westliche, mittlere und südliche Europa sowie Kleinasien. Im Alpenraum und in Deutschland, Tschechien und der Slowakei bestehen inselartige Vorkommen. Im Bergland ist sie bis zu 1700 Meter Höhe anzutreffen. In Österreich dominiert die Unterart *Lacerta v. viridis*, und zwar in Osttirol in der Nähe des Flughafengeländes bei Lienz, in Südkärnten, im Grazer Becken in der Steiermark, in Oberösterreich bei Passau und Linz, in Niederösterreich in der Wachau und um Wien sowie im Burgenland. In Südtirol ist sie im Etschtal und im unteren Eisacktal bis 900 Meter Höhe anzutreffen, und in der Schweiz in den südlichen Kantonen. In Deutschland besiedelt sie sporadisch den Südwesten in Baden, im Rhein-, Mosel- und Nahetal. In Nordostdeutschland findet man sie an wenigen Stellen bei Brandenburg, in Pommern und Westpreußen. Die Smaragdeidechse ist sehr wär-

meliebend. Diese Art hält sich besonders gerne in Weingärten, an Waldrändern und in mit Buschwerk bestandenem Gelände auf. Sie bevorzugt größere Insekten wie Heuschrecken, die auch im Flug gefangen werden, Würmer, nestjunge Mäuse, Vögel und deren Eier, andere Eidechsen, auch Artgenossen sowie süße Früchte als Nahrung.
Diese sehr flinke Art ist bissig. Im Mai oder Juni setzt das Weibchen ein oder zwei Gelege mit je 6–21 Eiern auf dem Grund einer ziemlich tiefen Erdgrube ab. Je nach Temperatur dauert die Reifung zwischen 7 und 14 Wochen. Die Winterruhe dauert ohne Unterbrechungen von Ende Oktober bis April unter Steinen, Baumwurzeln oder in den Erdgängen von Nagetieren.

Die Smaragdeidechse ist im Gegensatz zur Mauereidechse kein Kulturfolger!

Die Kroatische Gebirgseidechse

Ist die kroatische Gebirgseidechse ein Tier der österreichischen Alpen? Diesbezüglich stehen Untersuchungen aus. Fest steht, daß in Kärnten vor dem Ersten Weltkrieg zahlreiche Exemplare dieser Tierart ausgesetzt wurden, wobei der genaue Ort nicht bekannt ist[37].
Weiters kommt die Art in Westslowenien, Westkroatien und in den Julischen Alpen auch auf italienischem Gebiet vor.
Sie lebt vorwiegend im Gebirge zwischen 500–2000 Meter an feuchten Berghängen. Die kroatische Gebirgseidechse wird 16–18 cm lang, wobei die Kopf-Rumpf-Länge 6,5 cm beträgt.

Die Mauereidechse

Bei den Mauereidechsen werden die Männchen bis 20, in Ausnahmefällen bis zu 25 Zentimeter lang. Weibchen erreichen eine Länge von bis zu 18 Zentimetern. Der Schwanz ist fast doppelt so lang wie der Rumpf. Die Färbung ist äußerst unterschiedlich: auf dem Rücken braun, grau oder grünlich, mit schwarzen Flecken oder mit einem dunklen Netzwerk. Die Männchen haben an der Grenze zwischen Flanken und Bauch vor der Paarungszeit blaue Flecken. *Lacerta (Podarcis) m. muralis* ist die Unterart in Österreich. Sie lebt im gesamten Balkangebiet, in großen Teilen der Apenninenhalbinsel sowie Zentraleuropas und stellenweise auf der Iberischen Halbinsel. Die Mauereidechse ist ursprünglich ein Vertreter der mediterranen Fauna. Sie drang an drei Stellen in das Ostalpengebiet ein: von Südtirol über den Brenner bis nach Innsbruck, wo sie in der Sillschlucht und bei der Martinswand beobachtet werden kann, weiters bei Imst und Landeck. Aus Südkärnten kam sie über Friesach und den Neumarkter Sattel in das Murtal, beim Puxerloch bei Teufenbach sowie aus der Südsteiermark entlang des Murtales nach Graz, Peggau, Mixnitz und weiter über den Semmering nach Gloggnitz, Vöslau und Wien. Die Bestände am Grazer Schloßberg sind durch das Verschmieren der Mauerspalten stark zurückgegangen. In Urfahr bei Linz ist die Mauereidechse ausgestorben. In Österreich lebt diese Art lokal in Tirol, Kärnten, Steiermark, Oberösterreich, Niederösterreich und im Burgenland bei der Burg Güssing, wo der Bestand aber durch Dohlen und Truthühner stark gefährdet ist[10]. Sie ist in den südlichen Kantonen der Schweiz, in Deutschland bis zu Eifel und Siebengebirge, Rhein-, Donau-, Neckar- und Nahetal, ebenso in Südtirol weit verbreitet.

Diese sehr wärmeliebende Art bevorzugt stark besonnte, meist trockene und steinige Stellen in den Niederungen und im mittleren Bergland, wo sie noch in Höhen über 2000 Meter vorkommt. Sie klettert mit den langen Zehen behende an den Wänden alter Gemäuer, an Felswänden, Steinhaufen sowie an den Böschungen von Straßen und Eisenbahnlinien. Als Nahrung dienen ihr Insekten wie Fliegen, Raupen, Schmetterlinge und Geradflügler, weiters Spinnen.

Zwischen April und Juni setzt das Weibchen zwischen zwei und neun Eier in einem oder mehreren Gelegen in selbstgegrabenen Löchern an Böschungen ab. Die Reifezeit dauert zwischen vier und elf Wochen.

Die Mauereidechse hält nur kurze Zeit Winterruhe, vom November bis zum März, doch fällt diese im Süden des Verbreitungsgebietes mitunter fast ganz aus.

III. SCHILDKRÖTEN

Die Europäische Sumpf- oder Teichschildkröte

1. Allgemeines

In Europa leben drei Arten von Sumpfschildkröten, die zwei Gattungen angehören. Nämlich der Gattung Emys, die in Europa heimisch ist, sowie der Gattung Mauremys, eine vorwiegend in Asien anzutreffende Gruppe. Zu dieser Gattung zählt die maurische Wasserschildkröte (*Mauremys leprosa*), die auf der Iberischen Halbinsel, in Südfrankreich, in den Ostpyrenäen und im Nordwesten Afrikas anzutreffen ist, sowie die kaspische Wasserschildkröte (*Mauremys caspica*), die mit zwei Unterarten im Süden des Balkangebietes und westlich und südlich des Kaspischen Meeres beheimatet ist[39].

Die europäische Sumpfschildkröte (Emy orbicularis) ist schwarz gefärbt, wobei der Rückenschild des Panzers, der Kopf und die Beine gelb gefleckt sind. Der Bauchpanzer trägt unregelmäßig verteilte dunkle Flecken, kann aber, wie es besonders bei Exemplaren aus dem Süden des Verbreitungsgebietes zu beobachten ist, auch völlig schwarz sein. An den Vorderbeinen hat sie je fünf, an den Hinterbeinen je vier durch Schwimmhäute verbundene und mit scharfen Krallen versehene Zehen. Der Rückenpanzer ist 20–25 Zentimeter lang, bei Adulttieren elliptisch, bei Jungtieren kreisrund mit einem mittleren Längskiel. Der Bauchpanzer der Männchen ist nach innen gewölbt, der der Weibchen ist flach, da sie ausreichend Körpervolumen benötigen, wenn sie Eier in sich tragen. Die Männchen sind durch besagte Wölbung bei der Paarung um einiges wendiger. Ein anderes Unterscheidungsmerkmal der Geschlechter ist die Farbe der Iris, die bei den

Männchen orangefarben, bei den Weibchen gelb ist. Bei den männlichen Tieren ist zudem der Schwanz länger ausgebildet als bei den Weibchen und kann eine Länge von bis zu acht Zentimetern erreichen.

Das Sinnesleben der Sumpfschildkröte ist keinesfalls so dumpf, wie es oft geschildert wird. Ihr Gehör ist äußerst scharf, das Trommelfell liegt übrigens frei, und der Sehsinn ist bestens entwickelt. So schnellt ein Tier, das sich auf einem Stein oder auf einem Holzpfahl sonnt, schon bei den geringsten Störungen und Geräuschen blitzschnell in das Wasser, taucht bis zum Grund und wühlt sich in den Schlamm ein. Ihren Lebensraum stellen kleine, nicht zu schnell fließende Flüsse, Bäche, Tümpel, Seen und Weiher, tote Flußarme und sogar Brackwassergebiete wie auch steinige Bergbäche dar. Darin findet die wendige Taucherin auch ihre Nahrung, die sich hauptsächlich aus Lurchen und deren Larven, Krebstieren, Würmern und zumeist kranken, deshalb langsamen Fischen zusammensetzt. An Land werden Insekten und Schnecken gefressen. Pflanzenkost macht lediglich einen kleinen Anteil ihres Speisezettels aus. Mit ihren hornigen, zahnlosen Kiefern verzehrt die Schildkröte die Nahrung meist unter Wasser. Auf der Wasseroberfläche treibende Schwimmblasen von Fischen stellen ein untrügerisches Anzeichen für die Anwesenheit dieser Reptilienart dar, da diese größere Fische derart unbeholfen zerstückelt, sodaß das luftgefüllte Organ aufsteigt.

Sumpfschildkröten überwintern von Oktober bis März oder April am Grund der Gewässer und paaren sich im anschließenden Frühling. Etwa vier bis sechs Wochen später legt das Weibchen drei bis zwölf kugelrunde Eier in eine ungefähr zehn Zentimeter tiefe, selbstgegrabene Erdgrube, die an der Uferböschung des Wohngewässers angelegt wird. Sind die Wetterverhältnisse im folgenden Sommer und Herbst ungünstig, so überdauern die Embryonen in den Eihüllen den Winter und schlüpfen erst im Frühling des darauffolgenden Jahres aus. Wenn aber die Sonne dem Gelege genügend Wärme zukommen läßt, schlüpfen die Jungen nach circa zehn bis zwölf Wochen und weisen eine Länge von zweieinhalb bis drei Zentimetern auf.

2. Zum Verschwinden der Sumpfschildkröte

Chronologie

Die europäische Sumpfschildkröte lebt vom westlichen Europa an unter Ausschluß des Nordens bis zum Aralsee, weiters im nordwestlichen Afrika. So ist sie auf der gesamten Iberischen Halbinsel samt den Balearen, in großen Teilen Frankreichs, auf der ganzen Apenninenhalbinsel samt Sizilien, auf Korsika, Elba und Sardinien, in weiten Teilen Deutschlands, Tschechiens, Slowakiens, Polens, in Teilen Österreichs, auf dem gesamten Balkangebiet und im Süden Rußlands zu finden, wenn auch bemerkt werden muß, daß sie nie häufig anzutreffen ist und das beschriebene Gebiet sehr lückenhaft bewohnt. Wegen systematischer Verfolgung einerseits und der immer umfangreicher werdenden Zerstörung und Verschmutzung ihres Lebensraumes andererseits war die Europäische Sumpfschildkröte bereits am Anfang des 19. Jh. in Mitteleuropa und im Alpenraum sehr selten geworden und an vielen Stellen bereits ausgerottet. Auch in den kommenden Jahrzehnten verschwanden mehr und mehr Feuchtgebiete zugunsten der Landwirtschaft, und der Städter drang an Wochenenden vermehrt in die letzten verbliebenen Refugien der Schildkröte ein. Häuften sich derartige Störungen, so wanderte die Schildkröte in ein ungestörtes Gebiet ab, falls sie ein solches überhaupt noch vorfand, oder aber sie stellte ihre Fortpflanzung ein, was das baldige Erlöschen der Population zur Folge hatte.

Am längsten konnte sich diese Tierart in den sumpfigen Gebieten Deutschlands, Polens und der ehemaligen Tschechoslowakei erhalten. Im Jahr 1920 kam die Sumpfschildkröte in Deutschland nur mehr östlich der Elbe vor. Die bei Hannover, in Westfalen und im Rheinland aufgefundenen Tiere gingen mit größter Wahrscheinlichkeit auf Aussetzungen zurück.

Heute glauben Wildbiologen, daß in der Mark Brandenburg, im Oder-Weichselmündungsgebiet und in den Marchauen Österreichs letzte natürliche Populationen der europäischen Sumpfschildkröte in Mitteleuropa zu finden sind.

Die Sumpfschildkröte kann nicht als typisches Faunenelement der Alpen angesehen werden. Sie kam lediglich an besonders exponierten Wärmeinseln vor. Eine solche befand sich im Schweizer Reußtal, wo noch im 19. Jh. mehrmals wilde Sumpfschildkröten beobachtet werden konnten. Wagner berichtet in seiner „Helvetia curosia" ausdrücklich vom Vorkommen von Schildkröten an dem kleinen Weidensee im Kanton Zürich. In Österreich und der Schweiz ist diese Reptilienart im 19. Jh. bis auf die obengenannten Restpopulationen vollkommen ausgerottet worden.

Gründe

Natürliche Feinde

Jungtiere und Eier werden vor allem von Ratten dezimiert. Adulttiere haben neben Füchsen, Iltissen, Störchen, manchen Greifvögeln und streunenden Katzen keine natürlichen Feinde zu fürchten. Diese Tiere erbeuten nur selten eine der vorsichtigen, versteckt lebenden Schildkröten, die schnell und effektiv in das Wasser, wohin ihnen kaum ein Feind zu folgen vermag, flüchten. Trotzdem ist die Sumpfschildkröte in weiten Teilen ihres Verbreitungsgebietes ausgestorben.

Europäische Sumpfschildkröten sollen sehr alt werden können. So wurde schon von Einzelexemplaren berichtet, die, in Gefangenschaft gehalten, hundert und mehr Jahre alt geworden sein sollen.

Sumpfschildkröten als Delikatesse

Im Mittelalter gelangten laut zahlreichen Berichten im deutschsprachigen Raum und natürlich auch in Frankreich, wo die extravagante Küche lange Tradition hat, Sumpfschildkröten körbeweise in noch lebendem Zustand auf die Märkte, wo sie reißenden Absatz fanden.

Auch die Eier dieser Reptilien galten als besondere Delikatesse, weshalb auch den Gelegen nachgestellt wurde.

Das „Regensburger bewaehrte Kochbuch", das im Jahr 1821 erschien, enthält ein Rezept, wie man Sumpfschildkröten damals zubereitete[42]:

„Schildkröten mit Zitronensoß"

„Man lege ihnen glühenden Stahl oder Kohlen auf den Rücken, wovon sie Kopf, Bratzen und Schwanz sogleich hervorstrecken, diese haut man ihnen ab, wirft den Kopf und den Schwanz weg, läßt sie verbluten, und die Bratzen samt den Schildkröten im Wasser kochen, bis die untere Schale weggeht, nimmt die Galle von der Leber, kühlt das Fleisch in frischem Wasser ab, Eyer welche man darin findet, wäscht man sauber, und zieht das schwarze Häutel davon ab. Dann mache man folgende Soße: Man lasse in einem Reinl Butter zerfliessen, lege das Fleisch der Schildkröte, Petersilkraut, Muskatbluete, Salz und Zitronenschalen dazu, und lasse sie dünsten, staube ein wenig Mehl darein, und lasse es noch ein wenig dünsten, giesse gute Fleisch- oder Erbsenbrühe, und ein Glas Wein darauf, und lasse es ganz aufkochen. Oder man koche grüne Erbsen, treibe sie durch ein Haarsieb auf die Schildkröten, gebe frische Butter, Muskatblüte und vier ganze Nelken dazu, und so koche man sie auf dem Kohlfeuer vollends fertig."

Die immer seltener werdenden Schildkröten stiegen gerade wegen dieser Exklusivität in ihrem Marktwert, was wiederum zu einer vermehrten Bejagung der wenigen verbliebenen Tiere führte.

Viele Leute, besonders aus der ländlichen Bevölkerung, haben sich in vergangenen Jahrhunderten ihre eigenen Methoden ausgeklügelt, um an die viel Geld einbringenden Leckerbissen zu gelangen. Günstige Gelegenheiten boten sich den geduldig wartenden Fängern beim Liebesspiel der Schildkröten und in den frühen Morgenstunden, wenn die Reptilien noch wegen der Kälte der vergangenen Nacht ganz ungelenk waren und somit eine leichte Beute darstellten.

Eine andere Art, dieser Tiere habhaft zu werden, war folgende: Wußte ein „Jäger", wo sich der bevorzugte Sonnplatz einer oder mehrerer Schildkröten befand, so brauchte er diesen vorerst nur aufzusuchen. Zumeist flüchteten die Tiere, längst bevor der Mensch erschien. Nun pirschte sich der Jäger behutsam zu dem Ort, an dem sich die Tiere ansonsten behaglich sonnten, und wartete ab. Nach etwa einer halben Stunde tauchte die argwöhnische Schildkröte auf, beäugte kritisch die Umgebung und kehrte, falls der Mensch sich ruhig verhielt, zu ihrem Stammplatz zurück, wo sie sogleich von einem Netz, Kescher oder Knüppel empfangen wurde. Schildkröten nehmen lediglich bewegte Objekte wahr und sehen deshalb den verharrenden Menschen nicht.

KRIECHTIERE

3. Das Aussetzen und Wiederansiedelungsprojekte

In den Altarmen der Donau wurden in den vergangenen Jahren wiederholt Sumpfschildkröten von Reptilienliebhabern ausgesetzt. Keineswegs begrüßenswert ist allerdings ein Aussetzen von nicht ortsansässigen Tierarten. Dies geschah in der Lobau, wo die Kaspische Wasserschildkröte in die freie Natur entlassen wurde. Solche Faunenverfälschungen von verantwortungslosen Menschen, die sich ihrer zur Last gewordenen Haustiere auf diesem einfachen Wege entledigen wollen, sind eindeutig abzulehnen.

Wiederansiedelungsprojekte sind problematisch, da die wanderfreudigen ausgesetzten Tiere selten in den für sie mit Sorgfalt ausgesuchten Biotopen bleiben, sondern in andere, für das Pflegepersonal unbekannte Gebiete abwandern, wo für die Reptilien kein Schutz mehr besteht.

Aber auch für den Fall, daß die Reptilien sich mit einem ihnen zugedachten Lebensraum abfinden und darin verbleiben, treten ungeahnte Probleme auf. So wurden in vielen Gebieten des ehemaligen Westdeutschland zahlreiche Sumpfschildkröten an unterschiedlichen Orten ausgesetzt. Den Tieren schien es zu behagen, aber jeglicher Nachwuchs, abgesehen von einer kleinen Gruppe bei Frankfurt am Main, wo man neben Alttieren auch Jungtiere beobachten konnte, blieb aus. Wildbiologen machen hierfür eine geringfügige Klimaveränderung im Norden Europas verantwortlich. In den Gebieten der ehemaligen DDR, wo ebenfalls zahlreiche Sumpfschildkröten leben und sich fleißig vermehren, ist ein kontinentaleres Klima zu verzeichnen, was anscheinend den Reptilien besser zuträglich ist.

Lurche
(Amphibia)

LURCHE

Systematik

Die Klasse der Amphibien oder Lurche (*Amphibia*) ist im Alpenraum mit zwei Ordnungen vertreten, die Schwanzlurche und die Froschlurche. Keineswegs alle der aufgelisteten folgenden 22 Arten sind typische Vertreter der Fauna des Alpenkammes. Viele dieser Amphibienspezies leben lediglich in den Niederungen, an lokalen Wärmeinseln oder am Alpenrand. Einige Arten haben sich aber vollkommen an das Leben im Gebirge und Hochgebirge angepaßt.

Die Großbuchstaben hinter den Artnamen geben an, in welchem Land die entsprechende Art lebt (A - Österreich, I - Italien, CH -Schweiz, D - Deutschland). Das bedeutet aber nicht zwingend, daß das Tier im Alpenanteil des jeweiligen Landes leben muß.[37]

1. Ordnung: Schwanzlurche (Caudata = Urodela)

1. Familie: *Salamander und Molche (SALAMANDRIDAE)*

Feuersalamander (*Salamandra salamandra*)	A, I, CH, D
Alpensalamander (*Salamandra atra*)	A, I, CH, D
Teichmolch (*Triturus vulgaris*)	A, I, CH, D
Kammolch (*Triturus cristatus*)	A, I, CH, D
Alpen-Kammolch (*Triturus carnifex*)	A, I, CH
Bergmolch (*Triturus alpestris*)	A, I, CH, D
Fadenmolch (*Triturus helveticus*)	CH, D

2. Ordnung: Froschlurche (Anura = Salientia)

1. Familie: *Scheibenzüngler (DISCOGLOSSIDAE)*

Rotbauchunke (*Bombina bombina*)	A, D
Gelbbauchunke (*Bombina variegata*)	A, I, CH, D
Geburtshelferkröte (*Alytes obstetricans*)	I, CH, D

2. Familie: *Krötenfrösche (PELOBATIDAE)*

Knoblauchkröte (*Pelobates fuscus*)	A, I, CH (?), D

3. Familie: *Kröten (BUFONIDAE)*

Erdkröte (*Bufo bufo*)	A, I, CH, D
Wechselkröte (*Bufo viridis*)	A, I, CH, D
Kreuzkröte (*Bufo calamita*)	A, I, CH, D

4. Familie: *Laubfrösche (HYLIDAE)*

Laubfrosch (*Hyla arborea*)	A, I, CH, D

5. Familie: *Echte Frösche (RANIDAE)*

      - **Braunfroschgruppe:**

Grasfrosch (*Rana temporaria*)	A, I, CH, D
Moorfrosch (*Rana arvalis*)	A, I, CH, D
Springfrosch (*Rana dalmatina*)	A, I, CH, D
Italienischer Springfrosch (*Rana latastei*)	I, CH

- Grünfroschgruppe:
Kleiner Teichfrosch (*Rana lessonae*)   A, I, CH, D
Seefrosch (*Rana ridibunda*)   A, I, CH, D
Teichfrosch (*Rana esculenta*)   A, I, CH, D

100 % der in den österreichischen Alpen lebenden Amphibienarten sind gefährdet!

Alle neunzehn in den österreichischen Alpen lebenden Amphibienarten (davon ist eine Art mit zwei Unterarten vertreten) stehen auf der Roten Liste, was bedeutet, daß sie als gefährdet angesehen werden müssen. Folgende Tabelle zeigt das Gefährdungsmaß sowohl für das Gesamtgebiet wie auch für die einzelnen Bundesländer[38] (Siehe dazu auch unter Anhang 2):

Gefährdungskategorien/Bundesländer	Ö	V	T	S	K	St	O	B	N	W
Salamandra s. salamandra – Feuersalamander	3	-	2	3	3	3	3	3	3	3
Salamandra atra – Alpensalamander	3	3	3	3	3	3	3	-	3	-
Triturus v. vulgaris – Teichmolch	3	2	2	3	3	3	3	3	3	2
Triturus cristatus – Kammolch	2	2	-	2	-	-	2	-	2	-
Triturus carnifex – Alpenkammolch	3	-	3	3	3	3	3	2	3	2
Triturus a. alpestris – Bergmolch	3	3	3	3	3	3	3	2	3	2
Bombina bombina – Rotbauchunke	3	-	-	-	-	2	-	3	3	2
Bombina v. variegata – Gelbbauchunke	3	3	3	3	3	3	3	3	3	2
Pelobates f. fuscus – Knoblauchkröte	2	-	-	-	-	2	2	3	3	2
Bufo b. bufo – Erdkröte	3	3	3	3	3	3	3	3	3	3
Bufo v. viridis – Wechselkröte	2	-	2	-	1	2	2	3	3	1
Bufo calamita – Kreuzkröte	1	-	-	-	-	-	-	-	1	-
Hyla arborea – Laubfrosch	2	2	2	2	2	3	2	3	2	2
Rana t. temporaria – Grasfrosch	3	3	3	3	3	3	3	3	3	3
Moorfrosch (2 Unterarten)										
Rana a. arvalis – Moorfrosch	3	-	-	-	-	-	1	-	3	-
Rana a. wolterstorffi – Balkanmoorfrosch	3	-	-	-	1	2	-	3	3	1
Rana dalmatina – Springfrosch	3	-	-	3	3	3	3	3	3	3
Rana lessonae – Kleiner Teichfrosch	2	2	2	2	2	2	2	2	2	2
Rana r. ridibunda – Seefrosch	3	-	1	2	2	3	2	3	3	3
Rana kl. esculenta – Teichfrosch	3	3	3	3	3	3	3	3	3	3

Prozentuelle Aufteilung der gefährdeten Amphibienarten gemäß den Gefährdungskategorien:

Kategorie 1:	1 Art	5 %
Kategorie 2:	5 Arten	25 %
Kategorie 3:	14 Arten bzw. Unterarten	70 %

Die Gründe für das Aussterben von Amphibien

Aberglaube

Während des Mittelalters wurden vor allem die für viele Menschen häßlichen, warzenübersäten, glitschigen Kröten als Tiere der Totenwelt angesehen. So glaubte man damals, daß in den Körpern dieser Geschöpfe die Seelen der Toten Unterschlupf fänden. Krötendarstellungen auf Grab- und Gedenksteinen sind deutliche Belege für diesen Glauben. Derartiges Gedankengut wurde auch von der bulgarischen Sekte der Bohumilen im Mittelalter geschürt und unter die Bevölkerung Europas getragen und verkündet. Bis in die Bretagne drang diese Kunde vor. Die Überlieferungen der Bohumilen gehen zurück auf Ahriman, einen Gegengott im alten Iran, der als Schöpfer des Ungeziefers und aller dem Menschen schädlichen Tiere galt.
Weiters waren viele Leute überzeugt, daß sich Hexen in Menschen verwandeln können und umgekehrt. Personen, die selbst an ihre hexerischen und andere dämonische Fähigkeiten glaubten, rieben sich aus diesem Grund mit einem Gemisch von allerlei Kräutern und Krötenfett ein. Sie gerieten dadurch mitunter in rauschartige Zustände und meinten selbst, daß sie nun in der Lage seien, fliegen zu können.
Auch die Kunde von Frosch- und Krötenregen setzte die Bevölkerung in Angst und Schrecken. Ursache war aber, daß nach einem Regenguß die Froschlurche besonders gerne und deshalb zahlreich aus ihren Verstecken kamen und sich in den nassen Wiesen und Feldern tummelten.
Froschähnliche Tiere wurden bis hin zur Neuzeit als wahre Ausgeburten von Teufelsgeschöpfen und Hexen angesehen, weshalb sie allerorts vernichtet wurden. Bestärkt wurden diese Eindrücke der Leute noch durch den Umstand, daß die Anurenmännchen zur Paarungszeit an den Ufern, in den Sümpfen und Mooren ihr Hochzeitslied anstimmten. Sie begannen mit dem Eintreten der Dämmerung zu singen, was die Tiere wiederum mit den Wesen der Dunkelheit in Zusammenhang brachte.

Die Alchimisten

Auch der Feuersalamander wurde weitläufig als Geschöpf des Teufels und der Hexen angesehen. Seine weithin sichtbaren, grell gelben Flecken, eine Abschreckung der Freß-

feinde vor den mit Gift versetzten Schleimausscheidungen seiner Haut, wurden als böses Zeichen gedeutet. Vielfach mußte das harmlose Amphib deshalb in den Flammen eigens entzündeter Feuer sein Leben lassen.
Aber auch Alchimisten waren an diesem Tier sehr interessiert. Sie waren der Meinung, daß mit Hilfe dieses goldfarbenen Tieres Gold auf künstlichem Wege hergestellt werden könnte, weshalb unzählige dieser Schwanzlurche ihr Leben in den verschiedensten Schmelztiegeln verloren.
Andere Leute wiederum waren überzeugt, daß dieses Tier, wenn man es in ein Feuer werfe, dieses auch lösche. Auf diesen Irrglauben ist auch sein Name zurückzuführen.

Es war bereits im Mittelalter einigen genauen Beobachtern aufgefallen, daß Erdkröten nach drei bis vier Jahren wieder zu dem Gewässer, in dem sie selbst aus dem Ei geschlüpft waren, zurückkehrten, um sich ihrerseits fortzupflanzen. Diese Kunde drang auch zu den Alchimisten durch. Diese hofften im Krötenhirn, das sich über einen derart langen Zeitraum einen solch komplizierten Weg merken konnte, den Stein der Weisen zu finden. Zahlreiche Erdkröten mußten diesem Unsinn ihr Leben opfern.

Die Kröte als Heilmittel

Alchimisten und Quacksalber fanden für fast alle Körperteile dieser Tiere heilende oder schädigende Wirkungen. Erdkröten wurden gequetscht, zermahlt, gerieben, pulverisiert und in Essig eingelegt. Zu jener Zeit wurde an Geschwüren Leidenden empfohlen, eine lebende Kröte so lange mit sich herumzutragen, bis das Tier das kranke Gewebe aufgenommen habe und selbst sterbe. Im Jahr 1663 erschien ein Buch von Jochim Becher, er war einer der Hausärzte der Grafen von Frundsberg, in dem „artzeneyen" aus Tieren, Pflanzen und Mineralien angeführt werden. Über die Nützlichkeit der Kröte sind folgende gereimte Angaben zu lesen[44]:

„ Der Spinnen Feind die Krott ist zwar ein gifftigs Ding /
Gleichwol die Artzeney die hält sie nicht gering.
Wer Krotten-Pulver recht zu praepariren sucht /
das Wasser treibet es / brauchts in der Wassersucht.
So man den Krotten-Stein thut an dem Halse tragen /
Er thut die böße Biß / die Pest / das Gifft verjagen."

Die Genußsucht des Menschen

Als die Speisekammern der Leute noch nicht so überfüllt waren, wie sie es in späteren Tagen sein sollten, versuchte der Mensch alles, was er in der Natur vorfand, für sich zu nutzen. So verwertete er auch schon in vorgeschichtlicher Zeit das Fleisch der verschiedenen Froschlurche. Er betrachtete deren Fleisch nicht als Delikatesse, sondern als Ergänzung seines Speiseplanes.
Viele Jahrhunderte später galt es in erlauchten Kreisen als schick, wenn man seinen Gästen Froschschenkel kredenzen konnte. Unzählige Tiere mußten und müssen wegen

der Genußsucht des Menschen ihr Leben lassen. Eine bewährte Methode, diese Tiere zu fangen, war diese: Der „Jäger" ging in Frühlingsnächten mit einer hell scheinenden Laterne in die Sümpfe, wo die Frösche gerade ihr Hochzeitslied zu singen begannen. Das Licht spiegelte sich in den Augen der ruhig verharrenden Tiere wider, und es war ein leichtes, sie in Dutzenden einzusammeln. An Ort und Stelle schnitt man ihnen die begehrten Schenkel ab und warf die gequälten Tiere auf einen Haufen, in dem Glauben, daß deren Keulen wieder nachwachsen würden.

Konkurrenzdenken

Man hält es kaum für möglich, daß selbst so kleine Wirbeltiere, wie Molche, Salamander und Froschlurche durch ihre Anwesenheit Fischzüchter dazu veranlassen, sie zu töten, da sie den Betrieben durch das Fressen des Laiches großen Schaden zufügen würden. Auf die Tiere wird mit Schrot geschossen, sie werden mit Gift, das auch viele andere Organismen beeinträchtigt, getötet, und sie werden eingesammelt und verbrannt oder erstickt. Scheinbar sind den Vernichtungsmöglichkeiten keine Grenzen gesetzt.
Im Jahr 1967 scheute ein gewisser J. Hofmann in seinem Buch „Der Teichwirt", das als „Leitfaden für Fischzüchter" gedacht war, nicht davor zurück, folgende Vorgangsweise im Kampf gegen die lästigen Amphibien zu veröffentlichen[45]:
„*Von den Schwanzlurchen sind die Molche (Wassersalamander) als Laich- und Bruträuber bekannt. Sollten sie überhand nehmen, bietet sich folgende Möglichkeit: Man leitet dem Weiher im Frühjahr etwas Wasser zu. Die Molche, die in den Uferböschungen und im Schlamm überwintern, werden sich alsbald einstellen. Gibt man nun Branntkalk auf das Wasser, so sterben alle Tiere in der entstehenden Lauge.*"

Doch damit nicht genug. Auch die Kaulquappen störten J. Hofmann dermaßen, daß er dem Fischzüchter folgenden Rat unterbreitete[45]:
„*In den Vorstreckteichen ist es daher unerwünscht, wenn außer den jungen Fischen noch eine Anzahl von Kaulquappen die Nährstoffe des Teiches verzehren. Auch macht das Abfischen dieser Teiche keine Freude. Man muß deshalb darauf bedacht sein, den Laich zu entfernen. Er kann durch Bestreuen mit Branntkalk ohne viel Mühe vernichtet werden.*"

Giftaufnahme

Amphibien, vor allem Anuren, sind mitunter sehr gefräßige Tiere, die große Mengen an Nahrung zu sich nehmen. So vertilgen sie im Laufe ihres Daseins Unmengen von Insekten, Weichtieren und Würmern, die der Landwirtschaft großen Schaden zufügen würden, und erweisen sich hiermit als sehr nützliche Tiere. Über ihre Nahrung nehmen die Lurche aber auch all die darin gespeicherten Gifte auf, die in solch konzentrierten Mengen Entwicklungsstörungen, Unfruchtbarkeit oder den unmittelbaren Tod zur Folge haben. Biozide und Hautkontaktgifte wirken besonders verheerend, was ganze Populationen schlagartig auslöschen kann.

Verlust des Lebens- und des Fortpflanzungsraumes

Amphibien sind im Gegensatz zu den Reptilien direkt an das Vorhandensein von Gewässern gebunden, da hier die Eier abgesetzt werden. Einheimische Lurche suchen zur Paarungszeit die Laichgewässer auf, und die Weibchen legen ihre von keiner pergamentartigen oder verkalkten Schale gegen Austrocknung geschützten Eier ab. Während der Eiablage gelangen die Spermien der Männchen, die sich im Fall der Kröten an den Rücken der Weibchen festklammern, im Wasser zu den Eiern, die somit befruchtet werden. Eine Ausnahme hierzu stellt der Alpensalamander dar. Aus den gallertartigen Eiern schlüpfen nach wenigen Tagen bis Wochen die Larven, die bei den Anuren Kaulquappen genannt werden. Sie sind vorerst beinlos, besitzen einen Ruderschwanz und atmen durch büschelige äußere Kiemen. Im Zuge der Metamorphose entstehen die Adulttiere. Hierbei werden zuerst die Hinterextremitäten, dann die Vorderbeine ausgebildet. Der Schwanz wird nicht abgeworfen, sondern allmählich rückgebildet. Eine drastische Veränderung erfährt auch der Atmungsapparat. Der Organismus stellt sich von der Kiemenatmung auf die Lungenatmung um, was ihm das Erschließen des Festlandes ermöglicht. Als Laichgewässer eignen sich von kleinen Schmelzwasserpfützen angefangen, Lacken, mit Wasser gefüllte Radspuren, Tümpel, Weiher, Teiche und Seen, eigentlich alle Gewässer ohne starke Strömung.

Vor allem Kröten und Frösche suchen jene Gewässer auf, in denen sie selbst als Larven geschlüpft sind, um sich dort fortzupflanzen. Doch die Chance diese nach Jahren wieder in unbehelligtem Zustand zu finden sind nicht sehr hoch.

Zu oft werden Laichgewässer und die sie umgebenden Landschaftsteile vom Menschen entwässert, begradigt oder auf andere Weise ohne ohne entsprechende Ersatzmaßnahmen zerstört. Vor allem der Raumbedarf der Schwerindustrie, Flurbereinigungen zur Förderung der Forst- und Landwirtschaft sowie der intensive Ausbau des Straßennetzes führen zum Verlust wertvoller Lebensräume. Viele Amphibienarten wählen besonders die wärmegünstigen Tallagen und Niederungen als Lebensraum aus. Eben hier hat aber auch der Mensch sein dichtestes Siedlungsgebiet, verbunden mit einem dichten Netz von Straßenverbindungen. Er nimmt kaum Rücksicht auf die dort lebende Fauna. Auch ist die landwirtschaftliche Nutzung hier besonders intensiv.

Wird das Gewässer nicht vollkommen vernichtet, so versucht der Mensch, dieses seinen Vorstellungen vom Einklang des Zusammenlebens des Menschen mit den Tieren und Pflanzen in der Natur anzupassen. Dies hat zur Folge, daß Uferzonen begradigt werden und die Ufervegetation durch Beton oder Steinplatten ersetzt wird. Dadurch geht eine arten- und individuenreiche Lebensgemeinschaft von eng aneinander angepaßten Organismen vollkommen zugrunde. Neben unzähligen Wirbellosen sind somit auch Fische und Amphibien in ihrer Existenz äußerst gefährdet.

Weil Laichgewässer von Amphibien oft von geringer Größe sind, können diese schon durch kleine Mengen von Schadstoffen zerstört werden.
Wilde Mülldeponien, lokales Überdüngen, unkontrollierter Einsatz von Pflanzenschutzmitteln und fossile Brennstoffe, die über Unfälle oder unachtsame Entsorgung in den Wasserkreislauf gelangen, stellen Gefahrenquellen dar. Weiters werden zahlreiche Schadstoffe direkt durch die Luft beziehungsweise durch die Niederschläge in die

Gewässer eingebracht. Derartige Giftzufuhren können schnell zum biologischen Tod der beeinträchtigten Gewässer führen.

Oft wird nicht daran gedacht, daß schon das Wegwerfen eines vermeintlich leeren Ölkanisters den „Tod" eines kleinen, scheinbar nutzlosen Tümpels bedeutet, dutzende Amphibien ihres Laichgewässers beraubt worden sind und somit umsonst die anstrengende Wanderung dahin unternommen haben. Wenige Tropfen des Öls reichen bereits aus, um solch ein Kleingewässer für lange Zeit für Amphibienleben unnutzbar zu machen.

Der Tod auf der Straße

Steigt im Frühjahr die Temperatur über 5° C, so erwacht in den Amphibien der unwiderstehliche Drang, die Laichgewässer aufzusuchen, um sich dort fortzupflanzen. Es ist dies der Beginn der Wanderungen, die die einzelnen Tiere oft über viele Kilometer weit durch das unterschiedlichste Gelände führen. Zahlreiche heimische Froschlurcharten wandern in Gruppen, paarweise, wobei das Männchen am Rücken des bedeutend größeren Weibchens sitzt, oder alleine. Wie das einzelne Tier zu seinem Ziel findet, ist bisher noch nicht genau geklärt. Durch Versuche konnte aber ausgeschlossen werden, daß sich das Amphib weder von Gerüchen, Geräuschen, optischen Signalen noch durch den unterschiedlichen Wert der Luftfeuchtigkeit leiten läßt. Manche Experten meinen, daß sich die Tiere nach Magnetfeldern orientieren, was aber bisher nicht bewiesen werden konnte.

So strebt beispielsweise eine einzelne Erdkröte scheinbar unaufhaltsam ihrem Ziel entgegen. Doch plötzlich stößt sie auf eine fremdartig riechende, noch nie gesehene, dunkle, für Krötenaugen endlos scheinende harte Fläche: eine asphaltierte Straße. Der Wandertrieb veranlaßt das Tier, die Straße zu betreten. Nach einigen prüfenden Schritten, erkennt das Tier, daß dieser neue Untergrund auch seine Vorteile bietet. Der Asphalt strahlt auch noch in der Nacht, die bevorzugte Wanderzeit der Kröten, die am Tage gespeicherte Wärme ab, was das wechselwarme Amphib keineswegs als störend empfindet. Somit ist auch die Verdunstungsrate an diesem fremden Orte höher als im gewohnten Terrain, vorausgesetzt, es ist in den letzten Stunden reichlich Niederschlag gefallen.

Man hat herausgefunden, daß eine Erdkröte zum Überqueren einer etwa sieben Meter breiten Straße durchschnittlich 20 Minuten benötigt. Nun kann man sich ohne viel Phantasie ausmalen, wie groß die Wahrscheinlichkeit bei einer derart langen Verweildauer ist, von einem Automobil erfaßt zu werden, auch wenn dieser Verkehrsweg nicht stark frequentiert ist. Das Amphib weiß nämlich nicht um die Gefährlichkeit des gewählten Aufenthaltsortes, da Fahrzeuge unbekannt sind beziehungsweise nicht als Feind angesehen werden. Sie existieren sozusagen nicht im eingespeicherten Feindbildmuster. Werden die Tiere vom Scheinwerferlicht geblendet, so verharren sie und ducken sich, um sodann von dem heranfahrenden Gefährt überrollt zu werden.

Während der Laichwanderungen nehmen die Tiere zu ihrem eigenen Glück keine Nahrung auf, was ansonsten die Quote der getöteten Tiere nur noch erhöhen würde. Die Wärme und die hohe Verdunstungsrate der Asphaltstraßen verleiten nämlich auch zahlreiche Insekten und andere Gliederfüßer dazu, sich zu nächtlicher Stunde dort aufzuhalten. Im Lichte einer Straßenlampe eröffnet sich nun der stets hungrigen Kröte ein reichlich gedeckter Tisch, was sie zum Verweilen anregt. Erdkröten und Grasfrösche nützen im Laufe des Jahres gerne dieses zusätzliche Nahrungsangebot und werden so wiederum zu Opfern des Verkehrs. Zahlreiche Amphibien stürzen zudem auf ihren Wanderungen in Kanäle, Brunnenschächte, Wasserbecken und Silos, die sich als ausweglose Fallen herausstellen.

Fazit: 5 000 000 tote Kröten!

Alljährlich werden 5 000 000 Kröten auf Österreichs Straßen plattgewalzt. Renate Drescher vom WWF[43]:
„Vor allem die Straße zwischen Rust und Mörbisch, die die Kröten auf dem Weg zum Neusiedlersee überqueren müssen, wurde zur Todesstrecke. Burgenland ist in Sachen Krötenschutz Schlußlicht in Österreich."

Laut WWF wurden in Österreich 778 solcher Todesstrecken gezählt. Lediglich 3% davon sind mit sogenannten Amphibientunnels gesichert[43].

Sammelleidenschaft

Es mag auf den ersten Blick nicht einleuchten, daß das Einsammeln von Amphibien, die ja massenhaft die Natur zu beleben scheinen, zum Schaden sein könnte. Dennoch ist dies der Fall, wenn passionierte Sammler gerade die seltensten Arten und Unterarten für ihr Terrarium oder ihre Spiritussammlung gewinnen wollen. Meist handeln diese Personen wissentlich gegen das Gesetz!

Natürliche Feinde

Sehr viele Tiere trachten nach dem Leben der einzelnen Amphibienarten. Seefrösche retten sich mit einem weiten Satz ins Wasser, Springfrösche mit einem weiten Sprung an Land. Eine Erdkröte bläht ihren Körper bei Gefahr mit Luft auf, hebt diesen vom Boden ab und gibt fauchende Laute von sich, in der Hoffnung, den Feind, etwa eine Ringelnatter, dadurch so zu beeindrucken, daß diese von ihr abläßt. Neben den Drüsen, die Schleim produzieren, der die Haut der Tiere befeuchtet und sie damit zur Atmung befähigt und vor dem Austrocknen bewahrt, besitzen Amphibien noch eigene Drüsen, die toxische, milchige Sekrete zur Feindabwehr bilden. Bei den Salamandern liegen diese Giftdrüsen in Paketen längs des Rückens und in den Ohrdrüsen, bei den Fröschen in den Längsleisten des Rückens und bei den Kröten in den Ohrdrüsen. Die Gifte rufen bei den Opfern, etwa kleinen Raubsäugern, vorwiegend Herzlähmungen hervor, beeinträchtigen aber auch das Atmungs- und das Nervensystem. Der Feuersalamander warnt etwaige Feinde mit seiner auffälligen Zeichnung. Gelbbauchunken werfen sich bei drohender Gefahr auf den Rücken und zeigen dem verdutzten Angreifer ihre grell gefärbte Unterseite, strecken die Extremitäten in einer eigentümlichen Art vom Körper und stellen sich tot.

Trotz dieser Schutzmaßnahmen werden unzählige Amphibien zur leichten Beute ihrer Feinde. Schon die Massen der kleinen Kaulquappen werden von den gefräßigen Larven der Libellen und Gelbrandkäfer sowie von Wasserskorpionen, Egeln und Molchen dezimiert. Rabenvögel picken sich die schwarzen Kiementierchen aus den seichten Gewässern, und viele gehen zugrunde, wenn das Laichgewässer austrocknet. Hecht, Ringelnatter und Kreuzotter, Störche, Reiher, zahlreiche Greif- und Rabenvögel, Iltis, Marder, Mauswiesel und Hermelin, Dachs, Rotfuchs und Igel bereichern ihren Speisezettel mit den verschiedenen Amphibienarten.

Besonders verheerend wirkt sich auch das Aussetzen von Fischen durch Angler in den Laichgewässern aus, die sowohl die Eier als auch die Larven vernichten.

Bei soviel Feinddruck können die einzelnen Arten nur durch eine entsprechend hohe Eianzahl das Überleben sichern. Die durchschnittliche Eianzahl ist von Art zu Art verschieden. Grundsätzlich kann gesagt werden, daß Schwanzlurche weniger Eier ablegen, einige Stücke bis dutzende, als Froschlurche, die mehrere tausend Stück produzieren. Kröten heften ihre Eier in 2–4 Meter langen Schnüren an Wasserpflanzen, Frösche setzen sie als Klumpen ab. Molche heften die ihren an Wassergewächse.

Hilfsmaßnahmen für Amphibien

Eine wirkungsvolle Methode, wandernden Amphibien beim Überqueren von Straßen und anderen stark frequentierten Verkehrswegen zu erleichtern, ist das Anlegen von **Amphibientunnels**. Diese führen für gewöhnlich unterhalb des Straßenbelages von einer Seite zur anderen und werden, wie sich herausgestellt hat, von den unsicheren Tieren, die entlang unüberwindbarer Hindernisse zu den Einstiegslöchern geleitet werden, gerne angenommen. Diese Rohre sollten in einem Abstand von etwa 20 Metern verteilt sein. Die Leiteinrichtungen sollten in ein Fundament eingelassen werden, um zu verhindern, daß sich die Amphibien darunter durchgraben. Ideal wäre eine Beschattung dieser Anlagen durch Büsche.

Würden 400 Millionen Schilling zur Verfügung stehen, das entspricht ungefähr einem Prozent des jährlichen Straßenbaubudgets, so könnten alle Abschnitte der betreffenden Verkehrswege ausreichend untertunnelt werden[43].

Nur den Hilfsmaßnahmen Privater ist es zu verdanken, daß alljährlich nicht noch mehr Amphibien überfahren werden. Da die Wanderungen der Tiere im Ablauf des Jahres zeitlich und lokal beschränkt sind, können Hilfsmaßnahmen gezielt eingesetzt werden. Grasfrösche werden als erste Lurche bereits in den letzten Tagen des Februars aktiv, Erdkröten etwa einen Monat später. Gräben und Fangzäune werden zu diesen Zeiten entlang der betreffenden Straßenabschnitte angebracht, in der Hoffnung, daß sich die Tiere solange darin aufhalten mögen, bis sie händisch eingesammelt und in Eimern auf die gegenüberliegende Seite der Straße getragen werden können. Rasches, auch provisorisches Eingreifen ist mitunter die beste Möglichkeit, die Tiere vor dem Straßentod zu bewahren. Das Aufstellen von Warnschildern mit Zeitangabe ohne derartige Begleitmaßnahmen ist wenig zielführend. Deshalb soll auch die Bevölkerung (Schüler) von zuständigen Fachleuten aufgeklärt, ein Tempolimit verhängt und lokal begrenzte, zeitliche Straßensperren eingerichtet werden.

Diese Maßnahmen allein werden jedoch nicht genügen. Will man natürliche Amphibienpopulationen in einem bestimmten Gebiet halten und erhalten, wird man mehr dafür tun müssen.

Die Schwierigkeit, die sich dem Zoologen und auch jedem anderen stellt, ist die Tatsache, daß viele Amphibienarten im Ablauf eines Jahres sowohl Wasser als auch Festland zur Fortpflanzung bzw. zum stetigen Aufenthalt benötigen. Diese verschiedenen Biotope können streckenmäßig weit auseinander liegen, was die Schutzmaßnahmen für die betreffende Art noch erschwert.

Als erste Maßnahme müssen die vorhandenen **Bestände** der Amphibienarten erfaßt werden, um überhaupt einmal zu wissen, wo welche Arten zu erwarten sind. Dies ist am leichtesten an den Laichgewässern durchzuführen, die von allen Amphibienarten, außer dem Alpensalamander, aufgesucht werden müssen. Dort kann man anhand der adulten Exemplare, an deren Gesang sowie an deren typischen Laichanordnungen Aufschluß über die vorhandenen Arten gewinnen. Im Freiland nach Tieren zu suchen, würde sich als ungleich schwieriger und aussageschwächer erweisen. Die gesammelten Ergebnisse sollten in Karten zusammengefaßt werden.

Als nächster Schritt muß so viel als nur möglich über die **Lebensweise** der einzelnen Arten herausgefunden werden, um ein sinnvolles Eingliedern in verschiedene Gebiete zu ermöglichen und einen langfristigen Fortbestand von bestehenden Populationen zu gewährleisten. Folgende Fragen treten hierbei auf: Welche Nahrung wird bevorzugt, wieviele Individuen leben auf welcher Fläche, welche Vegetation wird bevorzugt, welche Verhaltensweisen werden von den Tieren gezeigt?

Weiters müssen alle offensichtlichen **Gefahrenquellen**, wie z. B. wilde Mülldeponien etc., beseitigt oder aber dermaßen entschärft werden, daß sie keinerlei negative Auswirkungen mehr auf die Lurche haben können.

Fehlen **Laichgewässer**, so können sie unter fachmännischer Anweisung angelegt werden. Ziel ist es, ein Netz von Kleingewässern zu schaffen. Ideal wären vier bis sechs kleine Tümpel, die vom nächsten Gewässer höchstens zwei bis drei Kilometer entfernt sein sollen. Diese Gewässer sollten in bereits genutzten Gebieten erschaffen werden und nicht in den ohnehin seltenen naturbelassenen Gebieten. Neu angelegte Gewässer sollten einen geregelten Zulauf haben, weiters zumindest an einer Stelle eine Tiefe von einem Meter aufweisen (frostfreie Überwinterungszone), sowie eine Stufenwand besitzen, damit die Tiere aus dem Wasser entsteigen können. Das Einsetzen von geeigneten Wasserpflanzen wirkt sich sicher positiv auf das Gedeihen der zu erwartenden Amphibien aus.
Allerdings bedarf es hierbei großer Ausdauer, denn Amphibienleben wird sich an diesen neu errichteten Biotopen nicht schlagartig, sondern erst im nächsten Frühling, vielleicht aber auch nie einstellen.

LURCHE

Welche Anforderungen stellen die verschiedenen Arten von Lurchen?
– Grasfrosch, Bergmolch und Erdkröte leben bevorzugt in lichten Wäldern verschiedensten Charakters.
– Springfrosch, Fadenmolch und Feuersalamander sind an helle Laubwälder gebunden.
– Laubfrosch und Knoblauchkröte sind an den Rändern von Wäldern anzutreffen und meiden das Waldinnere.
– Kreuz-, Wechsel- und Geburtshelferkröte leben in vegetationsarmen Gebieten. Diese Arten schätzen Sand und Kiesgruben, selbst wenn diese noch in Betrieb sind.

Wie erwähnt, sind viele Amphibienarten ungemein ortstreu. Somit ist es nicht getan, ein geeignetes Gewässer zu finden und dort Lurche auszusetzen. In ihrem Streben, das Gewässer, in dem sie selbst geboren wurden, aufzusuchen, würden viele Tiere aus dem an sich geeigneten Biotop abwandern. Die Lösung: Das Einsetzen der Tiere in sogenannte **Laichkäfige** oder das Ausbringen von befruchteten Eiern in die geeigneten Gewässer, in der Hoffnung, daß die sich daraus entwickelnden Tiere in den nächsten Jahren zur Fortpflanzung wiederkehren mögen. Eine weitere Möglichkeit ist das Einfangen von Geschlechtstieren, die kurz vor der Fortpflanzung stehen. Werden sie noch einige Tage in Gefangenschaft gehalten, so verlieren sie allmählich, durch den Drang sich fortzupflanzen, ihre Laichplatztreue und laichen in jedem beliebigen Gewässer ab, in das sie ausgesetzt werden. Hierbei muß aber darauf hingewiesen werden, daß die Entnahme von Tieren aus der freien Wildbahn nicht erlaubt ist. Das Einfangen von Wildtieren sollte höchstens unter Aufsicht eines Wissenschafters ihm Rahmen eines gezielten Projektes vonstatten gehen. Ansonsten wird zumeist mehr geschadet als genützt, auch wenn guter Wille bekundet wird.

Auch im Festlandrevier der Lurche kann große Ortstreue beobachtet werden. Folgende Zahlen veranschaulichen den Durchmesser des Aufenthaltsgebietes einzelner Arten[46]: Geburtshelferkröte meist unter 10 m, Laubfrosch 150 m, Knoblauchkröte, Berg-, Faden- und Teichmolch 200 m, Grasfrosch 400 m, Springfrosch 550 m. Erkröten haben unter den heimischen Lurchen den größten Aktionsradius und überwinden nicht selten mehrere Kilometer bei ihren Wanderungen. Den Mittelpunkt dieser Gebiete stellt in der Regel der Laichplatz dar.

Will man Amphibien helfen, muß der Kontakt zu den zuständigen **Behörden** geknüpft werden. Straßenbauprojekte etwa sollten nur mehr unter der Mithilfe eines Ökologen genehmigt und unter dessen Aufsicht durchgeführt werden.

Gesetzliche Bestimmungen und Durchführungsverordnungen, die den Problemen des Natur- und Umweltschutzes gerecht werden, sollen erarbeitet und in die Tat umgesetzt werden. Die Einsetzung eines „**Natur- und Umweltschutzanwaltes**", dem die rechtlichen Mittel gegeben werden, um durchgreifende Resultate zu erzielen, würde die Arbeit zum Schutz der Tiere erleichtern.
Zusätzlich sollte die Schaffung des Rechtsinstituts „**Umweltverträglichkeitsprüfung**" obligatorisch die sMaßnahmen von Bund, Ländern oder Gemeinden bzw. Projekte der öffentlichen Hand oder Privater prüfen, ob sie absehbare negative Auswirkungen auf die Umwelt haben.

Zum Verständnis für die Probleme des Natur- und Umweltschutzes ist darüber hinaus gezielte **Aufklärungsarbeit** durch die Medien, Schulen und andere Bildungs- und Kulturinstitutionen unerläßlich.

Amphibien der Gebirge und Hochgebirge

Während der kleine Wasserfrosch, der Seefrosch und der Moorfrosch als ausgesprochene Tieflandformen angesehen werden müssen, steigen Alpensalamander, Bergmolch, Grasfrosch und Erdkröte hoch in die Gebirge der Alpen auf, weshalb an dieser Stelle ihre Besonderheiten und kurze Lebensbeschreibungen angeführt werden.

Der Alpensalamander

Der schwarze, maximal 16 cm lang werdende Alpensalamander ist von diesen Arten am besten an das Leben an der Grenze zu Schnee und Eis angepaßt. Sein bevorzugter Lebensraum liegt über 800 Meter Seehöhe und reicht bis zu 3000 Meter hinauf. Seine für heimische Lurche einzigartige Fortpflanzungsweise ermöglicht ihm das ständige Besiedeln der für Amphibienverhältnisse sehr rauhen Umgebung. Das Weibchen bringt je nach Höhenlage alle zwei bis vier Jahre zwei, in Ausnahmefällen bis zu vier vollkommen entwickelte Junge zur Welt, die bei der Geburt eine Länge von drei bis vier Zentimetern aufweisen. Wie beim verwandten Feuersalamander werden in jedem der zwei Eileiter des Weibchens 15–20 und auch mehr Eier befruchtet. In der Regel entwickelt sich jedoch jeweils nur ein Jungtier. Dieses ernährt sich zuerst vom eigenen Eidotter. Die restlichen Eier, sie werden auch als Nähreier bezeichnet, zerfallen und dienen fortan der Larve als Nahrung. Sie nimmt die anfallenden Nährstoffe durch die Mundöffnung sowie durch die extrem langen äußeren Kiemen auf. Weiterhin stellen spezielle nahrhafte Gewebe, die kontinuierlich vom Eileiter gebildet werden, ihre Ernährungsgrundlage dar. Somit durchläuft der junge Organismus alle für die landlebenden Schwanzlurche typischen Stadien, wohlbehütet und gut ernährt, im Mutterleib. Der Alpensalamander ist somit völlig von Gewässern unabhängig, was für einen Lurch sehr untypisch ist. Die geringe Fortpflanzungsrate wird dadurch wettgemacht, daß bereits vollkommen entwickelte Junge zur Welt gebracht werden, die nicht den unzähligen Gefahren des Kaulquappendaseins ausgesetzt sind. Weiters finden lediglich wenige Freßfeinde Geschmack an dem giftigen Schleim absondernden Alpensalamander. Seine nächtliche, verborgene Lebensweise ist ein weiterer Schutz.

Nur bei Regenfällen, oft auch schon davor, kommt der Alpensalamander auch bei Tag an die Oberfläche. Deshalb gilt er auch als Schlechtwetterprophet. Das Regenmandl, Bergmandl oder Dattermandl, wie er in Tirol genannt wird, verbringt den Tag üblicherweise unter Steinen oder Rinde, in Erdlöchern – also an Plätzen, wo hohe Luftfeuchtigkeit herrscht. Diese Amphibienart ist an feuchten Schotterhalden ebenso zuhause, wie in moorigem Terrain, in schattigen Wäldern und auf Alpenmatten, wo oft noch Schnee liegt. Zur Überwinterung sucht er sich einen frostfreien Ort, zumeist im Erdreich, und erscheint im kommenden Frühjahr erst wieder, wenn die Außenbedingungen dazu günstig erscheinen.

Der Alpensalamander ist ein Endemit, der lediglich in den Gebirgen vom Schweizer Jura über die Alpen hin bis nach Albanien sein Verbreitungsgebiet hat.

Der Bergmolch

Der zweite Schwanzlurch, der hoch in das Gebirge aufsteigt, ist der Berg- oder Alpenmolch. Er ist bis an die 2500 Meter, manchmal bis 3000 Meter zu finden. Diese Art ist an das Vorhandensein von Wasser gebunden. Zur Paarungszeit bietet das etwa 8 cm lange Männchen einen farbenprächtigen Anblick. Ein gelber, ungezackter Kamm wird von schwarzen Binden unterbrochen, an den Flanken tritt eine blaue Färbung auf, die dunkle Haut erscheint marmoriert, und die Körperunterseite ist tief orangerot gefärbt. Das ungefähr 11 cm lange Weibchen sieht im Gegensatz dazu unscheinbar aus. Es legt im Uferbereich von Gebirgsseen und -bächen seine Eier an die Vegetation ab und verläßt einige Zeit später das naße Element zu Wanderungen, verbleibt aber, wie auch die Männchen, stets in der Nähe von Gewässern. Zumeist pflanzen sich Bergmolche jährlich fort, in hoch gelegenen Lagen jedoch nur alle zwei Jahre. Aus den Eiern schlüpfen etwa 8 mm lange Larven, die bis zur Verwandlung 3–4 cm erreichen. Auch kommt es vor, daß die Larven überwintern und erst im nächsten Sommer die Metamorphose vollständig durchlaufen. Ebenso tritt bei dieser Art bei Hochgebirgsindividuen Neotenie auf, was bedeutet, daß das Tier noch im Larvalzustand die Geschlechtsreife erreicht. Bergmolche überwintern entweder am Grund von Gewässern oder aber in frostsicheren Stellen im Erdreich.

Der Grasfrosch

Von den Froschlurchen steigt der Grasfrosch am weitesten in das Gebirge auf und ist noch in 2600 bis 3000 Meter Seehöhe anzutreffen. Er besiedelt Wälder, Felder und Torfmoore, ist aber nur in feuchtem Gelände, oft in der Nähe von Wasser zu finden. Dieser ungefähr 10 cm lange Braunfrosch unterscheidet sich vom Moorfrosch, abgesehen vom anderen Lebensraum, durch den rundlichen Kopf mit dem stumpfen Maul, vom Springfrosch durch die wesentlich kürzeren Hinterbeine. Der Grasfrosch ist der erste Lurch im Frühjahr, der seinen Laich in die oft noch teilweise vereisten Tümpel und Schmelzwasserpfützen absetzt. Dieser sinkt zu Boden, quillt auf, um sodann an der Oberfläche in Klumpen zu treiben. Das Grasfroschei ist an einem weißen Fleck zu erkennen. Bis zu 4000 Eier können von einem Weibchen ausgestoßen werden, was zur Folge hat, daß unzählige Kaulquappen, sie werden von der Bergbevölkerung auch als Roßnägel bezeichnet, in den Gewässern wimmeln. Nur sehr wenige von ihnen werden in den kommenden Jahren die Möglichkeit haben, selbst zur Fortpflanzung zu schreiten, da die allermeisten Opfer der Witterung, der zahlreichen Feinde und auch der Beeinflussung durch den Menschen werden. Dieses Amphib überwintert oft in großen Gesellschaften im Schlamm von Gewässern oder im Erdreich.
Der Grasfrosch ist neben der Erdkröte das in Europa am weitesten verbreitete Amphib. Er überschreitet in Skandinavien nach Norden hin den Polarkreis und ist noch am äußersten Festlandzipfel des Kontinents zu Hause.

Die Erdkröte

Bleibt noch die Erdkröte zu erwähnen, die von den Niederungen bis 2500 Meter, in Ausnahmefällen bis 3000 Meter in die Berge steigt. Tagsüber ruht sie unter Brettern, Wurzeln oder in Erdhöhlen, um in der Nacht Jagd auf Schnecken, Würmer und Insekten zu machen. Ein vier Jahre altes Weibchen ist am Höhepunkt ihrer Reproduktionsfähigkeit und kann bis zu 6000 Eier in zweireihigen Eischnüren ablegen, was das Überleben der Art sichern sollte.

Fische
(Pisces)

FISCHE

Systematik

Der zoologische Begriff Fische (PISCES) ist ein sehr verschwommener, umfaßt er doch drei Klassen von Wirbeltieren, die primär im Wasser leben und adult mit Kiemen atmen. Diese drei Klassen sind[3]:
1. Kieferlose (*Agnatha*)
2. Knorpelfische (*Chondrichthyes*)
3. Knochenfische (*Osteichthyes*)

In den Alpengewässern leben Knochenfische und Kieferlose, die mit der Familie Petromyzonidae - Rundmäuler vertreten sind.
Folgende Familien der Knochenfische kommen in Österreich vor[10]:
1. Renken (Coregonidae)
2. Lachsfische (Salmonidae)
3. Äschen (Thymallidae)
4. Hundsfische (Umbridae)
5. Hechte (Esocidae)
6. Karpfenfische (Cyprinidae)
7. Schmerlen (Cobitidae)
8. Welse (Siluridae)
9. Aale (Anguillidae)
10. Schellfische (Gadidae)
11. Barsche (Percidae)
12. Grundeln (Gobiidae)
13. Groppen (Cottidae)
14. Stichlinge (Gasterosteidae)
15. Störe (Acipenseridae)

65 % der in Österreich lebenden Fischarten sind gefährdet!

65 Prozent der österreichischen Fische sind in den Roten Listen gefährdeter Tiere Österreichs angeführt. 39 von 60 Arten gelten demnach als in unterschiedlichem Ausmaß gefährdet. In Österreich eingebürgerte Fischarten wurden in die Liste nicht aufgenommen. Ebenso wurden bei diesen Zahlen die Rundmäuler nicht berücksichtigt. Eine Aufgliederung der einzelnen Gefährdungskategorien nach Bundesländern wurde an dieser Stelle nicht vorgenommen. Ziel sollte vielmehr sein, das Artenspektrum eines Gewässersystemes sowie die Gefährdung der einzelnen Arten zu dokumentieren. Aus ähnlichen Überlegungen ist es auch wenig zielführend, die Fischfauna Österreichs in Alpenfische und in nicht in den Alpen heimische Fische zu gliedern.

Prozentuelle Aufteilung der gefährdeten Fischarten gemäß den Gefährdungskategorien[38]:

Kategorie 0	ausgestorben, ausgerottet oder verschollen	5 Arten	12,8 %
Kategorie 1	vom Aussterben bedroht	5 Arten	12,8 %
Kategorie 2	stark gefährdet	7 Arten	17,9 %
Kategorie 3	gefährdet	13 Arten	33,3 %
Kategorie 4	potentiell gefährdet	9 Arten	23,0 %

Die Gründe für das Aussterben von Fischen

Zahlreiche Faktoren, die oft eng miteinander verknüpft sind, führen zum Aussterben bzw. zu einer drastischen Abnahme der Bestände zahlreicher Fischarten. Größter gemeinsamer Nenner dieser Faktoren ist der Mensch.

Verlust des Lebensraumes

Die Veränderung durch direkte Eingriffe des Menschen auf die Gewässer muß als Hauptgrund für das Erlöschen oder drohende Verschwinden von Fischarten angesehen werden.

Der Mensch versuchte und versucht noch immer, sich die Natur untertan zu machen. Er erreicht hierbei sehr erfolgreich die von ihm erstrebten Ziele. Dabei verändert der Mensch die Natur mitunter in derart starkem Umfang, daß viele Landschaftsstriche bereits als künstliche Zweit(Dritt)lebens- oder Nutzungsräume betrachtet werden müssen.

So wurden und werden reißende, die Landschaft zerstörende und Menschenleben bedrohende Fließgewässer in künstliche Bach- bzw. Flußbetten vergewaltigt. Die Ufer wurden mittels großer Mengen von Spritzbeton und Stahlgitter oder riesigen Steinquadern begradigt und befestigt, was eine weitgehende Zerstörung der Ufervegetation samt der von ihr abhängigen Fauna bedeutet. Ganze Lebensgemeinschaften verschwinden somit von einem Tag auf den anderen.

Wunschziel vieler Landschaftsarchitekten ist es, ein Fließgewässer zu konstruieren, das das ganze Jahr hindurch gleich viel Wasser von gemäßigter Fließgeschwindigkeit, gleicher Tiefe und Breite, über möglichst einheitlichem Gewässergrund, auf beiden Seiten eingerahmt von womöglich gleichartigen Stein- oder Betonelementen führt. Auch auf die Begrünung der Ufer wird dabei nicht vergessen, wobei aber die einstige Flora auf wenige Arten minimiert wird. Ein derartig, friedlich vor sich hinfließender Fluß ist aber, vom Standpunkt des Biologen aus gesehen, ein von nur wenigen Arten bewohnter Kanal.

Nicht alle **Flußregulierungen** laufen glücklicherweise in der beschriebenen Weise ab. Wird heute eine Flußregulierung vorgenommen, so werden vorerst Gutachten von Biologen, Limnologen, Zivilingenieuren und vielleicht auch Umweltanwälten herangezo-

FISCHE

gen, um eine möglichst naturschonende Lösung zu finden. Doch auch naturnahe Regulierungen beinträchtigen die hochsensiblen Fließgewässer und deren Bewohner. Eine verschwundene Tier- oder Pflanzenart reißt dutzende von ihr abhängige Arten mit in den Tod. Nur wenige der einst sich zahlreich in diesem Gewässer tummelnden Lebewesen überstehen durch ein flexibles Anpassungsvermögen diese tödliche Kettenreaktion. Ein trauriger Rest einstiger Vielfalt.

Vor allem die Fischfauna verliert durch den Verlust vieler, in ökologischer Hinsicht äußerst wertvoller Kleinlebensräume eines Gewässers ihre mannigfaltigen Lebensgrundlagen, weshalb zahlreiche Arten für immer aus diesem Teil des Gewässers abwandern oder an Ort und Stelle zugrunde gehen. Anspruchsvolle Fischarten finden in regulierten Wasserläufen keine geeigneten Nahrungsquellen, Laich- und Versteckmöglichkeiten und zählen somit nicht mehr zur Fischfauna dieses Gewässerabschnittes. Die meisten Fischarten haben sich auf bestimmte Untergründe und/oder Strömungsbedingungen zum Ablaichen spezialisiert. So gibt es zum Beispiel Arten, die den Laich an Pflanzen absetzen, oder solche, die lediglich in Kies- oder Schottergruben ablaichen. Vor allem das Fehlen oder die Reduktion der Ufervegetation und auch ein monotones Bach- bzw. Flußbett wirken sich dabei besonders negativ auf die Bestände aus. Ebenso geht das Angebot an Insekten und deren Larven infolge von Regulierungsmaßnahmen merklich zurück, was sich als weiterer negativer Faktor für die Fische auswirkt.

Über die Auswirkungen von Veränderungen eines Flusses gibt folgende Tabelle Aufschluß. Daraus wird ersichtlich, daß mit zunehmendem Regulierungsgrad die Anzahl der ehemals vorkommenden Fischarten sowie deren Dichte und Biomasse pro Hektar deutlich abnehmen. (Aus Jungwirth & Winkler 1983):

Fluß		Art-anzahl	Individuen/Hektar	kg Biomasse/Hektar	Varianz^ der Maximaltiefe°
Ferschnitz:	naturbelassen	14	6341	356,9	798
	naturnahe reg.	7	3072	122,8	33
	hart verbaut	5	2065	21,2	32
Melk:	naturbelassen	15	5997	1296,1	627
	hart verbaut	10	2846	541,5	38
	kanalartig reg	6	665	34,5	5
Mank:	naturbelassen	12	7537	1312,2	868
	hart reguliert	5	2168	21,9	3,9
Raab:	naturbelassen	18	4986	355,6	703
	hart reguliert	5	1595	363,8	85
Pinka:	naturbelassen	15	11326	802,7	1211
	hart reguliert	6	3417	126,1	22,4
Pram:	naturbelassen	15	4921	444,7	1020
	hart reguliert	7	1341	40,5	143

^ Varianz der Maximaltiefe: Maß für die Vielfalt der strukturellen Abweichungen eines Flußbettes von einer geregelten und monotonen Form.
° Maximaltiefe: Jeweils größte Tiefe innerhalb eines Querprofils[51].

Die Errichtung von **Laufkraftwerken** zieht zwei unmittelbare, negative Auswirkungen auf das Leben von Fischen in Fließgewässern nach sich:

Erstens stellt ein Laufkraftwerk ein direktes, meist unüberwindbares Hindernis dar. Das Fließgewässer ist für wandernde Fische blockiert. Besonders arg sind Laichwanderer betroffen, da sie nicht zu den Laichgründen aufsteigen können und die Reproduktion somit ausfällt, was das Erlöschen der Population zur Folge hat. In der Donau, das Hauptstromgebiet Österreichs, erloschen nach dem Kraftwerksbau am Eisernen Tor die Populationen zahlreicher Fischarten vollkommen. Besonders betroffen waren die anadromen, das sind im Meer lebende Fische, die zum Laichen in Flüsse aufsteigen, Vertreter der Familie der Störe, deren Bestände, bis auf den stationären Sterlet (*Acipenser ruthenus*) für immer aus der Donau auf österreichischem Gebiet verschwunden sind; so der Stör (*Acipenser sturio*) und der Hausen (*Huso huso*), der eine Körperlänge von über drei Metern erreichen und über tausend Kilogramm auf die Waage bringen konnte. Auch der Sterlet blieb nicht unbeeinträchtigt, als Kraftwerke am bayrischen Verlauf des Inns errichtet wurden und somit der Weg nach Tirol abgeschnitten war. An zahlreichen anderen österreichischen Flußläufen ereilte ihn und andere Fischarten dasselbe Schicksal. Auch der größte der alpinen Lachsfische, der Huchen (*Hucho hucho*), der lediglich im Flußsystem der Donau zu finden ist, war betroffen. Er kam mit Ausnahme des Regen und der Laaber, die in der Nähe von Regensburg münden, lediglich in den rechtsseitigen Nebenflüssen der Donau vor. Der Huchen wurde noch vor dem Bau des Kraftwerkes bei Jettenbach im Jahr 1922 häufig im Inn angetroffen und stieg fast bis zur Schweizer Grenze auf. Exemplare von 2 Meter Länge wurden alljährlich bei Innsbruck gefangen. Auch an der Ybbs, Erlauf, Traisen, Traun und weiteren Flüssen wurde diese Fischart am Aufsteigen durch Laufkraftwerke gehindert.

Zweitens beeinflußt ein Laufkraftwerk den Charakter des betroffenen Fließgewässers in vielerlei Hinsicht. Es entstehen für den jeweiligen Abschnitt des Flusses untypische Stauräume. Besonders Lachsfische sowie rheophile (strömungsliebende) Karpfenfische sind von solchen, den natürlichen Verlauf eines Flusses störenden Abschnitten betroffen. Die durch die geringere Strömung angesammelten Sand- und Schlammablagerungen veranlassen viele Fischarten, die dadurch in ihrem Laichgeschäft sowie bei der Nahrungsaufnahme negativ beeinflußt werden, diesen Teil des Flusses zu verlassen.

Schadstoffeinflüsse

Zeitungen machen in unregelmäßigen Abständen auf das Massensterben von Forellen und anderen wirtschaftlich bedeutenden Fischen aufmerksam. Grund dafür sind meist in das jeweilige Gewässer eingeleitete Schadstoffe. Oft genügt schon ein heftiger Regenguß, um die Sure von eben gedüngten Feldern in den Bach zu leiten. Weiters gelangen Abwässer ganzer Ortschaften, die noch nicht an ein Kanalnetz angeschlossen sind, ungereinigt in die Gewässer. Manche Industrieunternehmen leiten ihre Abwässer nicht, den gesetzlichen Auflagen entsprechend, in die Flüsse. Diese Zustände haben direkten Einfluß auf die Fische oder aber leiten einen Prozeß ein, der die Tiere erst lange Zeit danach beeinträchtigt (Sterilität, Mißbildungen). Wo immer organisches Material, das unter enormem Sauerstoffverbrauch abgebaut wird, in großen Mengen in Gewässer gelangt, ist damit zu rechnen, daß der dabei entstehende Sauerstoffmangel das Leben darin stark gefährdet. Eier und Jungfische, die wegen mangelnder Mobilität und hohen Sauerstoffbedarfes besonders betroffen sind, fallen anaeroben Bedingungen am ehesten zum Opfer.

Weitere Belastungsstoffe:
- Schwermetalle
- Schadstoffemissionen, die direkt durch den Regen eingetragen werden
- chlorierte Kohlenwasserstoffe (Industrieabwässer)
- Insektizide, Pestizide: Raubfische stehen in aquatischen Systemen oft an letzter Stelle der Nahrungskette, wodurch sie sehr hohe Dosen von Bioziden in ihren Organismen aufweisen.

Stehende Gewässer sind von Nährstoffüberschüssen und hoher organischer Produktion, auch als Eutrophierung bezeichnet, betroffen. Eutrophierung ist durchaus auch als ein natürlicher Prozeß anzusehen. Doch gelangen heute größere Mengen von Nährstoffen, die von landwirtschaftlichen, industriellen und hauswirtschaftlichen Vorgängen herrühren, in stehende Gewässer als zuträglich und wirken sich negativ aus. Explosionsartiges Wachstum von Algen ist die Folge dieses Nährstoffüberangebotes. Dies wiederum bewirkt, daß zuwenig Sauerstoff den in der Tiefe des Sees lebenden Organismen zur Verfügung steht. Hauptbetroffen sind Fischarten, die in tiefem Wasser ablaichen, wie Renken, der Seesaibling und die Seeforelle. Über die Auswirkungen auf andere, für die Wirtschaft unbedeutende Arten liegen wenige Angaben vor.

Die Bejagung

Eiweißreiches Fischfleisch stellte schon immer eine bedeutende Nahrungsquelle für den Menschen dar. Mit stets ausgereifteren Methoden gelang es diesen, ganze Fischarten systematisch so lange zu befischen, bis deren Populationen vollkommen zusammengebrochen waren. Erste Belege über ausgestorbene Arten finden sich in Fischereibüchern aus dem 16. Jh., in denen Fangquoten aufgezeichnet worden sind. Der Hausen sowie der Stör waren zu diesen Tagen bereits aus der Donau verschwunden.

Die Bedeutung der Fische als Nahrungsmittel geht aus unzähligen Werken und auch aus den verschiedensten Kochbüchern hervor. Die Größe und Art des Fisches spielte dabei eine untergeordnete Rolle. Nur wirklich übelschmeckende und giftige Fische wurden nicht genommen. Der Zubereitung von Fischen waren und sind keine Grenzen gesetzt. Verschiedene Konservierungsmethoden wie Einsalzen, Räuchern oder Lufttrocknung ermöglichen, daß Fisch das ganze Jahr hinweg zur Verfügung steht.

FISCHE

Das Aussetzen faunenfremder Fische

Aus sportlichen und kulinarischen Gründen wurden vor allem aus Nordamerika stammende Lachsfischarten in alpine Gewässer eingesetzt, ebenso der Aal.

Derartige Faunenverfälschungen sind strikt abzulehnen, da die „neuen" Fische oft großen Schaden unter dem Laich und den Jungtieren von ansässigen Fischen anrichten können. Auch verdrängen sie mitunter durch große Anpassungsfähigkeit bodenständige Arten, so daß deren Populationen Gefahr laufen, zusammenzubrechen. Ebenfalls können derartige Exoten auch Viren, fremde Krankheitserreger und Parasiten einschleppen, auf die die ortsansässige Fischfauna nur ungenügend reagieren kann. Zudem werden faunenfremde Fische oft in zu großen Stückzahlen eingesetzt.

Die folgenden fünf angeführten Fischarten wurden aus drei verschiedenen Motiven in österreichische Gewässer ausgesetzt, verhielten sich zum Teil aber nicht in der vom Menschen vorgesehenen Art und wurden mitunter zu Schädlingen:

Graskarpfen (*Ctenopharyngodon idella*)

Schon vor Jahrzehnten wurde dieser aus Ostasien stammende Fisch, auch Amurkarpfen genannt, im europäischen Teil Rußlands, später in Ost- und Südeuropa, sodann auch in Mitteleuropa eingesetzt, um die wuchernde Vegetation der Gewässer kurzzuhalten. Diese Art erreicht eine Körperlänge von über einem Meter und ein Gewicht von mehr als 30 Kilogramm. Ab 15° C entwickelt der Graskarpfen einen stattlichen Appetit. Bei 25 bis 30° C nimmt diese Art bis zu 120 % des eigenen Körpergewichtes täglich an pflanzlicher Nahrung zu sich! Der Einsatz in mitteleuropäische Gewässer hatte zur Folge, daß die Graskarpfen in kurzer Zeit die bestehende Vegetation derart beeinträchtigten, daß andere Fischarten nur mehr ungenügend Nahrung sowie Versteck-, Laich- und Brutmöglichkeiten vorfanden. Neben der Konkurrenz für bodenständige Fischarten schädigt dieser Exote mancherorts auch die Schilfbestände von Seen (z. B. Wörthersee).

Regenbogenforelle (*Salmo gairdneri*)

Ursprüngliche Heimat der Regenbogenforelle ist das westliche Nordamerika vom Pazifik bis in die Gebirgsbäche. Sie wurde im Jahr 1880 erstmals mit zwei nahe verwandten Arten (*Salmo irideus* und *Salmo shasta*) in europäische Gewässer als Sport- und Speisefisch eingesetzt. Diese Art ähnelt in ihrer Lebensweise dem europäischen Formenkreis *Salmo trutta*. Regenbogenforellen werden in Teichwirtschaften, in Rinnenanlagen und Netzkäfigen gehalten. Sie sind gegen höhere Temperaturen und damit verbundene niedrigere Sauerstoffwerte der Gewässer unempfindlicher als Bachforellen und nehmen auch Kunstfutter besser an als diese. Verwilderte Exemplare treten in der Nähe von Zuchtanstalten und als Abkömmlinge von Besatzexemplaren auf. Treffen solche Tiere auf günstige Lebensbedingungen können sich deren Bestände halten. Sie gelten als Bruträuber und verdrängen die ursprünglich ansässige Bachforelle durch flexiblere Anpassungsfähigkeit.

Amerikanischer Seesaibling (*Salvelinus namaycush*)

Diese Art stammt aus Kanada, wo sie vom Pazifik bis zu den großen Seen hin verbreitet ist. Sie wurde in europäische Seen als Sport- und Speisefisch eingesetzt. Beständige

Populationen finden sich in großen, tiefen Seen von Schweden und der Schweiz. Der amerikanische Seesaibling wurde mehrmals auch in Österreich ausgesetzt, so im Jahr 1957 in den Kapellersee im Montafon.

Amerikanischer Bachsaibling (*Salvelinus fontinalis*)
Diese ursprünglich weit verbreitete Art Nordamerikas wurde in Europa 1884 das erste Mal eingesetzt. Seitdem ist dieser Fisch in den verschiedensten Alpenseen als beliebter Angelfisch zu finden, zumal er auch in Gewässer gesetzt werden kann, die für Bachforellen nicht geeignet sind. Kreuzungen dieser Art mit der Bachforelle ergeben die unfruchtbaren, sehr farbenprächtigen sogenannten Tigerfische.

Karpfen (*Cyprinus carpio*)
Die Wildform lebt ursprünglich in den Zuflüssen des Mittelmeeres, des Schwarzen und des Kaspischen Meeres sowie des Aralsees, im Brack- und im Süßwasser. Mehrere Unterarten leben östlich dieses Gebietes bis nach China, Vietnam und zum Amurbecken. Schon im 13. Jh. brachten die Römer den Karpfen aus dem Schwarzmeerraum nach Mitteleuropa. Vor allem Mönche der verschiedensten Klöster hielten den Karpfen in Zuchtteichen. Durch sie wurde dieser schmackhafte Fisch zum Haustier. Als wichtiges Nahrungstier, das ohne große Mühe gezüchtet werden konnte, sorgten die Mönche auch für dessen Verbreitung.
Leicht verwildert der Karpfen, kann sich aber in freier Wildbahn nur unter günstigen Bedingungen natürlich fortpflanzen, da das Gewässer, in welchem abgelaicht wird und die Brut heranwächst, eine konstante Temperatur von 18–20°C haben sollte, was in mitteleuropäischen sowie nördlichen Breiten nur selten der Fall ist. Hinzu kommt, daß zahlreiche Feinde sowohl Laich als auch Jungtiere fressen. So wurden und werden in die jeweiligen Gewässer Besatzfische ausgesetzt.
Züchter unterscheiden aufgrund verschiedener Beschuppungen folgende vier Formen:
- Schuppenkarpfen mit normaler Beschuppung.
- Spiegelkarpfen mit unregelmäßig verteilten, stark vergrößerten und metallisch glänzenden „Spiegelschuppen".
- Zeilkarpfen mit einer Reihe gleich großer „Zeilschuppen" entlang der Seitenlinie.
- Lederkarpfen mit lederartiger, unbeschuppter Haut.

Der Fischfang

Die älteste Methode, einen Fisch zu fangen, war die Jagd mit dem Speer, die heute nur mehr dem sportlichen Vergnügen dient. Auch Pfeilspitzen aus Feuerstein, Knochen und später aus Bronze wurden nachweislich zum Fischfang verwendet. Die Menschen der Steinzeit entwickelten schon Haken, die aus Knochen oder Horn geschnitzt wurden. Auch verstanden sie es, in fließenden Gewässern an günstigen Flußabschnitten Zäune und Reusen aus Rohr oder Ästen aufzustellen. Außerdem wurden aus Fasern gefertigte Netze unter den Resten von Pfahlbausiedlungen gefunden.

Heute werden Fische auf vielerlei Art gefangen und bejagt. Bei der Methode der Elektrofischerei werden die Fische durch dosierten Strom betäubt. Das Stromfeld geht von einer Elektrode aus und wirkt nur wenige Meter weit. Bewegungslos und unverletzt können die Fische sodann eingesammelt werden. Diese als „schonend" bezeichnete Methode wird angewendet, um an Speisefische und auch an Laich- sowie Besatzfische für andere Gewässer zu gelangen.

Bei der Angelfischerei werden Reihenangeln, auch als Legeangeln, Langleinen oder Aalschnüre bezeichnet, im Gewässer ausgelegt. An diesen oft hunderte Meter langen Leinen befinden sich bis zu tausend kurze Mundschnüre, an denen die Haken mit natürlichen oder künstlichen Ködern befestigt sind. Diese Haken liegen entweder am Gewässerboden auf oder hängen frei im Wasser. Solche Fanganlagen werden zumeist in der Nacht verankert und mit Bojen gekennzeichnet. Durch den hohen Arbeitsaufwand ist diese Methode für den kommerziellen Fischfang unrentabel geworden und spielt heute nur mehr eine unbedeutende Rolle.
Die Anzahl der Sportangler nimmt hingegen, zur Freude der Ausrüster, ständig zu.

Bei den Fischfallen macht sich der Mensch eine Gewohnheit der Fische zunutze; diese schwimmen nämlich solange an einem Hindernis entlang, bis sie eine Öffnung finden. Sind sie durch diesen trichterförmigen Eingang erst einmal hindurchgeschwommen, gibt es für die Tiere durch den ausgeklügelten Bau der Falle kein Entkommen mehr. Neben altertümlichen Fischwehren werden die verschiedenartigsten Formen von Reusen eingesetzt. Dazu zählen etwa die stationär an den Abflüssen von Seen angebrachten Aalfänge sowie in Fließgewässern beweglich eingehängte Hamen (beutelförmige Fangnetze). Die Fische gelangen entweder durch die Strömung in die Fallen oder werden durch Netze zu den Öffnungen geschleust.
Die Reusen werden im Frühling und im Sommer in die geeigneten Süßgewässer eingebracht. Neben vielen Karpfenfischarten werden Hechte, Welse, Aale, Quappen, Barsche und Lachsfische darin gefangen.

Die verschiedenen Arten von Netzen werden vor allem in großen Seen ausgelegt. Die Maschenweite der jeweiligen Netze ist auf den zu fangenden Fisch abgestimmt. Dieser schwimmt in das möglichst unauffällige Netz und bleibt mit seinen Kiemendeckeln beim Zurückweichen hängen.

Der Lebensraum für die Fische der Alpen

Betrachtet man eine physische Kartendarstellung der Alpen, so erkennt man vier Stromsysteme samt den von ihnen gespeisten Seen, die das Wasser des Gebirgszuges in drei Meere ableiten. Es sind dies die Donau (Schwarzes Meer), die Etsch und der Po (Mittelmeer), die Rhone (Mittelmeer) und der Rhein (Nordsee).

FISCHE

In Österreich finden die verschiedenen Fischarten rund 9000 natürliche und auch künstliche stehende Gewässer und mehr als 100 000 Kilometer Fließwasserstrecken als Lebensraum vor.

Fischregionen der Fließgewässer

Der Lauf eines Gewässers von der Quelle bis zur Mündung ins Meer läßt sich in verschiedene Regionen unterteilen. Für das Fischleben der Alpen sind sinngemäß lediglich die quellnahen Gebiete zu betrachten.
Sauerstoffgehalt, Temperatur, Bodenbeschaffenheit, Wasserführung und Gefälle stellen Kriterien dar, um eine sinnvolle, künstliche Einteilung von Fließgewässerabschnitten zu erstellen.
Die Grenze von einer Region zur anderen ist im wahrsten Sinne des Wortes als ineinander überfließend anzusehen. Die Namen der jeweiligen Regionen sind auf deren Charakter- oder Leitfisch zurückzuführen.

Forellenregion
Geringe Wasserführung, Wasser schnell im starken Gefälle fließend, deshalb sauerstoffreich, 8 bis 10° C, Untergrund vom Gefälle und somit von der Strömung abhängig. Licht dringt bis zum Grund vor, weshalb auf Steinen Algen wachsen und in kleinen Buchten höhere Pflanzen gedeihen. Viele Arten, auch aufwandernde Lachsfische, laichen in dieser Region ab.

Fischarten: Bachforelle (*Salmo trutta f. fario*), nordamerikanischer Bachsaibling (*Salvelinus fontinalis*), Ellritze (*Phoxinus phoxinus*), Schmerle (*Noemacheilus barbatulus*) und Koppe (*Cottus gobio*), auch Groppe genannt. Mit Anstieg der Temperatur gesellen sich Quappe (*Lota lota*), der einzige heimische Vertreter aus der Familie der Dorsche, Döbel (*Leuciscus cephalus*), Hasel (*Leuciscus leuciscus*), Gründling (*Gobio gobio*) und Plötze (*Rutilus rutilus*) hinzu.

Äschenregion
Durch die Aufnahme immer weiterer Nebenbäche wird das Gewässer zunehmend breiter. Das Wasser ist trotz Temperaturanstieges, geringeren Gefälles und größerer Tiefe immer noch reich an Sauerstoff. Der Boden ist vorwiegend sandig und an ruhigen Stellen schlammig. Die Zahl der höheren Pflanzen und somit der Wirbellosenfauna steigt stetig an.

Fischarten Sämtliche Fische, mit Ausnahme des Bachsaiblings, der Forellenregion können noch angetroffen werden. Weiters die Äsche (*Thymallus thymallus*) als Leitfisch, Nase (*Chondrostoma nasus*), Schneider (*Alburnoides bipunctatus*), Barbe (*Barbus barbus*) und Huchen (*Hucho hucho*).

Barbenregion
Diese verläuft meist im Mittellauf des Fließgewässers. Weitere Abnahme der Strömungsgeschwindigkeit, Temperaturanstieg (während des Sommers 15° C), Trübung stärker, Sauerstoffgehalt teilweise stark abnehmend. Der Untergrund des Gewässers ist ein Gemenge aus Kies und Sand, das ständig vorangeschoben wird. An Stellen mit geringer Strömung bilden sich mitunter Schlammaufstauungen. An den Ufern können sich Sand- und Kiesbänke bilden, die eine reichhaltige Vegetation ermöglichen. Diese wiederum bietet für viele Fischarten günstige Brut- und Versteckmöglichkeiten.

Fischarten	Leitfisch ist die Barbe, die aber vielerorts schon sehr selten geworden ist. Weiters Plötze, Rotfeder (*Scardinius erythrophthalmus*), Flußbarsch (*Perca fluviatilis*), Hecht (*Esox lucius*), Blei (*Abramis brama*), Güster (*Blicca björkna*), Schleie (*Tinca tinca*) und Aal (*Anguilla anguilla*). Bachforelle und Äsche sind nur mehr selten anzutreffen.

Die anschließende Brachsenregion und schließlich die Brackwasser- oder Flunderregion verlaufen nicht mehr durch die Täler der Alpen.

Forellenregion und Äschenregion werden als Lachsfischregion (Salmonidenregion) zusammengefaßt. Typische **Kleintiere** und somit Futtertiere, die zumeist einen abgeplatteten und somit an die reißenden Strömungsverhältnisse dieser Umwelt angepaßten Körper aufweisen, sind: Steinfliegen-, Eintagsfliegen-, Zuckmücken-, Köcherfliegen-, Großlibellen- und Kleinlibellenlarven, weiters Flohkrebse, Muschelkrebse sowie Egelarten. Sie stellen die Nahrungsgrundlage vieler Fischarten dar.
Barben- und Brachsenregion werden als Weißfischregion (Cyprinidenregion) zusammengefaßt. Typische Wirbellose: Schlammröhrenwürmer (*Tubifex*), Wasserasseln, Wasserflöhe, Hüpferlinge sowie verschiedene Schneckenarten.

Stehende Gewässer

Verschiedene Höhenlage, Form, Tiefe, Fläche und davon abzuleitende chemisch-physikalische sowie biologische Abhängigkeiten bedingen auch bei stehenden Gewässern verschiedene Zusammensetzungen der jeweilig anzutreffenden Artengefüge.
Im Alpenraum befinden sich Seen von den Niederungen an über die Mittelgebirge bis hinauf in die Hochgebirge und Gletscherregion. Hinsichtlich ihrer Struktur und Fischfauna können im Gebirge verschiedene Seentypen unterschieden werden:

Der Bachforellensee
Dieser im Hochgebirge liegende See ist von geringer Ausdehnung und Tiefe und wird von einem Bach durchflossen. Das Gewässer, das oft 8–9 Monate von Eis und Schnee bedeckt ist, weist das ganze Jahr hindurch tiefe Temperaturen auf. Deshalb ist dieser See auch sehr arm an Nährstoffen (oligotroph). Die Gemeinschaft der Pflanzen- und Tierarten, die hier ihr Leben fristet, ist erwartungsgemäß klein. An Fischen sind die Bachforelle, die Ellritze sowie die Koppe anzutreffen, die aus Bächen zuwandern.

FISCHE

Der Saiblingsee
Darunter versteht man einen größeren, tiefen Gebirgssee mit steil abfallenden Ufern, wo nur spärlicher Vegetation gedeiht. Das klare, sauerstoffreiche Wasser wird neben der Fischfauna des Bachforellensees noch vom Seesaibling (*Salvelinus alpinus salvelinus*), Perlfisch (*Rutilus frisii meidingeri*) und von Renkenarten (Coregonusgruppe) als Lebensraum gewählt. Gewöhnlich liegen diese Seen unter 2000 Meter Seehöhe. Vielerorts werden Seesaiblinge jedoch auch in höher gelegenen Seen eingesetzt. Kaiser Maximilian (1459–1519) war seinerzeit um die Fischzucht sehr bemüht. Er war der erste, der Saiblinge in Tiroler Hochgebirgsseen aussetzen ließ, um stets über genügend Vorrat dieses Speisefisches zu verfügen. Sein Nachfolger Karl V. (1500–1558) kümmerte sich nicht mehr um diesen Besatz, der bald in Vergessenheit geriet. Noch heute leben die Nachfahren dieser vor fünfhundert Jahren ausgesetzten Fische in einigen Gewässern, z. B. im Schwarzsee bei Sölden im Ötztal (2800 m), Plenderlesee im Kühtai (2400 m), Drachensee bei Ehrwald (1900 m). Sie überdauerten in diesen extremen Lebensräumen als Kümmerformen von 15 Zentimeter Körperlänge und werden als Schwarzreiter oder Schwarzreuter bezeichnet. Zu diesem kümmerlichen Wuchs kommt es, weil die Fische in den oft nur einen Monat lang eisfreien Gewässern äußerst wenig Nahrung finden. Die oft bis auf das Skelett abgemagerten Tiere leben von Insektenlarven, Plankton und dem sogenannten Anflug, das sind Gliedertiere, die vom Wind auf die Gewässeroberfläche geblasen werden.

Der Seeforellensee
Hierunter versteht man einen größeren See der unteren Alpenregion. Auch hier erwärmt sich das Wasser nur mäßig und ist deshalb sauerstoffgesättigt. Leitfisch ist die Seeforelle (*Salmo trutta f. lacustris*). Begleitfische sind Ellritze, Koppe, Perlfisch, Schmerle und Kilch (*Coregonus pidschian*).

Der Renkensee
In diesen großen Seenbecken mit schmaler Uferbank gedeihen in kleinen Buchten am Uferrand zahlreiche Pflanzen, die den einzelnen Fischarten gute Versteck- und Brutmöglichkeiten bieten. Hauptfische sind hier die Renken oder Felchen (Coregonusarten). Sie treten oft sehr zahlreich auf und werden als das „Brot der Fischer" bezeichnet. Renken leben pelagisch, also im freien Wasser, als „Schweberenken" oder benthisch, also in der Bodenzone, als „Bodenrenken". Daneben sind die Seeforelle (als „Grundforelle"), verschiedene Cypriniden (Weiß- oder Karpfenfische) wie der Rapfen (Aspius aspius), die Laube (*Alburnus alburnus*), die Mairenke (*Chalcalburnus chalcoides mento*) und in der Ufervegetation der Hecht zu finden.

Flachlandseen
In den Ebenen und Niederungen liegen die sogenannten Flachlandseen, die ebenfalls in verschiedene Typen unterschieden werden können. Diese Seen sind durch trübes Wasser und durch die in den warmen Monaten stark ansteigenden Temperaturen und somit herabgesetzten Sauerstoffgehalte gekennzeichnet. In solchen warmen und an Nährstoffen reichen Seen leben zahlreiche Cyprinidenarten und mit diesen vergesellschaftete Raubfischarten.

Maßnahmen zum Schutz der Fische

Wie beschrieben, beeinträchtigen zahlreiche Faktoren das Leben von Fischen in ihrer Umwelt. Die wohlwollende Beseitigung oder Entschärfung nur einer Gefahrenquelle ist jedoch in den seltensten Fällen ausreichend, um das längerfristige Bestehen der Populationen zu sichern.

Der Mensch schützt vornehmlich die für ihn **wertvollen Fischarten**. Viele kleine, unscheinbare, weder als Speise- noch als Sportfisch geschätzte Arten, die die allermeisten nicht einmal mit Namen kennen, blieben und bleiben dabei unberücksichtigt. Es werden zwar Projekte zur Aufzucht und später erfolgendem Besatz von wirtschaftlich interessanten Fischen, z. B. Huchen, in Auftrag gegeben, nicht aber für Arten wie Streber, Moderlieschen, Strömer, Frauennerfling, Schneider, Rapfen, Laube etc.

Noch ein weiterer Aspekt kommt hinzu: Die jahrzehntelange quasi Nichtzurkenntnisnahme „wertloser" Fischarten bedingt auch einen gravierenden Mangel an Daten über deren Vorkommen und Biologie. Genaues Wissen um die Ansprüche an bevorzugte Gewässer, die Nahrungs-, Wander- und Laichgewohnheiten und viele andere, für jede Fischart spezifische Lebensparameter sind aber Voraussetzung für Nachzuchten bzw. Wiederansiedelungen. Sind Fische einmal ausgesetzt worden, müssen Nachbetreuungsarbeiten aufgenommen werden, will man die Fischart im Gewässer erhalten.

Werden **Veränderungen der Landschaft** in Angriff genommen, so sollen vorher alle möglichen Mittel ausgeschöpft werden, um sie so naturbelassen wie nur möglich zu erhalten. Hier spielt die Vergabe von Finanzierungsmitteln eine maßgebende Rolle, denn nur wenige, von Biologen und Umweltexperten geforderte bauliche Maßnahmen werden finanziell vom Bund oder Land ausreichend unterstützt. Das Einsetzen von Umweltanwälten wäre gerade bei derartigen Anliegen sehr förderlich.

Abwässer mit hohen **Schadstoffanteilen** sollten gar nicht mehr in den momentanen Dimensionen möglich werden. Strengere, vor allem an die Industrie gerichtete gesetzliche Auflagen, sowie rigorosere Prüfungen stellen ein Minimum der Möglichkeiten in diesem Bereich dar. Ebenso ist aber jeder einzelne aufgerufen zu prüfen, was er denn nicht alles über den einfachen Umweg der Abwässer zu „entsorgen" pflegt.

Eine weitere Möglichkeit, der Fischfauna und auch vielen anderen von aquatischen Lebensräumen abhängigen Organismen wie etwa Amphibien zu helfen, besteht in der **„Wiederaufbereitung"** von für viele Fischarten verloren gegangenen Gewässern. Wichtig hierbei ist, daß die Gründe, weshalb das Gewässer von zahlreichen Arten gemieden wird, erkannt und wennmöglich beseitigt werden. Sollte hernach ein Besatz vorgenommen werden, muß unbedingt darauf geachtet werden, daß weder Exoten noch einheimische Fischarten, die sich in diesem Gewässertyp als schädlich oder ortsfremd erweisen, ausgesetzt werden. Für derartige Projekte ist ein interdisziplinäres Zusammenarbeiten von Limnologen, Ichthyologen, Botanikern, Ökologen und anderen wünschenswert.

Wie dargelegt, stellen Hindernisse wie Laufkraftwerke oder Wehre im Verlauf eines Flusses unüberwindbare Barrieren für wandernde Fische dar. Besonders betroffen sind dabei anadrome Fischarten, die zum Laichen vom Meer flußaufwärts streben, wie verschiedene Störarten und Lachsfische. Diesen kann mit der Errichtung von sogenannten Lachsstiegen geholfen werden. Diese baulichen Einrichtungen bestehen aus aufeinanderfolgenden Becken von ansteigender Höhe. Die schnellkräftigen Fische überwinden diese Hilfsmaßnahmen ohne Schwierigkeiten und können sodann ihre Laichwanderungen fortsetzen. Das Problem dabei ist, daß der Bau einer solchen Lachsstiege sehr kostenaufwendig ist.

Und nicht zuletzt müßten Angler vermehrt daraufhin aufmerksam gemacht und auch kontrolliert werden, wo und zu welcher Jahreszeit sie angeln und welche Arten genommen werden dürfen. Auch müssen sie aktiv Verantwortung bekunden, indem sie Fische, die noch nicht die vorgeschriebene Mindestkörperlänge erreicht haben, möglichst unversehrt in das Gewässer zurückgeben.

AUSGESTORBENE FABELTIERE DER ALPEN

In einer nüchternen Darstellungsweise ausgestorbener oder seltener Tiere sollte die Erwähnung von Fabeltieren eigentlich keinen Platz finden. Dennoch wird an dieser Stelle auf diese sagenumwobenen Wesen eingegangen, da sie in der Geschichte der Zoologie Mitteleuropas, und sicher auch in vielen anderen Regionen der Welt, lange Zeit eine wichtige Rolle spielten und das Denken vieler großer Naturforscher, Gelehrter, aber auch der einfachen Leute bestimmten. Außerdem sind diese Fabeltiere in unserer aufgeklärten Zeit nunmehr als ausgestorben zu betrachten, weshalb sie durchaus in den Rahmen des gestellten Themas passen.

Vor allem im Mittelalter gingen beschuppte Tiere in das Reich der Fabel ein. In vielen Tälern erzählten sich die Leute die abstrusesten Geschichten von Drachen, Lindwürmern, Tatzelwürmern und vielen anderen Monstren. Dies ist vor allem darauf zurückzuführen, daß man sich viele Naturereignisse und -gewalten nicht rational erklären konnte. Vieles, das man nicht zu deuten verstand, wurde phantasievoll umschrieben. Für Felsstürze und angsterregende Naturschauspiele mußten Fabelwesen herhalten, und die eigenartige Gestalt von Reptilien bot sich hierfür geradezu an. Nährboden für diese phantasievollen Schilderungen waren unter anderem auch die Berichte von Forschern und Seefahrern, die in fremden Landen Ungeheuer gesehen haben wollten. Es wurde von gigantischen Seeschlangen, die selbst ganze Schiffe mit ihrem Leib umschlingen und erdrücken konnten, sowie von anderen schreckerregenden Tiergestalten von unglaublichen Dimensionen zu Wasser und zu Land erzählt. Weitgereiste Personen schmückten, zu Hause angelangt, Erlebtes aus und dichteten vieles hinzu.

Zahlreiche Begebenheiten wurden aber auch einfach falsch gedeutet. Eine Schule ziehender Delphine, von denen lediglich in periodischen Abständen beim Luftholen der Rücken zu sehen war, wurde zum Beispiel als ein Organismus von unvorstellbarer Größe aufgefaßt und auch dementsprechend überliefert. Künstler, die solche Tiergestalten nach derartigen Angaben in zahllosen Kupferstichen, Holzschnitten und Gemälden verewigten, konfrontierten die Leute, die oft noch nicht aus ihrem Dorf herausgekommen waren, zusätzlich mit ihren Ängsten.
Die Kunde solcher Wesen gelangte durch ihre Einmaligkeit natürlich auch bis in die hintersten Talschaften der Alpen. Im Laufe der Zeit modelten die dortigen Leute das Gehörte auf ihre Region um, und es entstanden neue Geschichten und Legenden.

Drachen

In der Antike war der Begriff Drache eine zoologische Benennung. Schon die alten Ägypter bezeichneten das Nilkrokodil als Drachen. Die Griechen und Römer assoziierten mit dem Wort Drachen vor allem die Riesenschlange. Reisende aus Griechenland und dem alten Rom begegneten in Asien dem Tigerpython und in Afrika dem Felsen- und dem Königspython. Folgende Angaben über Drachen überlieferte Plinius der Ältere (23–79 v.Chr.)[41]:

> *„Die Drachen haben kein Gift oder nur sehr wenig und zählen zu den Schlangen. Sie sind mehr der Wunden, die sie schlagen, denn des Giftes wegen gefährlich."*

Zweifelsohne meinte Plinius damit einen Python und keinen Drachen, so wie er Jahrhunderte später „gesehen" wurde. Die Angabe, daß sie nur wenig Gift hätten, rührte wahrscheinlich von der Tatsache her, daß sich die Wunde von Gebissenen infizierte und dies als Folge des Giftes interpretiert wurde.

Schon Augustinus (354–430 n.Chr.), ein Heiliger und Kirchenlehrer sowie Bischof von Hippo (das heutige Annabah in Nordostalgerien), gab ein verzerrtes Bild von Schlangen weiter, indem er verlautbarte[41]:

> *„Der Drache liegt in seinem Loch. Spürt er die Feuchtigkeit der Luft, erhebt er sich mit Hilfe seiner Flügel in die Lüfte und fliegt mit großem Ungestüm davon."*

Im Laufe der nächsten Jahrhunderte, besonders in den unaufgeklärten Tagen des Mittelalters, verstand der Mensch unter der einst wissenschaftlichen Bezeichnung Drache nicht mehr ein real lebendes Tier, sondern ein furchtbares Monster, das er sich in seiner Phantasie ausgemalt hatte.

Eine der ersten Beschreibungen über den Kampf gegen einen Drachen findet sich in den Aufzeichnungen des Klosters Wilten in Innsbruck. Der Legende nach soll ein ungewöhnlich großer Mensch, er wurde Riese Haymon gerufen, um das Jahr 860 in das Inntal gekommen sein. Als Reue über die Tötung des Riesen Thürsus, den er im Kampf erschlagen haben soll, half besagter Haymon den Benediktinern beim Bau des Klosters in Wilten, wobei angeblich folgendes Ereignis mit einem Drachen vorgefallen sein soll[47]:

> *„ ...Als er nun angefangen zu bauen, hat sich derselben Orthen befunden ein großer Drack, so sich in den Hölen aufgehalten, dann es dazumal ein grobe wilde Landfahrt und bloße Aue war. Dieser hat mit seinem vergifteten Athem den Luft fast infizirt, den Arbeitern großen Schrecken eingejagt, auch mit seinem Schwanz die neuen Mauern umfangen, niedergeworfen und zerrissen. Der Ries bekümmert sich sehr darob, befiehlt das Werk dem allmächtigen Gott, setzt sich wider den Dracken, treibt denselben in ein enges Loch und tödet ihn gar meisterlich. Hernach schnitt er ihm sein Zung aus dem Rachen, nahm die selb mit ihm, gab sie hernach dem neuerbauten Kloster, alda sie noch heutigs Tags gewiesen wird. . ."*

Nachdem das Untier getötet worden war, vollendete Haymon den Bau des Klosters und starb angeblich im Jahr 878. Die erbeutete Zunge des Ungeheuers wurde sodann im Kloster aufbewahrt. Es handelte sich hierbei allerdings um den schwertartigen Fortsatz eines Schwertfisches, das sogenannte Rostrum. Dieser dürfte wahrscheinlich zur Zeit der Kreuzzüge nach Wilten gelangt sein. Heute kann er im Tiroler Landesmuseum betrachtet werden. Von der Figur des Riesen Haymon zeugt heute noch eine überdimensionale Holzschnitzarbeit im Stift Wilten. Wahrscheinlich hatten die Geistlichen diese Legende erfunden, um dem Bau ihres Klosters eine wunderbare Note zu geben. Die Geschichte des Haymon wurde wohl auch von Generation zu Generation anders, meist ausgeschmückter und noch phantastischer überliefert, bis schließlich diese Version entstanden ist.

Drachen sollen in vielen Regionen Menschen und deren Vieh verschlungen und oft ganze Dorfschaften dazu gezwungen haben, freiwillig Tier und Mensch, meist junge Mädchen, in deren Höhlen als Futtertribut zu bringen. Diese Vorstellungen werden heute noch in Märchen erzählt.

Dem äußeren Erscheinungsbild der Drachen waren wegen der ausschweifenden Phantasie der Älpler keine Grenzen gesetzt. Auch namhafte Naturwissenschafter dieser Tage trugen durch immer ausgefallenere Beschreibungen und Darstellungen zu diesem Zerrbild bei. Andere weniger bekannte Gelehrte und solche, die es sein wollten, erhofften sich, daß sie durch noch phantastischere Schilderungen der Ungeheuer auf sich aufmerksam machen und auf diesem Weg einen Namen erwerben könnten. In der Regel wurden Drachen als geflügelte, mit furchtbaren Klauen und Hörnern ausgestattete Bestien beschrieben, die Feuer speien konnten und gewaltige Rauchschwaden aus ihren Nüstern bliesen.

Konrad Gesner (1516–1565) führt in seinem Schlangenbuch im Kapitel „De dracone" drei Arten von Drachen an: Alle drei hatten einen monströsen, schlangenartigen Körper, wobei einer unbeflügelt und ein anderer mit ausgeprägten Flügeln versehen war. Der dritte schlußendlich muß eine wahre Ausgeburt von Drache gewesen sein: er hatte eine mächtige Raubtierfratze, mit furchtbaren Krallen ausgestattete Klauen und ebenfalls häutige Flügel.

Ein Zeitgenosse Gesners, der französische Zoologe und Fernreisende Pierre Belon (1517–1564) gab an, daß er selbst eine geflügelte Schlange mit zwei Beinen gesehen habe. Dieses Wesen war, wie sich später herausstellte, mit einer kleinen Agamenart identisch, Draco oder Flugdrachen genannt (*Draco volans*), die in Ostasien lebt. Diese bunt gefärbte Echse vermag mittels abspreizbarer, verlängerter Rippenpaare eine Hautfalte längs des Leibes aufzuspannen und so etwa bei Gefahr von Baum zu Baum gleiten.

Ein gewisser Wagner aus dem 17. Jh. gab eine Unzahl von angeblich verbürgten Geschichten sowie zahlreiche Aufenthaltsorte von Drachen in seiner „Historia naturalis Helvetiae curiosa" an. Wagner selbst teilte Drachen ernsthaft in geflügelte, befußte und fußlose ein. Laut seinen Angaben soll ein Drache in der Nähe der im Emmental gelegenen Ortschaft Burgdorf getötet worden sein, einer bei Sax, einer bei Sargans auf dem Gamsberg und ein weiterer bei Sennwald.

Im Jahr 1678 publizierte der deutsche Arzt, Jesuitenpater und Universalgelehrte Athanasius Kircher (1601–1680) sein Buch „Mundus subterraneus", was soviel wie unterirdische oder verborgene Welt bedeutet. In diesem Werk finden sich zahlreiche Abbildungen von Skeletten von vermeintlichen Drachen, die angeblich in der Nähe von Holzmaden gelebt haben sollen. Verändert man Kirchers Gerippedarstellungen geringfügig, so ähnelt es nunmehr dem eines Plesiosaurus, einem marinen Saurier aus der Jura- und Kreidezeit. Erst etwa 150 Jahre später, 1824, wurde erstmals ein Skelett eines Plesiosaurus als solches erkannt und wissenschaftlich untersucht.

Auch dieses Beispiel zeigt, daß die Vorstellungskraft und der Wunsch, in unbekannten Formen etwas zu sehen, was man sehen wollte, manche Menschen im wahrsten Sinn des Wortes beflügelten.

Der Lindwurm

Ein dem gängigen Bild des Drachen sehr ähnliches Fabeltier war der Lindwurm. Der Begriff „lint" stand im Althochdeutschen für den Drachen und die Schlange. Lindwurm bedeutete also soviel wie Drachenwurm oder Schlangenwurm.

Für gewöhnlich hielten die Forscher vergangener Jahrhunderte die Gebeine ausgestorbener, großer, fossiler Tierarten für die Überreste solcher Lindwürmer und anderer gigantischer Untiere. Eine der bekanntesten Lindwurmdarstellungen steht auf dem Stadtplatz von Klagenfurt in Kärnten. Dort wurde im Jahr 1590 eine Brunnenanlage mit der rekonstruierten Wiedergabe eines Lindwurmes aufgebaut. Grundlage für dieses Wesen mit riesigem geöffneten Maul und einem Paar Flügel war der Schädel eines fossilen Nashorns, der bei Grabungen gefunden wurde und heute im dortigen Museum aufbewahrt wird.

Ein kleines, unscheinbares, völlig harmloses Tier wurde ebenfalls Opfer der Lindwurmlegende. Es handelte sich hierbei um den Grottenolm (*Proteus anguinus*). Dieser 20–30 Zentimeter lang werdende Schwanzlurch lebt als Höhlenbewohner in unterirdischen Wasserläufen und Seen im Karstgebiet der Dinarischen Alpen vom Isonzo im Raum Triest bis Dubrovnik in Süddalmatien. Der Grottenolm, eine natürliche Kümmerform, besitzt eine hechtartige Schnauze, zwei unterentwickelte winzige Beinpaare, die vorne je drei, hinten je zwei Zehen tragen, sowie zwei dunkelrote, weil von Blut durchströmte Kiemenbüschel zu beiden Seiten des Kopfes. Ansonsten weist dieses Amphib, wie für die meisten Höhlenbewohner typisch, zurückgebildete Augen auf und ist daher praktisch blind. Das pigmentarme Tier ist schmutzig gelblich-weiß gefärbt.

Mitunter kann es vorkommen, daß bei starkem Anschwellen der unterirdischen Gewäs-

ser nach ergiebigen Regengüssen oder nach plötzlich einsetzender Schneeschmelze das eine oder andere Exemplar durch die Fluten an das Tageslicht geschwemmt wird.
Eben solche Grottenolme hielten slowenische Bauern für die Larven von Lindwürmern. Einer dieser Bauern faßte sich ein Herz und berichtete im Jahr 1689 dem Autor des Buches „Die Ehre des Herzogtums Krain", J. W. Valvasor, daß im Tal der Bela bei Vrhnika ein Lindwurm unter der Erde hause und daß dessen Junge bei heftigen Wolkenbrüchen durch die spontan auftretenden Fluten an das Tageslicht gespült würden. Valvasor unternahm auf diese Anregung hin bei einem Schlechtwettereinbruch eine Reise in besagtes Gebiet und fand auch tatsächlich einige dieser „Lindwurmlarven". Enttäuscht über deren schlichtes Erscheinungsbild schrieb er daraufhin folgendes nieder[5]:

„Hiermit kam aber das Facit heraus, wie ichs mir wol eingebildet hatte, nemlich, daß der vermeynte Lindwurm einer kleinen Spannen lang und einer Eydexen gleich geformirt gewest. Summa, es ist ein Erdwurm und Ungeziefer gewest, dergleichen es sonst hin und wieder wol mehr giebt. Und daraus haben die einfältige Leut mit Gewalt einen Lindwurm machen wollen."

Valvasor erkannte, was für diese Zeit als fortschrittlich erachtet werden muß, daß es sich bei diesen Kreaturen keineswegs um Drachenwesen handelte, sondern lediglich um irgendwelche unbedeutende kleine Tierchen. Seine Aufzeichnungen darüber waren demgemäß spärlich und unspektakulär, weshalb der Grottenolm auch für die nächsten siebzig Jahre unbeachtet blieb.

Im Jahr 1761 wurde dem Grottenolm, wenn auch als solcher nicht erkannt, wieder Beachten geschenkt. Ein gewisser F. A. Steinberg berichtete damals in einer in Graz erscheinenden Abhandlung „Gründliche Nachricht von dem in Innerkrain liegenden Zirknitzer See", daß ein Fischer Siherle zehn Jahre zuvor auf dem Polje von Planina fünf schneeweiße Fische, einen Fuß lang und mit vier Beinen versehen, gefangen und in sein Boot geworfen habe. Laut dem Bericht von Siherle, sollen diese Fischlein, in dem Augenblick, als sie erfaßt wurden, wie Menschen geschrien und geweint haben.
Von diesem Artikel fasziniert, begab sich der Mediziner, Bergrat, Professor der Chemie und Botanik, Entomologe und Ornithologe Johann Anton Scopoli (1723–1788) aus Cavalese in Südtirol unverzüglich in dieses Höhlengebiet in Unterkrain. Dort angelangt, erhielt er auch sogleich in dem Örtchen Sticna einige dieser „Menschenfischlein". Scopoli erkannte, daß es sich bei diesen „Wasserwühlern der Finsternis", wie sie von der hiesigen Bevölkerung mitunter weiters bezeichnet wurden, keinesfalls um schreiende oder weinende Kreaturen handelte, sondern um eine der Wissenschaft noch unbekannte Tierart. Kurzerhand sandte er einige Exemplare nach Wien zur kaiserlichen Sammlung, nach Klagenfurt, wo der äußerst interessierte Domherr Sigmund von Hohenwart das außergewöhnliche Amphibium begutachtete, sowie an zahlreiche andere Institute in Europa, von denen er sich Aufschluß über die eigenartige Kreatur erhoffte.
Schließlich erwies sich der österreichische Herpetologe Dr. Joseph Nikolaus Laurenti (verstorben 1805), der das nach Klagenfurt eingesandte Tier untersuchte, als der kompetenteste Begutachter und versah im Jahr 1768 das Tier mit dem wissenschaftlichen Namen *Proteus anguinus*, was soviel wie „schlangenartiger Proteus" bedeutet (Proteus war bei den alten Griechen ein Meeresgott, der sich in alle Gestalten verwandeln

konnte). Der ansonsten so umsichtige Laurenti war sich aber angesichts dieses Geschöpfes keinesfalls im klaren, welcher Ordnung oder Klasse es zuzuordnen sei. So machte er keine definitiven Angaben darüber, ob das „Menschenfischlein" ein Fisch, ein Lurch, ein Reptil oder gar die Larve eines Lindwurmes oder eines anderen unbekannten Tieres sei.

Doch Johann Anton Scopoli ging dieses kleine Wesen nicht mehr aus dem Sinn. Vor allem die Frage nach dessen systematischer Einteilung ließ dem Mann keine Ruhe. Nach eingehenden Studien veröffentlichte er im Jahr 1772 in Leipzig eine in der lateinischen Sprache abgefaßte wissenschaftliche Abhandlung. Darin stand zu lesen, daß der Grottenolm, auch wenn er über ein Paar Kiemen verfüge, ein ausgewachsener Molch sei, der sich auch fortpflanzen könne. Die alte Fabel, es handle sich bei diesem Tier um die Larve eines Lindwurmes oder einer anderen Phantasiegestalt, räumte er somit ein für allemal aus dem Weg.

Doch auch nun ging der Grottenolm noch nicht in die Systematik der Zoologie ein, da Carl von Linné (1707–1778), eine der größten Autoritäten der Systematik sowie deren Begründer im weiteren Sinne, in diesem Tier nichts weiter als die Larve einer Eidechse sehen wollte. Larven aber hatten in seiner „Systema naturae" keinen Platz. Auch entging diesem großen Kenner der Tier- und Pflanzenarten die Tatsache, daß Eidechsen kein Larvenstadium durchlaufen, sondern im allgemeinen aus Eiern schlüpfen, wenngleich der Begriff Eidechse zu Linnés Zeiten wohl mehrere Lebensformen umrissen haben dürfte.

Es dauerte ein weiteres viertel Jahrhundert, bis dem Grottenolm endlich ein fester Platz in der Systematik eingeräumt werden konnte. Dies ist dem österreichischen Zoologen, Mediziner und Museumsdirektor Karl Schreibers (1775–1852) zu verdanken. Dieser fand bei einer Inventur der Exponate in der kaiserlichen Naturaliensammlung in Wien im Jahr 1800 ein Spiritusglas, in dem ein Grottenolm aufbewahrt war. Auf dem Etikett dieses Glases war auch der Fundort angegeben: eine Karsthöhle in der Nähe der Adelsberger Grotte (Postojna) in Slowenien. Erregt sandte Schreibers einen Brief an seinen Freund, einen gewissen Baron Sigmund Zois, nach Laibach mit der Bitte, er möge ihm doch sämtliches Material, das zu diesem Tier verfügbar sei, nach Wien schicken. Zois kam diesem Anliegen gerne nach, und nach kurzer Zeit erhielt Schreibers mehrere tote und auch lebende Grottenolme, die von ortskundigen Bauern und Grottenführern gefangen worden waren, sowie die Angaben über deren Lebensweise und Aufenthaltsorte. Nachdem der Museumsdirektor die Anatomie dieses Molches eingehend studiert hatte, hielt er in vielen großen und bedeutenden Städten Europas Vorträge über seine Erkenntnisse. Es stand nun eindeutig fest, daß der Grottenolm ein in den unterirdischen Wasserläufen der Karsthöhlen der Dinarischen Alpen lebender Schwanzlurch ist, der sich ähnlich dem in Mexiko vorkommenden Axolotl (*Amblystoma mexicanum*), ein neotenischer Querzahnmolch, als Larve fortpflanzen kann. Schreibers Vortragsreihe gestaltete sich zu einem vollen Erfolg. Viele namhafte Größen der damaligen Zoologen, Paläontologen und andere Spezialisten lobten und ehrten Schreibers für dessen Arbeit. Unter diesen Männern waren, um nur einige zu nennen, in England Sir Joseph Banks, in Frankreich Baron de Cuvier sowie in Deutschland Lorenz Oken, ein bedeutender Zoologe, der übrigens das Wort Olm ersonnen hatte.

Der Tatzelwurm

Von allen sagenhaften Tiererscheinungen im Alpenraum war wohl der Tatzelwurm, auch Bergstutzen, Hasel-, Spring-, Stollen- oder Beißwurm, in Bayern Wolpodinger genannt, bei der Bevölkerung die bekannteste und am meisten gefürchtet. Berichte über diese „Bestie" liegen vor allem aus Tirol, Salzburg und der Schweiz vor, wo er angeblich besonders häufig sein Unwesen getrieben haben soll.

Faßt man die zahlreichen Berichte der Alpenbewohner über das Aussehen, die Größe und das Verhalten des Tatzelwurmes zusammen, so erhält man ungefähr folgende Beschreibung:
Der Habitus glich dem einer Schlange. Die Größe schwankte von Armeslänge bis hin zu den Ausmaßen von mehreren Metern, wobei zwei Meter zumeist als die Maximallänge angegeben wurden. Ansonsten soll der Tatzelwurm armdick und katzenköpfig, mit scharfen Zähnen in einem feuerroten Maul gewesen sein sowie zwei oder vier mit langen Krallen versehene Tatzen aufgewiesen haben. Weiters soll diese Kreatur keinen Schwanz besessen haben, wie immer man sich das bei einem schlangenförmigen Leib vorzustellen vermag. Die Vorderbeine sollen ein dackelartiges Aussehen gehabt haben.
Erblickte das Ungeheuer einen Menschen, so griff es ihn in den meisten Fällen an, verbreitete hierbei einen unsagbaren Gestank, weshalb das Geschöpf auch Stinkwurm genannt wurde, und richtete sich dabei im Sprung auf. Allgemein galt der Tatzelwurm als scheues Wesen, aber dennoch als angriffslustig, hinterlistig und dazu als wundertätig.

Im Jahr 1515 soll in dem Stollen St. Oswald ein Tatzelwurm umgekommen sein. Dieser Stollen war Teil des Bergbaugebietes Falkenstein zu Schwaz in Tirol.
Besagte Wundertätigkeit soll im Jahr 1534 Aureolus Theophrastus Bombastus von Hohenheim (1493–1541), besser bekannt unter dem Namen Paracelsus, zugute gekommen sein; denn erst nach dem Genuß eines Haselwurmes soll er „allwissend" und zu dem berühmten Arzt geworden sein. Paracelsus, der für seine Zeit ein überdurchschnittlich aufgeklärter, weitblickender und einsichtiger Mensch war, berichtete selbst von der Existenz eines Tatzelwurmes im Alpbachtal in Nordtirol.
Im Haus der Natur in Salzburg ist eine Gedenktafel ausgestellt, die an den Tod eines Bauern erinnert, der im Jahr 1779 vor Schreck gestorben sein soll, nachdem ihn zwei Springwürmer bei Unken im Land Salzburg angegriffen hatten.
Auch im Berner Oberland und ebenfalls im Jura sollen Stollenwürmer etwa zu dieser Zeit in großer Zahl gehaust haben. Dies beteuerten und beschworen zumindest zahlreiche ehrenwerte und angesehene Leute dieser Regionen. Nach ihren Angaben waren diese Wesen ungefähr ein bis zwei Meter lang, hatten am Vorderleib zwei kurze Füßchen und sollen von gedrungenem Körperbau gewesen sein. Gemäß einer Überlieferung kamen die Stollenwürmer bei lang anhaltender Trockenheit kurz vor Eintritt des Regenwetters zum Vorschein.

FABELTIERE

Der Tatzelwurm muß als Phantasieprodukt vieler Alpenbewohner aufgefaßt werden, denn es gibt keinen einzigen Beleg für die reale Existenz dieser Kreatur. Berichte über das Zusammentreffen von Menschen und diesem beschuppten Untier finden sich noch häufig bis in das 19. Jh. Selbst heute, immerhin das Ende des 20. Jh., behauptet eine nicht überhör- und übersehbare Anzahl von Leuten allen Ernstes, daß ihnen irgendwo in einem abgelegenen Gebiet der Alpen ein Tatzelwurm gegenübergestanden sei.

So meldeten sich vor wenigen Jahren auf die Anfrage einer Schweizer Zeitung, wer denn schon einen Tatzelwurm gesehen habe, ungefähr sechzig Menschen. Die Angaben dieser Augenzeugen, die untereinander keine Möglichkeiten zu einer Absprache gehabt hatten, über das von ihnen gesehene Wesen ergab folgende Übereinstimmungen[11]:

- Größe: variiert zwischen 60 bis 90 Zentimeter
- Gestalt: schlangenförmiger Körper mit einem dicken Schwanz und ein Paar hervortretender Augen auf einem großen Kopf.
- Farbe: Der Rücken weist eine braune Färbung auf, die Körperunterseite soll hingegen hell sein.

Derartige Beschreibungen wurzeln in den bereits überlieferten, oftmals gehörten Darstellungen dieser fiktiven Wesen und sind als passives Wissen vielen Leuten vertraut. Uneinigkeit herrschte hingegen darüber, ob das Wesen beschuppt war oder nicht, ob es sich auf vier kleinen Beinen fortbewegt habe, oder ob es beinlos gewesen sei.
In Innsbruck befaßte sich Professor O. Steinböck mit vielen Erzählungen und Augenzeugenberichten von angeblichen Zusammentreffen von Menschen und Tatzelwürmern. 85 bezeugte Fälle solcher Begegnungen wertete er dabei folgendermaßen aus[10]:

Etwa die Hälfte der Beschreibungen paßte gut auf die Höllenotter, fünf auf den Alpensalamander, die restlichen auf Marder, Wiesel und Fischotter.

Achtzehn Tatzelwürmer sollen bei solchen Aufeinandertreffen bereits getötet worden sein. Einige davon sollen anschließend an Scheunentore genagelt worden sein, um böse Geister fernzuhalten.
Niemandem gelang es aber bisher, ein erlegtes Exemplar oder auch nur einen Körperteil eines Tatzelwurmes einem Experten vorzulegen, obwohl mehrmals hohe Preise für die Beschaffung eines greifbaren Beleges ausgesetzt worden waren.
Einzig und allein eine Photographie dieses Wesens soll seine umstrittene Existenz beweisen. An dieser Stelle muß jedoch daran erinnert werden, wie leicht mit einer durchschnittlichen Kameraausrüstung verblüffende Fälschungen hergestellt werden können.
Zur Entstehung der besagten Aufnahme eines Tatzelwurmes kam es so[11]:
Ein Reporter einer Zeitung war auf der Suche nach außerordentlichen Motiven in die Bergwelt der Alpen vorgedrungen. Nach langem Suchen fand er eines in einem verdorrtem Baum, den ein bizarrer Ast schmückte. Gerade als der Mann das Bild scharf eingestellt hatte, begann sich unvermittelt dieser Ast zu bewegen. Der Reporter erschrak zwar heftig, war aber immerhin noch geistesgegenwärtig genug, um den Auslöser seines Apparates zu betätigen. Der belgische Zoologe Bernard Heuvelmans gab folgende Beurteilung dazu ab[11]:

„... eine Art Riesenfisch von bösartigem Aussehen ..."

Eine solche Aussage ist erstens wenig aussagekräftig und entbehrt zweitens jeglicher Logik, da Heuvelmans sicherlich von den Umständen und dem Aufnahmeort unterrichtet war. Die Zeitung, die jenes umstrittene Abbild eines Tatzelwurmes veröffentlicht hatte, rüstete zudem noch zu einer Erkundungsexpedition in das Gebiet auf, in dem die Aufnahme enstanden war. Der Herausgeber unternahm wahrscheinlich diesen Schritt weniger in dem Glauben, daß dieses Unterfangen einen Erfolg bringen werde, sondern eher in der Hoffnung, durch spektakuläre Berichte die Auflage seiner Zeitung steigern zu können. Das ganze Unternehmen scheiterte aber bereits frühzeitig an einer Schlechtwetterperiode.

Einen Schritt weiter als alle anderen Spekulanten wagte sich der Australier Dr. Nicolussi in der Klassifizierung des Tatzelwurmes[11]. Er führte das Argument an, daß man den Tatzelwurm als giftiges, reptilienähnliches Wesen zur Verwandtschaft der bereits bekannten, lebenden, giftigen Echsen zählen müsse.
Solche Echsen existieren tatsächlich in den wüstenartigen Regionen Mexikos und dem angrenzenden südwestlichen Teil der Vereinigten Staaten von Amerika. Beide Tierarten werden an die 60 Zentimeter lang, haben den Habitus einer plumpen Eidechse mit einem kurzen, dicken Schwanz, in dem Fett gespeichert wird, und gehören der Gattung HELODERMA an. Diese Gattung ist die einzige der Familie der HELODERMATIDAE oder Krustenechsen. Es sind dies die Skorpionkrustenechse (*Heloderma horridum*) sowie das Gilatier (*Heloderma suspectum*). Das Gift benötigen diese Echsen, um ihre Beutetiere, wie kleine Säuger, bodenbrütende Vögel und deren Junge zu lähmen und zu töten. Das Gift dieser Tiere kann auch dem Menschen gefährlich werden, zumal noch kein Serum dagegen entwickelt worden ist. Diese Echsen meiden den Menschen, sind wenig angriffslustig und haben auch sonst keine zwingenden Parallelen zum Tatzelwurm aufzuweisen. Nichtsdestotrotz ordnete Nicolussi den Tatzelwurm diesen beiden Tieren zu und erlaubte sich sogar, ihn mit dem „wissenschaftlichen" Namen *Heloderma europaeum* auszustatten. Bei seiner Beurteilung stützte sich der Australier auf 65 „Beschreibungen" des Tatzelwurmes.

Die Riesenschlange vom Pillerseetal

Eine gewaltige Schlange, von der lokalen Bevölkerung als nahe Verwandte des Tatzelwurmes angesehen, soll dereinst im Pillerseetal im Osten von Nordtirol ihr mörderisches Unwesen getrieben haben[48]. Diese „*Colubra natrix*", wie sie auch gleich pseudowissenschaftlich benannt wurde, soll im Jahr 1845 mehrfach, laut verläßlichen Quellen, beobachtet worden sein. So war sie angeblich 3,6 bis 4,2 Meter lang und soll einen Durchmesser von ungefähr 25 Zentimetern gehabt haben. Das rötlich-graue Tier soll mit erhobenem Kopf dahingerast sein und zwei Schafe gerissen haben. Die ansässige Bevölkerung machte vergeblich Jagd auf dieses Wesen, genauso wie der Custos des Tiroler Landesmuseum Ferdinandeum seinerzeit, nicht ohne Spott zu ernten, hoffte, vielleicht doch noch „die Haut dieses Lindwurms für sich acquirieren zu können."

ANHANG 1

Erklärungen der wissenschaftlichen Bezeichnungen

Viele Benützer wissenschaftlicher und auch populärwissenschaftlicher Publikationen lesen zuweilen über die wissenschaftlichen Bezeichnungen der behandelten Tier- und Pflanzenarten einfach hinweg. Diese Namen, die zumeist aus griechischen und lateinischen Wortstämmen gebildet werden, sollen jedoch spezifische Auskunft über das jeweilige Lebewesen geben. Internationale Verständlichkeit wird weitestgehend durch die Verwendung der lateinischen Sprache und durch Latinisierung aller nicht lateinischen Namen (Transkription, Anhängen von Suffixen, Anwendung der Sprachregeln des Lateins) erreicht. Die Wiedergabe oder das Übertragen der wissenschaftlichen Namen in die deutsche Sprache, was sich mitunter als recht problematisch erweisen kann, ist für das Allgemeinverständnis sehr hilfreich. Grundsätzlich müssen solche Wiedergaben jedoch als unwissenschaftlich angesehen werden.

Carl von Linné (1707–78) wandte in seiner 1734 erstmals erschienen „Systema naturae" die binäre (binominale) Nomenklatur an, wobei der beschriebenen Spezies von vornherein ein bestimmter Platz im System zugewiesen wird. Erster Teil einer binären Bezeichnung ist der Gattungsname. Etwa die Gattung *Salamandra*. Der zweite Namensteil definiert die Art, etwa *Salamandra salamandra*, der Feuersalamander; oder *Salamandra atra*, der Alpensalamander. Im Zuge der rasanten Entwicklung der Zoologie und Botanik erkannten die Forscher alsbald, daß der Artbegriff nicht mehr ausreicht, um ein Tier oder eine Pflanze unmißverständlich in das jeweilige System aufzunehmen. Unterarten wurden geschaffen. Die Wissenschafter bedienen sich hierbei der ternären (trinominalen) Nomenklatur, wobei an den Artnamen noch ein dritter Name angehängt wird. So lautet zum Beispiel die wissenschaftliche Bezeichnung einer der neun in Europa lebenden Unterarten des Feuersalamanders *Salamandra salamandra salamandra*. Diese lebt im mittleren und südlichen Europa, nämlich im südöstlichen Frankreich, in der Schweiz, im mittleren und südlichen Deutschland, in Österreich, in Tschechien, in den Balkanländern bis zu den Karpaten und in Kleinasien. Eine andere Unterart *Salamandra salamandra terrestris* lebt in Frankreich, in der westlichen Schweiz, in Belgien, in den Niederlanden, in Luxemburg und im westlichen Deutschland usw.

Ein und derselbe Name darf nicht für zwei oder mehrere Tierarten verwendet werden, genauso wie ein und dasselbe Tier nicht zwei oder mehrere wissenschaftliche Namen haben darf. Nach dem Prioritätsgesetz ist der älteste verfügbare Name gültig. Der Autorenname, der hinter den Namen eines Taxons (Systemeinheit verschiedener Rangstufe, wie Art, Gattung, Familie usw.) gesetzt wird, ist der Name dessen, der dem Tier oder dem zoologischen Taxon seinen Namen gegeben hat. Mitunter können auch zwei (und

ANHANG 1

mehr) Autoren an der Erstbenennung beteiligt gewesen sein. Auf Zoologenkongressen, die in unregelmäßigen Abständen tagen, werden unter anderem die internationalen Nomenklaturregeln entwickelt und eingeführt. Hierbei werden verschiedentlich recht komplizierte Bestimmungen ausgearbeitet.

Beispielsweise besagt der Artikel 50 der internationalen Regeln für die zoologische Nomenklatur folgendes[49]:

„Als Autor (Autoren) eines wissenschaftlichen Namens gilt (gelten) die Person (Personen), die ihn unter gleichzeitiger Erfüllung der Bedingungen für die Verfügbarkeit zuerst veröffentlicht (veröffentlichten), sofern nicht aus dem Inhalt der Veröffentlichung klar hervorgeht, daß nur einer (einige) von gemeinsamen Autoren oder eine andere Person (oder andere Personen) allein sowohl für den Namen wie auch für die näheren Umstände, die ihn verfügbar machen, verantwortlich ist (sind)."

Index der im Text verwendeten wissenschaftlichen Gattungs- bzw. Artnamen und Erklärungen zu deren Bedeutungen:

Nicht alle der im vorangegangenen Text verwendeten wissenschaftlichen Namen könnten hier aufgelistet werden, da oft keine entsprechenden, sinnvollen Übersetzungen oder Deutungen dafür gefunden werden konnten.

Abramis brama - Blei
he abramis gr.: nicht näher bekannter See- oder Nilfisch, der in den Schriften der Autoren der Antike erwähnt wird.
brama latin.: Artname vom franz. Namen des Fisches breme.
Acipenser ruthenus - Sterlet
acipenser lat.: Stör; von acus lat.: Spitze und pensa = penna die Flosse.
ruthenus, -a, -um lat.: russisch
(Sterlet: Wortwurzel stammt vom russischen Wort Sterljad)
Acipenser sturio - Stör
sturio, -onis latin.: von Stör, ahd. sturjo
Aegypius monachus - Mönchsgeier
ho aigypios gr.: Geier
monachus gr.: einsam, der Mönch
Alces alces - Elch
he alke gr.: die Stärke, verwandt mit dem ahd. Wort Elent oder Elen (stark)
Alectoris barbara - Felsenhuhn
ho alektor gr.: der Hahn, Kampfhahn
barbarus, -a, -um lat: aus der Berberei (NW-Afrika) ausländisch, fremd
Alectoris graeca - Steinhuhn
graeca bezieht sich auf die große Bestandsdichte dieser Hühnerart in Griechenland und am Balkan.

Alectoris rufa - Rothuhn
rufus, -a, -um lat.: rot
Alopex lagopus - Eisfuchs
he alopex gr.: Fuchs
lagopus: als Adjektiv soviel wie rauh- oder hasenfüßig
Anguilla anguilla - Aal
anguilla lat.: Aal , von anguis lat. = Schlange, wegen seiner schlangenförmigen Gestalt.
Anguis fragilis - Blindschleiche
anguis lat.: Schlange, wegen des Schlangenhabitus'
fragilis, -is, -e lat.: zerbrechlich; bezieht sich darauf, daß die Blindschleiche ihr Schwanzende willkürlich, zumeist bei unmittelbarer Gefahr, abwerfen kann.
Apus apus - Mauersegler
á-pus gr.: fußlos (bezieht sich auf die winzigen Füße)
Argentavis magnificens - Ein in Argentinien gefundener Riesengeier (nicht rezent).
argentavis: bed. soviel wie Vogel aus Argentinien
magnificens: gewaltig
Bison bison - Bison
ho bison gr.: ein nach den Bisoniern, eine thrakische Völ-kerschaft, benannter wilder Ochse
Bison bonasus - Wisent
bonasus: soviel wie wohl schmeckend. In frühe-

ANHANG 1

ren Zeiten sagten die Leute zu einem guten Braten „bon assa".
Bombina bombina - Rotbauchunke, Tieflandunke
ho bombos gr. = bombus lat.: dumpfer, tiefer Ton; Suffix -ina drückt allgemeine Beziehung aus, bombinator: Erzeuger von dumpfen, tiefen Tönen.
Bombina variegata - Gelbbauch-, Berglandunke
variegatus, -a, -um lat.: bunt, scheckig
Bos primigenius - Ur
bos lat.: Rind
primigenius,-a,-um lat.: ursprünglich, vorweltlich
Bufo bufo - Erdkröte
bufo, -onis lat.: Kröte
Bufo calamita - Kreuzkröte
calamitus, -a, -um latin.:
1. im Röhricht lebend, ho kalamos gr.: Rohr
2. Unheil bringend, calamitas, -tatis lat.: Unheil
Bufo viridis - Wechselkröte, grüne Kröte
viridis, -is, -e lat.: grün
Canis lupus - Wolf
canis lat.: Hund
lupus lat.: Wolf
Capra aegagrus - Bezoarziege
capra lat.: Ziege
aigagros gr.: wilde Ziege
Capra ibex - Alpensteinbock
ibex ist der Steinbock bei Plinius d. Älteren
Capra pyrenaica - Pyrenäensteinbock
pyrenaica: in den Pyrenäen beheimatet
Capreolus capreolus - Reh
capreolus lat.: Reh
Castor canadensis - kanadischer Biber
ho kastor gr.: Biber
canadensis: in Kanada lebend
Castor fiber - europäischer Biber
fiber lat.: anlehnend an faber: geschickt, Künstler
Cervus dama - Damhirsch
cervus lat.: Hirsch; dama: bei Vergilius: Reh, Gemse, Antilope
Cervus elaphus - Edelhirsch
elaphus, -a. -um lat. vom gr. he (ho) elaphos: der Hirsch
Coluber viridiflavus - gelbgrüne Zornnatter
coluber lat.: Natter
viridiflavus, -a, -um lat.: grüngelb
Coronella austriaca - Schlingnatter
coronella lat.: kleiner Kranz, in bezug auf die Zeichnung dieser Schlangenart.
austriaca: österreichisch, in Österreich lebend
Corvus corax - Kolkrabe
corvus lat.: Rabe; ho korax gr.: Rabe
Corvus corone cornix - Nebelkrähe bzw.
Corvus corone corone - Rabenkrähe
gr. he korone = lat. cornix: Krähe

Corvus frugilegus - Saatkrähe
frugilegus, -a, -um lat. frux: Frucht, legere: sammeln; also Früchte sammelnd.
Corvus monedula - Dohle
monedula lat.: Dohle
Cottus gobio - Koppe
ho kottys gr.: Großkopf (Name in der Antike)
gobio gr.: von ho kobios - ein Fisch (Antike)
Coturnix coturnix - Wachtel
coturnix lat.: Wachtel
Crocuta spelaea - Höhlenhyäne
ho krokottas, auch krokutas gr., crocotta lat.: crocuta war zudem der name eines nicht näher bekannten wilden Tieres in Äthiopien; spelaeus, -a, -um lat.: in Höhlen lebend.
Cyprinus carpio - Karpfen
ho kyprinos gr.: Karpfen, Karpfenart bei Aristoteles. Von Kypris, ein Beiname der Aphrodite (Göttin der Liebe); wegen der hohen Fruchtbarkeit dieser Tiere.
carpio lat.: Karpfen
Elaphe longissima - Äskulapnatter
elaphe: Gattung der Colubridae; Kletternatter
longissima: äußerst lang; von longus,-a,-um lat.: lang
Emys orbicularis - europäische Sumpfschildkröte
he emys gr.: Schildkröte
orbicularis, -is, -e lat.: einem kleinen Kreis (orbis) ähnlich. Der Panzer der europäischen Sumpfschildkröte, insbesondere der von jungen Tieren, ist annähernd kreisrund.
Esox lucius - Hecht
gr. isox oder lat. esox heißt bei Plinius ein im Rhein lebender Fisch. lucius lat.: Hecht, etymologischer Bezug zu lux, lucis lat. - Licht, wegen der hellen Färbung des Tieres.
Felis silvestris - Wildkatze
felis lat.: Katze
silvestris,-e lat.: im Wald lebend
Garrulus glandarius - Eichelhäher
garrire lat.: schwatzen
glandarius, -a, -um; von glans, glandis lat.: Eichel, Eicheln sammelnd, fressend.
Geronticus eremita - Waldrapp
geronticus lat. Adverb: nach Greisenart
eremitus, -a, -um lat.: einsam, als Einsiedler (oder verborgen) lebend.
Gulo gulo - Vielfraß
gulo lat.: Leckermaul, Fresser
Gypaetus barbatus - Bartgeier
ho gyps gr.: Geier, ho aetos gr.: Adler, also „Geieradler"; barbatus,-a,-um lat.: bärtig
Gyps fulvus - Gänsegeier
ho gyps gr.: Geier
fulvus, -a, -um lat.: bräunlich

367

ANHANG 1

Heloderma horridum - Skorpionkrustenechse
ho helos gr.: warzenähnlicher Auswuchs, to derma gr.: Haut; horridus.-a,-um lat.: abschreckend, starrend vor Spitzen.
Heloderma suspectum - Gilakrustenechse
suspectus, -a, -um lat.: mit Argwohn betrachtet
Homo sapiens - Mensch
homo lat.: Mensch
sapiens lat.: klug, weise
Hucho hucho - Huchen
latinisiert, von dem deutschen Namen Huch
Huso huso - Hausen
huso latin.: von Hausen
Hydrochoerus hydrochaeris - Wasserschwein, Capybara
hydro gr. als Vorsilbe: Wasser
ho choiros gr.: Schwein
Hyla arborea - Laubfrosch
he hyle und hyla gr.: Wald
arboreus, -a, -um lat.: auf Bäumen lebend
Lacerta agilis - Zauneidechse
lacerta lat.: Eidechse
agilis, -is, -e lat.: flink, beweglich
Lacerta viridis - Smaragdeidechse
viridis, -is, -e lat.: grün, smaragdfarben
Lacerta vivipara - Bergeidechse
viviparus,-a,-um lat.: lebendgebärend
Lagopus lagopus - Moorschneehuhn
ho lagos gr.: Hase, ho pus gr.: Fuß; namentlicher Bezug auf die befiederten Läufe und Zehen der Rauhfußhühner. Schon Plinius meinte, daß der Schneehuhnfuß eher zu einem Hasen als zu einem Schneehuhn passe.
lagopus als Adjektiv: rauh- oder hasenfüßig
Lagopus mutus - Alpenschneehuhn
mutus, -a, -um lat.: stumm
Lepus europaeus - europäischer Feldhase
lepus lat.: Hase
europaeus, -a, -um lat.: in Europa lebend
Lepus timidus - Schneehase
timidus, -a, -um lat.: furchtsam, ängstlich
Lota lota - Quappe
lota: Name der Quappe bei Plinius d. Ä. (23-79 n.Chr.)
Lynx lynx - Nordluchs
ho lynx gr.: Luchs
Lynx rufus - Rotluchs
rufus,-a.-um lat.: rot
Lyrurus tetrix - Birkhuhn
he lyra gr.: Leier, he ura gr.: Schwanz, bezieht sich auf die leierförmig geschwungenen Schwanzfedern der männlichen Tiere.
tetrix: gedreht, gebogen
Marmota bobak - Steppenmurmeltier, Bobak
marmota: latin. vom italienischen marmotto: mar-
montana, d.h. mus montanus „Bergmaus"; bobak leitet sich von baibac, dem russischen Namen des Tieres, ab.
Marmota marmota - Alpenmurmeltier
Martes foina - Steinmarder
martes lat.: Marder
la fouine frz.: Steinmarder
Martes martes - Baummarder
martes lat.: Marder
Meles meles - Dachs
mel lat.: Honig; der Dachs bekam diese Bezeichnung für seine angebliche Vorliebe für Honig zugesprochen.
Microtus nivalis - Schneemaus
micro: klein, to us, otos gr.: Ohr
nivalis, -is, -e lat.: im Schnee vorkommend
Mustela erminea - Hermelin
mustela lat.: Wiesel
ermineus, -a, -um lat.: Verkleinerungsform vom ahd. harm, was soviel wie Wiesel bedeutet.
Mustela nivalis - Mauswiesel
nivalis, -is, -e: im Schnee lebend. Eine zweite Bedeutung, die bei der Benennung dieser Art ausschlaggebend war, ist schneeweiß.
Mustela putorius - Waldiltis
putorius, -a, -um lat.: stinkend
Natrix maura - Vipernatter
natrix lat.: Schwimmerin
maurus, -a, -um lat.: maurisch; die Vipernatter lebt sowohl in Europa als auch in Nordwestafrika.
Natrix natrix - Ringelnatter
natrix lat.: Schwimmerin
Natrix tessellata - Würfelnatter
tessellatus, -a, -um lat.: mit Vierecken und Würfeln versehen. Bezieht sich auf die Zeichnung dieses Tieres.
Neophron percnopterus - Schmutzgeier
Neophron wurde der Sage nach in einen Geier verwandelt.
percnos gr.: schwarzblau, to pteron gr.: Flügel
Nucifraga caryocatactes - Tannenhäher
nux, nucis lat.: Nuß, frangere lat.: zerbrechen
to caryon gr.: Kern, ho kataktes gr.: Zerbrecher
Otis tarda - Großtrappe
he otis gr.: Trappe
tardus, -a, -um lat.: bedächtig, schwerfällig, langsam, träge
Ophisaurus apodus - Scheltopusik
ho ophis gr.: Schlange, ho sauros gr.: Eidechse
apodos gr.: fußlos
Oryctolagus cuniculus - Wildkaninchen
ho oryktes gr.: Gräber
ho lagos gr.: Hase
Ovis ammon musimon - Mufflon
ovis lat.: Schaf

368

ANHANG 1

ammon von Ammon (ägypt. Amun), Gott der alten Ägypter, der mit Widderhörnern dargestellt wurde.
musimon entspricht aries; aries lat.: Widder
Panthera spelaea - Höhlenlöwe
pan gr.: ganz
to therion gr.: Tier
spelaeus, -a, -um lat.: in Höhlen lebend
Pelobates fuscus - Knoblauchkröte
ho pelos gr.: Schlamm
bainein gr.: gehen
fuscus, -a, -um lat.: dunkelbraun, dunkel, grau, schwarz
Perca fluviatilis - Flußbarsch
he perke = perca lat.: Barsch
fluviatilis, -is, -e lat.: im Fluß (fluvius) lebend
Phalacrocorax carbo - Kormoran
phalakros gr.: kahlköpfig, ho korax Rabe
carbo,-onis lat.: Kohle, in bezug auf die dunkle Färbung
Phasianus colchicus - Fasan
Phasis: ein in das Schwarze Meer mündender Fluß in der Kolchis, wo der gemeine Fasan häufig ist; colchicus,-a,um latin.: aus Kolchis am Schwarzen Meer stammend.
Phoxinus phoxinus - Elritze
ho phoxinos gr.: ein unbestimmter Flußfisch bei Aristoteles (384-322 v.Chr.)
Pica pica - Elster
pica lat.: Elster
Pipistrellus savii - Alpenfledermaus
Vom italienischen pipistrello: Fledermaus.
savii leitet sich von einem Eigennamen ab; Fledermaus des Savi.
Proteus anguinus - Grottenolm
Proteus ist ein gr. Meergott
anguinus,-a,-um lat.: schlangenartig, -förmig
anguis lat.: Schlange
Pyrrhocorax graculus - Alpendohle
pyrrhos gr.: feuerrot, ho korax gr.: Rabe
graculus, i lat.: Dohle
Pyrrhocorax pyrrhocorax - Alpenkrähe
siehe oben
Rana arvalis - Moorfrosch
rana lat.: Frosch
arvalis, -is, -e lat.: auf dem Feld (arvum) lebend, ackerbewohnend.
Rana dalmatina - Springfrosch
dalmatinus, -a, -um lat.: in Dalmatien lebend
Rana esculenta - Teichfrosch, Wasserfrosch
esculentus, -a, -um lat.: eßbar
Rana lessonae - Kleiner Wasserfrosch, Tümpelfrosch. Diese Art wurde nach dem Naturforscher und Arzt Rene Primvere Lesson (1794-1849) benannt; die Benennung erfolgte wahrscheinlich v. L.Camerano (1883), Monografia degli Amfibi Anuri Italiani. Torino.
Rana ridibunda - Seefrosch
ridibundus, -a, -um lat.: lachend
Rana temporaria - Grasfrosch
temporarius, -a, -um lat.: die Schläfen (tempora lat.) be-treffend, diese Art hat dunkle Flecken in der Schläfengegend
Rupicapra rupicapra - Gemse
rupes lat.: Felsen
capra lat.: Ziege
Rutilus rutilus - Plötze
rutilus, -a, -um lat.: rötlich schimmernd, gelbrot
Salamandra salamandra - Feuersalamander
salamandra lat.: Salamander
Salamandra atra - Alpensalamander
ater, atra, atrum lat.: schwarz, dunkel
Salmo irideus - Regenbogenforelle
salmo lat.: Lachs
irideus, -a, -um lat.: regenbogenfarben, ähnlich der Iris
Salmo salar - Lachs
salar lat.: Forelle und Lachs
Salmo trutta (f.) fario - Bachforelle
trutta latin.: von trota (italienisch) Forelle
fario lat.: Forelle
Sorex alpinus - Alpenspitzmaus
sorex lat.: Spitzmaus
alpinus: in den Alpen beheimatet
sus scrofa - Wildschwein
sus lat.: Schwein
scrofa lat. (etymologisch): „Mutterschwein"
Tetrao urogallus - Auerhuhn
ho tetraon gr.: Auerhahn
gallus lat.: Hahn, urus keltisch: wild
Tetrastes bonasia - Haselhuhn
ho tetraon gr.: Auerhahn (Wortstamm dieser Bezeichnung)
bonasus: soviel wie wohlschmeckend, in früheren Zeiten sagten die Leute zu einem guten Braten „bon assa". Bonasa oder bonasia war der Name des Haselhuhnes bei Albertus Magnus und anderen Schriftstellern des Mittelalters.
Thymallus thymallus – Äsche
ho thymallos gr.: eine Fischart bei Aelian, antiker Schriftsteller
Tinca tinca - Schleie
tinca: Name eines Fisches bei Ausonius, ein röm. Dichter d. 4. Jh. n.Chr. - Moselgedicht.
Triturus alpestris - Alpen- oder Bergmolch
Triton war ein griechischer Meergott, Sohn des Poseidon.
he ura gr.: Schwanz
alpestris, -is, -e lat.: in den Alpen lebend

369

Triturus cristatus - Kammolch
cristatus, -a, -um lat.: kammtragend
Triturus helveticus - Faden- oder Leistenmolch
helveticus, -a, -um lat.: in der Schweiz lebend
Triturus vulgaris - Teichmolch
vulgaris, , -is, -e lat.: gewöhnlich
Ursus arctos - Braunbär
ursus lat.: Bär; ho arctos gr.: Bär
Ursus spelaeus - Höhlenbär
spelaeus, -a, -um lat.: in Höhlen lebend
Vipera ammodytes - Sandviper
vivipara lat.: lebendgebärend, woraus vipera durch Kontraktion entstanden ist.
he ammos gr.: Sand; ammo- häufiger Bestandteil in Composita; dyein gr.: verstecken, verkriechen, also Sandkriecher
Vipera aspis - Aspisviper
he aspis gr.: Schild, also Schild- oder Aspisviper
Vipera berus - Kreuzotter
berus lat.: in dieser Bezeichnung ist der Stamm des Wortes „gebären" beinhaltet; berus, bei Schriftstellern des Mittelalters verwendeter, also spätlat. Name für eine Wasserschlange.
Vipera ursinii - Wiesenotter
ursinii leitet sich von einem Eigennamen ab; Viper des Orsini.
Vulpes vulpes - Rotfuchs
vulpes lat.: Fuchs

ANHANG 2

Rote Listen gefährdeter Tiere Österreichs

Im Jahr 1983 erschienen erstmals in der Grünen Reihe des Umweltministeriums die „Roten Listen gefährdeter Tiere Österreichs". Trotz oder gerade wegen des traurigen Inhalts dieser Listen war die Erstauflage bald vergriffen, so daß vier weitere folgten. Die in diesem Band verwendeten Daten stammen aus der 5. Auflage (1994), Bearbeitungsstand 1990. 38 Spezialisten stellten die Roten Listen zusammen, wobei von den rund 30 000 Tierarten Österreichs mehr als ein Drittel bearbeitet werden konnte. Dazu zählten 5 Wirbeltierklassen, die im Rahmen des in diesem Band gestellten Themas von besonderem Interesse sind.

1. Statistischer Überblick

Johannes Gepp und Sylvia Zorn (Institut für Naturschutz, Graz) faßten die Bearbeitungsergebnisse, Stand 1990, zusammen. Demnach liegt folgender statistischer Überblick der beurteilten Arten beziehungsweise Taxa vor:

Zuordnung zu den verschiedenen Gefährdungskategorien:

Insgesamt wurden 10 882 Arten bzw. Taxa bearbeitet. Diese setzen sich aus 398 Wirbeltierarten, 10 042 Insektenarten sowie 442 Vertretern sonstiger Tiergruppen zusammen. Zu den Kategorien 0 bis 4 wurden folgende Zahlen errechnet:

Kat. 0:	Ausgestorben, ausgerottet oder verschollen	186 Arten
Kat. 1:	Vom Aussterben bedroht	425 Arten
Kat. 2:	Stark gefährdete Arten	819 Arten
Kat. 3:	Gefährdete Arten	794 Arten
Kat. 4:	Potentiell gefährdete Arten	580 Arten mindestens

Statistik zu den bearbeiteten Wirbeltierklassen:

Die folgenden Zahlen können von den Zahlen in den vorangegangenen Kapiteln abweichen, da nicht nur Wirbeltiere des Alpenraumes, sondern des gesamten österreichischen Gebietes behandelt werden.

ANHANG 2

Beurteilte Klassen (Stand 1990)	Artenanzahl	Gefährdete Arten					Summe	%
		Gefährdungskategorien 0–4						
		0	1	2	3	4		
Säugetiere	82	5	4	3	18	13	43	52,4
Vögel	219	23	24	11	22	42	122	55,7
Kriechtiere	16	1	1	4	8	1	15	93,8
Lurche	21	–	1	6	14	–	21	100,0
Fische	60	5	5	7	13	9	39	65,0
Wirbeltierarten	398	34	35	31	75	65	240	60,3
in %		8,6	8,8	7,8	18,8	16,3		

2. Erklärungen zu den Gefährdungskategorien

Die Bearbeiter der „Roten Listen gefährdeter Tiere Österreichs" glichen ihre Ergebnisse weitmöglichst den Maßstäben der „Red Data Books" der IUCN (International Union for Conservation of Nature and Natural Ressources) an, um international vergleichbare und somit aussagekräftige Werte dem Experten wie auch jedem Interessierten zur Verfügung stellen zu können.

Definitionen der Gefährdungskategorien

Kat. 0   *AUSGESTORBEN, AUSGEROTTET ODER VERSCHOLLEN:*
laut IUCN: extinct

Arten, die nachweislich in Österreich in natürlichen Populationen vertreten waren und in geschichtlicher Zeit mit Sicherheit oder mit großer Wahrscheinlichkeit im ganzen Lande ausgestorben sind.
Bestandssituation: Arten, deren Populationen nachweisbar ausgestorben sind bzw. ausgerottet wurden oder „verschollene Arten", d.h. solche, deren Vorkommen früher belegt worden ist, die jedoch seit längerer Zeit (mindestens seit 10 Jahren; zu beachten sind die individuellen Hinweise bei den einzelnen Listen) trotz Suche nicht mehr nachgewiesen wurden und bei denen der begründete Verdacht besteht, daß ihre Populationen erloschen sind.

Kat. 1

VOM AUSSTERBEN BEDROHT:
laut IUCN: endangered

Vom Aussterben bedrohte Arten, für die Schutzmaßnahmen dringend notwendig sind. Das Überleben dieser Arten in Österreich ist unwahrscheinlich, wenn die verursachenden Faktoren weiterhin einwirken oder bestandserhaltende Schutz- und Hilfsmaßnahmen des Menschen nicht unternommen werden bzw. wegfallen.
Bestandssituation: Arten, die nur in Einzelvorkommen oder wenigen isolierten und kleinen bis sehr kleinen Populationen auftreten, Arten, deren Bestände durch lang anhaltenden, starken Rückgang auf eine bedrohliche bis kritische Größe zusammengeschmolzen sind oder deren Rückgangsgeschwindigkeit im größten Teil des heimischen Areals extrem hoch ist. Die Erfüllung eines der Kriterien reicht zur Einordnung in die Kategorie aus.

Kat. 2

STARK GEFÄHRDET:
laut IUCN: endangered

Gefährdung im nahezu gesamten heimischen Verbreitungsgebiet.
Bestandssituation: Arten mit niedrigen Beständen, Arten, deren Bestände im nahezu gesamten heimischen Verbreitungsgebiet signifikant zurückgehen oder regional verschwunden sind. Die Erfüllung eines der Kriterien reicht zur Einordnung in die Kategorie aus.

Kat. 3

GEFÄHRDET:
laut IUCN: vulnerable

Gefährdung besteht in großen Teilen des heimischen Verbreitungsgebietes.
Bestandssituation: Arten mit regional niedrigen oder sehr niedrigen Beständen. Arten, deren Bestände regional bzw. vielerorts lokal zurückgehen oder lokal verschwunden sind. Arten mit wechselnden Wohnorten. Die Erfüllung eines der Kriterien reicht zur Einordnung in die Kategorie aus.

Kat. 4

POTENTIELL GEFÄHRDET:
laut IUCN: rare

Arten, die im Gebiet nur wenige Vorkommen besitzen, und Arten, die in kleinen Populationen am Rande ihres Areales leben, sofern sie nicht bereits wegen ihrer aktuellen Gefährdung zu den Gruppen 1 bis 3 gezählt werden. Auch wenn eine aktuelle Gefährdung heute nicht besteht, sind solche Arten doch allein aufgrund ihres räumlich eng begrenzten Vorkommens potentiell (u.U. durch den Bau einer Straße oder einer Bergbahn) bedroht.

ANHANG 2

Kat. 5 UNGENÜGEND ERFORSCHT:
laut IUCN: insufficiently known

Der Zuordnung von Tierarten zu den folgenden Kategorien liegen weniger der Grad der Gefährdung als vielmehr biologische Gesichtspunkte zugrunde.

(Die Kategorien werden mitunter auch folgendermaßen bezeichnet: O = A.0, 1 = A.1, 2 = A.2, 3 = A.3, 4 = A.4, 5 = A.5b; in der Ausgabe von 1983 galten folgende Bezeichnungen für die jeweiligen Kategorien: A.1.1 entsprach 0, A.1.2 entsprach 1)

Definitionen der Sonderkategorien:

Kat. B1: Gefährdete Arten, die die überwiegende Zeit ihrer Entwicklung in Österreich verbringen, sich hier aber nicht fortpflanzen.

Kat. B2: Gefährdete Vermehrungsgäste, Arten, deren Reproduktionsgebiete normalerweise außerhalb Österreichs liegen, die sich hier jedoch in Einzelfällen oder sporadisch vermehren.

Kat. B3: Gefährdete Durchzügler, Überwinterer, Übersommerer, Wandertiere, Gäste usw.

Kat. B4: Eingebürgerte Arten (innerhalb der letzten hundert Jahre) oder wiedereingebürgerte Arten.

Kat. B5: Arten, deren Vorkommen nur durch ständiges Nachbesetzen gesichert ist.

Literaturverzeichnis

1. Literaturquellen, auf die im Text hingewiesen wird:

1: Ziswiler, Vinzenz: Spezielle Zoologie. Wirbeltiere Band 2: Amniota, Thieme Verlag, Stuttgart (1976).
2: Meyers Taschenlexikon Biologie, - in drei Bänden. Bibliographisches Institut Mannheim/Wien/Zürich (1983).
3: Ziswiler, Vinzenz: Spezielle Zoologie. Wirbeltiere Band 1: Anamnia, Thieme Verlag, Stuttgart (1976).
4: Walde, Kurt: Die Tierwelt der Alpen. Eine erste Einführung. Julius Springer Verlag, Wien (1936).
5: Wendt, Herbert: Auf Noahs Spuren. Die Entdeckung der Tiere. Grote'sche Verlagsbuchhandlung KG, Hamm (Westfalen) (1956).
6: Floericke, Kurt: Aussterbende Tiere. Franckh'sche Verlagsbuchhandlung, Stuttgart (1927).
7: Tschudi, Friedrich von: Das Thierleben der Alpenwelt. Achte, vielfach verbesserte Auflage. Verlagsbuchhandlung von J. J. Weber, Leipzig (1868).
8: Brehm, Alfred Edmund: Brehm's Tierleben: Die Säugetiere (in drei Bänden). Dritte Auflage. Bibliographisches Institut, Leipzig und Wien (1890).
9: Piechocki, Rudolf: Die Wildkatze. Die neue Brehm Bücherei. A. Ziemsen Verlag, Wittenberg Lutherstadt (1990).
10: Höpflinger, Franz/Schliefsteiner Herbert: Naturführer Österreich. Flora und Fauna. Verlag Styria, Graz/Wien/Köln. Sonderausgabe 1990.
11: Dmitrijew, Juri: Mensch und Tier. Deutsche Übersetzung. Raduga Verlag, Moskau (1988).
12: Tierschutz Magazin. Illustrierte Tierwelt. Monatsschrift für Tierfreunde. Tier-, Natur- und Umweltschutz. Heft 1, Jänner 1982, Seite 16 ff.: Das Märchen vom „bösen Wolf", Heinz Thien. Tierschutz-Verlag, Erich H. Buberl, Wien.
13: Das Tier. Die Internationale Zeitschrift für Tier, Mensch und Natur. Heft 8, August 1979, Seite 64: 40 Mäuse in einem Fuchsmagen. Hallwag Verlag, Bern/Stuttgart.
14: Zipperlen, Wilhelm: Der illustrierte Hausthierarzt. Eber'sche Buchhandlung, Ulm (1867).
15: Dröscher, Vitus B.: Wiedergeburt. Leben und Zukunft bedrohter Tiere. Econ Verlag, Düsseldorf/Wien (1984).
16: Masius, Herbert: Die gesammten Naturwissenschaften (in 2 Bänden – Zoologischer Teil). G.D. Bädeker, Essen (1874).
17: Eigener, Wilhelm: Enzyklopädie der Tiere, Band 2. Georg Westermann Verlag, Radolfzell (1979).
18: Corbet, Gordon/Ovenden Denys: Pareys Buch der Säugetiere. Verlag Paul Parey, Hamburg/Berlin (1982).
19: Die ganze Woche. Nr. 37. 9. September 1992: Was versteht man unter Werwolf? Vereinigte Familiapress, Wien.
20: Panda Notizen. Offizielles Mitteilungsorgan des WWF Österreich. 3/91: Mir fehlt... Herstellung Styria, Graz. Verlagsort Wien.
21: Brehm's Tierreich. Überarbeitet nach der 2. Auflage „Brehm's Tierleben". Lizenzausgabe des Verlags Olde Hansen, Hamburg (1968).
22: Floericke, Kurt: Wisent und Elch. Franckh'sche Verlagsbuchhandlung, Stuttgart (1930).
23: Schmeil, Otto: Lehrbuch der Zoologie. Quelle & Meyer, Leipzig (1920).
24: Abel, Othenio: Grundzüge der Paleobiologie der Wirbeltiere. E. Schweizerbart'sche Verlagsbuchhandlung, Nägele und Dr. Sproesser, Stuttgart (1912).
25: Mowat, Farley: Der Untergang der Arche Noah. Vom Leiden der Tiere unter dem Menschen. Rowohlt Verlag, Reinbek bei Hamburg (1987).
26: Görner, Martin/Hackethal Hans: Säugetiere Europas. Neumann Verlag, Leipzig/Radebeul (1987); Lizenzausgabe für den Enke Verlag, Stuttgart und den DTV, München (1988).
27: Gesner, Conrad: Vollkommenes Vogel Buch. Nachdruck der Ausgabe von 1669 unter Verwendung des Originals der Niedersächsischen Landesbibliothek in Hannover. Schlütersche Verlagsanstalt und Druckerei, Hannover (1981).
28: Tiroler Tageszeitung: Sa/So, 6./7. Feber 1993 Nr.30. Tiroler retten die Rappe. Walter Czetsch.
29: Remane, Adolf/Storch Volker/Welsch Ulrich: Systematische Zoologie. G. Fischer Verlag, Stuttgart/New York (1986).
30: Brehm's Tierleben, Kleine Ausgabe - Dritter Band: Vögel. Bibliographisches Institut, Leipzig (1913).
31: Zschokke, Fritz: Die Tierwelt der Alpen einst und jetzt. Separatdruck aus „Die Alpen", Jahrg. 2, Heft 1, 1926.
32: Hellmich, Walter: Tiere der Alpen. Verlag F. Bruckmann, München (1936).
33: Dvorak M./Ranner R./Berg H.M.: Atlas der Brutvögel Österreichs: Ergebnisse der Brutvogelkartierung 1981–1985 der österreichischen Gesellschaft für Vogelkunde. Herausgeber Umweltbundesamt, Wien. Styria Verlag, Graz (1993).
34: Schauer Th./Caspari C.: BLV Bestimmungsbuch: Alpenpflanzen, Alpentiere. BLV Verlagsgesellschaft, München (1973).
35: Peterson, Roger Tory: Die Vögel Europas. Verlag P. Parey, Hamburg/Berlin (1979).
36: Das Tier: Heft 3, März 1978. Seite 16: Rebhühner verlieben sich in Menschen. Prof. B. Grzimek. Hallwag Verlag, Bern/Stuttgart.

LITERATUR

37: Engelmann, Wolf-Eberhard: Lurche und Kriechtiere Europas. Neumann Verlag, Leipzig/Radebeul (1985); Lizenzausgabe für den Enke Verlag, Stuttgart und den DTV, München (1986).
38: Rote Listen gefährdeter Tiere Österreichs: Fünfte Auflage; Bearbeitungsstand 1990. Styria Verlag, Graz (1994).
39: Matz G./Weber D.: BLV Bestimmungsbuch Amphibien und Reptilien. BLV Verlagsgesellschaft, Wien/Zürich (1983).
40: Brodmann, Peter: Die Giftschlangen Europas und die Gattung Vipera in Afrika und Asien. Kümmerly und Frey, Bern (1987).
41: Zimniok, Klaus: Verzauberte Welt der Reptilien. Meister Verlag, Wien/München (1979).
42: Siegel, Maria Katharina: Regensburger bewaehrtes Kochbuch (Erster und Zweiter Teil). Daisenberg'sche Buchhandlung Regensburg (1821).
43: Kurier: Sonntag, 28. März 1993. Todesstrecke. Tartarotti G., Kurier Zeitungsverlag und Druckerei, Wien.
44: Kurier: Sonntag, 10. Mai 1992. Die Natur ist eine große Apotheke, die alles hat. Dr. Heinz Unterberger. Kurier Zeitungsverlag und Druckerei, Wien.
45: Das Tier. Heft 7, Juli 1978. Seite 44: Froschkönigs bitteres Ende. Viele Lurche sind vom Aussterben bedroht. Dr. G. Scholl, Erlangen. Hallwag Verlag Bern/Stuttgart.
46: Das Tier. Heft 5, Mai 1980. Seite 36: Auch Frösche brauchen eine Lobby. Dr. Josef Blab, Bonn. Hallwag Verlag Bern/Stuttgart.
47: Pfaundler, Wolfgang: Tiroler Jungbürgerbuch. Innverlag, Innsbruck (1982).
48: Skriptum zur Ausstellung: Zoologische Spezialitäten aus Tirol (Weiherburg 1. 6.–5. 8. 1979).
49: Hentschel/Wagner: Zoologisches Wörterbuch. 4.Auflage. G. Fischer Verlag, Jena (1990).
50: Erben, Heinrich K.: Die Entwicklung der Lebenwesen. Piper Verlag, München. Überarbeitete Neuausgabe (3. Auflage) 1988.
51: Schiemer, F./M. Jungwirth G. Imko: Die Fische der Donau – Gefährdung und Schutz, Grüne Reihe des BMV (Bd. 5), austria medien service (1994).

2. Darüber hinaus verwendete Literatur:

Benes J./Burian Z.: Tiere der Urzeit. Verlag Werner Dausien, Ha nau (1980).
Brohmer, Paul: Fauna von Deutschland. Quelle & Meyer, Heidelberg (1982).
Burt, William/Grossenheider Richard: Peterson Field Guides -Mammals. Printed in the United States of America (Überholte Auflage 1980).
Cihar J.: Taschenatlas der Terrarien. Verlag Werner Dausien, Hanau (1979).
Eckert, Roger: Tierphysiologie. G.Thieme Verlag, Stuttgart (1986).
Günther, Kurt: Urania Tierreich (in 6 Bänden) - Insekten. Verlag Harri Deutsch, Jena/Berlin (1990).
Jungwirth, Mathias: Auswirkungen von Fließgewässerregulierungen auf Fischbestände. BMLuF 1983, p. 104.
Jungwirth, M./Winkler, H. (1983): Die Bedeutung der Flußbettstruktur für Fischgemeinschaften. - Österr. Wasserwirtschaft 35 (9/10): 229 ff.
Jungwirth, M. (1984): Auswirkungen von Kleinkraftwerken auf Fließwasserbiozönosen. Fachtagung Umwelt und Kleinkraftwerke.
Jungwirth, M.: „Gefährdungssituation der Fische" im Rahmen des Berichtes „Zur Gefährdungssituation ausgewählter Tiergruppen im Alpenraum", 1989, im Auftrag des BM für Umwelt, Jugend und Familie.
Lebensräume in Südtirol: Herausgeber: Autonome Provinz Bozen/Südtirol. Verlagsanstalt Athesia, Bozen.
Maitland, Peter S.: Der Kosmos-Fischführer. Franckh'sche Verlagshandlung, W. Keller & Co., Stuttgart (1983).
Müller, Horst: Fische Europas. Neumann Verlag, Leipzig/Radebeul (1983); Lizenzausgabe für den Enke Verlag, Stuttgart und den DTV, München (1983).
Naturgeschichte Österreichs: Forum Verlag, Wien (1976).
Paturi, Felix R.: Zeugen der Vorzeit. Auf den Spuren europäischer Vergangenheit. Fischer Taschenbuchverlag, Frankfurt am Main (1978),
Penzlin, Heinz: Lehrbuch der Tierphysiologie. G. Fischer Verlag, Jena (1989); Lizenzausgabe für G. Fischer Verlag, Stuttgart/New York (1989).
Rönn, Georg von: Unternehmen Arche Noah (Naturschutzabenteuer in Europa). Ravensburger Buchverlag, Otto Maier, Ravensburg (1989).
Schmeil/Fitschen: Flora von Deutschland und seinen angrenzenden Gebieten. 87. völlig überarbeitete und erweiterte Auflage. Quelle & Meyer, Heidelberg (1982).
Wo sind sie geblieben? Artenrückgang in Tirol. Beiheft zur Sonderaustellung im Tiroler Landeskundlichen Museum im Zeughaus Innsbruck (Juni 1989).

TIERARTENREGISTER

Aal 342, 347, 349, 351
Adler siehe Steinadler
Alpendohle 251, 255-258
Alpenkammolch 4326, 331, 335, 337f.
Alpenkrähe 224, 251, 255ff.
Alpenmolch siehe Bergmolch
Alpenmurmeltier 32, 74f., 91, 162, 186, 188ff., 194ff.
Alpensalamander 326, 331, 335, 337f.
Alpenschneehuhn 260, 277ff., 280ff.
Alpensteinbock 121, 154f., 157ff., 162, 166, 169, 172, 174
Amsel 295
Armadill siehe Gürteltier
Arni siehe Wasserbüffel
Äsche 342, 350f.
Äskulapnatter 292, 312ff.
Aspisviper 292, 295f., 297f., 304
Auer siehe Ur
Auerhuhn 259, 260ff., 264, 274, 276f.
Auerochse siehe Ur
Axolotl 360

Bachforelle 347ff., 352
Bachsaibling amerikanischer 348, 350
Balkanmoorfrosch 327
Bandwürmer 50
Bär siehe Braunbär
Barbe 350
Bartgeier 229ff., 232ff., 238ff., 243ff., 248, 250
Baummarder 111, 113, 289, 263
Bergeidechse 292, 297, 316f.
Bergmolch 326, 336f., 338f.
Bergunke siehe Gelbbauchunke
Bezoarziege 154
Biber europäischer 31, 47, 114, 122, 159, 165, 186, 190, 194, 197f., 200ff.
Birkhuhn 235, 259, 265, 273, 275ff., 278
Bisamratte 114
Bison amerikanischer 132, 136
Blasenkäfer 78
Blei 349
Blindschleiche 292, 295, 297, 308, 312, 314f.
Bobak siehe Steppenmurmeltier
Braunbär 16, 30, 60, 67, 86, 87, 89, 90ff., 109

Capybara siehe Wasserschwein
Chukarhuhn 283

Dachs 16, 52f., 78, 80ff., 113,188, 263
Damhirsch-(Wild) 121, 122, 146, 175

Dasselfliege 132
Dohle 251
Döbel 350
„Drachen" 352, 355, 356ff.
Draco 357

Edelhirsch 32, 33, 36, 48, 73, 79, 96, 121, 124, 146, 150, 152, 156, 176ff.
Edelmarder siehe Baummarder
Eichelhäher 251
Eichhörnchen 32
Eisbär 58, 88
Eisfuchs siehe Polarfuchs
Elch 32, 121, 124, 137, 144, 146, 176, 179f., 182ff.
Elster 224, 251
Ellritze 350ff.
Erdkröte 326, 329ff., 334, 336f., 339, 340

Fabeltiere 355
Fadenmolch 326, 336
Fadenwürmer 47
Fahlwild siehe Alpensteinbock
Falbkatze siehe Wildkatze
Falke sp. 230, 237
Fasan 74, 75, 259, 260, 278
Feldhase 75, 211ff., 216
Felsenhuhn 283
Feuersalamander 326, 328, 333, 336f.
Fischotter europ. 16, 48, 113ff., 119
Floh 50
Flugdrache siehe Draco
Flußbarsch 351
Flußpferd 131
Frauennerfling 353
Fuchs siehe Rotfuchs

Gänsegeier 229f., 237, 242ff., 245f.
Gebirgseidechse kroatische 292, 318
Geburtshelferkröte 326, 336
Gelbbauchunke 326, 333
Gemse 31f., 36, 39, 60, 75, 96, 98, 103, 121f., 156, 159, 161, 163, 165, 167, 173, 176, 182, 191
Gepard 25
Gilatier 363
Gliederfüßer 75, 221
Glattnatter siehe Schlingnatter
Grasfrosch 326, 336f., 339
Graskarpfen 347
Graureiher 295
Groppe siehe Koppe
Großtrappe 245
Grottenolm 358

REGISTER

Gründling 350467
Grunzochse siehe Hausyack
Güster 351

Haarlinge 50
Hase siehe Feldhase
Hasel 350
Haselhuhn 259f., 282
Hausbüffel 123, 133
Hausen 345, 346
Hausente 75
Hausgans 75
Haushund 49, 57, 58, 61, 84, 86, 213
Hauskatze 44f., 47ff., 86, 213, 250, 287, 289
Hausmarder siehe Steinmarder
Hausrind 122, 123, 127f., 132, 134, 151
Hausschaf 28, 30ff., 34, 45, 60, 62ff.
Hausschwein 75, 79, 121, 188
Hausziege 30f., 45, 62, 96, 97, 154, 160
Hausyack 123
Hecht
Hermelin 16, 49, 50, 77, 109, 113, 213, 263, 289
Hirsch siehe Edelhirsch
Höhlenbär 108ff., 112
Höhlenhyäne 108
Höhlenlöwe 108
Huchen 345, 350, 353
Hühnerhabicht 226, 263, 285

Iberiensteinbock siehe Pyrenäensteinbock
Igel 75f., 289, 295, 300, 305f., 309

Kaffernbüffel 133
Kammolch 326
Kanadaluchs siehe Polarluchs
Kaninchen 36, 48, 50, 54, 74, 75, 86, 188, 250
Kaninchenfloh 50
Karpfen 342, 345
Kerabau siehe Hausbüffel
Kilch 352
Knoblauchkröte 326, 336
Kolkrabe 67, 226, 237, 248, 251ff., 257, 279
Kondor 230
Königsgeier 230
Königspython 356
Koppe 350ff.
Kormoran 222
Kreuzkröte 326
Kreuzotter 292, 295, 296ff., 299, 302, 304f., 306, 309, 317, 400f.,
Kuttengeier siehe Mönchsgeier

Lämmergeier siehe Bartgeier
Laube 352
Laubfrosch 326, 336
Leberegel 146
Leistenmolch siehe Fadenmolch
Leopard 25, 130, 131, 188
'Lindwurm' 358ff., 363
Löffler 220
Löwe 25, 58, 130, 131, 142
Luchs siehe Nordluchs

Mairenke 352
Mauereidechse 292, 295, 318f.
Mauersegler 222
Mäusebussard 84
Mauswiesel 16, 79, 113, 214
Moderlieschen 353
Mönchsgeier 229, 237, 243, 245f.
Moorfrosch 326, 337, 339
Moorschneehuhn 278
Murmeltier siehe Alpenmurmeltier

Nase 350
Nebelkrähe 251
Nordluchs 16, 25, 26, 28, 32, 36, 38f., 41, 49, 67, 71, 73, 99, 213, 263

Ölkäfer 78

Pardelluchs 25
Perlfisch 352
Pferd (Hauspferd) 30f., 62, 63, 96f., 122, 142
Pflasterkäfer siehe Ölkäfer
Plesiosaurus 358
Plötze 350f.
Polarfuchs 74
Polarluchs 25
Pyrenäensteinbock 154, 155

Quappe 349f.

Rabengeier 229
Rabenkrähe 251
Rackelhuhn 277f.
Rapfen 352f.
Rebhuhn 259, 286ff., 290
Regenbogenforelle 347

Reh 27, 31ff., 36, 38f., 48, 57, 63, 73, 121, 146, 176, 177, 216
Rentier 63
Riesenhirsch 124
Ringelnatter 292, 301, 307ff.
Rotbauchunke 326
Rotfeder 351
Rotfuchs 16, 47, 49, 67, 74, 76, 77, 79, 80, 83, 85ff., 109, 213, 226, 238, 263, 289
Rothirsch siehe Edelhirsch
Rothuhn 283
Rotluchs 25

Saatkrähe 251
Sandviper 292, 295, 298
Schaf siehe Hausschaf
Schildkröte 292, 320ff.
Schleie 351
Schlingnatter 292, 295, 311f.
Schmerle 342, 350, 352
Schmutzgeier 229f., 247
Schneehase 31, 82, 109, 162, 211ff., 217
Schneehuhn siehe Alpenschneehuhn
Schneemaus 162
Schneider 350, 353
Schnepfe 32
Schwarzstorch 144, 222
Schwarzwild siehe Wildschwein
Seeforelle 345, 350
Seefrosch 327, 337
Seesaibling 346f., 348, 352
Seesaibling amerikanischer 347
Sichler 220, 222
Skorpionkrustenechse 363
Smaragdeidechse 292, 295, 316ff.
Sperber 263, 289
Spitzkopfotter siehe Wiesenotter
Springfrosch 326, 336f.
Springfrosch italienischer 326
Steinadler 49, 84, 144, 161, 163f., 194, 214, 230, 234, 236, 248ff., 252, 257, 281, 285
Steinbock siehe Alpensteinbock
Steinhuhn 259, 283ff.
Steinmarder 48, 113, 213, 226, 263, 284, 287
Steinwild siehe Alpensteinbock
Steppenmurmeltier 186
Sterlet 345
Stör 342f., 345f., 354
Streber 353
Strömer 353
Sumpfschildkröte europäische 292, 320ff.

Tannenhäher 251
Tatzelwurm 359, 362f.
Teichfrosch 327
Teichfrosch kleiner 327
Teichmolch 326, 336
Teichschildkröte siehe europäische Sumpfschildkröte
Tieflandunke siehe Rotbauchunke
Tigerpyton 356

Uhu 49, 213, 263
Ur 121ff., 130, 132ff., 137ff., 150, 152, 165. 203

Vipernatter 292, 310

Wachtel 74, 259, 290
Waldeidechse siehe Bergeidechse
Waldiltis 16, 113, 263, 289, 305, 322
Waldmurmeltier 186
Waldrapp 220ff.
Waldwildkatze siehe Wildkatze
Wasserbüffel 123, 133
Wasserschildkröte kaspische 320, 324
Wasserschildkröte maurische 320
Wasserschwein 201
Wechselkröte 326
Weichkäfer 78
Weißkopfgeier siehe Gänsegeier
Weißstorch 224, 229, 247
Wels 342, 349
Wiesel großes siehe Hermelin
Wiesenotter 299f.
Wildkaninchen 211ff.
Wildkatze 226, 238, 263
Wildschwein 75, 130, 185, 188
Wisent 121, 122, 124ff., 136ff.
Wolf 16, 26, 28, 32f., 49, 56, 58, 60-74, 99, 100, 109, 116, 213
Würfelnatter 293, 309f.

Yak 123

Zauneidechse 292, 315f.
Zornnatter gelbgrüne 292, 310
Ziege siehe Hausziege

REGISTER

WISSENSCHAFTLICHE TIERBE-ZEICHNUNGEN

Abramis brama 351
Acipenser ruthenus 345
Acipenser sturio 345
ACIPENSERIDAE 342
Aegypius monachus 229
Alburnoides bipunctatus 350
Alburnus alburnus 352
Alces alces 121
Alectoris barbara 283
Alectoris chukar 283
Alectoris graeca 259, 265, 283
Alectoris rufa 283
Alopex lagopus 74
Alytes obstetricans 326
Amblystoma mexicanum 360
Anguilla anguilla 351
ANGUILLIDAE 342
Anguis fragilis 265, 292
Apus apus 222
Aquila chrysaetos 248
Argentavis magnificens 229
Aspius aspius 352

Barbus barbus 350
Bison bison 133, 134
Bison bonasus 121, 122, 136, 150
Bison bison bonasus 136
Bison bison caucasicus 136
Blicca bjoerkna 351
Bombina bombina 326
Bombina variegata 326
Bombina v. variegata 326
Bos mutus 123
Bos primigenius 121, 122
BOVIDAE 121
Bubalus arnee 123
Bufo bufo271 271, 326
Bufo b. bufo 327
Bufo calamita 326
Bufo viridis 326
Bufo v. viridis 327
BUFONIDAE 326

Canidae 16
Canis lupus 16, 56, 57, 60
CANTHARIDAE 78

Capra aegagrus 154
Capra ibex 154, 155, 162
Capra ibex ibex 155
Capra ibex cylindricornis 155
Capra ibex nubiana 155
Capra ibex sibirica 155, 171
Capra pyrenaica 145
Capreolus capreolus 176
Castor canadensis 197
Castor fiber 197
CASTORIDAE 197
Cestoda 50
CERVIDAE 121
Cervus elaphus 121
Chalcalburnus chalcoides mento 352
Chondrostoma nasus 350
COBITIDAE 342
Coluber viridiflavus 292, 311
COLUBRIDAE 292
COREGONIDAE 342
Coregonus pidschian 352
Coronella austriaca 292
Coronella a. austriaca 312
Corvus corax 251
Corvus corone 251
Corvus c. cornix 251
Corvus c. corone 251
Corvus frugilegus 251
Corvus monedula 251
COTTIDAE 342
Cottus gobio 351
Coturnix coturnix259
Crocuta spelaea 108
Ctenocephalides felis 50
Ctenopharyngodon idella 347
CYPRINIDAE 342
Cyprinus carpio 348

Discoglossidae 326
Draco volans 357

Elaphe longissima 292
Elaphe l. longissima 312
EMYDIDAE 292
Emys orbicularis 272, 292
ESOCIDAE 342
Esox lucius 351

Felis silvestris 16, 25, 40
Felis silvestris libyca 40
Felis silvestris silvestris 40

G

GADIDAE 342
Garrulus glandarius 251
GASREROSTEIDAE 342
Geronticus eremita 220
GOBIIDAE 342
Gobio gobio 350
Gypaetus barbatus 229
Gyps fulvus 229

H

Heloderma horridum 363
Heloderma suspectum 363
HELODERMATIDAE 363
Hucho hucho 345, 350
Huso huso 345
Hydrochoerus hydrochaeris 201
Hyla arborea 326
HYLIDAE 326

L

Lacerta agilis 292
Lacerta a. agilis 270
Lacerta horvathi 292
Lacerta viridis 292
Lacerta v. viridis 270, 317
Lacerta vivipara 292, 316
Lacerta v. vivipara 270
LACERTIDAE 278
Lagopus lagopus 259
Lagopus mutus 278
Lepus europaeus 211
Lepus timidus 211
Leuciscus cephalus 350
Leuciscus leuciscus 350
Lota lota 350
Lutra lutra 16, 113
Lyncinae 17
Lynx lynx 16, 25
Lynx l. canadensis 25
Lynx l. lynx 25
Lynx l. pardina 25
Lynx rufus 25
Lyrurus tetrix 259, 266

M

Mallophaga 50
Marmota bobak 186
Marmota marmota 162, 186
Marmota m. latirostris 186
Marmota m. marmota 186
Marmota monax 186
Martes foina 16, 113
Martes martes 16, 113
Mauremys caspica 320
Mauremys leprosa 320
Megaceros 124
Meles meles 16, 113
Microtus sp. 48
Microtus nivalis 162
Mustela erminea 16, 49, 113
Mustela nivalis 16, 113
Mustela putorius 16, 113
MUSTELIDAE 16

N

Natrix natrix 292
Natrix n. natrix 307
Natrix natrix helvetica 307
Natrix maura 292
Natrix tessellata 269, 292
Natrix t. tessellata 309
Nematoda 50
Neophron percnopterus 229
Noemacheilus barbatulus 350
Nucifraga caryocatactes 251

O

Oryctalus cuniculus 212
Otis tarda 245
Ovis ammon musimon 121

P

Pelobates fuscus 326
Pelobates f. fuscus 326
PELOBATIDAE 326
Perca fluviatilis 351
PERCIDAE 342
Perdix perdix 259, 266
PETROMYZONIDAE 342
Phalacrocorax carbo 222
Phasianus colchicus 259
Phoxinus phoxinus 350
Pica pica 251
Pipistrellus savii 176
Platalea leucorodia 220
Plegadis falcinellus 220
Podarcis muralis 318
Podarcis m. muralis 318
Proteus anguinus 358f.
Pyrrhocorax graculus 251
Pyrrhocorax pyrrhocorax 251

R

Rana arvalis 326
Rana a. arvalis 327
Rana arvalis wolterstorffi 327
Rana dalmatina 326
Rana esculenta 327
Rana latastei 326

Rana lessonae 327
Rana ridibunda 327
Rana r. ridibunda 327
Rana temporaria 271, 326
Rana t. temporaria 327
RANIDAE 326
Rupicapra rupicapra 162, 176
Rutilus frisii meidingeri 350
Rutilus rutilus 350

Salamandra atra 272, 326
Salamandra salamandra 326
Salamandra s. salamandra 326
SALAMANDRIDAE 326
Salmo gairdneri 347
Salmo irideus 347
Salmo shasta 347
Salmo trutta f. fario 350
Salmo trutta f. lacustris 352
SALMONIDAE 342
Salvelinus alpinus salvelinus 352
Salvelinus fontinalis 348, 350
Salvelinus namaycush 347
Scardinius erythrophtalmus 351
SCIURIDAE 186
SILURIDAE 342
Sorex alpinus 162
Spilopsyllus cuniculi 50
SUIDAE 121
Sus scrofa 121, 185
Syncerus caffer 133

Tetrao urogallus 259, 265
Tetrastes bonasia 259, 267
Thalarctos maritimus 88
THYMALLIDAE 342
Thymallus thymallus 350
THRESKIORNITHIDAE 220
Tinca tinca 351
Triturus alpestris 326
Triturus a. alpestris 270, 326
Triturus carnifex 326
Triturus cristatus 326
Triturus helveticus 326
Triturus vulgaris 326
Triturus v. vulgaris 326

UMBRIDAE 342
URSIDAE 16, 88
Ursus arctos 16, 88, 89, 90
Ursus spelaeus 108

Vipera ammodytes 292
Vipera a. ammodytes 296
Vipera a. gregorwallneri 298
Vipera aspis 292
Vipera a. aspis 297
Vipera a. atra 292
Vipera a. francisciredi 292
Vipera berus 292
Vipera b. berus 296
Vipera ursinii rakosiensis 299
VIPERIDAE 292
Vulpes vulpes 16, 74

Verzeichnis der Abbildungen

Abb. 1: Bevölkerungswachstum und Artenschwund (aus Kaule 1991)
Abb. 2: Konrad Gesner (1516–1565) (aus Dimitrijew 1988)
Abb. 3: Nordluchs (aus Tschudi 1868)
Abb. 4: Nordluchs mit gerissenem Auerhahn (aus Brehm 1890)
Abb. 5: Dr. Alfred Edmund Brehm (aus Brehm 1890)
Abb. 6: Wildkatze (aus Tschudi 1868)
Abb. 7: „Das Thierleben der Alpenwelt" (Titel von 1868)
Abb. 8: Wolf (aus Tschudi 1868)
Abb. 9: Wolf (aus Brehm 1890)
Abb. 10: Die Zuwanderung von Wölfen nach Mitteleuropa (aus Kurt 1982)
Abb. 11: Verbreitung der Wildtollwut in Mitteleuropa (aus Dröscher 1984)
Abb. 12: Braunbär (aus Brehm 1890)
Abb. 13: Braunbär (aus Tschudi 1868)
Abb. 14: Der Ur, sein Rückzugsgebiet nach Osten und sein Aussterben (aus Sedlag 1983)
Abb. 15: Ur (aus Floericke 1930)
Abb. 16: Wisent (aus Floericke 1930)
Abb. 17: Alpensteinbock (aus Tschudi 1868)
Abb. 18: Alpenmurmeltier (aus Brehm 1890)
Abb. 19: Alpenmurmeltier (aus Tschudi 1868)
Abb. 20: Europäischer Biber (aus Brehm 1890)
Abb. 21: Waldrapp (aus Gesner, Nachdruck 1981)
Abb. 22: Bartgeier (aus Gesner, Nachdruck 1981)
Abb. 23: Bartgeier (aus Tschudi 1868)
Abb. 24: Steinadler (aus Tschudi 1868)
Abb. 25: Kolkrabe (aus Gesner, Nachdruck 1981)
Abb. 26: Alpenkrähe
Abb. 27: Auerhahn (aus Gesner, Nachdruck 1981)
Abb. 28: Birkhuhn (aus Tschudi 1868)
Abb. 29: Alpenschneehuhn (aus Tschudi 1868)
Abb. 30: Steinhuhn (aus Tschudi 1868)

DIE GRÜNE REIHE

ist eine Buchreihe des Bundesministeriums für Umwelt, welche die Problembereiche des Arten- und Naturschutzes wissenschaftlich fundiert thematisiert und reich bebildert präsentiert.

In der **Grünen Reihe** sind bisher erschienen:
Band 1: Österreichischer Moorschutzkatalog
    1993, ISBN 3–7012–0014–9
Band 2: Rote Listen gefährdeter Tiere Österreichs
    1994, ISBN 3–7012–0019–10
Band 3: Feuchtgebiete – Schutz und Erhaltung im Rahmen der Ramsar-Konvention
    1993, ISBN 3–7012–0016–5
Band 4: Unkräuter – Begleiter und Freunde des Menschen
    1993, ISBN 3–7012–0017–3
Band 5: Die Fische der Donau – Gefährdung und Schutz
    1994, ISBN 3–7012–0020–3
Band 6: Parks – Kunstwerke oder Naturräume?
    1994, ISBN 3–7012–0018–1
Band 7: Alte Obstsorten und Streuobstbau in Österreich – Bedeutung, Schutz und Erhaltung bedrohter Lebensräume
    1995, ISBN 33–85333–000–2

In Ausarbeitung sind:
Zerstreut verbreitete Vogelarten: Erscheinen 1997
Rote Listen der Pflanzen: Erscheinen 1997
Alte Haustierrassen: Erscheinen 1997
Naturnahe Kulturlandschaften: Erscheinen 1998
Geologische Naturdenkmale: Erscheinen 1998
Fauna der Säugetiere Österreichs: Erscheinen 1999

Der Band „**Zerstreut verbreitete Vogelarten**" (Arbeitstitel) zeigt jene Vogelarten und deren Lebensraumansprüche, die wohl größere Verbreitung haben, dort aber sporadisch vorkommen, bzw. in ihrem Vorkommen bedroht sind. Ein eigener Teil widmet sich diesen Lebensräumen und Maßnahmen zu deren Erhaltung.

Ein weiterer, in Ausarbeitung befindlicher Band über „**Alte Haustierrassen**" betrachtet die Bedeutung von altersher an Hausstand und menschliches Zusammenleben angepaßter Tiere in Österreich, die Geschichte ihrer Domestikation, ihre sozioökonomische Bedeutung und Wege zu ihrer Erhaltung als Genreserve und zugleich wertvolle Kulturgüter der Menschheit.

Der Band „**Naturnahe Kulturlandschaften – Bedeutung, Schutz und Erhaltung bedrohter Lebensräume**" beschäftigt sich mit der ganzheitlichen Sicht von traditionell bewirtschafteten Landschaften, ihrer Bedrohung durch aktuelle Nutzungsinteressen und Vorschlägen zu ihrer Erhaltung.

In einem attraktiven Bildatlas werden unter dem Titel „**Geotope Austria's**" etwa 500 Standorte erdwissenschaftlich relevanter Naturdenkmale, bzw. denkmalwürdige „versteinerte Zeugen der Vergangenheit", dargestellt und beschrieben.

Mit der „**Fauna der Säugetiere Österreichs**", der zusammenfassenden Darstellung der Verbreitung, holozänen Faunengeschichte, Taxonomie, Ökologie und Biologie österreichischer Säugetiere soll eine bisherige Lücke der modernen Wissenschaft geschlossen werden. Säugetiere haben als nächste Verwandte des Menschen hohen Indikatorwert und damit große Bedeutung für den Naturschutz. Die Erarbeitung einer wissenschaftlichen Grundlage für die Ausweisung von Säugetierschutzgebieten und Artenschutzprogrammen ist seit dem EU-Beitritt Österreichs besonders dringlich.